定石探偵

탐정학개론

Introduction to Private Investigation

김동근 저

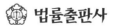 법률출판사

PIA 탐정, 민간조사 분야는 선진국에서 이미 활성화되어 있는 유망 전문직이지만 OECD 국가 중 우리나라만 유일하게 민간조사(탐정) 제도가 도입되지 않은 국가였다. 하지만, 최근 정부에서 민간조사원을 신직업 지원 육성 업종으로 지정하여 활성화한다는 계획이 발표되었다. 정부의 신직업 육성에 발맞춰 관련 전문인력의 수요가 증가할 것으로 예상되고 있으며, 활동 영역 또한 확대될 것으로 보인다.

더구나 2020년 8월부터 신용정보법 일부 개정으로 탐정이라는 명칭의 사용과 탐정업의 영리 활동이 가능해졌음에도 불구하고 현재 탐정업 관련 법률이 법제화가 되지 않은 까닭에, 국내에서 실제 활동하는 탐정인원이 8,000명 정도에 이르고, 또 탐정업을 준비 중인 일반시민 및 학생들이 다수 있음에도 불구하고 그에 대한 관리감독조차 제대로 이루어지지 아니하고 있을 뿐만 아니라, 정확한 교육도 없기 때문에 자칫 형법이나 변호사법 등 현행 법규위반 행위로 불법성이 우려되고 있어 탐정활동 및 탐정업무에 대한 실무체계를 갖출 수 있는 전문 이론서의 출간이 절대적으로 필요한 시점이다.

이에 따라 본서는 이러한 시대의 흐름에 맞추어 현재 무분별하게 양산되고 있는 탐정사 자격을 올바르게 정립하고 탐정사(업)가 현행 법률의 범위 내에서 적법한 활동을 할 수 있도록 가이드라인을 제시하여 향후 국회에 입법 계류 중인 공인탐정법에 대비함은 물론 탐정활동에 관한 실무지침을 제시하고자, 탐정에 관한 일반 이론 및 실무 등의 전반적인 내용을 담아 총 3편으로 구성하였는데, 제1편 탐정학 일반에서는 탐정에 관한 역사적 배경 및 이론 그리고 외국법

제 등의 일반론에 관한 내용을 기술하였고, 제2편 증거수집론에서는 탐정활동 및 조사의 기초가 되는 조사나 정보수집 그리고 관찰 등 실무적인 내용을 기술 하였으며, 제3편 전문분야와 탐정에서는 탐정의 업무분야를 세분화하고 각 분 야에서의 탐정의 역할과 탐정활동 기법 등에 대하여 기술하였다.

아무쪼록 본서가 탐정업에 관심이 있는 분들이나 현직 탐정 등 관련 분야 전 문가들에게 탐정활동의 지침서로서의 역할을 충분히 해낼 수 있기를 바라고, 혹 부족하거나 미흡점에 대하여는 독자 분들의 지도편달을 바라며, 계속 판을 거듭하면서 이를 보완하고자 한다.

이제 본서의 출간에 도움을 주신 분들께 감사를 표하고자 한다. 먼저 본서의 저술에 필요한 각종 자문 및 자료를 제공해주신 이기원 박사(형법박사, 숭실대 외 래교수) 및 최나리 변호사(현 법률사무소 로앤어스 대표) 그리고 원원 탐정법인 대 표 류형복 님의 도움에 감사를 표하며, 또한 코로나 등 어려운 여건 속에서도 본서를 기꺼이 출간해 주신 법률출판사 김용성 사장님께 감사드리고, 편집과 교정을 맡아 준 편집부 직원 분들께도 큰 고마움을 전하는 바이다.

2023. 7.

저자 김동근 씀

PART 01

탐정학 일반

CHAPTER 01

탐정의 역할과 업무

제1절　개 념

1. 탐정제도의 도입 및 법적성격 등

가. 탐정제도의 도입

최근 사회적 수요에 호응하고 각 분야의 전문성을 강조하기 위한 수단으로 다양한 자격제도가 운영되고 있다. 탐정제도도 그러한 자격의 한 분야이다. 서구의 여러 나라에서는 법률영역 및 형사사법의 민영화 추세와 맞물려 이미 탐정제도가 도입 되어 정착되고 있지만, 우리나라의 경우에는 아직까지 그러하지 못한 실정이다. 이는 1977년 이후 신용정보의 이용 및 보호에 관한 법률(이하 '신용정보법'으로 약칭 한다.). 제40조 제4호에 의거 특정인의 사생활 등을 조사하는 일을 업으로 하는 행위와 탐정유사 명칭의 사용을 금지하였던 것이 근본적인 원인이었다.

하지만 헌법재판소가 2018년 6월 28일 위 규정에 대한 위헌 결정을 하였고(헌재 2018. 6. 28. 2016헌마473), 국회가 2019년 2월 문제가 된 신용정보법의 일부 내용을 개정하면서 2020. 8. 5.부터 국내에서도 탐정이라는 명칭을 사용한 영리행위가 가능해졌고, 누구나 사업자등록만 거치면 탐정업을 영위할 수 있게 되었다.

탐정이란 경찰 등 국가기관 소속이 아닌 사적 영역이거나, 인력부족 문제로 공권력 개입이 어려운 영역에 대해 법률이 허용하는 범위에서 의뢰인에게 필요한 사실관계를 확인하고 그 정보를 제공하는 역할을 수행하는 민간조사 제도로서 교통사고나 화재, 보험사기 등의 사건에서부터 기업부정조사, 해외도피자 추적까지 다양한 일을 수행하며, 때로는 검경의 수사 결과나 법원판결을 뒤집는 결정적 증거를 확보하는 일을 수행하는 전문직종이다.

이제야 탐정업이 태동하고 있는 한국과는 달리 경제협력개발기구(OECD) 회원국(35개국)이 탐정제도를 운영 중인데, 미국 · 일본 · 독일에선 각각 2~6만 명의 탐정이 활동 중이다.

[국내 민간조사 업태분류][1]

분류	자격증 유무	주업무	종사자 수(추정)
흥신소	없음	가정사(불륜) 채권 · 채무 관련 증거조사	4,000명
민간조사기업		가정사 채권채무 증거조사 실종자 소재파악 상표무단사용조사 부동산사기관련조사 교통사고, 의료사고조사 사업스파이 등 기업기밀유출증거조사	1,000명

나. 법적성격

1) 문제의 소재

탐정 또는 민간조사로 불리는 탐정의 업무는 공적 치안기관이 수행하는 업무가 아닌 비권력적 작용으로 의뢰인이 요구하는 즉 의뢰인의 비용부담에 의거하여 다양한 사실관계의 확인 및 의뢰인의 권리구현 등을 위에 필요한 사실관계를 조사하는 행위이다.

---

[1] 한국일보, 2018. 9. 29. 기사원용

한국표준산업분류에서도 '탐정 및 조사 서비스업(Detective and investigation services)'을 정하고 있는데, 이에 의하면 탐정업은 '개인 및 사업체에 관련된 각종 정보를 조사하는 산업활동'으로 정의되고 있다.[2]

현장에서 각종 정보를 조사하는 탐정의 조사업무는 화재나 교통사고 등 특정사건의 문제 해결을 위한 단서 및 증거 수집, 소송관련 증거수집 등 국가로부터 충분히 보호를 받지 못하는 법의 사각지대에서 일반 시민의 보호를 위하여 사실상 국가기관의 업무를 보조 또는 보완하는 업무이다. 이러한 업무의 특성으로 인한 그 조사행위에 대한 법적 성격이 문제될 수 있다.

2) 법적성격에 대한 이론적 다툼

이에 대하여 탐정의 조사행위가 준수사활동(準搜査活動) 내지 준사법적작용(準司法的作用)이라고 보는 견해가 있다. 이 견해는 탐정조사업무는 단순한 사실관계의 확인을 넘어 법률적이고 전문적인 역량을 필요로 하며, 일반 국민생활과 밀접한 연관을 맺고 있다는 점에서 준수사활동의 일환으로 보며,[3] 또한 사건발생 후에 소재탐지와 사실관계의 조사 등 법률다툼의 근거가 될 수 있는 핵심적인 영역을 다루게 된다는 점에서 준수사활동으로서 준사법적인 성격을 지니게 된다는 견해이다.[4]

다만, 탐정의 조사행위를 준수사활동 또는 준사법적 성격으로 볼 것인지에 대하여는

---

2) 개인 및 사업체에 관련된 각종 정보를 조사하는 산업활동을 말한다.

> (제외)
> • 신용 조사 및 채무자 추적 서비스(75993)
> • 보험에 관련된 조사활동(6620)
>
> (예시)
> • 흥신소
> • 사설탐정 서비스
> • 필체 감정
> • 지문 조사 서비스
> • 거짓말 탐지기 서비스

3) 황병돈, "경비업법 전부개정법률안에 대한 의견", 국회 안전행정위원회 「경비업법 전부개정법률안」에 관한 공청회 발표자료, 2013.4.17, IV 1-2면.

4) 강지명, "민간조사제도 도입관련 법률안에 대한 비판적 검토", 『한국민간경비학회보』 제13권 제3호, 한국민간경비학회, 2014, 12면.

여러 다툼의 소재가 존재한다.

구체적으로 살펴보면, 첫째, 실제 탐정의 조사행위는 사인의 의뢰를 받아 그 범위 안에서 누구나 접근 가능한 정보의 수집 대행 및 이를 제공하는 업무에 국한되며, 때문에 그 수행과정에서 공권력이 수행하는 업무와 중첩될 수 없고, 특히 탐정의 조사행위는 수사기관의 조사행위(권력적 조사, 영장 등에 의한 강제처분권 등)와 달리 권력 작용이 수반되지 아니하므로 권력적 작용과 같은 행위에 대하여는 그 업무수행이 사실상 불가능하다는 점 등이다.

둘째, 탐정의 조사행위는 결국 의뢰인의 권리구제를 위한 사실관계의 확인 및 그 제공에 국한되기 때문에, 어떠한 범죄사실을 조사하여 관련 피의자의 처벌여부를 결정하는 수사절차와도 다르고, 구체적인 분쟁 해결 절차에서 법관이 법적인 내용을 선언하는 사법작용과도 다르다. 따라서 탐정의 조사행위를 법의 사각지대에서 공권력의 보완적 역할을 수행하고 있다는 점 등을 감안하더라도 이를 준수사활동 내지 준사법활동으로 보는 것에는 무리가 있어 보인다는 점이다.

셋째, 탐정의 조사행위는 사법상 계약관계에 기초한 조사활동으로서, 행정청의 행정작용을 위하여 필요한 자료를 얻기 위해 행하는 권력적 조사작용과도 그 성격을 달리하고 어떠한 법적효과를 발생치 아니 하는 행위에 불과하여 이를 국가기관의 행위와 유사한 준수사활동 등으로 보기는 어려운 점 등이다.

3) 소결

탐정계약은 전설한 바와 같은 사인간의 계약에 근거하여 계약상 위임의 범위 내에서 조사업무를 수행하고, 그 비용도 의뢰인이 전부 부담하며, 조사활동 후 그 결과물을 의뢰인에게 교부하면 계약상의 모든 업무는 마무리된다.

따라서 위와 같은 탐정의 업무는 당사자 일빙이 상대방에게 대하여 사무처리를 위탁하고, 상대방이 이를 승낙함으로써 성립하는 위임계약 또는 당사자 일방이 어떤 일을 완성할 것을 약정하고, 상대방은 그 일의 결과에 대하여 보수를 지급할 것을 약정함으로써 성립하는 일종의 도급계약에 따라 특정 사실관계를 확인하는 정도의 사실행위로 규정하는 것이 맞다.

2. 탐정의 법제화 모델 및 관련 법규의 연혁 등

가. 탐정의 법제화 모델

세계적으로 탐정에 대한 법제화는 크게 두 가지의 모델이 있다. 먼저 대표적으로 미국에서는 공인제를 택하고 있는데, '공인제'란 일정한 인원을 선발하여 그들에게만 탐정업을 허용하는 탐정제를 말한다. 그리고 일본, 독일, 영국 등 여러 나라에서는 보편적 관리제를 택하고 있는데, '보편적 관리제'란 탐정업을 원하는 사람들에게 모두 등록하게 하고 이를 적정하게 관리하는 탐정제도를 말한다. 이렇듯 외국의 경우 각 나라가 처한 사정에 따라 허가제, 신고제 등의 제도를 사용하고 있다.

다만, 프랑스의 경우 위의 각 나라와는 달리 2003년 '국내치안에 관한 법률(Loi pour La Sécurité intérieure)'을 제정한 이후 직업 면허제가 도입되었고, 면허제의 도입에 따라 만일 탐정으로 활동하거나 탐정업을 영위하고자 하는 자는 '지역 면허발급 및 감독위원회'에서 발급하는 민간조사 면허를 발급받아야만 관련 활동이 가능하다.

[주요국가의 탐정업 관리감독기관 현황]5)

구 분	탐정업 영위(등록/허가 등)	탐정업 관리감독
미 국	자유업/ 신고제/ 허가제	위원회 (기타 주 경찰/법무부/ 면허부서)
영 국	신고제	보인산입위원회(SIA) (내무부 소속)
독 일	신고제	주정부 허가관청
프랑스	허가제	내무부 (지방장관/파리경찰청장)
일 본	신고제	도도부현공안위원회

---

5) 이대선, 탐정제도 도입을 위한 입법방안 연구, 박사학위논문, 단국대학교, 2019., 19~24면.

나. 역대 국회 법률안 발의 현황

2020년 8월 신용정보의 이용 및 보호에 관한 법률이 개정되면서 누구나 '탐정'이라는 명칭을 사용할 수 있게 되었지만 후속 입법의 공백으로 부적격자의 무분별한 사실조사로 인한 사생활 침해가 우려되는 상황이다.

탐정업에 대한 입법노력이 없었던 것은 아니다. 지난 17대 국회 이후 21대 국회에 이르기까지 11차례나 법안 발의(지난 17대 국회에서 이상배, 최재천 의원 등이 민간조사업법안을 발의한 이래 21대 국회 이명수, 윤재욱 의원, 황운하 의원 등이 대표 발의)가 거듭됐다. 17대 국회 당시는 탐정이 아닌 민간조사업이라는 명칭으로 논의가 되었고, 이후 탐정이라는 용어가 제기돼 검토된 것은 20대 국회에서부터이다. 하지만 각 법률안은 상임위원회의 문턱을 넘지 못하고 국회 회기종료 등으로 인한 폐기를 반복하고 있는 실정이다.

다. 탐정관련 법규의 연혁

1) 신용고지업취체규칙

「신용고지업취체규칙」(시행 1911.7.10. 조선총독부령 제82호, 1911.7.6. 제정)은 본문 13개 조와 칙으로 구성되었으며 신용고지업에 대한 인허가와 신용고지업자의 의무, 처벌조항 등을 그 주요내용으로 하고 있다. 동 규칙에서는 신용고지업을 '타인의 상거래·자산 기타 신용에 관한 사항을 의뢰자에게 고지하는 업(業)'으로 정의하고 있고(규칙 제1조), 신용고지업의 허가와 주요변경사항의 인가, 장부 및 서류 검열권 등 관리감독권을 경무부장에게 부여하고 있다.

특히 신용고지업자의 금지사항으로서 1. 허위고지, 2. 업무상 지득한 사항을 고의로 의뢰자 이외에 누설, 3. 고지료 이외의 금품 수령과 청구, 4. 고지 의뢰 강청을 할 수 없도록 규정하였다(규칙 제5조). 「신용고지업취체규칙」은 「홍신업단속법」 시행으로 폐지되었다.[6]

---

[6] 「홍신업단속법」 부칙 제2조(폐지법령)에 의거하여 단기 4232년 조선총독부령 제82호 신용고지업취체규칙은 폐지되었다.

2) 흥신업단속법

「흥신업단속법」(시행 1961.9.23. 법률 제728호, 1961.9.23. 제정)은 흥신업의 업무의 범위, 영업자의 자격, 업무상의 의무 기타 업무지도감독상 필요한 사항을 규정하여 국민신용의 건전한 발전에 기여함을 목적으로 제정되었다(동법 제1조). 동법에 의하면 흥신업은 '타인의 상거래, 자산, 금융 기타 경제상의 신용에 관한 사항을 조사하여 의뢰자에게 알려주는 업(業)'을 말한다고 정의하고 있다(동법 제2조). 이는 「신용고지업취체규칙」에서 정하고 있던 신용고지업에 대한 정의와 거의 같다고 할 수 있다.

한편 흥신업자의 자격에 있어서 '개인'에게 허용되었던 「신용고지업취체규칙」 시대의 신용고지업과는 달리 '법인'만이 영위할 수 있도록 제한하였다(동법 제3조).

관리감독기관에 관하여는 흥신업의 허가, 영업의 정지 또는 취소는 '도지사 또는 서울특별시장'의 소관사항으로 정하고 있으며(동법 제4조 및 제12조), 흥신업의 종업원에 대한 해면명령권 및 흥신업자의 업무에 관한 서류·장부의 검열권한은 '관할경찰서장'에게 부여하였다(동법 제13조 및 제14조). 또한 흥신업자의 대표자 또는 사용인 기타 종업원이 법인의 업무에 관하여 동법 또는 동법에 의한 명령에 위반한 행위를 한 때에는 그 행위자를 처벌하는 동시에 그 법인에 대하여도 처벌할 수 있도록 하는 양벌규정을 두었다(동법 제19조).

그리고 '흥신업자의 금지사항'으로 1. 의뢰 없이 타인의 경제상의 신용조사, 2. 허위고지, 3. 업무상 지득한 사항을 의뢰자 이외에 누설(漏泄)하거나 다른 목적에 전용, 4. 조사의 의뢰 강청, 5. 조사대상자에게 조사 자료의 제공과 답변 강요, 6. 법정조사수수료 또는 실비 이외의 금품 수령 또는 청구, 7. 조사관계의 서류, 장부 등의 보관을 소홀히 하여 그 내용이 제3자에게 규지되거나 또는 와전되게 하는 일, 8. 흥신업 종사자가 정보원, 탐정 기타 이에 유사한 명칭 사용, 9. 조사사항이 소정의 신용관계 이외의 사항에 미치는 일을 규정하고 있다(동법 제10조).

3) 신용조사업법

1978년 1월 31일 「신용조사업법」(법률 제3039호, 1977.12.31. 제정)의 시행으로 「흥신업단속법」은 폐지되었다. 「신용조사업법」은 신용조사업의 업무의 범위, 영업자의 자격과 그 시설기준, 업무상의 의무 기타 업무지도·감독에 필요한 사항을 규정하여 신용조사업의 건전한 발전을 도모함을 목적으로 제정되었다(동법 제1조).

동법에 의하면 신용조사사업을 '타인의 상거래·자산·금융 기타 경제상의 신용에 관한 사항을 조사하여 의뢰자에게 알려주는 업(業)'으로 정의하고 있다(동법 제2조). 「신용조사사업법」 역시 신용조사사업의 업무범위를 정의규정에서 언급하고 있을 뿐 구체적인 업무범위는 설정하지 않고 있었다는 점에서 「신용고지업취체규칙」 및 「흥신업단속법」에서 사용하던 규정방식과 동일하다고 할 수 있다.

신용조사사업의 영위는 「흥신업단속법」의 규정과 동일하게 '법인'만이 영위할 수 있도록 신용조사업자의 자격을 제한하였다(동법 제3조). 종래 신용조사사업의 허가는 영업소를 관할하는 '서울특별시장·부산시장 또는 도지사'가 행하도록 정하고 있던 것을 2차 개정에서는 영업소를 관할하는 '지방경찰청장'이 신용조사사업의 허가를 행하는 소관행정청으로 변경되었다(동법 제4조 제1항). 이와 아울러 허가의 취소 또는 영업의 정지를 '도지사'가 행하도록 정하고 있던 것을 2차 개정에서는 '지방경찰청장' 소관으로 개정되었다(동법 제12조 제1항).

한편 신용조사사업의 관리감독수단으로 경찰서장은 신용조사사업을 영위하는 법인의 임원이나 조사원이 이 법 기타 그 업무에 관한 법령에 위반된다고 인정할 때에는 그의 해면을 명할 수 있는 해면명령권을 보유하고(동법 제13조), 2차 개정에서는 장부·서류의 검열권한을 '도지사 또는 경찰서장'에서 '지방경찰청장 또는 경찰서장'이 행하는 것으로 개정되었다(동법 제14조).

그리고 「신용조사사업법」 제10조에서는 '신용조사업자의 금지사항'으로 1. 의뢰를 받지 아니하고 타인의 신용을 조사하는 일, 2. 고의로 허위의 사실을 의뢰자에게 알리는 일, 3. 업무상 지득한 사실을 의뢰자 이외의 자에게 누설하거나 다른 목적에 사용하는 일, 4. 조사의 의뢰를 강요하는 일, 5. 조사대상자에게 조사자료의 제공과 답변을 강요하는 일, 6. 명목의 여하를 불문하고 제8조의 규정에 의한 조사수수료나 실비 보다 많은 금품을 요구하거나 받는 일, 7. 조사관계의 서류·장부 등의 보관을 소홀히 하여 그 내용이 제3자에게 알려지거나 와전되게 하는 일, 8. 조사원이 정보원·탐정 기타 이에 유사한 명칭을 사용하는 일, 9. 국가안보에 관계있는 사항이나 군사기밀에 속하는 사항을 조사하는 일, 10. 특정인의 소재를 탐지하거나 경제상의 신용관계 이외의 사생활 등을 조사하는 일을 규정하고 있다. 그리고 신용조사사업을 영위하는 법인의 대표자나 대리인·사용인 기타 종업원이 법인의 업무에 관하여 제17조 및 제18조의 위반행위를 한 때에는 그 행위자를 벌하는 외에 그 법인에 대하여도 각 해당조의 벌금 또는 과료에 처할 수 있도록 양벌규정을 두었다(동법 제19조). 특히, 동법 제10조 제8호의 금지사항인 '조사원이 정보원·탐정 기타 이에 유사한 명칭을 사용하는 행위'는 앞의 「흥신업단속법」의 규정과 동일하게 규제되고 있다.

라. 신용정보의 이용 및 보호에 관한 법률

1995년 7월 6일 「신용정보의 이용 및 보호에 관한 법률」(법률 제4866호. 1995. 1. 5. 제정)의 시행으로 「신용조사업법」은 폐지되었다. 현행 「신용정보의 이용및 보호에 관한 법률」(이하 '신용정보법'이라 한다)은 신용정보업을 건전하게 육성하고 신용정보의 효율적 이용과 체계적 관리를 도모하며 신용정보의 오용·남용으로부터 사생활의 비밀 등을 적절히 보호함으로써 건전한 신용질서의 확립에 이바지함을 목적으로 제정되었다(동법 제1조).

「신용정보법」은 신용정보업의 종류 및 업무를 ① 신용조회업(신용조회업무및 그에 딸린 업무), ② 신용조사사업(신용조사업무 및 그에 딸린 업무), ③ 채권추심업(채권추심업무 및 그에 딸린 업무)으로 구분하고, 각 호의 '딸린 업무'는 대통령령으로 정한다고 규정하고 있다(동법 제1조 및 제4조 제1항).

「신용정보법」은 신용정보의 개념을 다음과 같이 정의하고 있다. '신용정보'란 금융거래 등 상거래에 있어서 거래 상대방의 신용을 판단할 때 필요한 정보로서 1. 특정 신용정보주체를 식별할 수 있는 정보, 2. 신용정보주체의 거래내용을 판단할 수 있는 정보, 3. 신용정보주체의 신용도를 판단할 수 있는 정보, 4. 신용정보주체의 신용거래능력을 판단할 수 있는 정보, 5. 그 밖에 가목부터 라목까지와 유사한 정보로서 대통령령으로 정하는 정보를 말한다고 정의하고 있다(동법 제2조 제1호).

한편 동법은 '신용조사업무'를 '타인의 의뢰를 받아 신용정보를 조사하고, 그 신용정보를 그 의뢰인에게 제공하는 행위를 말한다'고 정의하고 있다(동법 제2조 제9호). 동 규정에 따라 신용정보회사가 행하는 신용조사업무는 그 대상이 '신용정보'에 한정되어 업

(業)의 영위가 이루어진다는 점에서 민간조사원이 행하는 다양한 유형의 조사업무와는 구분된다고 할 수 있다. 신용조사사업의 영위는 신용정보법 제4조 제1항 제2호에서 정하는 신용조사사업(신용조사업무 및 그에 딸린 업무)을 특정하여 '금융위원회의 허가를 받은 신용정보회사'만이 영위할 수 있도록 제한하고, 신용정보회사 등에 대한 감독, 명령, 검사, 자료의 제출과 관계자의 출석 및 의견진술요구 등의 관리감독권한을 금융위원회가 행하도록 정하고 있다(동법 제45조). 금융위원회의 권한 중 대통령령으로 정하는 권한은 대통령령으로 정하는 바에 따라 특별시장·광역시장·도지사·특별자치도지사, 금융감독원장, 신용정보협회, 그 밖에 대통령령으로 정하는 자에게 위임하거나 위탁할 수 있도록 권한의 위임·위탁규정을 두고 있다(동법 제49조). 특히, 신용정보법 제40조에서는 '신용정보회사 등의 금지사항'을 열거하고 있는바 1. 의뢰인에게 허위 사실을 알리는 일, 2. 신용정보에 관한 조사 의뢰를 강요하는 일, 3. 신용정보 조사 대상자에게 조사자료 제공과 답변을 강요하는 일, 4. 특정인의 소재 및 연락처(이하 '소재등'이라 한다)를 알아내거나 금융거래 등 상거래관계 외의 사생활 등을 조사하는 일(다만, 채권추심업을 허가받은 신용정보회사가 그 업무를 하기 위하여 특정인의 소재 등을 알아내는 경우 또는 다른 법령에 따라 특정인의 소재 등을 알아내는 것이 허용되는 경우에는 그러하지 아니하다), 5. 정보원, 탐정, 그 밖에 이와 비슷한 명칭을 사용하는 일을 금지하고 있다.

아울러 신용정보회사 등이 아니면 제4호 본문의 행위를 업으로 하거나 제5호의 행위를 하여서는 아니 된다고 규정하고, 이를 위반 시에는 3년 이하의 징역 또는 3천만 원 이하의 벌금에 처하도록 규정하고 있다(동법 제50조).

여기서 주목할 점은 신용정보법 제40조 제4호 및 제5호에서 정하고 있는 '신용정보회사 등의 금지규정'이 탐정제도의 도입 또는 탐정(민간조사원)에 의한 조사행위를 금지하는 근거규정이 되고 있는바 이에 대하여는 구체적으로 검토할 필요가 있다.

3. 탐정의 개념 정의

가. 탐정의 정의 등

1) 탐정의 정의

탐정에 대한 사전적 정의는 '드러나지 않는 사정을 몰래 살펴 은밀히 알아내는 일 또는 그 일에 종사하는 사람'[7]으로 해석된다. 실제 현장에서의 탐정은 타인과의 사법상 계약에 의거하여 특정 사실에 대한 조사나 정보수집 · 분석 후 이를 의뢰인에게 제공하는 업무를 수행하는 자를 지칭한다.[8] 여기서 조사(investigation)란[9] 법의 사각지대에서 의뢰인의 권익보호 등을 위하여 수행하는 사실조사 행위, 교통 · 화재 등의 사건에서 증거조사행위, 소송수행 등에 필요한 각종 증거수집 및 은폐된 사실관계 확인 행위 등에 대한 조사행위 등을 총칭하는 개념이다.

급진적 사회변화에 따른 각종 범죄의 증가로부터 개인의 안전욕구와 재산 및 권익보호에 관한 치안수요증가는 국가 전체적인 시큐리티의 필요성을 더욱 증진시키고 있지만 국가기관의 치안서비스의 한계로 인하여 국민 개개인의 치안 수요를 충족시켜 주지 못하는 현실에서 탐정은 의뢰인을 위한 민간차원의 전문적인 조사, 정보획득활동 등을 통해 진실여부를 파악하고, 개인 기관 및 기업 등의 조직체의 신용조사를 통해 사기범죄를 예방하는 간접적인 치안활동을 수행하는 등 민간영역에서의 치안수요 해결이라는 중요한 역할을 수행하고 있다. OECD 국가 중 한국을 제외한 대부분의 국가들이 의뢰인의 요구에 따라 비용을 받고 민간인 차원 혹은 법에서 정한 일정범위의 권한을 부여받은 상태에서 조사업무를 제공하는 탐정제도를 제도화 하거나 허가하고 있다.[10]

---

7) '그 일에 종사하는 사람'에 대해서 전쟁 전에는 염탐꾼이라고도 하였고, 전쟁 후에는 밀정, 간첩, 스파이 등으로 불리워졌다.

8) 일본의 민간조사업무의 적정화에 관한 법률 제2조 제1항에서는 탐정을 의뢰인의 의뢰를 받아 특정인에 대한 정보를 입수하여 해당 의뢰인에게 수집된 정보를 제공할 목적으로 면접, 미행, 잠복 및 그 밖의 유사한 방법으로 사실을 조사하고 그 결과를 당해 의뢰인에게 보고하는 업무로 정의하고 있다[김현수, 민사조사원의 법적지위에 관한 법적 고찰, 한국민간병비학회보, 13(3), 86면].

9) investigatigate라는 단어는 'to track or trace'를 뜻하는 라틴어 'veetigare'로부터 유래되었으며, '추격하다, 수색하다, 조사하다, 정보나 사실들을 수집하다'는 뜻이다.

10) 강영숙 외 1. 미국의 탐정제도에 관한 연구, 경호경비연구 제12호(2006), 26면.

국 가	정의
미 국	미합중국 또는 여타 주 또는 지역에 대한 범죄, 과실 또는 위협, 여타 개인의 배경, 신원, 습벽, 행위, 사업, 고용, 직업, 자산, 정직성, 신뢰도, 지식, 진실성, 효율성, 충성심, 활동, 동향, 제휴, 협회, 거래행위, 명성 또는 개성, 분실 및 도산 재산의 위치, 처분, 반환, 개인 또는 재산에 대한 화재, 중상모략, 분실, 사고, 피해 또는 부상의 원인 또는 책임, 여타 법원, 위원회, 경찰 또는 조사위원회에 사용될 민간조사업무 과정의 증거확보, 심각한 신체 손상 또는 사망으로부터 개인보호 등과 관련된 정보를 획득하거나 제공하기 위하여 고용을 하는 사업
영 국	특정인물 혹은 그 활동이나 소재에 관한 정보를 얻을 목적이나 재산이 멸실한 상황 혹은 그 수단에 관한 정보를 얻을 목적으로 감시, 조회, 조사를 행하는 것
프랑스	의뢰인의 이익을 보호할 목적으로 정보를 수집하고 해당 정보를 의뢰인에게 제공하는 행위
독 일	자산상황 또는 개인에 관한 사항에 관한 정보를 제공하는 업
일 본	타인의 의뢰를 받아 특정인의 소재 또는 행동에 대한 정보로서 당해 의뢰에 관계되는 것을 수집할 것을 목적으로 면접에 의한 탐문, 미행, 잠복 등 기타 그에 준하는 방법에 따라 조사를 실시하고 그 조사결과를 당해 의뢰인에게 보고하는 업무

출처 : 경찰청(2013) 재구성.

2) 탐정의 구분

가) 공인탐정과 사립탐정

탐정(探偵)은 영문 표현은 'Inspector General, The Detective Service, Private Investigator, Private Detective, Detective, Private eye' 등 여러 종류로 쓰이고 있으며, 이는 다시 탐정의 자격기준 등에 따라 사립탐정과 공인탐정으로 구분되어 진다.

미국의 대부분의 주와 프랑스, 스페인, 캐나다, 벨기에, 독일, 호주 등 상당수의 국가들이 엄격한 자격시험과 훈련을 거쳐 취득한 면허나 자격을 부여하는 공인탐정제도를 채택하고 있고 반면, 일본의 경우 민간자격증으로 누구나 탐정영업을 개시할 수 있도록 하였다가 그 폐해와 부작용이 커지자 탐정업에 관한 법률을 제정하여 공인탐정제를 도입하고자 하는 실정이다.[11]

한편, 사립탐정이라 함은 사인간의 사법상의 계약에 의거하여 보수를 받고 계약상

---

11) 강영숙외 1, 위의 논문, 26면.

업무인 사실관계 등을 의뢰인을 대신하여 관련 조사업무를 수행한 후 그 결과를 제공하는 업무를 수행하는 자를 말하며 반면, 공인탐정이라 함은 일정한 자격 및 기준을 충족한 자에 대하여 국가가 변호사 등과 같이 전문적인 자격을 부여하고 이를 관련법에 근거하여 관리 · 감독 하에 의뢰인으로부터 사실관계의 조사 등을 의뢰받고 그 결과를 제공하는 업무를 수행하는 자를 말한다.

나) 업무유형에 따른 분류

탐정의 업무를 전문분야에 따라 법률탐정, 기업탐정, 재정탐정 등 다음 표에서 보는 바와 같이 다양하게 분류된다.

(1) 법률탐정(legal investigator)

법률탐정의 경우에는 여러 다양한 소송사건에 대한 분야를 전문적으로 진행(특히 형사관련 소송)하여 변호사들이 소송을 위해 필요로 하는 증거나 자료의 수집, 증인의 확보, 경찰과 면담증거를 수집, 검토, 사진촬영을 하고 이를 법정에서 증언을 하는 탐정을 말한다.

(2) 기업탐정(coporate investigator)

기업탐정은 여러 다양한 기업들에서 의뢰한 회사의 내부, 외부에 대한 여러 조사, 회사재산에 대한 절도, 사기, 비용지출내역의 허위사실을 조사하는 업무를 수행하는 탐정을 말한다.

(3) 재정탐정(financial investigator)

재정탐정은 금전과 관련된 횡령, 사기 사건들을 전문회계지식을 이용해서 이를 조사하고, 회사의 재무상태, 횡령당한 자금의 소재파악을 해서 추적하는 일을 담당한다. 그 밖에도 자금거래와 관련성이 있는 회사나 개인에 대한 다양한 정보를 수집해서 이를 제공하는 업무를 수행하는 탐정을 말한다.

(4) 보험탐정(insurance investigator)

보험탐정은 보험과 관련된 조사업무 수행하는 일을 담당한다. 보험금을 노리고 하는 자해공갈단들의 자해행위, 보험금을 노리고 행하는 보험사기 등에 대한 조사, 사고나 재해에 관한 적정한 피해보상 등의 업무에 대해서 이를 전반적으로 수행하는 탐정을 말한다. 예컨대 자동차관련 등이다.

(5) 경비탐정(store detective)

경비탐정은 백화점, 대형마트 등의 판매회사에 소속되어 여기에서 벌어지는 여러 절도, 소매치기 등을 하는 자들을 검거하거나 사기행위, 내부직원의 부정행위 등에 대해서도 이를 적발하고, 직원이 고객에게 하는 서비스 등의 근무에 관한 여러 태도를 감시하는 업무를 수행하는 탐정을 말한다.

(6) 기타

현상수배범의 소재파악을 전문으로 하는 탐정, 뺑소니차량을 추적하거나 해외도피사범의 소재파악을 전문으로 하는 탐정 등 다양한 분야에서 업무를 수행하고 있다.

전문 분야별 탐정의 유형[12]

탐정의 유형	주요 업무	세부내용
법률탐정 (Legal investigator)	소송사건 등 변호사의 위임사항에 대한 사실 조사와 증거수집 등을 수행하거나 검토하는 업무 등	• 법률문서의 작성 지원, 증인이 예상되는 사람들에 대한 면담, 증거의 수집과 검토 등 • 민사소송에 필요한 자료 및 증거수집 · 사진촬영 • 법정증언 – 로펌 · 법률사무소 등에서 주로 근무함.
기업탐정 (Corporate investigator)	기업의 불법적인 문제에 대한 감시, 보안관리 등 기업 관련 사항 및 지식재산권침해 조사	• 기업의 내 · 외부에 대한 불법적인 문제에 대한업무 • 회사 내의 작업현장에서 일어나는 불법적인 문제 • 지출계좌의 오 · 남용 여부 확인 • 지식재산권 침해 및 유출 등에 대한 감시 및 디지털 포렌식 증거분석 등 조사

---

12) 황요한, 공인탐정제도 도입 시 문제점 및 해결방안에 대한 입법론적 연구, 동아대학교 대학원 국제법무학과 박사학위논문, ㈜ 7 원용.

재정탐정 (Financial investigator)	주로 자신의 회계지식을 활용하여 문제가 있는 자금과 관련된 횡령 · 사기 · 배임 등의 사건들을 전문적으로 조사함.	• 장래 대규모의 재정적 거래의 당사자가 될 개인이나 기업의 사적인 재정 관련 자료나 정보 수집. • 법원에 의하여 사기 또는 절도의 혐의가 확정된 경우 피해를 회복하기 위한 조사 활동. • 회사의 재무 상태나 피해회사 자금의 소재파악 · 추적해서 보고하는 업무. • 사기 · 횡령 피의자에 대하여 변제 판결로 인한 숨겨놓은 재산을 추적해서 찾아내는 업무. • 투자은행이나 변호사들과 공동으로 업무를 진행하면서 자금거래에 관계된 기업이나 개인들에 대한 다양한 정보를 수집 · 보유하는 업무.
보험탐정 (Insurance investigator)	보험금 부당 청구 등 보험관련 사항조사	• 보험금을 노리고 자해 행위 또는 교통사고 위장환자 등 보험사기를 행하는 자들에 대한 조사 • 보험회사가 입게 될 보험금 누수에 대한 피해를 사전에 예방하거나 방지하는 업무
경비탐정 (Store detective)	백화점 · 대형마트 · 지하상가 등에 근무하면서 주로 절도범이나 소매치기 등을 검거하거나 예방하는 업무	• 상품의 절도나 상점물품의 손괴를 시도하는 사람을 검거하거나 예방하는 업무 • 창고 · 탈의실 및 휴게실 등을 순찰하고 때로는 상점을 열고 닫는 것을 돕기도 한다. • 관리자를 위해 손실방지 및 보안을 위한 보고서를 작성하는 업무를 주로 한다.
사이버탐정 (Cyber investigator)	사이버 공간 상에서 이루어지는 인터넷사기, 사이버금융범죄, 사이버도박, 명예훼손, 개인정보침해, 사이버저작권침해 등 불법행위에 대한 감시 및 자료수집에 대한 조사.	• 자료수집 또는 증거 수집을 위해서 컴퓨터의 데이터를 복구 · 분석 • 불법행위자의 IP를 추적하여 자료 등을 찾아내는 업무를 주로 한다. • 컴퓨터에 대한 외부침입에 대한 예방 등의 감시 및 조사업무 활동을 수로 한다.
사회안전 탐정 (Social safety detective)	국민의 안전과 관련된 공익 침해 사실조사나 미아 · 실종자 · 가출인 등 소재조사.	• 국민의 안전과 관련된 공익 침해 피해사실조사 · 자료 수집을 하거나 미아 · 실종자 · 가출인 등 소재파악 등 조사하는 업무를 주로 한다.

3) 우리나라의 공인탐정제 도입 시도

우리나라의 경우 2020. 8. 신용정보법 개정으로 누구나 탐정이라는 명칭을 사용할 수 있게는 되었지만 아직까지 후속 입법의 공백으로 공인탐정은 존재하지 아니하고, 사실상 사립탐정만이 존재하고 있는 실정이다. 하지만 다음 표에서 그 동안 발의된 입법안들을 살펴보면 우리나라는 인접국인 일본과는 달리 공인탐정제의 도입을 시도하고 있으며, 이는 종전 문제인 정부의 공약사항이기도 하였다.

지금까지 여러 국회의원들이 공인탐정제 도입을 위한 입법안을 수차례 발의하기도 하였지만 모두 국회 상임위원회나 법제사법위원회의 문턱을 넘지 못하고 국회 회기종료로 인한 폐기를 반복하고 있는 실정이다. 다만, 최근 2023. 4. 24. 더불어 민주당 황운하 의원이 다시 공인탐정업의 관리에 관한 법률을 대표발의를 하면서 여전히 공인탐정제 도입을 위한 시도는 계속되고 있는 상황이며, 정부의 신직업 활성화 정책과 연계되어 그 어느 때보다 입법가능성은 높아진 상황이다.[13]

현재 우리나라의 경우에도 해마다 많은 미아와 실종자의 발생 및 각종 미제사건이 증가하고 있는 실정이다. 그 외 각종 민사·가사·형사사건 등에서 필요한 증거수집 등 법의 사각지대인 일상 사회생활에서 국민의 권익보호를 위해 필수적인 정보수집에 꼭 필요한 탐정제도가 정치권에서 표류하고 있다. 이제는 국민을 위한 탐정제도를 도입해야 한다. 늘어나는 범죄와 아울러 한정된 국가자원으로 해결하기 어려운 문제들을 국민이 자신의 비용을 지불하고서라도 문제 해결을 바라는 목소리가 높다. 나아가 탐정제도는 현재와 같은 취업의 파고에서 청년의 고용창출도 기대할 수 있는 영역으로서 더 이상 그 도입을 미룰 이유가 없다.

[공인탐정업의 정의][14]

이완영의원 (2017.7.13.)	공인탐정 및 공인탐정에 관한 법률(안)	1. 공인탐정업무란 다른 사람의 의뢰를 받아 사람의 생사나 그 소재, 재산상 이익의 소재 또는 권리의무의 기초가 되는 사실관계 등에 대하여 관련 정보를 수집하고 사실을 조사하여 의뢰인에게 제공하는 업무를 말한다. 2. 공인탐정업이란 공인탐정업무를 업으로 하는 것을 말한다. 3. 공인탐정업자란 제10조 제1항에 따라 공인탐정업의 등록을 한 공인탐정과 제13조에 따라 인가를 받은 민간조사원을 말한다.

---

13) 이완영의원이 2017. 1. 13. 대표발의 한 공인탐정 및 공인탐정에 관한 법률안은 미래 신직업 창출분야로 탐정업이 선정되고 일자리 창출의 일환으로 탐정업의 건전한 발전에 관한 법안이 새로이 발의된 것이다.

14) 김원중 외 2인, 탐정업에 법령에 관한 비교법적 연구, 치안논총 제36집, 경찰대학 치안정책연구, 2020, 36집, 23면 이하

윤재옥의원 (2016. 9.8)	공인탐정법(안)	1. 탐정이란 사람의 생사나 그 소재, 도난 자산 등 물건의 소재, 또는 권리의무의 기초가 되는 관련 정보와 사실관계의 존부 등을 확인할 정당한 이해관계가 있는 사람이 관련 사실 조사를 의뢰한 경우에 이에 대한 정보를 수집하고 사실을 조사하여 의뢰인에게 제공하는 것을 말한다. 2. 탐정업이란 탐정을 업으로 하는 것을 말한다. 3. 공인탐정이란 제6조에 따라 공인탐정 자격을 취득한 자를 말한다. 4. 공인탐정업자란 탐정업을 할 목적으로 제11조에 따라 등록된 공인탐정과 제28조에 따라 인가를 받은 공인탐정법인을 말한다.
윤재옥의원 (2015.11.13.)	민간조사업의 관리에 관한 법률(안)	1. 민간조사업무란 사람의 생사나 그 소재, 재산상 이익의 소재, 또는 권리의무의 기초가 되는 관련 정보의 사실관계의 존부 등을 확인할 정당한 이해관계가 있는 사람이 관련 사실조사를 의뢰한 경우에 이에 대해 정보를 수집하고 사실을 조사하여 의뢰인에게 제공하는 업무를 말한다. 2. 민간조사업이란 조사업무를 업으로 하는 것을 말한다. 3. 민간조사원이란 제6조에 따른 민간조사원 자격을 취득한 자를 말한다. 4. 민간조사업자란 민간조사업을 할 목적으로 제10조에 따라 등록된 민간조사원 제27조에 따라 인가를 받은 민간조사법인을 말한다.
송명근의원 (2013.3.19.)	민간조사업에 관한 법률(안)	1. 민간조사업이란 다른 사람의 의뢰를 받아 제3조에서 규정한 업무의 전부 또는 일부를 업으로 영위하는 것을 말한다. 2. 민간조사원이란 제3조에서 규정한 업무를 행하기 위하여 제6조에 따른 민간조사원 자격을 취득한 자를 말한다. 3. 민간조사업자란 민간조사업을 영위할 목적으로 제9조에 따라 법무부장관에게 등록한 자를 말한다.
윤재옥의원 (2012. 11.)	경비업법 전부개정법률(안)	민간조사원이란 제3호 각 목의 민간조사업무를 수행하는 사람으로서 제27조에 따른 자격시험에 합격하여 민간조사원 자격을 취득한 사람을 말한다.
강성찬의원 (2009. 4. 10)	민간조사업법(안)	1. 민간조사업이란 다른 사람이 의뢰를 받아 제3조에서 규정한 업무의 전부 또는 일부를 업으로 영위하는 것을 말한다. 2. 민간조사원이란 제3조에서 규정한 업무를 행하기 위하여 제6조에 따른 민간조사원 자격을 취득한 자를 말한다. 3. 민간조사업자란 민간조사업을 영위할 목적으로 제8조에 따라 법무부장관에게 등록한 자를 말한다.
이인기의원 (2008. 9. 24)	경비업법 일부개정법률안	민간조사관이란 제1호 바목의 민간조사업무를 수행하는 자로서, 제18조의3의 규정에 따른 자격시험에 합격하여 민간조사관 자격을 취득한 자를 말한다.

최재천의원 (2006. 4. 5.)	민간조사업법(안)	1. 민간조사업이라 함은 다른 사람의 의뢰를 받아 제3조에서 규정한 업무의 전부 또는 일부를 업으로 영위하는 것을 말한다. 2. 민간조사원이라 함은 제3조에서 규정한 업무를 행하기 위하여 제5조의 규정에 따른 민간조사원 자격을 취득한 자를 말한다. 3. 민간조사업자라 함은 민간조사업을 영위할 목적으로 제8조의 규정에 따라 법무부장관에게 등록한 자를 말한다.
이상배의원 (2005.9.8.)	민간조사업법(안)	1. 민간조사원이라 함은 제3조에서 규정한 업무를 행하기 위하여 제5조의 규정에 의한 민간조사원 자격을 취득한 자를 말한다. 2. 민간조사업이라 함은 다른 사람의 의뢰를 받아 제3조에서 규정한 업무의 전부 또는 일부를 업으로 영위하는 것을 말한다. 3. 민간조사업자라 함은 민간조사업을 영위할 목적으로 제8조의 규정에 의하여 경찰청장에게 등록한 자를 말한다.

나. 탐정의 업무

1) 문제의 소재 - 탐정의 업무범위 제한의 필요성

탐정은 이미 여러 나라에서 국가·사회적으로 관련 법규정이 제정되고 그에 따라 관리되고 있는 하나의 전문 직업군으로서 역할과 기능을 다하고 있다. 다만, 우리나라의 경우 아직까지 탐정관련 법규가 제정조차 되지 아니한 상태이고, 보통의 사람들의 경우 탐정이라고 하면 사람들의 미행이나 도청, 뒷조사 등의 불법행위를 통해 얻는 정보를 제공하고 그 대가를 수수하는 속칭 '흥신소'나 '심부름센터' 등을 떠올리고 있는 실정이다.

이러한 상황에서 탐정의 활동에 대한 일정한 제한없이 무제한적으로 허용할 경우 자칫 탐정이 국가의 안보를 위협하는 기밀이나 기업의 영업비밀, 독창적인 연구개발정보, 개인의 사생활을 침해하는 정보 등을 수집할 수 있고,[15] 특히 형사사건의 경우 관련 증거가 유무죄를 다투는 과정에서 중요하게 작용하는데 탐정업이 활발해진다면 증거 없는 사건에 대해 증거를 만들어오거나 민감한 자료를 녹취, 녹음하는 등의 위법한 증거 수집 사례가 늘어날 수도 있다는 등의 부작용을 초래할 수 있기 때문에 탐정활동의 업무범위 및 제한 영역에 대한 법률의 규정 등 명확한 제한이 더더욱 필요한 상황이다.

---

15) 공도한, 한국에서의 탐정제도의 필요성과 탐정의 역할 및 업무범위에 관한 연구, 연세대학교 법무대학원, 석사 학위 논문, 2007. 12. 66면.

2) 탐정의 업무범위

가) 외국의 탐정업무

(1) 업무범위

탐정업의 업무범위를 어디까지로 정하고 어떻게 인정할 것인가는 각국이 놓여있는 상황에 따른 입법형성자의 입법재량에 속한다. 따라서 탐정의 업무범위는 각국의 상황에 따라 다소간 차이가 있을 수 있다.

미국 등 선진 외국의 경우, 탐정은 다양한 정보를 수집하고 조사업무를 수행하게 되는데, 형사 또는 민사사건의 업무 중 민간영역의 업무는 물론, 경우에 따라서는 공공기관의 의뢰나 요청으로 공공영역을 대신하거나 공공범죄 조사업무를 수행할 수도 있다[16]. 현재, 미국에서의 탐정은 살인, 거액의 사기, 정치 스캔들 사건 같은 규모 있는 사건 이외에도 화재, 교통사고, 보험사기, 신분도용, 가정문제 등에 이르기까지 거의 모든 사건들에 탐정이 관여하고 있고, 특히 변호사는 탐정의 도움 없이는 재판을 수행할 수 없을 정도이다. 그 외 CIA, FBI, 검찰, 경찰 등에서도 탐정들과 간헐적으로 비공개 혹은 공개입찰을 통해 장기간 하청계약을 맺어 도움을 받기도 한다.[17]

그 결과 탐정의 조사업무는 대부분 개인과 기업의 재산권 보호 같은 업무 및 민간조사업을 기본으로 프리랜서 활동, 기업의 지적재산권 조사는 물론 경호·경비업과 접목해 다양한 분야에서 활동하는 것이 일반적이지만, 극히 예외적으로 미국과 같이 정부에 의해 고용되어 특정 형사사건이나 행정사건 등에 관한 채증절차를 진행하는 경우도 있다.[18]

위와 같이 탐정업무의 영역은 민간 및 공공의 범위를 넘나들 만큼 그 범위가 넓고 매우 다양한 듯 보이지만, 미국을 제외한 대부분의 나라에서는 민간의 영역에 국한되어 있는 듯한 모습이다. 예를 들어 호주의 경우 탐정의 업무범위는 주마다 다소간 차이가 있기는 하지만, 대체로 채권회수, 의뢰인을 대신하여 제3자를 찾거나 개인적 문제의 조

---

16) 이상수 외 1, 탐정학개론, 대영문화사, 2022. 3. 15. 39면 참조.

17) 권영희, 사설탐정제도의 도입 필요성에 관한 연구, 한세대학교 법무대학원, 석사학위논문, 2007. 12. 126면.

18) Hess, Karen M. & Herny M. Wrobleski(1996). Introdution Private Security(sT. paul, MN: West-PUBLISHING cOMPANY), p33.

사, 소송수행 목적의 증거수집, 실종자 소재확인 등 사인의 권익구제나 소송에 필요한 증거수집 등에 국한되어 있다.[19]

그 외 일본의 경우에도 탐정의 업무범위에 대하여 구체적인 항목으로 나열되어 있지는 않지만 보통 불륜조사나 소행조사 등 행동조사, 사람찾기, 신용조사, 기타 배경조사, 소송에 사용될 재판자료 수집 등 사인의 권익구제나 소송 등에 필요한 증거수집 등에 국한되어 있다.[20]

이렇듯 탐정의 업무는 대부분의 나라에서 공권력의 사각지대에 놓여있는 사인의 권익구제를 위하여 합법적인 범위 내의 권리보호 및 피해보호를 위한 각종 사실조사, 개인이나 기업에 대한 신용조사나 배경조사 평판조사, 사실확인, 추심을 위한 기초조사 등을 목적으로 수행되고 있는 상황이다.

그 결과 21세기 제4차 산업혁명 사회에서 각종 범죄 및 사회문제, 정보보안의 문제들이 급증하고, 이에 대한 국가기관이나 사법기관의 대응능력에 한계가 발생하는 상황에서 탐정은 국가기관을 보완하며 국민의 권익을 더욱더 보호하는 기능을 수행하고 있다.[21]

(2) 업무유형

각국의 탐정이 행하는 업무를 사적 영역에서 구분해 보면 다음과 같다.

---

1) 사고조사(예컨대 항공기, 차량 등), 2) 조정(예컨대 채무 청구의 경우), 3) 독점금지 활동, 4) 재산의 소재파악, 추적, 5) 계약위반(예컨대 사실과 가능한 손해의 결정), 6) 경쟁적인 정보수집, 7) 컨설팅, 8) 유용(예컨대 타인의 재산에 대한 통제), 9) 저작권 및 상표위반, 10) 사이버 범죄, 11) 전자대응책, 12) 직원의 경력조사, 13) 산업스파이, 14) 화재사건, 15) 사기(예컨대 부정행위), 16) 명령, 17) 보험청구 또는 소송청구, 18) 실종자 소재파악, 19) 해운업조사, 20) 인수 및 합병(M&A), 21) 과실, 22) 개인적 손해, 23) 특허권 침해, 24) 거짓말탐지기 조사, 25) 제품부담, 26) 재산 및 순수가액청구, 27) 공공기록 조사(예컨대 인구통계, 재산, 신용, 범죄, 채무, 교육), 28) 채용조사, 29) 성희롱 30) 감시, 31) 재판준비, 32) 비밀활동, 33) 근로자 배상, 34) 근무 및 근무지 위반 등

---

19) 공도한, 위의 논문, 13면 참조.

20) 공도한, 위의 논문, 18면 참조.

21) King, Michael.(2020). Out of obscurity: The comtempory private investigator in Australia. International Journal of Science & Management. 22(3) : 285~296.

다만, 오늘날 탐정의 업무는 21세기 유망 전문 직종으로서 과거 사람찾기나 사실조사 등의 단순한 업무에 국한되지 아니하고 법률이 허용하는 범위 내의 각종 업무 즉, 기업의 인수 및 합병관련 조사, 기업의 불공정거래 조사, 기업사기, 금융조사, 사이버범죄 조사 등의 서비스까지 수행하게 되면서 종전보다 더 전문적인 분야에서 그 역할이 확대되고 있는 상황이다.

이렇듯 탐정은 현재 각국에서 다양한 분야에서 탐정수요의 증가로 인하여 개인을 넘어 기관 및 기업 등의 조직체에 관한 각종 범죄를 예방하는 간접적인 치안활동까지 수행하며, 이미 국가 공권력의 사각지대에서 사회적 치안수요 해결이라는 중요한 일부를 수행하고 있다.

2) 우리나라의 탐정업무 범위

가) 업무범위

아직 탐정관련법이 미제정된 우리나라의 경우 구체적으로 탐정업무를 규정하거나 그 범위를 규정한 기준은 없다. 다만, 의원 입법(안) 표를 종합하여 보면, 거의 유사하게 탐정(민간조사)의 업무범위를 규정하고 있는데, 구체적으로 살펴보면 미아 · 가출인 · 실종자 조사 및 재산소재 확인, 사실조사, 변호사로부터 의뢰받은 자료의 수집, 법원 등에서 사용될 증거자료의 확보, 범죄 및 위법행위와 관련된 조사 등이다. 이 전반적인 업무들은 권력적 작용이 수반되지 아니하는 단순한 사실조사에 가깝고, 서구 선진국과 대동소이하게 사인의 권익구제나 소송 등에 필요한 증거수집 등에 국한되고 있다.

[의원 입법(안) 상 업무범위][22]

이완영의원 (2017.7.13.)	공인탐정 및 공인탐정에 관한 법률(안) 제2조 정의	공인탐정업무란 다른 사람의 의뢰를 받아 사람의 생사나 그 소재, 재산상 이익의 소재 또는 권리의무의 기초가 되는 사실관계 등에 대 하여 관련 정보를 수집하고 사실을 조사하여 의뢰인에게 제공하는 업무를 말한다. * 구체적인 업무범위를 정하지 않고 '정의'에서 탐정업에 대하여 기 술하고 있다.
윤재옥의원 (2016.9.8.)	공인탐정법(안) 제3조 업무	1. 미아, 가출인, 실종자, 소재 불명인, 불법행위자에 대한 소재 파악 과 관련된 사실조사 2. 도난, 분실, 도피자산의 추적 및 소재 확인과 관련된 사실조사 3. 의뢰인의 권리보호 및 피해사실과 관련된 사실조사

윤재옥의원
(2015.11.13.)
	민간조사업의
	관리에 관한
	법률(안)
	제2조 정의
		1. 민간조사업무란 사람의 생사나 그 소재, 재산상 이익의 소재, 또는
		   권리의무의 기초가 되는 관련 정보와 사실관계의 조사 등을 확인
		   할 정당한 이해관계가 있는 사람이 관련 사실 조사를 의뢰한 경우
		   에 이에 대해 정보를 수집하고 사실을 조사하여 의뢰인에게 제공
		   하는 업무를 말한다.
		* 업무범위에 대한 구체적인 규정에 대해 별도로 정하지 않음

송영근의원
(2013.3.19.)
	민간조사업에
	관한 법률(안)
	제3조 업무
		1. 미아, 가출인, 실종자, 소재 불명인 불법행위자에 대한 소재 파악
		   과 관련된 조사
		2. 도난, 분실, 도피자산의 추적 및 소재 확인과 관련된 조사
		3. 의뢰인의 피해사실에 대한 조사
		4. 변호사가 수임한 사건과 관련하여 해당 변호사로부터 의뢰받은
		   자료의 수집

윤재옥의원
(2011.11.)
	경비업법
	전부개정법률(안)
		민간조사원이란 대가를 받고 다음 각 목의 어느 하나에 해당하는 업
		무를 행하는 영업을 말한다.
		가. 가족의 의뢰에 의하여 실종아동 등의 보호 및 지원에 관한 법률
		    제2조 제2호에 따른 실종아동 등, 가출인, 실종자에 대한 소재파
		    악과 관련된 조사
		나. 도난, 분실, 소재가 불분명한 물건의 소재확인과 관련 된 조사
		다. 의뢰인의 피해 확인 및 그 원인에 관한 사실 조사

강성찬의원
(2009.4.10.)
	민간조사업법(안)
	제3조 업무
		1. 미아, 가출인, 실종자, 소재 불명인 불법행위자에 대한 소재 파악
		   과 관련된 조사
		2. 도난, 분실, 도피자산의 추적 및 소재 확인과 관련된 조사
		3. 변호사가 수임한 사건과 관련하여 해당 변호사로부터 의뢰받은
		   자료의 수집

---

22) 탐정업법 제정 어떻게 할 것 인가?, 주관 국회의원 윤재옥, 임호선, 서범수, 한국행정학회 경찰발전연구회, 한국
탐정정책학회. 2020. 11. 11. 55면.

이인기의원 (2008.9.24.)	경비업법 일부개정법률(안)	민간조사란 의뢰에 의해 미아, 가출인, 실종자에 대한 소재파악, 소재가 불명한 물건의 소재파악, 의뢰인의 피해확인 및 그 원인에 관한 사실 조사를 수행하는 업무
최재천의원 (2006.4.5.)	민간조사업법(안) 제3조 업무	1. 사이버범죄, 보험범죄, 지적재산권침해, 기업회계부정 등 각종 범죄 및 위법행위의 조사 2. 사람의 사망·상해, 화재, 교통사고, 물건의 멸실·훼손 등 각종 사고의 원인 및 책임의 조사 3. 분실·도난·도피자산의 추적 및 소재확인 4. 행방불명자, 상속인, 소유불명재산의 소유자, 국내외 도피사범 등 특정인에 대한 소재 탐지 5. 법원 등에서 사용될 증거자료의 확보 6. 그 밖에 대통령령으로 정하는 사항의 조사
이상배의원 (2008.9.8.)	민간조사업법(안)	1. 분실 및 위법 행위와 관련된 조사 2. 분실 또는 도난당한 재산의 소재 확인 3. 화재·사고·손실·명예훼손의 원인과 책임의 조사 4. 사람의 사망·상해 및 물건의 손상에 대한 원인과 책임의 조사 5. 소재가 불명한 친족의 소재파악 등과 관련된 조사 6. 법원 등에서 사용될 증거의 확보 7. 개인에 관한 정보 중 사생활을 침해하지 아니하는 범위 내에서 대통령령으로 정하는 사항의 조사

나) 탐정업무 중 금지된 행위

(1) 초상권침해 - 손해배상청구 가능

사람은 누구든지 자신의 얼굴 기타 신체적 특징에 관하여 함부로 촬영 또는 그림 묘사되거나 공표되지 아니하며 영리적으로 이용당하지 않을 권리를 가지는데, 이러한 권리를 초상권이라고 한다.[23] 따라서 당사자의 동의 없이 무단으로 초상에 대한 촬영을 했다면 특별한 사정이 인정되지 않는 경우 일단 초상권을 침해하는 위법행위에 해당한다.

초상권의 내용에는 함부로 얼굴을 촬영당하지 않을 권리(촬영거절권), 촬영된 초상사진의 이용을 거절할 권리(이용거절권), 초상의 이용에 대한 재산적 권리(재산권)가 포함되어 있다. 이러한 초상권과 관련하여 법원은 소송에서 '진실발견 이익'과 '초상권·사생활의 비밀과 자유'가 충돌할 때는 어느 것이 중대한지를 따져보아야 한다는 입장이다.

---

23) 정종섭, 헌법학원론, 제12판 박영사, 2108. 656면.

(2) 통신비밀보호법위반

통신비밀보호법위반과 관련하여 중요하게 판단되는 부분은 본인이 대화에 직접 참여했는지 여부이다. 특히, 녹취 부분은 통신비밀보호법에 의해 규정되어 있는데, 본인이 포함되어 있지 않은 타인의 대화를 녹음하는 것은 불법녹취이다. 따라서 이를 위반 시 통신비밀보호법 제14조 규정에 의하여 10년 이하의 징역 또는 5년 이하의 자격정지 처분을 받을 수 있다.

(3) 위치정보의 보호 이용에 관한 법률위반 – 흥신소 미행, 추적

신용정보의 이용 및 보호에 관한 법률 제15조 제1항은 '누구든지 개인 또는 소유자의 동의를 얻지 아니하고 당해 개인 또는 이동성이 있는 물건의 위치정보를 수집, 이용 또는 제공하여서는 아니 된다.'고 규정하고 있으며, 같은 법 제40조는 '위 규정에 위반하여 개인 동의를 얻지 아니하고 당해 개인의 위치정보를 수집, 이용 또는 제공한자는 3년 이하의 징역 또는 3천만 원 이하의 벌금에 처한다.'고 규정하고 있다.

따라서 배우자의 유책성에 대한 증거 수집을 위해 위치추적기를 설치할 경우 위 법률에 의하여 형사처벌을 받을 수 있다.

(4) 절도 등

타인의 우편물을 절취(절도죄 - 형법 제 329조)하는 경우 죄가 성립하며, 타인의 우편물을 개봉(재물손괴죄 - 형법 제 366조)하여 내용을 확인(비밀침해죄 - 형법 제316조 1항)하는 경우 죄가 성립된다.

(5) 변호사법 위반문제

변호사법에서 기본이 되는 법률사무취급단속법(1961. 10. 17.법률 제751호로 제정)은 변호사 아닌 자의 변호활동 등으로 생기는 피해를 예방하고 법질서를 수립하기 위한 목적으로 제정되었다. 위 법에 의거 수사기관에서 수사 중인 형사피의사건 또는 탐사사건의 조사 시 7년 이하의 징역 또는 5천만 원 이하의 벌금에 처해질 수 있다.

(6) 사생활의 비밀과 자유(Privacy권)

사생활(私生活)의 비밀과 자유라 함은 사생활의 내용을 공개당하지 아니하고, 사생활의 형성과 전개를 방해당하지 않으며, 자신에 관한 정보를 스스로 관리·통제할 수 있는 권리를 말한다. 사생활의 비밀과 자유의 내용으로는 사생활의 비밀의 불가침, 사생활의 자유의 불가침, 자기 정보의 관리·통제를 들 수 있다. 이를 나누어 설명하면, 사생활의 비밀의 불가침이라 함은 i) 본인의 의사에 반하여 감시, 도청, 비밀녹음, 비밀촬영 등에 의하여 사생활의 비밀을 탐지하거나 생활의 평온을 침입하여서는 아니 되고, ii) 사적 사항의 공개는 개인의 자율에 일임되어야 하는 것이지 난처한 사사(私事)를 무단으로 공개하여서는 아니 되며, iii) 허위의 사실을 공표하거나 사실을 과장·왜곡하게 공표하여 특정인을 진실과 다르게 인식하도록 하여서는 아니 될 뿐 아니라, iv) 성명, 초상, 경력 등이 사실과 일치하더라도 영리의 목적으로 사용하여서는 아니 된다는 것을 의미한다.

3) 수사활동과 탐정활동의 비교

탐정의 조사활동은 '사인으로서 사적 계약에 근거하여 의뢰인으로부터 의뢰받은 특정사안에 대한 조사활동을 통하여 필요한 자료 및 정보를 수집·분석하는 일련의 과정'인 반면, 수사활동은 형법 및 형사소송법에 의거하여 관련 사건에 대한 공소 제기의 목적 하에 범죄사실을 조사하고 범인의 검거, 증거의 수집 등을 목적으로 하는 수사기관의 일련의 활동을 말한다.

양자는 탐정의 조사행위가 어떠한 법적효과를 수반하지 않는 단순한 사실행위에 불과한 반면, 수사기관의 조사행위는 공권력의 주체로서 권력적 작용을 수반하는 고권적 수사·조사활동으로서 그 주체(사인과 공무원) 및 내용(비권력적 사실행위, 권력적 사실행위) 등에서 명확한 차이가 존재하며, 그 외에도 양자는 다음 표에서 보는 바와 같은 근본적인 차이가 존재한다.

[탐정활동과 수사활동의 업무범위 비교]

구 분	업무범위
탐정업	• 일반인 운영 • 사법상 계약에 의거하여 업무개시 • 탐정의 조사활동 비권력적 사실행위, 어떠한 법적효과도 부여되지 아니함 • 탐정 민사, 형사 등 조사활동에 제약이 없음 • 탐정활동의 결과물 의뢰당사자만 사용권한 인정 • 비권력적 사실행위, 조사대사자 탐정의 조사활동에 협조의무 없음(체포, 압수, 수색 등 불가능) • 탐정활동비 수익자부담의 원칙(의뢰비) • 의뢰인의 사적 이익을 위해 활동 • 비밀유지의무 • 탐정의 개별활동 • 정보수집자(탐정)와 이용자(의뢰인)의 구분
수사기관	• 국가기관 • 수사기관의 주관적 혐의(고소, 고발, 인지 등)에 의해서 수사가 개시 • 수사는 수사기관의 활동으로 인한 법률행위로서 법률효과 발생 • 수사는 형사사건 전제, 민사관계 불간섭의 원칙 • 수사를 통해 취득한 증거, 다른 국가기관 및 일반 사인의 각종 소송 등에서 증거자료로 활용(형사기록인증등본촉탁신청) • 영장에 의한 강제구인 등이 가능(피의자에 대한 강제처분이 허용 - 체포, 압수, 수색 등 가능). • 수사비용 등 국가부담의 원칙(국가 세금) • 수사는 국가의 형벌권의 실행으로, 반드시 고소인 등의 의사에 구속되지 아니함 • 수사의 경우 공익을 위해서는 필요할 경우 수사대상에 대해서 이를 특정할 수 있고, 피의사실을 공개하는 것이 허용된다. • 수사는 팀 또는 기관 간 협력체계를 구축하여 행해지는 경우가 대부분 • 정보수집의 주체 및 이용자가 동일(수사기관 정보 및 이용)

제2절 탐정의 기원 및 변천과정

1. 탐정제도의 기원

탐정제도의 기원은 현재와 같은 사설기관이 아닌 공공기관의 형식을 띠고 있었다. 세계최초의 탐정기관은 영국의 자치제에 속하는 소수의 조직인 'Bow street runner(영국 최초의 경찰조직 - 보우가 경찰)'라는 기관이다. 이는 1829년에 이르러 창설된 스코틀랜드 야드(런던 경시청)에 흡수되었다.

'Bow street runner' 탄생은 1748년 영국의 Bow street의 치안판사로 임명된 헨리 필딩(소설가이자 극작가, Henry Fielding : 1707~1754)이 당시 급증하는 범죄와 치안문제를 해결하기 위해서는 시민 스스로가 단결해야 한다는 개념을 주장하며, 타락한 Bow street의 치안유지를 위해 상인들을 주축으로 소규모 방범조직을 만든 데서 기인한다. 자치단체가 그들의 활동에 대한 보수를 지급하였으며,[24] 더 나아가 1785년 경 세계최초의 '형사기동대'라 할 수 있는 'Bow street runner'를 창설하면서 형사조직으로 경찰활동을 통한 범죄를 예방하는 전략을 창안하였다.[25] 이렇게 보수를 받고 운영된 상인들 중심의 방범조직을 영국 최초의 탐정회사로 보기도 한다.[26]

그 후 1832년 비도크(파리 경찰첩보원, Francois-E Vidocq, 1775~1857)가 프랑스 파리에 '경제흥신소'를 개설하였지만 이 또한 'Bow street runner'와 같이 공공기관의 형식을 띠고 있었다.

결국 위 두 국가의 경우 최초의 탐정제도라고 볼 수 있는 기관들은 결국 사설기관의 성격이라기보다는 공공기관의 형식을 띠는 공기관의 성격이 강하였기 때문에 오늘날 일반적으로 생각하는 탐정의 개념과는 사실상 거리가 멀다고 보아야 한다.

---

24) 정인성, 외국 탐정제도 분석을 통한 우리나라 탐정제도 도입방안, 중부대학교 대학원 경찰경호학과, 석사학위 논문, 2022, 14면.

25) 이윤근, 배철호, 민간경비론, 엑스퍼드, 2006, 23면.

26) 김두현, 민간경비론, 배산출판사, 2002, 69면.

따라서 실제 사인이 운영하는 즉, 사립탐정이라 칭할 수 있는 최초의 업소는 1850년 앨런 핀커튼(Allan Pikerton; 1810~1884)이 시카고경찰서의 첫 탐정이 된 후 미드웨스턴(Midwestern)에서 창업한 핀커튼 탐정사무소(Pinkerton National Detective Agency)라고 보면 된다. 당시 핀커튼은 철도경비 등 여러 가지 업무수행과 함께 링컨 대통령의 경호임무까지 수행하면서 범죄 수사와 같은 공적인 영역은 물론 사적 영역에서도 그의 실력을 인정받아 'Pinkerton Agents'라는 명성과 영향력으로 미국 전역에서 신화 같은 존재였다.[27]

한편, 미국은 탐정의 천국이라고 칭할 정도로 탐정제도가 발달한 나라이다. 이는 미국이라는 나라의 풍토에서 기인한 결과물이다. 미국은 건국초기부터 정부가 지나치게 국민의 사생활에 간섭하지 아니하는 것을 원칙으로 하였다. 그 결과 국민들은 자신의 신체와 재산은 스스로 지킨다는 자구사상 및 자치제가 강하게 뿌리내리고 있었고 공인탐정제도 역시 이러한 사상에 기초하여 발달되었다.[28]

2. 주요 국가 탐정제도의 기원 등

가. 미국

미국은 전 세계에서 탐정제도가 가장 활성화된 나라이다. 거의 모든 사건에 탐정이 관여할 정도로 광범위하게 활용되고 있다. 특히 미국이라는 사회가 개인의 법률적 자구행위에 대한 허용범위를 폭넓게 인정하는 법률적 특성도 탐정제도가 미국사회에 정착하는 토대가 되었다.

미국 최초의 사립탐정사무소는 1850년 앨런 핀커튼(Allan Pikerton; 1810~1884)이 시카고경찰서의 첫 탐정이 된 후 미드웨스턴(Midwestern)에서 창업한 핀커튼 전미 탐정사무소(Pinkerton National Detective Agency)이다.[29]

---

27) John P. Kenny·Harry W. More(1994), Principles of investigation, West Publishing Company, p 5.
28) 강영숙, 김태환, 앞의 논문, 29면.
29) 핀커튼은 위조지폐를 만드는 일당을 발견하고 검거하였고, 체신부의 특별보안관이 되어 열차강도나 갱들을 수 없이 체포하였고, 1850년 독립해서 9명의 직원을 둔 사립탐정사무소를 개업하였다.

핀커튼은 스코틀랜드 출신으로 20세기 초반 영국의 차티스트 운동[30]으로 인해 국가의 대대적인 수배령이 내려지자 이 운동에 적극적으로 참여하였던 핀커튼은 미국 시카고로 도주하여 정착한 후 통 제조업체에서 견습공으로 일하다가 1982년 나무통 제조업을 시작하였다. 같은 해 핀커튼은 인근의 작은 섬에서 나무통 재료로 쓸 목재를 조달하던 중 우연히 시카고 주변 던디라는 곳에서 동전을 위조하고 있는 일당들을 며칠 동안 관찰한 끝에 이를 보안관에게 신고하여 동전 위조범들의 검거에 공을 세우게 되며, 이를 계기로 시카고 부 보안관으로 임명된다.

이후 1850년에는 독립하여 변호사였던 동업자와 함께 핀커튼 전미탐정사무소의 전신인 노스웨스트 경찰대행사를 설립하였고, 이것이 훗날 핀커튼 탐정회사로 그 상호를 변경하면서 세계최초의 탐정기업이 탄생한 것이다. 미국은 주 단위로 나눠진 국가로서 당시 각 주의 경찰권 행사만으로는 치안유지 등 사법권에 대한 한계가 분명 존재하는 상황에서 핀커튼은 미전역에 자신만의 네트워크를 형성하여 강도 및 현상 수배범들을 체포하는 데 큰 업적을 남겼다.[31]

또한 1861년 남북전쟁 와중에 볼티모어 역에서 Abraham Lincoln(1809~1865) 대통령의 경호 임무까지 맡으면서 동인의 암살정보를 입수하여 사전에 암살시도를 막아내는 등 오늘날의 민간경비와 탐정업 발전을 이끌었다. 핀커튼은 '사람의 눈'을 사무소의 상징적 이미지로 삼았으며, 미국에서는 Eye 또는 Private Eye라고 불리며 사설탐정을 칭하는 은밀한 용어로 통하고 있다.[32]

그의 이름을 딴 탐정사무소가 세계 250개의 지사에 12만 명의 직원을 보유한 채 미국 최대의 탐정회사로 그 명성을 이어가고 있다.[33]

---

30) 1830, 1840년대에 일어났던 영국 노동자 계급의 정치적인 운동이다. 선거법 개정이 일부 신흥 자본가에게 선거권을 확대시켰으나 노동자에게는 실질적으로 아무런 혜택도 주지 않았다. 그리하여 노동자를 중심으로 일부 중산층도 가담하여 1838년 '인민 헌장'을 내걸고 청원 운동을 전개하였다. 인민 헌장의 주된 내용은 성년 남자의 보통 선거, 인구 비례에 의한 평등한 선거구 설정, 하원 의원의 재산 자격 철폐, 매년 선거, 비밀 투표 등이었다. 이러한 청원 운동은 그 뒤 운동 자체의 조직력과 지도력의 부족으로 성공을 거두지 못하였다. 제1차 세계 대전까지 매년 선거민을 제외하고 나머지 요구를 모두 실현되었다(Basic 고교생을 위한 세계사 용어사전, 2002. 9. 25. 강상원).

31) 정인성, 앞의 논문, 13~14면.

32) 강영숙, 한국의 공인탐정제 도입에 관한 연구, 용인대학교, 박사학위 논문, 2006, 12면.

33) TEED Y-K(TEDDY 닷컴.), 2014.7.2.

이후 핀커튼 탐정사무소는 2003년 스웨덴의 보안회사인 Securitas AB에 인수되어 자회사가 되었지만 정부 분야는 여전히 핀커튼 정부 서비스(Pinkerton Government Services)라는 명칭을 사용하고 있다.[34]

나. 영국

영국 탐정의 기원이자 세계 최초의 탐정은 1748년 치안판사인 헨리 필딩(Henry Fielding)이 조직한 'Bow Street Runner' 자치단체에 속한 소수조직이다.[35]

1748년 당시 급증하는 범죄와 치안문제로 골머리를 앓던 Bow Street의 치안판사로 헨리 필딩이 임명되면서 타락한 Bow Street의 치안유지와 상업을 보호하기 위해 상인들을 주축으로 자발적인 소규모 방범조직을 결성한 후 자치단체가 그들의 보수를 지급하는 형태로 운영되었다. 이러한 성격 때문에 오늘날의 탐정과는 다소 괴리가 있는 모습이다.

한편, 조직의 구성은 최초에는 6명, 이후 8명으로 구성되었으며 의용경찰들이 보고하는 범죄를 수사하는 영국 최초의 형사이기도 했다. 러너들은 들고 다니는 지팡이를 통해 알아볼 수 있었는데, 지팡이 위에는 왕관 장식이 있고 내부에는 정식 신분증명서를 말아 넣는 공간이 있었다고 한다.

이후 이 단체는 범죄 예방을 위한 정보수집 및 분실한 물건이나 재산의 회수 활동 등 치안과 관련된 활동 영역을 넓혀 오다가 1829년에 창설된 스코틀랜드 야드(런던 경찰국)에 흡수되었다.[36]

다. 프랑스

프랑스의 경우 최초의 사립탐정이라고 볼 수 있는 사람은 비도크(Eugène-François Vidocq, 1775~1857년)이다.

비도크는 1823년 정보회사(Le bureau des ren-seignements)라는 사설탐정업체를 창업하였다.

---

34) Pinkerton National Detective Agency, 나무위키, 2021.12.24.

35) 이름의 유래는 당시 재판소가 있던 런던의 보우 거리에서 자주 보이는 놈들이라는 데서 유래하였다.

36) 한상훈, 민간조사제도 도입 입법한에 대한 고찰, 연세대학교, 석사학위논문, 2011, 8면.

비도크는 범죄자이자 스파이였으며, 변장술을 이용하여 50여 차례나 감옥에서 탈옥하는 전적을 가지기도 하였다. 범죄자의 삶을 살았던 그가 쫓기는 삶에 회의를 느끼고 경찰의 정보원으로서 새 삶을 살며 수사방식에 대한 자신만의 방법을 만들어 갔으며, 1817년 파리시 경찰국 산하 신설 조직으로 범죄수사국을 창설하고 초대 과장직을 역임하기도 하였다.[37] 그는 범죄수사국 과장으로 취임한 후 8년 만에 파리의 범죄율을 무려 40%나 떨어뜨리는 실적을 내었고, 평생 동안 2만여 명에 가까운 범죄자를 체포했다고 했다고 한다. 더 놀라운 점은 이러한 실적이 오직 그의 개인적인 추리와 수사의 결과물이라는 사실이다.[38]

비도크는 범죄자였기 때문에 범죄자의 심리 및 행태에 대한 지식이 풍부했고, 특히 뒷골목 세계에 해박했던 점 등이 탐정으로 활동하는 데에 큰 도움이 되었다고 한다.

한편, 비도크는 회상록이라는 책을 저술하기도 하였는데, 이는 그가 저술한 여러 책 중의 하나이자 자신이 경험한 기이한 범죄에 대한 기록이었고, 이 책은 여러 추리작가들(애드거 앨런 포, 코난 도일, 애거서 크리스티 등)에게 깊은 영감을 주기도 하였다. 무엇보다 비도크는 자신의 경험을 바탕으로 범죄유형분석 즉, 범죄의 유형 및 범죄자의 특징들을 정리하기도 하는 등 현재의 프로파일링(profilng) 기법의 초석을 다지는 역할을 한 사람이기도 하다.

라. 일본

일본은 메이지 유신 이후 근대화와 맞물려 영미법계의 도입과 절충적 방안을 모색함으로 인해 민간경비를 비롯한 사회 각 분야에서 자유시장 경제의 체제를 도입하게 되었다. 이전까지는 세계화에 힘입어 별다른 역사적 사건이 없었지만 급격한 서구문물의 유입 이후 주식회사의 설립과 각종 산업시설 그리고 증권거래와 같은 활발한 기업들의 움직임으로 인해 기업의 거래 관련 신용은 중요한 문제가 되었다. 그 결과 흥신소라는 업종이 생겨났으며 2차 세계대전 이후 전쟁으로 인한 경제부흥과 함께 민간경비와 더불어 탐정업이 급성장하게 되었다.[39]

---

37) 장인성, 앞의 논문, 15~16면.
38) 이상수외 1, 앞의 책, 71면.
39) 강영숙, 위의 책, 78면.

민간경비와 달리 탐정업무는 누구나 신고만 하면 개업할 수 있었고, 업무 수임의 특성상 은밀성이 내포되어있기 때문에 탐정업의 무질서 또한 가중되었다. 그로 인해 1980년 3월에는 '오사카 부락차별사상에 관한 조사 등의 규제에 관한 조례(大阪部落差別事象に関する調査等の規制に関する条例)'가 제정되었고, 그것이 흥신소 등 탐정업에 대한 최초의 법률적 규제였다.[40]

---

40) 황병돈, 민간조사원(사립탐정)제도의 도입방안에 관한 연구 - 민간조사업법안과 경비업법안의 쟁점을 중심으로, 대검찰청 검찰미래기획단, 2009. 45면.

CHAPTER 02

탐정활동과 주요 법적쟁점

　헌법재판소가 2018. 6. 28. 신용정보의 이용 및 보호에 관한 법률 제40조 제4호 '특정인의 사생활 등을 조사하는 일을 업을 하는 행위와 탐정유사 명칭의 사용금지' 규정에 대한 위헌 결정을 하고,[41] 2019. 2. 국회가 문제된 신용정보의 이용 및 보호에 관한 법률을 일부 개정하면서, 2020. 8. 5.부터 국내에서도 합법적으로 탐정이라는 명칭의 사용 및 영리행위가 가능해 졌다. 이에 따라 현실에서는 탐정이라는 명칭을 합법적으로 사용하는 것이 가능해 졌다. 문제는 제도적 측면에서 이를 규제할 탐정법의 제정이 아직 묘연하다는 것이다. 물론 지난 17대 국회부터 최근까지 탐정업에 대한 국가적 관리를 위한 법률안이 지속적으로 발의되며 그러한 노력이 없었던 것은 아니다.

　그 결과 현실에서는 탐정이라는 명칭으로 수많은 업체 등이 활동을 하며 수익을 창출하고 있지만 마땅히 그 활동범위 및 금지행위 등을 규제할 법률이 부재한 까닭에 탐정활동 시 연관 된 헌법, 형법, 민법, 변호사법 등 다른 여러 법률 규정에 저촉될 우려가 높고, 그 피해는 오로지 의뢰인에게 전과될 우려가 높은 상황이라는 것이다.

---

41) 헌재 2018. 6. 28. 2016헌마 273 결정.

1. 헌법상 쟁점

가. 개념

헌법은 국민의 기본적 인권을 보장하고 국가의 정치조직·구성 그리고 정치작용의 원칙을 세우며 국민과 국가의 관계를 규정한 대한민국 최고의 규범이다. 이렇듯 헌법은 국가의 통치체제와 국민의 기본권 보장에 관한 내용을 핵심으로 한다.

탐정활동이 헌법의 내용 중 문제가 되는 부분은 국민의 기본권과 관련된 규정이며, 특히 헌법 제10조 제1문의 규정(행복추구권)에 의하여 보장되고 있는 초상권 및 헌법 제17조의 규정에 의하여 보장되는 사생활의 비밀과 자유 영역이고, 바로 이 부분이 탐정활동 시 헌법 규정과 충돌되는 대표적인 규정들이다. 여기서 사생활의 자유라 함은 사회공동체의 일반적 생활규범의 범위에서 사생활을 자유롭게 형성해 나가고 그 설계 및 내용에 대해 외부로부터 간섭을 받지 아니할 권리를 말한다.[42] 구체적으로 사생활의 비밀과 자유가 보호하는 것은 개인의 내밀한 내용의 비밀을 유지할 권리, 개인이 자신의 사생활의 불가침을 보장받을 수 있는 권리, 개인의 양심영역이나 성적영역과 같은 내밀한 영역에 대한 보호, 인격적인 감정세계의 존중의 권리와 정신적인 내면생활이 침해받지 않을 권리 등이다.[43]

그 외 초상권이라 함은 사람이 자신의 초상에 대해 갖는 인격적·재산적 이익 다시 말해 자신의 얼굴, 기타 사회통념상 특정인임을 식별할 수 있는 신체적 특징에 대하여 함부로 촬영되어 공표되지 아니하며 광고 등 영리적으로 이용되지 아니하는 법적보장을 말한다. 구체적으로 초상권 침해행위[44]는 가령 친구 또는 지인의 사진을 동의 없이

---

42) 헌재 2002. 3. 28. 선고 2000헌마53 결정.

43) 헌재 2003. 10. 30. 선고 2002헌마518 결정.

44) 초상권의 판단기준은 ⅰ) 식별 가능성, ⅱ) 상업적 무단사용, ⅲ) 계약내용 위반 등입니다. 만일 초상권이 침해당하고 있거나 당하였다고 판단될 경우 우선 위 요소들을 검토해서 판단하여야 한다.

무단으로 촬영하는 등의 행위, 동의를 받기는 하였지만 그 이용이 동의의 범위를 벗어난 경우, 비방 및 명예훼손과 결부되거나 상업적인 목적으로 이용된 경우 등을 말한다.

나. 문제의 소재

탐정이 증거수집 활동을 통해 수집하는 증거 중 상당부분을 차지하는 내용 중 하나가 사진 및 동영상물 촬영이다. 가령, 탐정사 甲이 의뢰인 乙의 의뢰를 받아 乙의 남편인 丙이 평소 누구를 만나고 있는지 등의 확인을 위해 동인의 행적(어디를 가고, 누구를 만나는지 등)에 대한 사진 및 동영상물의 촬영을 의뢰받고, 그 업무에 착수하여 丙의 동태를 확인할 수 있는 사진 및 동영상물을 촬영한 경우, 탐정사 甲의 행동은 정당한 것인지, 또한 그 과정에서 어떠한 물리적 피해는 발생치 아니하였지만 丙은 자신에게 보장된 헌법상의 기본권이 침해된 것은 아닌지 등의 문제가 발생할 수 있다.

다. 탐정사 甲의 불법행위 성립 및 丙의 기본권 침해 여부

> 제10조 모든 국민은 인간으로서의 존엄과 가치를 가지며, 행복을 추구할 권리를 가진다. 국가는 개인이 가지는 불가침의 기본적 인권을 확인하고 이를 보장할 의무를 진다.
> 제17조 모든 국민은 사생활의 비밀과 자유를 침해받지 아니한다.

판례는 사람은 누구나 자신의 얼굴 기타 사회통념상 특정인임을 식별할 수 있는 신체적 특징에 관하여 함부로 촬영 또는 그림묘사 되거나 공표되지 아니하며 영리적으로 이용당하지 않을 권리를 가지는데, 이러한 초상권은 우리 헌법 제10조 제1문에 의하여 헌법상 보장되는 권리이다. 또한 헌법 제10조는 헌법 제17조와 함께 사생활의 비밀과 자유를 보장하는데, 이에 따라 개인은 사생활 활동이 타인으로부터 침해되거나 사생활이 함부로 공개되지 아니할 소극적인 권리는 물론, 오늘날 고도로 정보화된 현대사회에서 자신에 대한 정보를 자율적으로 통제할 수 있는 적극적인 권리도 가진다.[45]

그러므로 초상권 및 사생활의 비밀과 자유에 대한 부당한 침해는 불법행위를 구성하는데, 위 침해는 '그것이 공개된 장소에서 이루어졌다거나 민사소송의 증거를 수집할

---

45) 대법원 1998. 7. 24. 선고 96다42789 판결.

목적으로 이루어졌다는 사유만으로는 정당화되지 아니한다'고 판시하면서, 보험회사 직원이 보험회사를 상대로 손해배상청구소송을 제기한 교통사고 피해자들의 장해 정도에 관한 증거를 수집할 목적으로 피해자들의 일상생활을 촬영한 행위가 초상권 및 사생활의 비밀과 자유를 침해하는 불법행위에 해당한다고 보았다.[46]

즉, 위와 같은 판례의 태도를 기초로 살펴보면, 탐정사 甲이 乙의 의뢰를 받아 丙의 사진촬영 등을 업무상 수행하였다고 하더라도 이는 정당한 업무수행 행위로서 법적인 보호를 받지 못할 뿐만 아니라 민사상 불법행위로 의율 되어 관련 피해자에게 손해배상 책임을 부담하게 된다.

라. 소결

결론적으로, 탐정사 甲이 업무상 의뢰를 받고 단순히 무단촬영 등을 통해 타인의 초상권을 침해하는 행위만으로 형사처벌까지는 어렵다. 그러나 이를 넘어 만일, 타인의 은밀한 부위가 노출된 사진 등을 무단으로 촬영한 후 유포하는 행위는 더 이상 민사상 불법행위 책임만의 문제가 아닌 형사적인 문제가 된다. 그러한 행위는 성폭력범죄의 처벌 등에 관한 특례법 제14조,[47] 제14조의2,[48] 제14조의3[49] 등의 규정에 의해 강력하게 처벌받을 수 있으며 또한, 무단으로 촬영한 후 유포한 타인의 사진이 명예훼손의 성격이 강한 경우 가령, 상간행위 중인 내연관계의 사진이 공개된 경우에는 명예훼손죄[50]로도 처벌받을 수 있다.

---

46) 대법원 2006. 10. 13. 선고 2004다16280 판결.

47) 제14조 ① 카메라나 그 밖에 이와 유사한 기능을 갖춘 기계장치를 이용하여 성적 욕망 또는 수치심을 유발할 수 있는 사람의 신체를 촬영대상자의 의사에 반하여 촬영한 자는 7년 이하의 징역 또는 5천만 원 이하의 벌금에 처한다.

48) 제14조의2 ① 반포등을 할 목적으로 사람의 얼굴·신체 또는 음성을 대상으로 한 촬영물·영상물 또는 음성물(이하 이 조에서 '영상물등'이라 한다)을 영상물등의 대상자의 의사에 반하여 성적 욕망 또는 수치심을 유발할 수 있는 형태로 편집·합성 또는 가공(이하 이 조에서 '편집등'이라 한다)한 자는 5년 이하의 징역 또는 5천만원 이하의 벌금에 처한다.

49) 제14조의3 ① 성적 욕망 또는 수치심을 유발할 수 있는 촬영물 또는 복제물(복제물의 복제물을 포함한다)을 이용하여 사람을 협박한 자는 1년 이상의 유기징역에 처한다.

50) 명예훼손죄가 성립하기 위해서는 사실의 적시가 있어야 하고, 적시된 사실은 이로써 특정인의 사회적 가치 내지 평가가 침해될 가능성이 있을 정도로 구체성을 띠어야 한다. 이때 사실의 적시란 가치판단이나 평가를 내용으로 하는 의견표현에 대치되는 개념으로서 시간과 공간적으로 구체적인 과거 또는 현재의 사실관계에 관한 보고 내지 진술을 의미하며, 그 표현내용이 증거에 의한 입증이 가능한 것을 말하고, 판단할 진술이 사실인가 또는 의견인가를 구별할 때에는 언어의 통상적 의미와 용법, 입증가능성, 문제 된 말이 사용된 문맥, 그 표현이 행하여진

반면, 탐정사 甲이 타인의 내밀한 내용의 비밀을 침해할 경우에는 초상권 침해와 달리 민사상의 불행행위 책임은 물론 나아가 형사상 비밀침해죄 등으로 처벌받을 수 있다(자세한 내용은 아래 2. 형사부분 참조).

양자는 형사처벌의 가능성 부분에 있어 약간의 차이가 존재하지만, 그 행위로 불법행위를 구성하는 것은 같다. 따라서 피해자의 경우에는 초상권 침해 및 사생활의 비밀과 자유의 침해를 원인으로 가해자인 탐정 및 의뢰인에게 불법행위에 기한 손해배상 등을 청구할 수 있는데, 그 법률적 근거는 민법 제750조(불법행위에 기한 손해배상책임) 및 민법 제751조(위자료 청구)이다(관련 자세한 내용은 아래 3. 민사부분 참조).

2. 형사상 쟁점

형법은 범죄나 그 범죄에 가해지는 형벌을 규정한 것을 말한다(죄형법정주의[51]). 다시 말해 형법은 범죄가 성립하기 위한 구성요건과 각각의 범죄들에 대하여 부과되는 형벌의 종류 및 내용을 규정(총칙(1~86조), 각칙(87~372조)으로 구성)하고 있다.

한편, 탐정은 타인의 의뢰를 받아 의뢰받은 사항에 대한 사실관계를 확인하고 그 정보를 제공하는 역할을 주 업무로 한다. 문제는 탐정이 의뢰받은 사항들이 대부분 일반인들이 쉽지 취득할 수 있거나 또는 공지된 사실이 아닌 은밀하고 비밀스러운 사항이 많다는 것이다. 그렇기 때문에 그 업무수행 과정에서 때로는 적법하지 아니한 방법이 활용되기도 하는데, 그러한 행동들은 대부분 형사상 정당행위로 용인될 수 없는 것들이다.

특히 탐정활동과 관련하여 형사상 문제가 되는 행위는 사실 또는 정보취득을 위한 주거침입, 타인의 우편물 절취 및 확인행위로 인한 절도 및 비밀침해행위, 상해 및 폭행행위, 체포·감금, 재물손괴, 자동차 등 수색죄 등이다. 따라서 적법하고 안전한 탐정

사회적 상황 등 전체적 정황을 고려하여 판단하여야 한다(대법원 2017. 12. 5. 선고 2017도15628 판결).

[51] 죄형법정주의는 국가형벌권의 자의적인 행사로부터 개인의 자유와 권리를 보호하기 위하여 범죄와 형벌을 법률로 정할 것을 요구한다. 그러한 취지에 비추어 보면 형벌법규의 해석은 엄격하여야 하고, 문언의 가능한 의미를 벗어나 피고인에게 불리한 방향으로 해석하는 것은 죄형법정주의의 내용인 확장해석금지에 따라 허용되지 아니한다. 법률을 해석할 때 입법 취지와 목적, 제·개정 연혁, 법질서 전체와의 조화, 다른 법령과의 관계 등을 고려하는 체계적·논리적 해석 방법을 사용할 수 있으나, 문언 자체가 비교적 명확한 개념으로 구성되어 있다면 원칙적으로 이러한 해석 방법은 활용할 필요가 없거나 제한될 수밖에 없다. 죄형법정주의 원칙이 적용되는 형벌법규의 해석에서는 더욱 그러하다(대법원 2017. 12. 21. 선고 2015도8335 전원합의체 판결).

활동을 위해서는 최소한 위 각 범죄의 구성요건과 처벌기준 등에 대한 정확한 이해를 필요로 한다. 문제는 이와 같이 불법적인 방법으로 수집된 증거의 증거능력이 있느냐이다. 형사사건의 경우에는 형사소송법에 의거(독수독과의 원칙)하여 불법수집 증거는 증거가치를 인정하지 않으나, 민사나 가사사건의 경우에는 불법 증거라 하더라도 증거로 인정될 수 있다. 즉, 민사나 가사소송에서는 변론 전체의 취지를 종합하는 등의 방법으로 외도의 증거로 활용될 수 있다. 때문에 민사나 가사소송 등에서 자신의 주장을 입증하기 위한 방편으로 탐정을 고용하여 다소 불법적인 수단을 활용하고 있는 것도 사실이다.

가. 주거침입의 죄

1) 개념

> **제319조(미수범)** ① 사람의 주거, 관리하는 건조물, 선박이나 항공기 또는 점유하는 방실에 침입한 자는 3년 이하의 징역 또는 500만원 이하의 벌금에 처한다.
> **제322조(미수범)** 미수범은 처벌한다.

주거침입의 죄는 사람의 주거, 관리하는 건조물, 선박이나 항공기 또는 점유하는 방실 등 개인의 생활이나 업무의 근거가 되는 일정한 구획된 장소에 침입하여 그 평온을 해하는 것을 내용으로 하는 범죄이다. 헌법은 제16조에서 '모든 국민은 주거의 자유를 침해받지 아니한다'고 규정하고 있다. 주거에 대한 압수나 수색을 하는 경우에는 검사가 신청을 하여 법관이 발부한 영장을 제시하여야 한다고 규정하여 주거의 자유와 평온을 국민의 기본권의 하나로서 보장하고 있다.[52]

---

52) 주거침입죄는 사실상의 주거의 평온을 보호법익으로 하는 것이므로 그 거주자 또는 간수자가 건조물 등에 주거 또는 간수할 권리를 가지고 있는지 여부는 범죄의 성립을 좌우하는 것이 아니며, 점유할 권리 없는 자의 점유라 할지라도 그 주거의 평온은 보호되어야 할 것이기 때문에 권리자가 그 권리를 실현함에 있어 법으로 정해진 절차에 의하지 않고 그 주거 또는 건조물에 침입할 경우에는 주거침입죄가 성립한다(대법원 1984. 4. 24, 선고 83도1429 판결).

2) 문제의 소재

만일 탐정사인 甲이 의뢰인 乙의 의뢰를 받아 의뢰인의 남편인 丙의 간통사실에 대한 증거를 수집하고자 그를 미행하고, 직접 간통현장을 목격한 후 관련 사진을 촬영하기 위한 목적으로 상간자의 주거에 침입하였을 경우, 甲의 소행은 乙의 의뢰를 받아 업무상 수행한 행위로 정당행위가 되어 면책되는지, 아니면 의뢰를 받아 수행한 행위를 하더라도 형사상 주거침해죄의 책임을 면할 수 없는 것인지가 문제될 수 있다.

3) 비밀침해죄의 구성요건

가) 객관적 구성요건

(1) 객체

주거침입죄의 객체는 사람의 주거, 관리하는 건조물, 선박이나 항공기 또는 점유하는 방실이다.

(가) 사람의 주거

주거침입죄의 객관적 구성요건으로서의 사람의 주거에 대해서는 일상생활을 영위하기 위하여 거주하는 장소라고 해석하는 견해와 사람이 기거하고 침식에 사용되고 있는 장소라는 견해가 있으나 형법이 점유하는 방실을 별도로 본죄의 객체로 규정하고 있는 점에서 다수설인 사람이 기거하고 침식에 사용되고 있는 장소라는 견해가 타당하다. 주거는 다소 계속적인 것이어야 한다. 따라서 일시 투숙하는 여관, 사무실 연구실 등은 주거가 아니라 점유하는 방실에 해당된다.

주거는 그 설비·구조를 불문한다. 건물 내의 1구획, 판잣집, 천막, 토굴, 계단, 복도, 지하실, 정원이라도 주거에 해당되며, 부동산뿐만 아니라 동산(예컨대, 주거용 차량)도 이에 해당된다. 그러나 단순한 교통수단으로서의 자동차는 주거가 아니다. 또한 하등의 설비가 갖추어져 있지 않은 노천의 장소도 주거가 될 수 없다. 주거에는 반드시 주거자가 현존할 필요성은 없다. 따라서 여행, 외출 등으로 일시적으로 비어 있는 집이나 일정기간에만 사용하는 별장도 주거에 해당된다. 소유관계도 불문하며, 건조물 이외에도 이에 부속하는 위요지도 포함(예컨대 담장[53] 등)되므로 여기에 침입할 경우에는 주거침입죄가 성립된다.[54]

본죄에 있어 주거는 자기가 그 공동생활의 일원이 아닌 타인의 주거를 말한다. 그러므로 어떤 주거에서 공동생활을 했던 사람이라도 이에서 이탈한 후 옛 주거에 침입하게 될 경우에는 본죄가 성립된다. 친족인 경우라도 동거자가 아닌 이상 침입할 경우 본죄가 성립된다. 공유자의 1인이 단독으로 경영하는 영업장소에 타 공유자가 침입할 경우 본죄가 성립된다.[55][56]

(나) 관리하는 건조물이나 선박, 항공기 또는 점유하는 방실

'관리'는 사실상의 관리하고 지배를 의미하는 것으로서 타인이 함부로 들어오지 못하도록 인적·물적 설비를 갖춘 것 가령, 경비원을 두거나 자물쇠로 문을 잠궈 놓은 경우이다. 단순히 출입금지의 표식만 해두는 것은 관리라고 볼 수 없다. 관리는 반드시 계속적으로 행하여질 필요는 없고 그 대상물과 장소적으로 밀접하여 행하여 질 필요도 없다.

또한, 여기서 '건조물'이라 함은 주거를 제외한 일체의 건물 및 그 위요지로서 사람이 출입할 수 있는 정도의 것으로 공장, 창고, 극장, 관공서 등을 말한다. 그러나 사람이 출입할 수 없는 개집, 토지에 정착되지 아니한 천막은 건조물에 해당되지 않는다.[57]

---

53) 피고인이 대문을 몰래 열고 들어와 담장과 피해자가 거주하던 방 사이의 좁은 통로에서 창문을 통하여 방안을 엿본 경우에는 주거침입죄에 해당되는 사안이다(대법원 2001. 4. 24, 선고 2001도1092 판결)

54) 주거침입죄에 있어서 주거란 단순히 가옥 자체만을 말하는 것이 아니라 그 정원 등 위요지를 포함한다. 따라서 다가구용 단독주택이나 다세대주택, 연립주택, 아파트 등 공동주택 안에서 공용으로 사용하는 엘리베이터, 계단과 복도는 주거로 사용하는 각 가구 또는 세대의 전용 부분에 필수적으로 부속하는 부분으로서 그 거주자들에 의하여 일상생활에서 감시·관리가 예정되어 있고 사실상의 주거의 평온을 보호할 필요성이 있는 부분이므로, 다가구용 단독주택이나 다세대주택, 연립주택, 아파트 등 공동주택의 내부에 있는 엘리베이터, 공용계단과 복도는 특별한 사정이 없는 한 주거침입죄의 객체인 '사람의 주거'에 해당하고, 위 장소에 거주자의 명시적·묵시적 의사에 반하여 침입하는 행위는 주거침입죄를 구성한다(대법원 2009. 9. 10, 선고 2009도4335 판결).

55) 대법원 1961. 2. 24, 선고 4293형상864 판결.

56) 다가구용 단독주택인 빌라의 잠기지 않은 대문을 열고 들어가 공용계단으로 빌라 3층까지 올라갔다가 1층으로 내려온 사안에서 주거인 공용계단에 들어간 행위가 거주자의 의사에 반한 것이라면 주거에 침입한 것이라고 보아야 한다는 이유로, 주거침입죄를 구성하지 않는다고 본 원심판결을 파기하였다(대법원 2009. 8. 20, 선고 2009도3452 판결)

57) 건조물은 주위벽 또는 기둥과 지붕 또는 천장으로 구성된 구조물로서 사람이 기거하거나 출입할 수 있는 장소를 말하며, 반드시 영구적인 구조물일 것을 요하지 않는다(대법원 1989. 2. 28, 선고 88도2430 판결).

또한, '항공기'라 함은 공중을 나는 교통수단으로서 비행기는 물론 헬리콥터, 비행선 등을 포함하는 개념이다. 크기의 차이는 불문하나 사람이 주거에 사용할 수 있는 정도의 규모일 것을 요하며, 선박이라 함은 수상교통수단으로서 그 대소를 불문하나 사람이 주거에 사용할 수 있는 정도의 규모일 것을 요한다. 그 외 '점유하는 방실'이란 사실상 지배하고 관리하고 있는 건조물내의 일구획 가령, 호텔의 일실, 건물 안의 사무실 · 연구실 등을 말한다.

(2) 행위 - 침입행위

침입이란 주거권 또는 관리자, 점유자 등의 의사에 반하여 주거, 관리하는 건조물, 선박, 항공기 또는 점유하는 방실에 신체(그 전부 또는 최소한도 그 일부)가 들어가는 것을 말한다. 주권자의 의사에 반하면 족하며,[58] 반드시 출입을 제지당하였을 것을 요하지도 않는다.[59] 여기서의 침입은 신체적 침입을 의미하므로 행위자의 신체가 주거에 들어가야 한다. 그렇지 않은 경우 본죄는 성립되지 않는다.

다만 주거자, 관리자, 점유자의 의사(추정적 의사)에 반하는 경우에는 주거침입죄가 성립된다. 따라서 주거자, 관리자, 점유자의 동의(양해)가 자유로운 의사로써 진지하게 이루어진 경우 주거침입죄가 성립되지 않는다. 그러자 동의가 강제, 기망, 착오 등 의사흠결의 상태에서 이루어진 경우에는 그 효력이 없다.

한편, 음식점, 이발소, 공중에 개방된 관공청사 등에서는 주거권자가 당해 주거 등의 출입에 관하여 보편적인 승낙을 행할 수 있는데, 이러한 승낙을 함에 있어서 주거권자는 특정한 전제조건(개별적 금지)을 붙일 수 있으나 그 제한은 명시적 또는 추정할 수 있

---

58) 대학이 교내에서 집회를 허용하지 아니하고 집회와 관련된 외부인의 출입을 금지하였는데도 집회를 위하여 그 대학교에 들어간 것이라면 비록 대학교에 들어갈 때 구체적으로 제지를 받지 아니하였다고 하더라도 대학교 관리자의 의사에 반하여 건조물에 들어간 것이기 때문에 이는 건조물에 침입한 것이어서 건조물침입죄에 해당되는 사안이다(대법원 2003. 9. 23, 선고 2001도4328 판결).

59) 거주자나 관리자와의 관계 등으로 평소 그 건조물에 출입이 허용된 사람이라 하더라도 주거에 들어간 행위가 거주자나 관리자의 명시적 또는 추정적 의사에 반함에도 불구하고 감행된 것이라면 주거침입죄는 성립된다. 출입문을 통한 정상적인 출입이 아닌 경우 특별한 사정이 없는 이상은 그 침입방법 자체에 의하여 위와 같은 의사에 반하는 것으로 보아야 할 것이다. 본 사안은 피고인이 공소외인과 결별하고 사실상 피해 회사를 퇴사한 자로서 더 이상 피해 회사의 승낙 없이 위 사무실을 출입할 수 없게 되었음에도 불구하고, 이후 위 사무실에 나타나지 않다가 약 20일이 지나서 피해 회사의 명시적인 의사에 반하여 비정상적인 방법에 의해서 위 사무실을 출입한 행위는 방실침입죄에 해당된다(대법원 2007. 8. 22, 선고 2007도2595 판결).

도록 표현되어 있어야만 한다. 보편적 승낙의 한계 내에서 일정한 주거 등에 출입하는 한 행위자에게 위법한 목적이 있다고 하여 바로 주거침입죄가 성립된다고 보아서는 안 된다. 예컨대 기회를 보아 절도를 할 생각으로 백화점에 들어가는 행위도 이러한 자의 출입을 금하는 주거권자의 전제조건이 표현되어 있지 않는 한 주거침입으로 볼 수 없다.[60] 그러나 외적으로 드러난 형상이 너무나도 허용된 출입과 달라서 양해의 문제를 거론할 여지가 없는 경우는 주거침입이 된다.[61][62]

한편 주거침입죄에서 동의권자는 주거 등에의 출입과 제재를 결정할 권리가 있는 자를 말한다. 반드시 소유자, 직접점유자에 제한되지 않는다. 거주는 적법하게 개시될 것을 요한다. 가옥의 소유자, 제삼자에 대한 관계에서는 임차인만이 동의권자에 해당된다. 호텔의 방실은 투숙자 이외에 소유자도 동의권자가 된다. 하지만 호텔·여관의 소유자와 투숙객 사이의 내부관계의 경우 투숙객이 소유자에 대하여 동의권자가 된다. 다만, 공동주거의 경우에는 부부와 같이 주거에 수인이 거주하는 경우에는 각자가 모두 동의권자에 해당된다. 주거자 등은 동의권을 타인에게 위탁할 수 있다. 예컨대, 아이나 가정주부에게 집을 보게 하는 경우이다.

(3) 착수시기와 기수시기

(가) 착수시기

주거침입죄의 실행의 착수는 주거자, 관리자, 점유자 등의 의사에 반하여 주거나 관리하는 건조물 등에 들어가는 행위 가령, 주거에 들어가기 위해 문의 고리를 잡아당기

---

60) 다방, 당구장, 독서실 등의 영업소가 들어서 있는 건물 중 공용으로 사용되는 계단과 복도는 주야간을 막론하고 관리자의 명시적 승낙이 없어도 누구나 자유롭게 통행할 수 있는 곳이라 할 것이므로 관리자가 1층 출입문을 특별히 시정하지 않는 한 범죄의 목적으로 위 건물에 들어가는 경우 이외에는 그 출입에 관하여 관리자나 소유자의 묵시적 승낙이 있다고 봄이 상당하여 그 출입행위는 주거침입죄를 구성하지 않는다 할 것이다(대법원 1985. 2. 8, 선고 84도2917 판결).

61) 일반인의 출입이 허용된 음식점이라도 영업주의 명시적·추정적 의사에 반하여 들어간 경우라면 주거침입죄가 성립된다. 이 사안은 기관장들의 조찬모임에서의 대화 내용을 도청하기 위한 도청장치를 설치할 목적으로 손님을 가장하여 조찬모임장소인 음식점에 들어간 경우에는 영업주가 출입을 허용하지 않았을 것으로 보는 것이 경험칙에 부합되므로, 이와 같은 행위는 주거침입죄가 성립한다(대법원 1997. 3. 28, 선고 95도2674 판결).

62) 피고인이 피해자와 이웃 사이여서 평소 그 주거에 무상출입하던 관계에 있었다 하더라도 범죄의 목적으로 피해자의 승낙 없이 그 주거에 들어간 것은 주거침입죄가 성립된다(대법원 1983. 7. 12, 선고 83도1394 판결).

는 경우,[63] 잠금장치를 푸는 행위를 함으로써 성립된다. 즉, 구성요건의 일부를 실현하는 행위까지 요구하는 것은 아니고, 범죄구성요건의 실현에 이르는 현실적 위험성을 포함하는 행위를 개시하는 것으로 족하다.[64] 다만, 침입하고자 하는 대상인 아파트에 사람이 있는가를 확인하기 위해서 그 집의 초인종을 누른 행위만으로는 침입의 현실적 위험성을 포함하는 행위를 시작하였다거나, 주거의 사실상의 평온을 침해할 객관적인 위험성을 포함하는 행위를 한 것으로 볼 수 없다.[65]

(나) 기수시기

주거침입죄는 사실상의 주거의 평온을 보호법익으로 하는 것이므로, 반드시 행위자의 신체의 전부가 범행의 목적인 타인의 주거 안으로 들어가야만 성립하는 것이 아니라 신체의 일부만 타인의 주거 안으로 들어갔다고 하더라도 거주자가 누리는 사실상의 주거의 평온을 해할 수 있는 정도에 이른 경우라면 범죄구성요건을 충족시키는 것이라고 보아야 할 것이다.[66]

나) 주관적 구성요건

주거침입죄의 구성요건으로서 고의는 주거권자의 의사에 반하여 들어간다는 행위자의 인식·인용을 말하며, 이는 미필적 고의[67]로서 족하다. 다만, 주거권자의 의사에 반하지 아니한 것으로 잘못 알고 들어간 경우에는 구성요건적 착오의 문제로 되며 주거에 들어가는 것이 주거자의 의사에 반하지만 자기에게는 허용된다고 잘못 안 경우에는 금지착오에 해당된다.

---

63) 출입문이 열려 있으면 안으로 들어가겠다는 의사 아래 출입문을 당겨보는 행위는 바로 주거의 사실상의 평온을 침해할 객관적인 위험성을 포함하는 행위를 한 것으로 볼 수 있어 그것으로 주거침입의 실행에 착수한 것으로 보아야 한다(대법원 2006. 9. 14, 선고 2006도2824 판결).

64) 대법원 2003. 10. 24, 선고 2003도4417 판결.

65) 대법원 2008. 4. 10, 선고 2008도1464 판결.

66) 대법원 1995. 9. 15, 선고 94도2561 판결.

67) 미필적 고의라 함은 결과의 발생이 불확실한 경우 즉, 행위자에 있어서 그 결과발생에 대한 확실한 예견은 없으나 그 가능성은 인정하는 것으로, 이러한 미필적 고의가 있었다고 하려면 결과발생의 가능성에 대한 인식이 있음은 물론 나아가 결과발생을 용인하는 내심의 의사가 있음을 요한다(대법원 1985. 6. 25. 선고 85도660 판결, 1987. 2. 10. 선고 86도2338 판결 등 참조).

4) 위법성 - 정당행위의 성부여부

법령에 의한 행위를 살펴보면 다음과 같다. 예컨대 형사소송법 제109조 등에 의하여 압수·수색·검증을 행하는 것은 그 행위가 비록 주거자의 의사에 반하는 경우, 부가 친권행사를 위해서 자녀의 집에 들어간 경우, 채권자가 채무이행을 기피하는 채무자의 주거에 채권추심을 위해 들어가는 경우 등은 위법성이 조각된 사례이다. 그러나 목적이 불법하지 아니하다는 사실만으로는 침입이 정당화되지 않는다. 예컨대, 사인이 장물을 적발하기 위하여 공장에 침입하는 경우, 현행범인을 추적하여 타인의 주거에 들어가는 경우 등이다. 따라서 탐정활동 목적으로 하는 주거침입행위는 어떠한 경우든 정당행위[68]로 위법성이 조각되지 아니하므로 상당한 주의를 요한다.[69]

5) 공범

본죄와 관련하여 교사범, 종범이 성립할 수 있음은 물론이다. 본죄는 자수범이 아니기 때문에 증거수집을 목적으로 주거에 들어간 자와 밖에서 망보고 있는 자 사이의 공동정범이 가능하고 간접정범의 성립도 가능하다.

6) 죄수

주거침입죄의 범죄는 타 범죄의 수단으로 행해지는 수가 있다. 살인죄, 상해죄, 방해죄, 절도죄, 강도죄 등 현행형법상으로는 이들이 결합범의 형태로 되어 있는 경우(예컨대 야간주거침입절도죄(제330조), 특수강도죄(제334조) 등)을 제외하고는 경합범으로 된다고 봄이 타당하다. 따라서 주거에 침입하여 절도를 한 경우에는 주거침입죄와 절도죄의 실체적 경합범이 성립된다.[70] 야간주거침입절도죄(제330조)나 특가법 제5조의4(상습 강

---

68) 어떠한 행위가 위법성 조각사유로서의 정당행위가 되는지의 여부는 구체적인 경우에 따라 합목적적, 합리적으로 가려져야 할 것인바, 정당행위를 인정하려면 첫째, 그 행위의 동기나 목적의 정당성, 둘째, 행위의 수단이나 방법의 상당성, 셋째, 보호법익과 침해법익의 권형성, 넷째, 긴급성, 다섯째, 그 행위 이외의 다른 수단이나 방법이 없다는 보충성의 요건을 모두 갖추어야 할 것이다(대법원 1999. 1. 26. 선고 98도3029 판결).

69) 현행범인을 추적하여 그 범인의 부의 집에 들어가서 동인과 시비 끝에 상해를 입힌 경우에 주거침입죄가 성립된다(대법원 1965. 12. 21. 선고 65도899 판결).

70) 특정범죄가중처벌 등에 관한 법률 제5조의4 제5항은 범죄경력과 누범가중에 해당함을 요건으로 하는 반면, 같은 조 제1항은 상습성을 요건으로 하고 있어 그 요건이 서로 다르다. 또한 형법 제330조의 야간주거침입절도죄

도, 절도죄 등의 가중처벌)에 해당되는 경우에는 주거침입이 구성요건의 요소기이 때문에 별도로 주거침입죄를 구성치 않는다.[71]

7) 소결

주거침입죄는 탐정활동과 관련하여 가장 많은 문제가 되는 형사상 범죄 중 하나이다. 탐정활동 중 증거수집을 위해 타인의 주거에 침입하는 행위는 종종 발생한다. 탐정의 입장에서는 이는 의뢰를 받은 업무를 수행하기 위한 정당한 행위라고 판단할 수도 있다. 그러나 탐정이 타인의 의뢰를 받아 사실 및 정보를 수집하고 제공하기 위한 목적의 업무상 행위라고 하여도 이는 어떠한 경우든 정당행위로서 위법성이 조각되어 면책되지 아니함은 전설한 바와 같습니다. 탐정활동시 가장 유의하며 활동해야할 형사상 범죄 중의 하나가 주거침입죄이니 반드시 주거침입죄의 구성요건 정도는 정확히 숙지한 후 활동할 필요가 있다.

한편, 탐정활동시 주거침입죄와 관련하여 주의 깊게 살펴볼 대법원 판례 중 하나는, 가령 간통을 위해 상간남(녀)의 허락을 받고 동인의 집에 들어갈 경우 과거 대법원 판례는 '동거자 중의 1인이 부재중인 경우라도 주거의 지배관리관계가 외관상 존재하는 상태로 인정되는 한 위 법리에는 영향이 없다고 볼 것이니 남편이 일시 부재중 간통의 목적 하에 그 처의 승낙을 얻어 주거에 들어간 경우라도 남편의 주거에 대한 지배관리관계는 여전히 존속한다고 봄이 옳고 사회통념상 간통의 목적으로 주거에 들어오는 것은 남편의 의사에 반한다고 보이므로 처의 승낙이 있었다 하더라도 남편의 주거의 사실상의 평온은 깨어졌다 할 것이므로 이러한 경우에는 주거침입죄가 성립한다.'고 보았다.[72] 종전 대법원 판례는 한집에 함께 사는 공동거주자 중 1명의 동의를 받고 집에 들어갔으나, 부재중인 다른 거주자의 의사에 반하는 것으로 추정될 경우 주거침입이 성립한다고 본 것이다.

및 제331조 제1항의 손괴특수절도(야간손괴침입절도)죄를 제외하고 일반적으로 주거침입은 절도죄의 구성요건이 아니므로, 절도범인이 그 범행수단으로 주거침입을 한 경우에 그 주거침입행위는 절도죄에 흡수되지 아니하고 별개로 주거침입죄를 구성하여 절도죄와는 실체적 경합의 관계에서는 것이 원칙이다. 따라서 주거에 침입하여 절도함으로써 특정범죄가중처벌 등에 관한 법률 제5조의4 제5항 위반죄가 성립하는 경우, 별도로 형법 제319조의 주거침입죄를 구성한다(대법원 2008. 11. 27, 선고 2008도7820 판결).

71) 대법원 1984. 12. 26, 선고 84도1573 전원합의체 판결.
72) 대법원 1984. 6. 26. 선고 83도685 판결.

그러나 최근 대법원전원합의체 판결은 이러한 추상적 근거를 배제하고 죄형법정주의에 입각하여 범죄행위를 규정하는 기준을 누구든지 명확하게 인식할 수 있는 객관적·외형적으로 드러난 행위태양을 기준으로 판단하여야 한다는 원칙을 제시하며, '외부인이 공동거주자의 일부가 부재중에 주거 내에 현재하는 거주자의 현실적인 승낙을 받아 통상적인 출입방법에 따라 공동주거에 들어간 경우라면 그것이 부재중인 다른 거주자의 추정적 의사에 반하는 경우에도 주거침입죄가 성립하지 않는다고 보아야 한다.'며 기존 판례를 변경하면서,[73] '단순히 주거에 들어가는 행위 자체가 거주자의 의사에 반한다는 거주자의 주관적 사정만으로 바로 침입에 해당한다고 볼 수는 없다.'고 설명했다.

나. 절도죄

1) 개념

> **제329조(절도)** 타인의 재물을 절취한 자는 6년 이하의 징역 또는 1천만원 이하의 벌금에 처한다.
> **제345조(자격정지의 병과)** 본죄를 범하여 유기징역에 처할 경우에는 10년 이하의 자격정지를 병과할 수 있다.
> **제342조(미수범)** 미수범은 처벌한다.

절도죄는 타인이 점유하는 타인소유의 재물을 의사에 반하여 절취함으로써 성립하는 범죄를 말한다. 본죄는 타인이 점유하는 타인의 재물을 객체로 하는 점에서 자기가 점유하는 타인의 재물을 영득하는 횡령죄나 타인이 점유하고 있지만 자기의 재물을 객체로 하는 권리행사방해죄와 차이가 있다. 또한 본죄는 순수한 재물죄이고 폭행이나 협박을 재물탈취의 수단으로 하지 않는다는 점에서 폭행이나 협박을 행위수단으로 하는 강도죄와도 차이가 있다.

2) 문제의 소재

만일, 탐정사 甲이 의뢰인 乙의 의뢰를 받아 의뢰인의 남편과 내연관계에 있는 丙의

---

73) 대법원 2021. 9. 9. 선고 2020도12630 전원합의체 판결.

주소지를 파악하고자 丙의 주소지를 물색한 후 찾아가 우편함에 있던 丙의 주소지가 기재된 우편물을 모르게 가지고 온 경우, 탐정사 甲의 소행은 업무상 행위로 위법성이 조각되어 면책되는지, 형사상 어떠한 죄책으로 처벌을 수 있는지가 문제될 수 있다.

3) 절도죄의 구성요건

가) 객관적 구성요건

(1) 행위객체 - 재물

타인이 점유하는 타인의 재물이다. 본죄의 객체는 타인의 재물이므로 객체인 재물의 소유권이 행위자 이외의 타인에게 속해야 한다. 공유물도 타인의 소유로 인정된다.[74] 여기서 타인이란 행위자 이외의 자연인 법인 기타 소유의 주체가 될 수 있는 자를 말한다. 타인의 단독점유, 행위자와 타인의 공동소유의 경우에 소유의 타인성이 인정된다.[75] 자연인의 경우 의사능력이나 책임능력의 유무를 불문한다. 타인성이 결여된 재물로는 행위자 자신의 재물, 무주물, 금제품을 들 수 있다. 즉, 소유권의 객체가 될 수 없는 물건, 원래 소유자가 없는 재물, 소유자가 소유권을 포기한 재물은 타인의 재물이 아니므로 절도죄의 객체가 되지 않는다.

(2) 행위 - 절취

본죄의 행위는 절취이다. 절취는 타인이 점유하고 있는 재물을 그 의사에 반하여 폭행이나 협박이 아닌 수단을 통하여 침탈하고 이를 자기 또는 제3자의 점유로 옮김으로써 새로운 점유를 시작하는 것을 말한다. 따라서 절취는 점유의 침탈(배제)과 새로운 점유의 취득으로 나누어 살펴 볼 수 있다.

---

74) 대법원 1979. 10. 30, 선고 79도1995 판결.

75) 두 사람으로 구성된 생강농사 동업관계에 있어 서로 불화가 생겨 그 중 1인이 나오지 않자, 남은 동업인이 혼자 생강 밭을 경작하여 생강을 반출한 행위에 대해 절도죄가 구성되지 않는다고 본 판례이다. 두 사람으로 된 동업관계에 있어서는 그 중 1인이 탈퇴를 하게 되면 조합관계는 해산됨이 없이 종료되어 청산이 뒤따르니 않으며 조합원의 합유에 속한 조합재산은 남은 조합원의 단독소유에 해당되기 때문이다(대법원 2009. 2. 12, 선고 2008도11804 판결).

(가) 점유의 침탈(배제)

점유의 침탈이란 점유자의 의사에 반하여 그 점유자가 재물에 대하여 사실상의 지배를 할 수 없게 하기 위한 행위를 말한다. 점유자의 동의가 있는 경우에는 점유의 침탈에 해당된다고 볼 수 없으므로 이 경우에는 구성요건해당성이 배제된다. 점유자의 침탈은 점유자의 의사에 반하여 이루어지는 행위인 점에서 상대방의 하자있는 의사에 의하여 재물의 교부가 이루어지는 사기나 공갈과 다른 차이에 해당된다.

점유침탈의 수단이나 방법은 불문한다. 다만 폭행이나 협박의 수단에 의한 경우에는 절도죄가 아닌 강도죄가 성립되므로 폭행·협박을 수반해서는 안된다. 점유침탈행위자가 직접 점유를 침탈하는 경우는 물론 선의의 제3자를 이용하는 간접정범의 방법, 동물을 수단으로 이용하는 방법 등도 모두 가능하다. 또한 기망에 의한 점유침탈(배제)도 가능하다. 이 경우 절취와 사취의 구분이 문제시되며, 이는 점유자의 처분행위 유무에 따라 결정된다. 재물의 교부와 재산상의 손해발생 사이에 직접성이 있는 경우에는 사취가 되고, 간접적인 경우에는 절취가 된다. 즉, 점유자가 점유를 이전하겠다는 의사를 가지고 그의 교부행위에 의거하여 재물이 최종적으로 기망자에게 넘어간 경우에는 사기죄, 기망자가 별도의 행위에 의거하여 재물을 취거한 경우에는 절도죄에 해당된다.

(나) 실행의 착수

절도죄의 실행의 착수시기는 재물에 대한 타인의 사실상의 지배를 침해하는 데에 밀접한 행위를 개시한 때 즉, 점유침탈을 개시하거나[76] 목적물을 물색한 경우이다. 따라서, 만일 야간이 아닌 주간에 절도의 목적으로 타인의 주거에 침입하였다고 하여도 아직 절취할 물건의 물색행위를 시작하기 전이라면 주거침입죄만 성립할 뿐 절도죄의 실행에 착수한 것으로 볼 수 없는 것이어서 절도미수죄는 성립하지 않는다.[77]

(다) 새로운 점유의 취득

새로운 점유의 취득이란 행위자가 탈취한 재물에 대한 점유를 취득하거나 이를 제3

---

76) 금품을 절취하기 위하여 고속버스 선반 위에 놓여진 손가방의 한쪽 걸쇠만 연 경우라도 절도범행의 실행에 착수하였다고 볼 것이다(대법원 1983. 10. 25, 선고 83도2432 판결).

77) 대법원 1992. 9. 8, 선고 92도1650 판결.

자의 점유로 옮기는 것을 말한다. 새로운 점유의 설정은 일반적으로 점유의 침탈과 동시에 성립되는 것이나 반드시 시간적으로 일치할 필요는 없다.[78]

또한, 물건에 대한 새로운 점유를 취득한 경우 즉, 행위자나 제3자가 새로운 점유를 취득해야 기수가 성립된다. 절도죄의 기수시기에 대해서는 재물에 손을 접촉한 때로 보는 접촉설, 재물에 대하여 자신이나 제3자가 점유를 취득한 때로 보는 취득설, 재물을 장소적으로 이전한 때로 보는 이전설, 재물을 안전한 곳에 은닉한 때로 보는 은닉설이 대립되고 있으나 새로운 점유를 취득해야 절취행위가 성립된다는 점에 비추어 취득설이 타당하다고 본다(통설·판례).[79]

나) 주관적 요건

(1) 고의

본죄의 고의는 타인이 점유하고 있는 타인의 재물을 절취한다는 사실에 대한 인식, 인용이다. 이는 미필적 고의로서 족하며, 재물의 타인성이라든가 점유침탈과 취득에 대한 인식의 정도는 일반인의 소박한 평가의 수준이면 족하다. 다만, 타인의 재물을 자기의 재물로 오인하여 가져간 경우, 타인의 재물을 무주물이나 소유를 초기한 재물로 오인하여 취득한 경우, 피해자의 동의가 있는 것으로 오인하여 그 재물을 취득한 경우에 있어서는 구성요건적 착오로서 고의성이 조각된다. 그 외 자기의 재물을 타인의 것으로 오인하고 절도의 고의로 이를 취득한 경우에는 절도의 불능미수가 성립된다.

(2) 불법영득의사

절도죄를 비롯한 영득죄에 있어서 불법영득의사란 타인의 물건을 그 권리자를 배제하고 자기의 소유물과 같이 그 경제적 용법에 따라 이용·처분하고자 하는 의사를 말하는 것으로서, 단순히 타인의 점유만을 침해하였다고 하여 그로써 곧 절도죄가 성립하는 것은 아니나, 재물의 소유권 또는 이에 준하는 본권을 침해하는 의사가 있으면 되고 반드시 영구적으로 보유할 의사가 필요한 것은 아니며, 그것이 물건 자체를 영득할 의

---

78) 가령 달리는 자동차에서 재물을 버린 후에 이를 다시 찾아가는 경우가 그 예이다.

79) 창고에서 물건을 밖으로 들고 나와 운반해 가다가 방범대원들에게 발각되어 체포된 경우에는 절도의 기수에 해당된다(대법원 1984. 2. 14, 선고 83도3242 판결).

사인지 물건의 가치만을 영득할 의사인지를 불문한다. 따라서 어떠한 물건을 점유자의 의사에 반하여 취거하는 행위가 결과적으로 소유자의 이익으로 된다는 사정 또는 소유자의 추정적 승낙이 있다고 볼만한 사정이 있다고 하더라도, 다른 특별한 사정이 없는 한 그러한 사유만으로 불법영득의 의사가 없었다고 할 수 없다.[80]

(3) 위법성

행위가 비록 절도죄의 구성요건에 해당되어도 위법성 조각사유의 요건을 갖춘 경우에는 위법하지 않는다. 긴급피난[81]이나 추정적 승낙의 경우가 그 예이다.[82] 그러나 만일, 물품대금 채권을 다른 채권자들보다 우선적으로 확보할 목적으로 피해자의 가구점의 시정장치를 쇠톱으로 절단하고 그곳에 침입하여 가구들을 화물차에 싣고 가서 다른 장소에 옮겨 놓은 행위의 경우는 비록 취거당시 채권을 확보할 목적이었다 하더라도 추정적 승낙이나 자구행위[83]로 인정될 수 없어 절도죄에 해당한다.[84]

(4) 죄수 및 타죄와의 관계

(가) 죄수

절도죄의 죄수는 법익주체의 수에 따라 결정되지 아니하고 절취행위의 수, 즉 점유침해의 수에 의해 결정된다.[85] 그러므로 1개의 행위로 수인소유의 수개의 재물을 절취

---

80) 대법원 2014. 2. 21, 선고2003도14139 판결.

81) 형법 제22조 제1항의 긴급피난이란 자기 또는 타인의 법익에 대한 현재의 위난을 피하기 위한 상당한 이유 있는 행위를 말하고, 여기서 '상당한 이유 있는 행위'에 해당하려면, 첫째, 피난행위는 위난에 처한 법익을 보호하기 위한 유일한 수단이어야 하고, 둘째, 피해자에게 가장 경미한 손해를 주는 방법을 택하여야 하며, 셋째, 피난행위에 의하여 보전되는 이익은 이로 인하여 침해되는 이익보다 우월해야 하고, 넷째, 피난행위는 그 자체가 사회윤리나 법질서 전체의 정신에 비추어 적합한 수단일 것을 요하는 등의 요건을 갖추어야 한다(대법원 2006. 4. 13. 선고 2005도9396 판결).

82) 가령, 건물붕괴사고현장에서 급히 지하실로 피했던 방문객이 출입구가 막혀 나가지 못하고 외부와의 연락도 불가능하게 되자 지하실에 있는 타인의 물건을 탈출구로 만드는 일에 소진시켜 버린 경우, 생명을 유지하기 위해 부득이 그 곳에 있는 타인의 식료품을 먹는 경우가 그 예이다.

83) 형법상 자구행위라 함은 법정절차에 의하여 청구권을 보전하기 불능한 경우에 그 청구권의 실행불능 또는 현저한 실행곤란을 피하기 위한 상당한 행위를 말한다.

84) 대법원 2006. 3. 24, 선고 2005도8081 판결.

85) 절도범인이 갑의 집에 침입하여 그 집의 방안에서 그 소유의 재물을 절취하고 그 무렵 그 집에 세 들어 사는

한 경우라도 단순일죄에 해당된다. 수개의 행위로 수개의 재물을 절취하면 수개의 절도죄가 성립하여 경합관계로 되지만 이들 행위가 시간적·장소적으로 극히 근접한 정황 속에서 이루어진 경우에는 접속범으로서 포괄적 일죄가 성립한다.

(나) 타죄와의 관계

주간에 주거에 침입하여 본죄를 범한 경우는 주거침입죄와 절도죄의 경합범이 성립되고, 야간에 주거에 침입하여 절취한 경우에는 야간주거침입절도죄만 성립한다. 절도교사자가 절취한 장물을 편취한 경우에는 절도교사죄와 사기죄의 경합범이 성립되고, 장물을 취득한 경우에는 절도교사죄와 장물취득죄의 경합범이 된다. 절도범 자신이 장물을 운반·보관한 경우에는 장물죄는 성립하지 않고 절도죄만 성립한다.

(다) 불가벌적 사후행위

절도범을 비롯하여 상태범의 성격을 갖는 영득죄에 있어서는 범죄가 종료된 후에도 위법한 상태가 계속된다는 것이 처음부터 예상되고 또한 영득한 재물에 대하여 사후적으로 이용, 처분하는 행위까지도 명문규정에 포괄적으로 평가되어 반영된 것이라는 관점에서 살펴보면, 비록 그 사후행위가 형식적으로는 다른 범죄의 구성요건에 해당된다 하더라도 이를 범죄로서 처벌하지 않게 된다. 이러한 경우의 사후행위를 불가불적 사후행위라고 한다. 즉, 절도죄의 경우 상태범이므로 절도가 기수가 된 이후에 장물을 손괴 또는 처분하는 행위는 절도죄에 흡수된다(법조경합 중 흡수관계).[86]

(5) 소결

전설한 내용을 기초로 살펴보면 탐정사 甲이 의뢰인 乙의 의뢰를 받아 그 업무상 丙의 주소지가 기재된 우편물을 모르게 가지고 온 행위는 형법상 긴급피난이나 추정적 승낙[87]과 같은 위법성 조각사유로서의 요건을 갖추지 못할 경우 비록 그 행위가 업무

을의 방에 침입하여 재물을 절취하려다 미수에 그친 경우라면 위 두 범죄는 그 범행장소와 물품의 관리자를 달리하고 있어서 별개의 범죄를 구성한다(대법원 1989. 8. 8, 선고 89도664 판결).

86) 가령, 절도범이 절취한 재물을 손괴하거나, 처분하는 행위의 경우가 그 예이다.

87) 추정적 승낙이란 피해자의 현실적인 승낙이 없었다고 하더라도 행위 당시의 모든 객관적 사정에 비추어 볼 때 만일 피해자가 행위의 내용을 알았더라면 당연히 승낙하였을 것으로 예견되는 경우를 말한다.

상 행위라고 하더라도 절도죄로 의율되어 처벌받는 상황을 면하기는 어려워 보인다.

한편, 절도죄와 관련하여 실무상 특히 살펴볼 부분이 친족상도례에 관한 내용이다. 친족상도례는 국가의 형벌권이 가족들 사이의 범죄에 대해서는 일부 제한되는 제도이다. 그에 따라 직계혈족, 배우자, 동거친족, 동거가족 또는 그 배우간의 절도행위에 대해서는 형이 면제된다.[88] 여기서 형의 면제란 범죄가 성립하여 형벌권이 발생했지만, 일정한 사유로 인하여 형벌을 과하지 않는 경우를 말하는데, 친족상도례 또는 친족간의 특례가 있을 경우 형벌을 필요적으로 면제한다는 것이다. 그렇다면 친족간의 특례가 적용되는 친족의 범위는 어떻게 정해지는지가 문제될 수 있는데, 형법에는 친족의 범위에 대한 규정은 없고, 이 부분은 민법 규정과 해석에 맡겨져 있다. 민법 제767조(친족의 정의)는 배우자, 혈족, 인척을 친족으로 규정하고 있다.[89]

따라서 만일 배우자간에 이혼소송 중 증거수집을 목적으로 상대방의 물품을 절취하는 행위를 하였더라도 이는 친족상도례가 적용되어 처벌을 면하게 되는 것이며, 이 때문에 실제 관련 소송 중 절도문제가 자주 논란이 되기도 한다.

다. 상해죄

1) 개념

> **형법 제257조(상해)** ① 사람의 신체를 상해한 자는 7년 이하의 징역, 10년 이하의 자격정지 또는 1천만 원 이하의 벌금에 처한다.

---

88) 형법 제328조(친족간의 범행과 고소)
① 직계혈족, 배우자, 동거친족, 동거가족 또는 그 배우자간의 제323조의 죄는 그 형을 면제한다.
② 제1항 이외의 친족 간에 제323조의 죄를 범한 때에는 고소가 있어야 공소를 제기할 수 있다.
③ 전 2항의 신분관계가 없는 공범에 대하여는 전 2항을 적용하지 아니한다.

89) 민법 제768조(혈족의 정의) 자기의 직계존속과 직계비속을 직계혈족이라 하고 자기의 형제자매와 형제자매의 직계비속, 직계존속의 형제자매 및 그 형제자매의 직계비속을 방계혈족이라 한다.
민법 제769조(인척의 계원) 혈족의 배우자, 배우자의 혈족, 배우자의 혈족의 배우자를 인척으로 한다.
민법 제777조(친족의 범위) 친족관계로 인한 법률상 효력은 이 법 또는 다른 법률에 특별한 규정이 없는 한 다음 각호에 해당하는 자에 미친다.
1. 8촌 이내의 혈족
2. 4촌 이내의 인척
3. 배우자

상해죄는 고의적으로 사람의 신체를 상해함으로써 성립하는 범죄를 말한다. 본죄는 상해의 죄 중 기본적 유형에 해당되며 침해범이고 결과범이며 즉시범에 해당된다. 판례는 일관되지는 않지만 상해의 개념에 대하여 '생리적 기능훼손설'에 입각하여 판시를 하고 있다. 이에 따라 성병감염, 처녀막 파열을 상해에 해당한다고 하고 보행불능, 수면장애, 식욕감퇴 등 기능의 장애를 일으킨 경우에는 외관상 상처가 없는 경우라도 상해를 입힌 것에 해당된다고 본다.[90]

2) 문제의 소재

만일, 탐정사 甲이 의뢰인 乙의 의뢰에 받아 丙의 행적을 추적하던 중 丙에게 발각되어 동인과 실랑이를 벌이던 중 그간 자신이 채집하였던 丙의 행적에 관한 증거가 저장된 카메라를 丙이 빼앗으려고 하자 단지 이를 제지하고 회피하기 위한 목적에서 丙을 밀쳐 넘어지게 하여 동인에게 전치 2주간의 치료를 요하는 부상을 당하게 하였을 경우, 탐정사 甲은 자신의 카메라를 빼앗기지 않기 위해 방어적으로 행한 정당방위[91]로서 처벌을 면하게 되는지, 아니면 어떠한 처벌을 받게 되는지가 문제될 수 있다.

3) 구성요건

가) 객관적 구성요건

(1) 객체

행위객체는 사람의 신체다. 여기서 사람은 자연인인 타인을 의미한다. 사람의 신체이어야 하므로 동물은 본죄의 객체가 될 수 없고, 태아 또한 낙태죄의 객체로 될 뿐이고 본죄의 객체에는 해당되지 않는다. 태아를 사람으로 인정하게 될 경우에는 유추해

---

90) 강간으로 인한 성병감염과 처녀막 파열(대판 1995.7.25., 94도1351), 외관상의 상처가 없다고 할지라도 보행불능, 수면장애, 식욕감퇴 등 기능의 장애를 일으킨 경우(대판 1969. 3. 11, 69도161)도 상해죄에 해당된다.

91) 어떠한 행위가 정당방위로 인정되려면 그 행위가 자기 또는 타인의 법익에 대한 현재의 부당한 침해를 방어하기 위한 것으로서 상당성이 있어야 하므로, 위법하지 않은 정당한 침해에 대한 정당방위는 인정되지 않는다. 이때 방위행위가 사회적으로 상당한 것인지는 침해행위로 침해되는 법익의 종류와 정도, 침해의 방법, 침해행위의 완급, 방위행위로 침해될 법익의 종류와 정도 등 일체의 구체적 사정을 참작하여 판단하여야 한다(대법원 2017. 3. 15. 선고 2013도2168 판결 참조).

석금지의 원칙에 반하므로 태아에 대한 상해죄를 부정하는 것이 타당하다고 본다(부정설이며 통설). 또한 약물, 방사선 등의 작용으로 불구아 또는 기형아를 출생한 경우에 상해죄 내지 과실치사상죄는 인정될 수 없다. 자기의 신체에 대한 상해(자상)의 경우에는 상해죄의 구성요건에 해당되지 않는다. 그러나 특별법으로 처벌되는 경우는 있다(예컨대 병역의무를 기피 또는 감면받기 위하여 자상한 경우에는 병역법 제86조, 군형법 제41조 제1항 등). 자상행위가 강요에 의해 이루어질 경우에는 그 강요자는 본죄의 간접정범이 될 수 있다.

(2) 행위

본죄의 행위는 상해이다. 상해의 의미에 대한 개념을 생리적 기능으로 보는 한 상해는 신체의 건강을 해하는 것이라고 보아야 한다. 상해의 수단·방법에는 제한이 없으며 유형적(예컨대 피해자의 신체에 직접적으로 폭행을 가한 경우 등)·무형적 방법(예컨대 병균을 감염시키는 경우, 정신적 충격을 주어 건강을 손상시키는 경우 등)에 의해서도 가능하며, 작위 또는 부작위에 의한 경우도 가능하다.

나) 주관적 구성요건

상해죄의 성립에는 상해의 원인이 폭행에 관한 인식이 있으면 충분하고 상해를 가할 의사의 존재까지는 필요하지 않다.[92]

다) 위법성

(1) 피해자의 승낙

피해자의 승낙에 의한 상해는 일정한 요건 즉, 피해자에게 승낙능력이 있고 진지하게 이루어진 승낙을 인식하고 행한 행위가 법률에 특별한 규정이 없고 더 나아가 법질서 전체의 정신이나 사회윤리에 비추어 용인될 수 있는 경우에는 위법성을 조각할 수 있다. 따라서 병역을 피하기 위한 상해, 채무면제의 대가로 하는 상해 등 기타 용납할 수 없는 반윤리적인 동기로 승낙을 얻은 경우에는 위법성이 조각되지 않는다.

---

92) 대법원 2000. 7. 4, 선고 99도4341 판결.

(2) 의사의 치료행위

피해자의 승낙에 의해 위법성이 조각되는 전형적인 예는 승낙에 의한 채혈이라든가 각종의 의료행위를 들 수 있다. 치료행위는 대부분 구성요건을 조각하지만 큰 수술과 같은 경우의 치료행위는 피해자의 승낙에 의하여 위법성이 조각되는 행위로 보아야 할 것이다. 구성요건을 조각하는 치료행위의 경우는 의사의 설명의무가 요구된다고 볼 수 없지만 의료적 침해가 동시에 환자의 신체에 중대한 손상을 수반 할 경우에는 피해자의 승낙에 의하여 위법성이 조각되려면 의사의 설명의무가 충실히 행하여질 것을 요한다.

4) 죄수 및 타죄와의 관계

상해죄의 죄수는 '피해자의 수'에 따라 결정된다. 두 사람에게 각기 칼을 휘둘러 한 사람을 사망에 이르게 하고 다른 사람에게는 상해를 입힌 경우에는 상해치사죄와 상해죄의 두죄가 성립된다.[93][94] 다만, 협박과 상해가 같은 시간, 같은 장소에서 동일한 피해자에게 가해진 경우에는 협박은 상해의 고의 하에 이루어진 폭언에 불과한 것이므로 이 경우에는 상해죄에 포함된다.[95]

5) 소결

전설한 내용을 기초로 살펴보면 만일, 탐정사 甲이 丙의 행적에 관한 증거가 저장된 카메라를 丙이 빼앗기지 않으려고 이를 제지하고 회피하기 위한 목적에서 丙을 밀쳐 넘어뜨려 동인에 부상을 당하게 한 행위는 형법상 정당방위나 피해자의 승낙과 같은 위법성 조각사유로서의 요건을 갖추지 못할 경우 비록 그 행위가 자신 소유의 카메라를 빼앗기지 않으려고 丙의 행위를 제지하는 과정에서 발생하였다고 하더라도 상해죄로 의율되어 처벌받는 상황은 면할 수 없을 것으로 보인다.

---

93) 대법원 1981.5.26., 선고 81도811 판결.

94) 상해를 입힌 행위가 동일한 일시, 장소에서 동일한 목적으로 저질러진 것이라 하더라도 피해자를 달리하고 있으면 피해자별로 각각 별개의 상해죄를 구성한다고 보아야 할 것이고 1개의 행위가 수개의 죄에 해당하는 경우라고 볼 수 없다(대법원 1983. 4. 26, 선고 83도524 판결.

95) 대법원 1976.12.14., 선고 76도3375 판결.

라. 폭행죄

> 형법 제260조(폭행·존속폭행) ① 사람의 신체에 대하여 폭행을 가한 자는 2년 이하의 징역, 500만 원 이하의 벌금, 구류 또는 과료에 처한다.

1) 개념

사람의 신체에 대하여 폭행을 가함으로써 성립하는 범죄를 말한다. 신체의 완전성 중에서도 신체의 건재를 침해하는 범죄이다. 본죄는 폭행의죄의 기본유형이며 침해범이고 형식범이며 신체의 건재가 침해됨과 동시에 기수에 이르고 종료되는 즉시범에 해당된다.

2) 문제의 소재

만일, 탐정사 甲이 의뢰인 乙의 의뢰에 받아 丙의 행적을 추적하던 중 丙에게 발각되어 동인과 실랑이를 벌이던 중 그간 자신이 채집하였던 丙의 행적에 관한 증거가 저장된 카메라를 丙이 빼앗으려고 하자 단지 이를 제지하고 회피하기 위한 목적에서 丙을 밀치는 등의 물리력을 행사한 경우, 탐정사 甲은 자신의 카메라를 빼앗기지 않기 위해 방어적으로 행한 정당방위로써 처벌을 면하게 되는지, 아니면 어떠한 처벌을 받게 되는지가 문제될 수 있다.

3) 구성요건

가) 객관적 구성요건

(1) 객체

타인의 신체인데 여기에서 사람은 자연인인 타인을 말한다. 존속폭행죄의 경우는 자기 또는 배우자의 직계존속의 신체이다.

(2) 행위

사람의 신체에 대하여 폭행을 가하는 것이다. 여기서의 폭행은 사람의 신체에 대하여 유형력을 행사하는 것을 말한다.

(가) 폭행의 개념

구 분	의 의	정 도	예
최광의	대상이 사람인가 물건인가에 관계없는 유형력의 행사	한 지방에 있어서의 공공의 평온을 해할 정도에 이르러야 함	내란죄(제87조), 소요죄(제115조), 다중불해산죄(제116조)
광 의	사람에 대한 직접·간접의 유형력의 행사	상대방의 의사결정, 의사활동에 영향을 줄 수 있는 정도	공무집행방해죄(제136조), 특수도주죄(제146조), 강요죄(제324조)
협 의	사람의 신체에 대한 유형력의 행사	반드시 상대방에게 육체적, 생리적 고통을 줄 필요는 없음(심리적 고통)	폭행죄(제260조), 특수공무원폭행죄(제125조)
최협의	상대방의 반항을 억압하거나 현저히 곤란하게 할 정도의 폭행	강도죄의 폭행은 상대방의 반항을 불가능하게 하는 정도, 강간죄의 폭행은 상대방의 반항을 현저히 곤란하게 하는 경우	강도죄(제333조), 준강도죄(제335조), 강간죄(제297조)

(나) 본죄에 있어서의 폭행

폭행죄에 있어서 폭행은 사람의 신체에 대한 유형력(물리력)의 행사를 말한다. 여기서 유형력의 행사는 사람의 신체에 대한 것이어야 하므로 단지 타인의 집 마당에 인분을 던지는 행위[96]라든가 홧김에 방문을 발로 차는 행위[97]의 경우는 폭행에 해당되지 않는다.

한편, 이러한 유형력의 행사는 사람의 신체를 불법하게 공격하는 역학적 작용 예컨대 뺨을 치거나 발로 차는 등의 구타행위, 밀거나 잡아당기거나 얼굴에 침을 뱉거나 모발을 절단하는 행위 등의 경우, 화학적·생리적 작용 예컨대, 심한 소음이나 음향, 계속 전화

---

96) 대법원 1977. 2. 8, 선고 75도2673 판결.
97) 대법원 1984. 2. 14, 선고 83도3186 판결.

를 걸어 벨을 울리게 하는 경우, 고함을 질러 놀라게 하는 경우, 심한 악취를 풍기는 경우. 에너지 작용에 의해서도 가능하다. 그러나 단순히 언어에 의하여 공포심을 갖게 하는 것은 협박이고 폭행은 아니다. 유형력의 행사방법에는 제한이 없으며 사람의 신체에 직접적으로 접촉해야 할 필요는 없다. 직접, 간접 작위의무, 부작위를 불문한다.

(다) 기수시기

본죄는 형식범(거동범)이므로 신체의 건재를 해칠 만한 유형력의 행사가 있으면 구성요건이 충족되어 기수가 된다.

나) 주관적 구성요건

사람의 신체에 대하여 그 건재를 해하는 유형력을 행사한다는 것에 대한 인식·인용이다. 만일 이러한 고의로 건강을 침해하는 결과를 초래하면 폭행치상죄가 성립하고 상해의 고의로 행위를 하였으나 폭행의 정도에 그친 경우에는 상해미수죄로 처벌 될 뿐이다.[98]

4) 위법성 및 처벌

폭행이 정당행위, 정당방위, 긴급피난, 자구행위 등 피해자의 승낙이 있는 경우에는 위법성이 조각된다. 한편, 본죄는 피해자의 명시한 의사에 반하여 공소를 제기할 수 없다(제260조 ③). 단 폭행이 '폭력행위 등 처벌에 관한 법률'에 해당될 경우에는 반의사불벌죄가 성립되지 아니하여(동법 제2조 ③), 당사자의 의사와 무관하게 처벌된다.

5) 소결

전설한 내용을 기초로 살펴보면, 만일 탐정사 甲이 丙의 행적에 관한 증거가 저장된 카메라를 丙이 빼앗으려고 하자 단지 이를 제지하고 회피하기 위한 목적에서 丙을 밀치는 등의 물리력을 행사한 경우, 형법상 정당방위나 자구행위, 피해자의 승낙과 같은

---

98) 속칭 생일빵을 한다는 명목 하에 피해자를 가격하여 결국 사망에 이르게 된 사안에서 폭행과 사망 간에 인과관계는 인정되지만 폭행 당시 피해자의 사망을 예견할 수 없다는 이유로 폭행치사죄가 아닌 폭행죄에 해당된다고 판시한 사안(대법원 2010. 5. 27. 선고 2010도2680 판결).

위법성 조각사유로서의 요건을 갖추지 못할 경우 비록 그 행위가 자신 소유의 카메라를 빼앗기지 않으려고 丙의 행위를 제지하는 과정에서 발생하였다고 하더라도 폭행죄로 의율되어 처벌받는 상황은 면할 수 없을 것으로 보인다.

마. 체포와 감금죄

> 제276조(체포, 감금) ① 사람을 체포 또는 감금한 자는 5년 이하의 징역 또는 700만 원이하의 벌금에 처한다.

1) 개념

체포와 감금의 죄는 사람을 체포 또는 감금함으로써 사람의 신체적 활동의 자유(행동의 자유)를 침해하는 범죄를 말한다.

2) 문제의 소재

만일, 탐정사 甲이 의뢰인 乙의 의뢰에 따라 남편의 丙의 불륜현장을 추적하던 중, 丙이 상간녀인 丁과 함께 모텔로 들어가는 것을 목격하고 불륜증거를 채집하고자 하는 목적에서 동인들이 투숙한 모텔 호실로 들어간 후 의뢰인이 乙이 모텔에 도착할 때까지 丙, 丁을 모텔 밖으로 나가지 못하도록 저지한 경우, 탐정사 甲은 증거수집이라는 업무상 행위로 어떠한 처벌도 받지 아니하는지, 아니면 형사상 어떠한 처벌을 받게 되는지가 문제될 수 있다.

3) 구성요건

가) 객관적 구성요건

(1) 객체

신체적 활동의 자유를 갖는 자연인인 타인이다. 다만, 그 범위를 어디까지로 볼 것인가에 대해서 견해상의 대립이 있다.

(가) 최강의설(무제한설)

신체적 활동의 자유는 현실적으로 존재할 필요가 없으므로 만취자, 수면자, 정신병자, 출산 직후의 영아 등 모든 자연인이 본죄의 객체가 된다는 설이다.

(나) 광의설(통설)

신체적 활동의 자유를 갖는 자인 한 만취자, 수면자 등과 같이 일시적으로 활동의 자유를 상실한 경우에도 각성이 기대되어 활동의 가능성이 있으면 본죄의 객체로 된다는 설이다. 출산 직후의 신체적 활동의 자유가 없는 영아의 경우에는 본죄의 객체가 될 수 없다. 이 견해는 보호법익을 잠재적 신체활동의 자유로 보는 입장과 합치된다.

(다) 협의설

현실적으로 신체적 활동의 의사가 없는 자는 모두 본죄의 객체가 될 수 없다는 설이다. 유아, 수면자, 명정자, 정신병자, 불구자는 본죄의 객체가 될 수 없다.[99]

(2) 행위 – 체포/ 감금

(가) 체포

사람의 신체에 대하여 직접적이고 현실적인 구속을 가하여 신체적 활동의 자유를 침해함을 의미한다. 그러므로 신체에 대하여 현실적인 구속(직접구속)이 있다고 볼 수 없는 경우. 예컨대, 타인에게 협박을 가하여 일정한 장소에 부득이 출석하게 하는 경우는 강요죄(제324조)에 해당되고 체포라고 할 수 없다.

체포의 수단과 방법에는 제한이 없다. 유형적 방법(예컨대 손발을 묶거나 몸을 손으로 잡는 것), 무형적 방법(예컨대 경찰관을 사칭하여 연행하는 경우), 작위·부작위(예컨대 타인의 행위에 의하여 체포된 자를 풀어주어야 할 법률상의 의무가 있는 자가 그러한 조치를 할 수 있음에도 불구하고 방치한 경우) 또한 간접정범(예컨대 수가기관을 기망하여 특정인을 체포당하게 하는

---

99) 4일 가량 물조차 제대로 마시지 못하고 잠도 자지 아니하여 거의 탈진상태에 이른 피해자의 손과 발을 17시간 이상 묶어 두고 좁은 차량 속에서 움직이지 못하게 감금한 행위와 묶인 부위의 혈액 순환에 장애가 발생하여 혈전이 형성되고 그 혈전이 폐동맥을 막아 사망에 이르게 된 결과 사이에는 상당인과관계가 인정된다. 본 사례이다. 정신병자의 경우도 감금죄의 객체가 될 수 있다고 보았다(대법원 2002. 10. 11, 선고 2002도4315 판결).

경우)의 방법으로도 가능하다.

또한, 체포에 의한 자유의 박탈은 전면적일 필요성은 없다. 신체의 일부를 속박할 경우를 예를 들면 손을 등 위로 묶어서 방지한 경우, 긴 밧줄로 사람을 묶은 후 줄의 한쪽 끈을 잡고 있는 경우에도 체포에 해당된다.

(나) 감금

사람을 일정한 장소 밖으로 나가지 못하게 하여 신체적 활동의 자유를 장소적으로 제한하는 경우를 말한다.[100] 장소적 제한이 있다는 점에서 감금은 체포와 구별된다. 그 수단과 방법에는 제한이 없다. 유형적 방법(예컨대 자물쇠를 채우거나 감시인 또는 맹견을 출입구에 두어 밖으로 나갈 수 없게 하는 경우), 무형적 방법(예컨대 협박이나 위계, 수치심)을 불문한다.[101] 간접정범(예컨대 수사기관에 허위신고를 하여 구속당하게 하는 경우)에 의한 감금도 가능하며, 작위·부작위(예컨대 담당 교도관이 자유형의 형기가 만료된 사실을 알면서도 며칠 동안 석방하지 않는 경우)도 불문한다.

(다) 기수 및 종료시점

본죄는 계속범이므로 피해자의 신체활동의 자유가 박탈된 시점에 기수가 성립된다. 본죄는 행위의 제반정황에 비추어 살펴보면 사회통념상 인정될 수 있는 시간적 계속성이 있어야 한다. 자유의 박탈이 계속되고 있는 동안은 종료되지 않고, 피해자의 자유가 회복됨으로써 종료된다.

나) 주관적 구성요건

체포·감금죄의 경우 사람의 신체에 대하여 직접적, 현실적인 구속을 가하여 그 신체 활동의 자유를 박탈하려는 고의가 있어야 한다.

---

100) 폭력행위 등 처벌에 관한법률 제3조 제1항 소정의 감금죄는 단체나 다중의 위력으로 사람의 행동의 자유를 장소적으로 구속하는 경우를 처벌하는 규정임이 명백하므로 피고인들이 대한상이군경회원 80여명과 공동으로 호텔 출입문을 봉쇄하며 피해자들의 출입을 방해하였다면 위의 감금죄에 해당한다(대법원 1983. 9. 13, 선고 80도277 판결).

101) 피해자가 만약 도피하는 경우에는 생명·신체에 심한 해를 당할지도 모른다는 공포감에서 도피하기를 단념하고 있는 상태 하에서 그를 호텔로 데리고 가서 함께 유숙한 후 그와 함께 항공기로 국외에 나간 행위는 감금죄를 구성한다(대법원 1991.8.27., 선고 91도1604 판결).

4) 위법성

가) 정당행위

검사 또는 사법경찰관의 구속영장에 의한 구속(형소법 제201조 1항), 현행범인의 체포(형소법 제212조), 친권자의 징계행위(민법 제915조), 경찰관의 주취자 보호조치 또는 치료를 위한 정신착란자의 보호조치(경찰관직무집행법 제3조 1항 1호) 등은 법령에 의한 행위로서 형법 제20조에 의해 위법성이 조각된다.[102]

나) 피해자의 승낙

피해자의 동의는 구성요건을 조각한다. 왜냐하면 본죄의 경우는 피해자의 의사에 반하거나 피해자의 의사가 없을 것을 요구하기 때문이다. 그러므로 피해자의 동의(예컨대 버스·선박 등의 정거장 사이의 운행은 승객의 동의를 얻은 경우)는 구성요건 해당성을 조각하는 양해라고 보아야 한다.

5) 죄수

체포한 자가 계속해서 감금한 경우에는 포괄하여 1개의 감금죄가 성립된다. 1개의 행위에 의해 수인을 감금한 경우에는 수 개의 감금죄의 상상적 경합이 된다. 체포·감금의 수단으로 폭행 또는 협박을 가한 때에는 본죄만 성립하고, 감금 중에 행하여진 폭행·협박이 감금상태를 유지하기 위한 것이 아닌 때에는 별개의 죄를 구성하여 본죄와 경합관계에 있게 된다.

가) 폭행죄와 협박죄의 관계

폭행죄와 협박죄와의 관계를 살펴보면 체포·감금의 수단으로 행해진 폭행·협박은 체포·감금죄에 흡수되어 협박죄를 구성하지 아니한다.[103]

---

102) 정신병자의 어머님의 의뢰 및 승낙 하에 그 감호를 위하여 그 보호실 문을 야간에 한해서 3일간 시정하여 출입을 못하게 한 감금행위는 그 병자의 신체의 안정과 보호를 위하여 사회통념상 부득이한 조처로서 수긍될 수 있는 것이면 위법성이 없다(대법원 1980. 2. 12, 선고 79도1349 판결).

103) 대법원 1982 .6 .22, 선고 82도705 판결.

나) 약취·유인죄와의 관계

미성년자를 유인한 자를 계속하여 미성년자를 불법하게 감금한 경우에는 미성년자 유인죄 이외에 감금죄가 별도로 성립된다.[104]

다) 감금 중에 강간·강도·상해죄·살인죄와의 관계

감금 중에 새로운 범의에 기해 행위한 것이므로 감금죄와 각 죄의 경합범이 된다. 그러나 처음부터 이러한 범죄를 목적으로 감금한 경우에는 각 죄와 감금죄의 상상적 경합이 된다.[105]

6) 소결

전설한 내용을 기초로 살펴보면 만일, 탐정사 甲이 의뢰인 乙의 의뢰에 따라 불륜증거를 채집하고자 하는 목적에서 丙, 丁이 투숙한 모텔 호실로 들어간 후 의뢰인이 乙이 모텔에 도착할 때까지 동인들을 모텔 밖으로 나가지 못하도록 물리적으로 저지한 경우, 형법상 정당행위나 피해자의 승낙과 같은 위법성 조각사유로서의 요건을 갖추지 못할 경우 비록 그 행위가 위임을 받아 업무상 증거를 수집하기 위한 행한 행위라 하더라도 체포·감금죄로 의율되어 처벌받는 상황은 면할 수 없을 것으로 보인다.

바. 재물손괴죄

1) 개념

> **제366조(재물손괴죄)** 타인의 재물, 문서 또는 전자기록 등 특수매체기록을 손괴 또는 은닉 기타 방법으로 그 효용을 해한 자는 3년 이하의 징역 또는 700만 원 이하의 벌금에 처한다.

---

104) 대법원 1998. 5. 26. 선고 98도1036 판결.

105) 피고인이 피해자가 자동차에서 내릴 수 없는 상태를 이용하여 강간하려고 결의하고, 주행 중인 자동차에서 탈출불가능하게 하여 외포케 하고 50킬로미터를 운행하여, 여관 앞까지 강제로 연행하여 강간하려다 미수에 그친 경우 위 협박은 감금죄의 실행의 착수임과 동시에 강간미수죄의 실행의 착수라고 할 것이고, 감금과 강간미수의 두 행위가 시간적·장소적으로 중복될 뿐 아니라 감금행위 그 자체가 강간의 수단인 협박행위를 이루고 있는 경우로서 이 사건 감금과 강간미수죄는 일개의 행위에 의하여 실현된 경우로서 형법 제40조의 상상적 경합이라고 해석함이 상당하다(대법원 1983. 4. 26, 선고 83도323 판결).

본죄는 타인의 재물, 문서 또는 전자기록 등 특수매체기록을 손괴 또는 은닉 기타 방법으로 그 효용을 해함으로써 성립하는 범죄를 말한다. 본죄는 손괴죄의 가장 기본적 구성요건에 해당된다. 재물죄이며 침해범이다.

2) 문제의 소재

만일 탐정사 甲이 의뢰인인 乙의 의뢰를 받아 丙의 소재를 추적 및 확인하는 과정에서 丙의 주소지를 파악하기 위한 목적으로 동인이 거주하는 빌라의 우편함에서 우편물을 모르게 가져온 후 丙의 주소지를 파악한 다음 이를 찢어서 버린 경우, 탐정사 甲은 증거수집이라는 업무상 행위로 어떠한 처벌도 받지 아니하는지, 아니면 형사상 어떠한 처벌을 받게 되는지가 문제될 수 있다.

3) 구성요건

가) 객관적 구성요건

(1) 객체

(가) 타인의 재물, 문서 또는 전자기록 등 특수매체기록

재물의 의미는 절도죄에서 설명한 것과 같다. 재물의 의미에는 경제적 교환가치를 요하지 않고, 비록 본래의 효용가치 부분이 상실된 경우라도 다른 용도로서의 이용가치가 있는 경우라면 본죄의 객체가 된다. 이에는 동산뿐만 아니라 부동산도 포함한다. 부동산에는 공익건조물도 포함되나 이를 파괴한 경우에는 공익건조물파괴죄(제367조)가 해당되어 이에 따라 처벌된다. 또한 생물, 무생물을 불문하므로 동물도 본죄의 객체에 해당된다. 그러나 사체 등 모욕죄(제159조)의 객체인 사체의 경우는 본죄의 객체에 해당되지 않는다.

또한, 본죄의 문서는 공용서류 등의 무효죄의 공용서류에 해당되지 않는 모든 문서를 의미하며 사문서, 공문서를 불문한다. 또한 작성명의인이 누구인지. 권리의무에 관한 것인지, 사실증명에 관한 것인지도 불문한다. 편지, 도화, 영수증 등도 포함된다. 문서의 내용이 진실인가 허위인가도 본죄가 성립하는 데는 영향이 없다.[106] 그 외 전자기록 등 특수매체기록의 의미에 대해서는 업무방해죄에서 설명한 것과 동일하다.

---

106) 대법원 1982. 12.28, 선고 82도1807 판결.

(나) 재물 등의 타인성

재물 등의 소유자는 타인이어야 한다. 자기의 소유물이나 무주물의 경우에는 본죄의 객체에 해당되지 않는다. 행위자와 타인이 공동으로 소유하는 재물의 경우 등은 타인의 소유물에 해당된다. 따라서 자기소유에 해당되는 것은 권리행사방해죄(제323조)나 공무상 보관물무효죄(제142조)의 객체에 해당되는 것이지 손괴죄의 객체에 해당되지 않는다.

타인의 소유물인 한 그 점유자가 누구인가에 대해서는 상관없다. 따라서 자기가 점유하고 있는 타인의 재물이나 문서를 손괴할 경우 본죄가 성립된다.[107] 자기명의의 문서인 경우에도 타인의 소유에 속하면 본죄의 객체에 해당된다.

(2) 행위

(가) 손괴

재물, 문서 또는 전자기록 등 특수매체기록에 직접적으로 유형력을 행사하여 그 이용가능성을 침해하는 일체의 행위를 말한다. 예컨대 재물, 문서, 특수매체기록물을 파손하거나[108] 소각하는 행등, 물체가 소멸되거나 반드시 중요부분이 훼손되어야 하는 것은 아니며, 재물이 가지고 있는 본래의 용도를 방해하거나 소유자의 이익에 반하는 물건의 보존상태를 변경하는 것만으로도 손괴가 성립된다.[109] 그 외 기계적 조작을 통해서 컴퓨터 등에 수록된 데이터를 삭제·변경하거나, 녹음테이프, 비디오테이프에 수록된 기록의 내용을 삭제·변경하는 행위도 손괴에 해당된다.[110]

---

[107] 피고인이 갑에게 채무 없이 단순히 잠시 빌려준 피고인 발행 약속어음을 갑이 을에게 배서·양도하여 을이 소지 중 피고인이 이를 찢어버린 것은 문서손괴지에 해당하고, 이를 자구행위 또는 긴급피난이라고 할 수 없다(대법원 1975. 5. 27 선고 74도3559 판결).

[108] 대법원 1987. 4 .14, 선고 87도177 판결, 대법원 1982. 12 .28, 선고 82도1807 판결 등.

[109] 가령, 문서에 첨부된 인지를 떼어내는 경우, 자동차 타이어의 바람을 빼는 경우 등이 그 예이다.

[110] 재물손괴죄는 타인의 재물, 문서 또는 전자기록 등 특수매체기록을 손괴 또는 은닉 기타 방법으로 그 효용을 해한 경우에 성립한다(제366조). 여기에서 손괴 또는 은닉 기타 방법으로 그 효용을 해하는 경우에는 물질적인 파괴행위로 물건 등을 본래의 목적에 사용할 수 없는 상태로 만드는 경우뿐만 아니라 일시적으로 물건 등의 구체적 역할을 할 수 없는 상태로 만들어 효용을 떨어뜨리는 경우도 포함된다. 따라서 자동문을 자동으로 작동하지 않고 수동으로만 개폐가 가능하게 하여 자동잠금장치로서 역할을 할 수 없도록 한 경우에도 재물손괴죄가 성립된다(대법원 2016. 11. 25, 선고 2016도9219 판결).

(나) 은닉

재물, 문서, 전자기록 등 특수매체기록의 소재를 불분명하게 할 뿐 재물 등에 대하여 유형력을 행사하여 효용을 해하는 행위라는 점에서 손괴와는 다른 점이다. 은닉은 재물 등의 점유가 반드시 행위자에게 이전될 것을 필요로 하지 않는다. 따라서 피해자의 물건을 피해자의 점유에 속하는 장소에 숨겨 찾기 어렵게 하는 행위도 은닉에 해당된다. 또한 행위자가 재물 등을 점유하고 있다는 사실을 피해자가 알고 있는 경우라도 피해자가 이를 발견할 수 없는 경우라면 이는 은닉에 해당된다.[111]

(다) 기타 방법

손괴나 은닉 이외의 방법으로 재물·문서·전자기록 등 특수매체기록의 효용을 해하는 일체의 행위를 말한다. 사실상 또는 감정상 재물·문서 등을 본래의 용도에 사용할 수 없게 만드는 경우가 해당된다. 가령, 그림에 낙서한 경우, 식이에 방뇨한 경우, 건물이나 자동차에 페인트로 낙서한 경우, 컴퓨터 바이러스를 감염시켜 작동을 방해한 경우 등이 그 예이다.

또한 비록 물질적인 형태의 변경이나 멸실, 감손 등을 초래하지 않더라도 대상물을 원래 자리에서 옮겨 그 본래의 역할을 할 수 없게 하는 경우에도 손괴행위에 해당된다.[112][113]

---

111) 대법원 1971. 11. 23, 선고 71도1576 판결에서 문서의 반환을 거부하여 일시 그 문서를 용도에 따라 사용할 수 없는 경우도 문서의 효용을 해하는 행위라고 판시한 바 있다.

112) 대법원 2018. 7. 24, 선고 2017도18807 판결.

113) 문서손괴죄는 타인소유의 문서를 손괴 또는 은닉 기타 방법으로 효용을 해함으로써 성립하고, 문서의 효용을 해한다는 것은 문서를 본래의 사용목적에 제공할 수 없게 하는 상태로 만드는 것은 물론 일시적으로 그것을 이용할 수 없는 상태로 만드는 것도 포함한다. 따라서 소유자의 의사에 따라 어느 장소에 게시 중인 문서를 소유자의 의사에 반하여 떼어내는 것과 같이 소유자의 의사에 따라 형성된 종래의 이용상태를 변경시켜 종래의 상태에 따른 이용을 일시적으로 불가능하게 하는 경우에도 문서손괴죄가 성립할 수 있다. 그러나 문서손괴죄는 문서의 소유자가 문서를 소유하면서 사용하는 것을 방해하려는 것이므로, '어느 문서에 대한 종래의 사용상태가 문서 소유자의 의사에 반하여 또는 문서 소유자의 의사와 무관하게 이루어진 경우'에 단순히 종래의 사용상태를 제거하거나 변경시키는 것에 불과하고 손괴, 은닉하는 등으로 새로이 문서 소유자의 문서 사용에 지장을 초래하지 않는 경우에는, 문서의 효용, 즉 문서소유자의 문서에 대한 사용가치를 일시적으로 해하였다고 볼 수 없기에 이는 문서손괴지에 해당되지 않는다(대법원 2015. 11. 27, 선고 2014도130830 판결).

(라) 효용의 침해

위와 같은 방법을 통해서 재물·문서 및 전자기록 등 특수매체기록의 효용을 침해해야 한다. 효용을 해한다는 것은 재물 등의 이용가치가 소멸되거나 감소되는 결과가 발생되는 것을 말한다. 이러한 결과와 손괴·은닉 기타 방법 사이에는 인과관계가 있어야 한다.

(3) 착수시기 및 기수시기

손괴죄의 착수시기는 손괴의 고의로 효용침해행위를 직접적으로 개시한 경우에 성립되고, 기수시기는 재물 등의 효용이 훼손된 경우(침해범)에 성립된다. 본죄의 미수범은 처벌한다(형법 제371조).

나) 주관적 구성요건

주관적 구성요건으로서 고의가 필요하다. 고의는 미필적 고의로도 족하다. 본죄의 성립에는 불법영득의 의사는 필요하지 않다. 형법상 과실손괴죄는 처벌이 되지 않는다.[114]

4) 위법성

일반적 위법성조각사유에 의해서 손괴죄의 위법성이 조각될 수 있다. 다만 피해자의 동의는 손괴죄의 구성요건 해당성을 조각하는 양해로 보아야 할 것이다(다수설).

5) 타죄와의 관계

절도나 횡령의 의사로 타인의 재물을 은닉한 경우에는 절도죄나 횡령죄만 성립하며, 타인명의의 문서의 효력과 내용을 변경하면 문서변조죄로 되고 자기명의의 문서의 효

---

114) 재물손괴의 범의(고의)를 인정함에 있어서는 반드시 계획적인 손괴의 의도가 있거나 물건의 손괴를 적극적으로 희망하여야 하는 것은 아니고, 소유자의 의사에 반하여 재물의 효용을 상실케 하는 데 대한 인식이 있으면 되고, 여기에서 재물의 효용을 해한다고 함은 그 물건의 본래의 사용목적에 공할 수 없게 하는 상태로 만드는 것은 물론 일시 그것을 이용할 수 없는 상태로 만드는 것은 물론 일시 그것을 이용할 수 없는 상태로 만드는 것도 역시 효용을 해하는 것에 해당된다(대법원 1993. 12. 7, 선고 93도2701 판례). 피해자 소유의 전축 등을 망치와 드라이버로 부수거나 분해한 행위에 대해 손괴죄를 인정한 판례.

용의 전부나 일부를 멸실시키면 문서손괴죄로 된다. 다만, 타인 소유의 타인명의의 문서의 효력을 변경한 경우에는 문서변조죄와 문서손괴죄의 법조경합이 되어 문서변조죄만 성립한다(타인소유인지 자기소유인지 불문).

반면, 자기명의의 문서내용을 변경한 경우에는 타인소유인 경우에 한하여 문서손괴죄가 성립한다. 그 외 전자기록 등 특수매체기록의 손괴 등을 통하여 업무를 방해한 경우에는 본죄와 컴퓨터 등 업무방해죄(제314조 제2항)의 법조경합으로 컴퓨터 등 업무방해죄만 성립되며(법조경합 중 흡수관계), 살인행위에 따르는 의복에 대한 손죄의 경우 불가벌적 수반행위로서 별죄를 구성치 아니한다(법조경합 중 흡수관계).

6) 소결

전설한 내용을 기초로 살펴보면 만일, 만일 탐정사 甲이 丙의 주소지를 파악하기 위한 목적으로 동인이 거주하는 빌라의 우편함에서 우편물을 모르게 가져온 후 丙의 주소지를 파악한 다음 이를 찢어서 버린 경우, 형법상 정당행위나 피해자의 승낙과 같은 위법성 조각사유로서의 요건을 갖추지 못할 경우 비록 그 행위가 위임을 받아 업무상 증거를 수집하기 위한 행한 행위라 하더라도 재물손괴죄로 의율되어 처벌받는 상황은 면할 수 없을 것으로 보인다.

사. 비밀침해죄

> **형법 제316조(비밀침해)**
> ① 봉함 기타 비밀장치한 사람의 편지, 문서 또는 도화를 개봉한 자는 3년 이하의 징역이나 금고 또는 500만 원 이하의 벌금에 처한다.
> ② 봉함 기타 비밀장치한 사람의 편지, 문서, 도화 또는 전자기록 등 특수매체기록을 기술적 수단을 이용하여 그 내용을 알아낸 자도 제항의 형과 같다

1) 개념

비밀침해죄는 봉함 기타 비밀장치한 사람의 편지, 문서 또는 도화를 개봉하거나, 봉함 기타 비밀장치한 사람의 편지, 문서, 도화 또는 전자기록 등 특수매체기록을 기술적

수단을 이용하여 그 내용을 알아냄으로써 성립하는 범죄이다. 본죄는 개인의 비밀을 탐지하는 행위를 처벌하는 독립된 구성요건이다.

2) 문제의 소재

만일, 탐정사 甲이 의뢰인인 乙의 의뢰에 따라 乙의 남편인 丙의 내연관계를 확인하는 과정에서 내연녀 丁의 신상을 확인하고자 동인이 거주하는 주거지 우편함에서 丁명의로 도달된 우편물을 절취한 후 우편물의 내용을 확인한 경우, 탐정사 甲은 증거수집이라는 업무상 행위로 어떠한 처벌도 받지 아니하는지, 아니면 형사상 어떠한 처벌을 받게 되는지가 문제될 수 있다.

3) 구성요건

가) 객관적 구성요건

(1) 객체

봉함 기타 비밀장치한 사람의 편지, 문서, 도화 또는 전자기록 등 특수매체기록이다. 사람은 행위자 이외의 사람, 즉 타인을 말한다. 타인은 자연인, 법인, 법인격 없는 단체이든 불문한다.

(가) 편지 · 문서 · 도화 · 전자기록 등 특수매체기록의 의미

편지는 어떤 특정인이 다른 특정인에게 자기의 의사를 전달하는 문서를 말한다. 서신, 서찰 등으로 불리워지기도 한다. 문서는 편지 외의 것으로서 문자 기타 발음기호로써 특정인의 의사를 표시한 것(예컨대, 원고 등)이다. 그 외 도화는 그림으로써 특정인의 의사가 표시된 것(예컨대, 도표 · 사진 등)을 말한다. 그러나 의사표시가 없는 도표나 사진은 해당되지 않는다.

이러한 편지, 문서, 도화는 우편물에 국한되지 않으며 그 내용 또한 공적, 사적을 불문하고 또 반드시 비밀사항일 필요도 없다. 그리고 편지, 문서에 있어서는 발신인의 서명 유무를 불문하지만, 편지, 문서, 도화는 권한 있는 자의 인격에 관련되어 있어야 하며 이러한 요소가 결여된 것(예컨대, 책·신문·광고 등)은 대상에서 제외된다. 그 외 전자기록 등 특수매체기론은 전자적 기록 이외에 전기적 기록이나 자기적 기록을 이용·저장되어 있는 기록(예컨대, 디스켓·녹음테이프·컴퓨터디스켓·CD롬 등)을 말한다.

(나) 봉함 기타 비밀장치

봉함이란 편지, 문서, 도화의 겉포장을 하여 봉함으로써 제3자가 자의적으로 그 내용을 인식할 수 없게 해두거나 최소한도 어렵게 해두는 것(예컨대, 편지를 봉지에 넣고 풀로 붙여 봉하는 경우)을 말한다. 또한, 기타 비밀장치란 봉함 이외에도 쉽게 그 내용을 알 수 없도록 한 일체의 장치(예컨대, 편지 등을 책상서랍에 넣고 자물쇠로 채워두는 경우, 봉인이나 끈으로 묶는 경우 등)를 말한다. 따라서 봉함이나 기타 비밀장치가 없는 우편엽서의 경우 본죄의 객체에 해당되지 않는다.

(2) 행위 – 개봉

개봉이라 함은 봉함 기타 비밀장치를 제거하여 그 내용을 알 수 있는 상태에 두는 것을 의미한다. 개봉하지 아니한 채 예컨대 불빛에 투시하여 그 내용을 알아내는 경우는 해당되지 않는다. 또한 기술적 수단을 이용하여 그 내용을 알아내는 것이다. 이러한 경우는 개봉한 경우와 마찬가지로 취급한다(제316조 제2항). 일단 개봉한 이상 다시 비밀장치를 원상회복시킨 경우라도 본죄가 성립한다.

나) 주관적 구성요건

본죄의 고의는 봉함 기타 비밀장치 한 타인의 편지, 문서 또는 도화를 개봉한다는데 대한 인식·인용을 의미하며 이는 미필적 고의로써 족하다. 따라서 행위자가 타인의 편지 등을 자기의 것으로 잘못 알고 개봉한 경우에는 구성요건적 착오(사실의 착오)에 해당되어 고의가 조각된다. 설령 그러한 착오에 과실이 있었다고 하더라도 본죄의 경우에는 과실범에 대한 처벌규정이 없기 때문에 문제로 되지 아니한다. 행위자가 만일 타인의 것이라도 자기에게 배달되었거나 위탁된 것을 개봉함이 허용된다고 오인하고 개봉을 한 경우에는 금지의 착오(법률의 착오)가 성립되며 그 착오에 정당한 이유가 있는 경우에 한하여 책임이 조각된다(형법 제16조).

4) 위법성

피해자의 동의(양해)가 있는 경우에는 위법성을 논하기 앞서 이미 피해자의 동의가 있는 경우이기에 구성요건이 조각된다. 그 이유는 피해자의 동의가 있는 경우에는 당해 편지 등의 성격은 타인이 그 내용을 알아도 좋은 것으로 되기 때문이다. 또한, 법령에 의하여 개봉이 허용된 경우에는 정당행위(제20조)로서 위법성이 조각되며, 형사소송법 제107조, 제120조, 우편법 제28조 등 추정적 승낙에 의한 행위(예컨대 출장 중인 남편에게 온 편지를 아내가 개봉한 경우)의 경우에도 위법성은 조각된다.

5) 소결

전설한 내용을 기초로 살펴보면 만일, 탐정사 甲이 丙의 내연관계를 확인하는 과정에서 내연녀 丁의 신상을 확인하고자 동인이 거주하는 주거지 우편함에서 동인의 우편물을 절취한 후 우편물의 내용을 확인한 경우, 형법상 정당행위나 피해자의 승낙과 같은 위법성 조각사유로서의 요건을 갖추지 못할 경우 비록 그 행위가 위임을 받아 업무상 증거를 수집하기 위한 행한 행위라 하더라도 비밀침해죄로 의율되어 처벌받는 상황은 면할 수 없을 것으로 보인다.

- 타인의 우편물을 절취(절도죄 – 형법 제329조)하는 경우 죄가 성립.
- 타인의 우편물을 개봉(재물손괴죄 – 형법 제366조)하여
- 내용을 확인(비밀침해죄 – 형법 제316조 1항)하는 경우 죄가 성립.

아. 자동차 등 수색죄

형법 제321조(주거 · 신체 수색) 사람의 신체, 주거, 관리하는 건조물, 자동차, 선박이나 항공기 또는 점유하는 방실을 수색한 자는 3년 이하의 징역에 처한다.

---

1) 개념

사람의 신체·주거·관리하는 건조물·자동차·선박이나 항공기 도는 점유하는 방실을 수색함으로써 성립하는 범죄이다.

2) 문제의 소재

만일, 탐정사 甲이 의뢰인인 乙의 의뢰에 따라 乙의 남편인 丙의 불륜증거를 탐지하는 과정에서 乙의 부탁에 따라 지하주차장에 주차된 丙명의 차량 문을 임의로 개방하여 트렁크와 조수석 글러브박스와 콘솔 박스 등을 뒤진 경우, 탐정사 甲은 증거수집이라는 업무상 행위로 어떠한 처벌도 받지 아니하는지, 아니면 형사상 어떠한 처벌을 받게 되는지가 문제될 수 있다.

3) 구성요건

가) 객관적 구성요건

(1) 객체

사람의 신체, 주거, 관리하는 건조물, 자동차, 선박이나 항공기 또는 점유하는 방실이다.

(2) 행위

위 객체를 수색하는 행위이다. 여기서 수색이란 사람 또는 물건을 발견하기 위하여 사람의 신체 또는 일정한 장소를 조사하는 것을 말한다.

나) 주관적 구성요건

사람 또는 물건을 발견하기 위하여 사람의 신체 또는 일정한 장소를 조사한다는 고의가 있어야 한다.

4) 소결

전설한 내용을 기초로 살펴보면 만일, 탐정사 甲이 丙의 불륜증거를 탐지하는 과정에서 지하주차장에 주차된 丙 명의의 차량 문을 임의로 개방하여 트렁크와 조수석 글러브박스와 콘솔 박스 등을 뒤진 경우, 형법상 정당행위나 피해자의 승낙과 같은 위법성 조각사유로서의 요건을 갖추지 못할 경우 비록 그 행위가 위임을 받아 업무상 증거를 수집하기 위한 행한 행위라 하더라도 자동차 등 수색죄로 의율되어 처벌받는 상황은 면할 수 없을 것으로 보인다.

한편, 자동차 등 수색죄의 경우 문이 잠겨 있지 않은 채 주차된 타인의 자동차 문을 임의로 열고 들어가 사이드 브레이크를 조작하고 트렁크를 열어본 행위만으로도 성립되며,[115] 남편과 사이가 안 좋은 아내가 남편의 동의없이 남편의 차량을 열쇠업자를 통해 열고 수색한 행위 또한 자동차 등 수색죄가 성립될 수 있으니, 탐정활동 시 주의를 요하는 범죄 중 하나이다.

3. 민사상 쟁점

가. 개관

법은 크게 공법과 사법으로 분류되고, 민법은 이중 사법에 속하며 사법의 일반법이다(특별법은 상법, 부동산등기법 등). 이러한 민법은 국가 기타 공공단체와 개인 사이의 관계 등을 규율하는 공법과 달리 일반인의 사적 생활관계인 재산관계와 가족관계 등을 규율한다.

민법은 민법총칙, 물권법, 채권법, 가족법(친족·상속) 등 총 4개의 장으로 구성되어져 있는데, 이 중 민법총칙은 물권법, 채권법, 가족법(친족법, 상속법) 등으로 구성되는 민법에서 각 구성 부분에 일반적으로 적용되는 법 원칙 등을 규정하고 있고, 물권은 일정한 재화를 직접적·배타적으로 지배할 수 있는 권리로서, 물권법은 사람이 재화(물건의 종류와 내용)를 직접 지배하고 이용하는 재산관계를 규정하고 있으며, 채권법은 특정인

---

115) 서울남부지방법원 2019. 11. 29. 선고 2018고단3476 판결.

사이의 급부의 교환관계(계약 등)를 중심으로 한 채권관계를 규정하고 있고, 친족법은 부부관계 및 친자관계를 중심으로 한 친족적 법률관계를 규정하고 있다.

이렇듯 민사관계 일반을 다루는 민법이 탐정활동과 어떠한 연관성이 있느냐는 질문이 있을 수 있다. 하지만 탐정은 일반적으로 타인의 의뢰를 받고 어떠한 사실관계를 확인하고 이를 제공하는 업무를 수행하고 있다. 그것이 단순 사실관계의 확인일 수도 있고, 부동산관련 사실관계일 수도 있으며, 채권관계의 확인일 수도 있고, 이혼증거수집 등 부부관계에 대한 사실관계일 수도 있다. 결국 민법의 전반적인 내용이 탐정활동의 계약 시부터 상당한 영향을 미치는 것이다.

특히, 탐정 활동과정에서 타인의 권리인 헌법상 초상권이나 사생활의 비밀과 자유 등의 기본권을 침해하거나 또는 형사상 비밀침해죄 등의 범죄행각을 자행하는 경우 탐정의 입장에서는 그러한 행위가 업무수행 목적의 정당한 행위라고 판단할 수도 있겠지만 피해자의 입장에서는 당연히 불법행위를 구성하게 되며, 관련하여 손해배상의 책임까지 부담하게 된다. 따라서 민법 전반에 대한 기본적인 소양이 갖추지 아니할 경우 성공적인 탐정활동을 기대하기는 쉽지 아니한 상황이다.

나. 문제의 소재

전설한 바와 같이 탐정활동은 타인의 의뢰를 받아 일정한 사실관계를 확인하고 이를 제공하는 일을 주로 하고 있는데, 현장 활동을 통한 대부분의 결과물은 타인의 활동에 대한 사진촬영, 동영상 촬영 등이다. 물론 그 외 교통사고 현장이나 화재현장, 기업 내외부의 불법적인 사항, 자금 등의 횡령과 관련된 사항, 사람의 신원확인 등 다양하고 또 적법적인 범위 내에서 활동하는 경우도 많다.

다만, 탐정활동이 헌법상 초상권이나 사생활의 비밀과 자유 등의 기본권을 침해 하거나 또는 형사상 비밀침해죄 등의 범죄행각을 자행하는 경우, 탐정은 관련 행위에 따른 형사상 처벌을 받게 되면 자신의 행위에서 자유로워질 수 있는 것인지, 아니면 이와는 별도로 대상자인 피해자에게 관련 행위에 따른 보상이 이루어져야 하는지 등이 문제될 수 있다.

다. 불법행위 및 손해배상

1) 불법행위의 개념

불법행위라 함은 고의·과실로 인한 위법행위로 타인에게 손해를 주는 행위를 말하는데, 민법 제750조는 불법행위를 자행한 자에게 위와 같은 요건 하에 그 행위로 인해 발생한 일정한 손해를 배상하도록 책임을 부과시키고 있다.

한편, 불법행위에 따른 형사책임은 사회의 법질서를 위반한 행위에 대한 책임을 묻는 것으로서 행위자에 대한 공적인 제재(형벌)를 그 내용으로 함에 비하여, 민사책임은 타인의 법익을 침해한 데 대하여 행위자의 개인적 책임을 묻는 것으로서 피해자에게 발생한 손해의 전보를 그 내용으로 하는 것이고, 손해배상제도는 손해의 공평·타당한 부담을 그 지도원리로 하는 것이므로, 형사상 범죄를 구성하지 아니하는 침해행위라고 하더라도 그것이 민사상 불법행위를 구성하는지 여부는 형사책임과 별개의 관점에서 검토하여야 한다.[116]

2) 불법행위의 성립요건

가) 고의 또는 과실

(1) 자기의 책임

과실책임의 원칙에 따라 행위는 자기의 행위이어야 한다. 따라서 원칙적으로 타인의 행위에 대해서는 책임을 지지 않는다. 다만, 직접적인 가해행위는 제3자가 하였더라도, 본인이 그러한 행위를 발생하게 한 경우에는 그 행위는 본인 자신의 행위가 되고 따라서 750조의 불법행위가 성립한다.

(2) 고의

고의란 자기 행위로 인하여 타인에게 손해의 결과가 발생할 것임을 알고도 그것을 의욕하는 심리상태를 말한다. 고의의 성립에는 손해발생의 가능성에 대한 인식만 있으

---

116) 대법원 2008. 2. 1. 선고 2006다6713 판결.

면 충분하고 행위자가 적극적으로 결과발생을 의욕할 것까지는 요하지 않는다. 이러한 고의가 성립하기 위해서 일정한 결과의 발생사실을 인식하는 것 외에 위법성의 인식을 요하지 아니한다. 고의가 되기 위해서는 결과발생을 구체적으로 인식할 필요는 없으며 결과가 발생할지도 모른다고 인식하면서도 이를 무릅쓰고 행위하는 미필적 고의도 고의에 포함된다.

(3) 과실

과실이란 사회생활상 요구되는 주의의무를 다하였다면 일정한 결과의 발생을 인식할 수 있었거나 그러한 결과를 회피할 수 있었는데도 그러한 주의의무를 다하지 아니한 점에 대하여 행위자의 주관적 비난가능성을 말한다. 불법행위에서는 피해자가 가해자의 고의 또는 과실을 입증해야할 입증책임을 진다.

나) 위법성

위법성이란 가해행위가 법질서에 반하는 것을 말한다. 따라서 고의나 과실로 인한 행위에 의하여 타인에게 손해를 발생시켰더라도 정당성이 인정되거나 사회적으로 허용되는 위법성 조각사유(정당행위, 긴급피난 등)가 있는 때에는 위법성이 없어 불법행위가 성립하지 않는다.

다) 가해행위로 인한 손해발생

불법행위가 성립하기 위해서는 가해자의 가해행위로 인하여 피해자에게 손해가 발생하여야 한다. 또, 가해행위와 손해발생 사이에 인과관계가 있어야 한다. 이때 불법행위책임의 성립요건으로서 인과관계의 존재에 대한 증명책임은 피해자가 진다. 다만 피해자를 구제하기 위하여 법이 그 증명책임을 전환하기도 하고 공해사건이나 제조물책임, 의료과오 등에서는 개연성설이나 간접반증이론 등을 통하여 인과관계에 대한 증명책임을 완화한다.

라) 책임능력

어떤 사람이 타인에게 손해를 발생하는 행위를 하여도 그 가해자에게 책임능력을 결여된 때에는 불법행위책임이 발생하지 않는다. 여기서 책임은 자기의 행위에 대한 책임을 인식할 수 있는 정신적 능력을 말하며, 자기 행위의 결과가 위법한 것이어서 법률상 비난 받는 것임을 인식하는 정식적 능력이다. 이는 행위 당시를 기준으로 행위자와 행위의 내용, 책임의 경중에 따라서 개별적으로 판단한다. 책임능력은 보통의 일반인에게는 갖추어져 있는 것이 원칙이기 때문에 불법행위자인 가해자 쪽에서 책임을 벗어나려면 자신이 행위 당시 책임무능력인 상태에 있었다는 사실을 입증해야 한다.

3) 위자료

가) 개념

위자료라 함은, 불법행위 등을 원인으로 피해자가 입은 고통 등의 정신적 손해를 금전으로 배상해 주는 손해배상금을 말한다. 여기서 정신적 손해라 함은 불법행위로 피해자가 입은 고통, 충격, 절망 등을 말한다.

나) 산정기준

재산적 손해와 달리 위자료의 산정에는 명확한 기준이 없다. 때문에 불법행위로 입은 비재산적 손해에 대한 위자료 액수에 관하여는 사실심법원이 여러 사정을 참작하여 그 직권에 속하는 재량에 의하여 이를 확정할 수 있고, 법원이 그 위자료 액수 결정의 근거가 되는 제반 사정을 판결 이유 중에 빠짐없이 명시해야만 하는 것은 아니나, 이것이 위자료의 산정에 법관의 자의가 허용된다는 것을 의미하는 것은 물론 아니나. 위자료의 산정에도 그 시대와 일반적인 법감정에 부합될 수 있는 액수가 산정되어야 한다는 한계가 당연히 존재하고, 따라서 그 한계를 넘어 손해의 공평한 분담이라는 이념과 형평의 원칙에 현저히 반하는 위자료를 산정하는 것은 사실심법원이 갖는 재량의 한계를 일탈한 것이 된다.[117]

또한, 판례는 위자료액을 산정함에 있어서 피해자측과 가해자측의 제반 사정을 참작하여 그 금액을 정하여야 하므로 피해자가 가해자로부터 당해 사고로 입은 재산상 손해에 대하여 배상을 받을 수 있는지의 여부 및 그 배상액의 다과 등과 같은 사유도 위

---

117) 대법원 2013. 5. 16. 선고 2012다 202819 전원합의체 판결.

자료액 산정의 참작 사유가 되는 것은 물론이며, 특히 재산상 손해의 발생이 인정되는데도 입증 곤란 등의 이유로 그 손해액의 확정이 불가능하여 그 배상을 받을 수 없는 경우에 이러한 사정을 위자료의 증액사유로 참작할 수 있다고 한다.[118)]

다) 기산일

불법행위로 인한 손해배상에서 재산상 손해에 대한 배상액은 손해가 발생한 불법행위 당시를 기준으로 하여 액수를 산정하여야 하고, 공평의 관념상 별도의 이행최고가 없더라도 불법행위 당시부터 지연손해금이 발생하는 것이 원칙이다. 이에 비하여 정신상 손해에 대한 배상인 위자료는 불법행위 자체로 인하여 피해자가 입은 고통의 정도, 가해자가 보인 태도, 가해자와 피해자의 연령, 사회적 지위, 재산상태는 물론 국민소득 수준 및 통화가치 등 여러 사정을 종합적으로 고려하여 사실심 변론종결시를 기준으로 수액이 결정되어야 한다.[119)]

4) 소결

전설한 내용을 기초로 살펴보면, 탐정활동이 헌법상 초상권이나 사생활의 비밀과 자유 등의 기본권을 침해 하거나 또는 형사상 비밀침해죄 등의 범죄행각을 자행하는 경우, 이는 관련 행위로 형사처벌을 받는 사실 외에 그와 별도로 그 행위자체가 피해자에게는 불법행위가 성립하므로 피해자에게 그에 따른 민사상 손해배상(위자료) 책임을 부담해야 할 것으로 보인다.

---

118) 대법원 1984. 11. 13. 선고 84다카722 판결.
119) 대법원 2011. 7. 21. 선고 2011재다199 전원합의체 판결.

1. 통신비밀보호법

가. 개관 등

1) 개관

「통신비밀보호법」(이하 '이 법 또는 법'이라 약칭함)은 국민 서로 간에 자유롭게 의사를 전달하고 정보를 교환하게 함으로써 국민의 사생활이 보호될 수 있도록 우편물의 검열과 전기통신의 감청을 금지하여 「헌법」 제18조에 규정된 통신의 비밀과 자유를 보장하고자 제정된 법률이다.

그러나 「통신비밀보호법」은 동시에 국가안정보장 및 중요범죄의 수사를 위하여 통신의 비밀과 자유에 대한 최소한의 제한이 필요하므로, 이를 위한 요건과 절차를 함께 규정하고 있다.

2) 법적용의 기본원칙

검사(군검찰관을 포함한다. 이하 같다), 사법경찰관(군사법경찰관을 포함한다. 이하 같다) 또는 정보수사기관의 장은 범죄수사나 국가안보를 위하여 우편물의 검열이나 전기통신의 감청(이하 '통신제한조치'라 한다)을 하는 경우 또는 공개되지 아니한 타인간의 대화를 녹음·청취함에 있어서 통신제한조치 또는 대화의 녹음·청취가 특히 필요하고 「통신비밀보호법」(이하 '법'이라 한다)에서 정한 요건을 모두 갖춘 경우에만 통신제한조치나 대화의 녹음·청취를 하여야 하며, 법에 따른 허가를 받거나 승인을 얻어 통신제한조치를 하거나 대화를 녹음·청취한 경우에도 이를 계속할 필요성이 없다고 판단되는 경우에는 즉시 이를 중단함으로써 국민의 통신비밀에 대한 침해가 최소한에 그치도록 하여야 한다.

나. 도청과 감청의 비교

도청은 개인의 사생활을 아무런 법적 권한이 없이 몰래 엿보거나 엿듣는 불법 행위로 몰래카메라나 심부름센터의 전화도청 등이 해당하며 감청은 수사기관이 법원의 영장을 발부받아 국가기관 혹은 정보기관이 상시적으로 행하는 감시 및 정보수집 활동으로 합법적 정보활동이다. 현행법은 도청은 불법이지만 감청[120]은 합법적으로 도청(盜聽)과 감청(監聽)의 용어 쓰임새가 명확한 의미를 잃은 채 혼재 돼 있어 용어 선택시 상당한 주의가 필요하다.

다. 문제의 소재

만일, 탐정사 甲이 의뢰인 乙의 의뢰를 받아 의뢰인의 남편인 丙의 불륜 등 행각에 대한 증거를 수집하기 위한 목적으로 丙소유의 차량에 모르게 도청장치인 보이스펜(녹음기)으로 설치한 후 丙이 상간녀 丁과 나눈 대화를 몰래 녹음한 후 이를 乙에게 제공한 경우, 탐정사 甲은 업무상 행위로 어떠한 처벌도 받지 아니하는지, 아니면 아무리 업무상 행위라고 하더라도 몰래 도청한 행위로 인하여 어떠한 처벌을 받게 되는지가 문제될 수 있다.

라. 타인간의 대화비밀 보호 및 위반시 효력

1) 통신 및 대화비밀 보호

통신비밀보호법 제3조 제1항은 '공개되지 아니한 타인간의 대화를 녹음 또는 청취하지 못한다.'라고 규정하고 있다. 위 규정의 내용은, 대화에 원래부터 참여하지 않는 제3

---

120) 통신비밀보호법 제2조 제3호 및 제7호에 의하면 같은 법상 '감청'은 전자적 방식에 의하여 모든 종류의 음향·문언·부호 또는 영상을 송신하거나 수신하는 전기통신에 대하여 당사자의 동의 없이 전자장치·기계장치 등을 사용하여 통신의 음향·문언·부호·영상을 청취·공독하여 그 내용을 지득 또는 채록하거나 전기통신의 송·수신을 방해하는 것을 말한다. 그런데 해당 규정의 문언이 송신하거나 수신하는 전기통신 행위를 감청의 대상으로 규정하고 있을 뿐 송·수신이 완료되어 보관 중인 전기통신 내용은 대상으로 규정하지 않은 점, 일반적으로 감청은 다른 사람의 대화나 통신 내용을 몰래 엿듣는 행위를 의미하는 점 등을 고려하여 보면, 통신비밀보호법상 '감청'이란 대상이 되는 전기통신의 송·수신과 동시에 이루어지는 경우만을 의미하고, 이미 수신이 완료된 전기통신의 내용을 지득하는 등의 행위는 포함되지 않는다(대법원 2012. 10. 25. 선고 2012도4644 판결).

자가 그 대화를 하는 타인들 간의 발언을 녹음해서는 아니 된다는 취지이다.

따라서 만일 3인 간의 대화에 있어서 그 중 한 사람이 그 대화를 녹음하는 경우에 다른 두 사람의 발언은 그 녹음자에 대한 관계에서 '타인 간의 대화'라고 할 수 없으므로, 이와 같은 녹음행위가 통신비밀보호법 제3조 제1항에 위배된다고 볼 수는 없다.[121]

누구든지 이 법과 형사소송법 또는 군사법원법의 규정에 의하지 아니하고는 우편물의 검열 · 전기통신의 감청 또는 통신사실 확인 자료의 제공을 하거나 공개되지 아니한 타인간의 대화를 녹음 또는 청취하지 못한다.

다만, 다음의 경우에는 당해 법률이 정하는 바에 의한다(법 제3조).

1) 환부우편물 등의 처리 : 우편법 제28조 · 제32조 · 제35조 · 제36조등의 규정에 의하여 폭발물 등 우편금제품이 들어 있다고 의심되는 소포우편물(이와 유사한 우편물을 포함한다) 을 개피하는 경우, 수취인에게 배달할 수 없거나 수취인이 수령을 거부한 우편물을 발송인에게 환부하는 경우, 발송인의 주소 · 성명이 누락된 우편물로서 수취인이 수취를 거부하여 환부하는 때에 그 주소 · 성명을 알기 위하여 개피하는 경우 또는 유가물이 든 환부불능우편물을 처리하는 경우

2) 수출입우편물에 대한 검사 : 관세법 제256조 · 제257조 등의 규정에 의한 신서외의 우편물에 대한 통관검사절차

3) 구속 또는 복역중인 사람에 대한 통신 : 형사소송법 제91조, 군사법원법 제131조, 「형의 집행 및 수용자의 처우에 관한 법률」제41조 · 제43조 · 제44조 및 「군에서의 형의 집행 및 군수용자의 처우에 관한 법률」제42조 · 제44조 및 제45조에 따른 구속 또는 복역중인 사람에 대한 통신의 관리

4) 파산선고를 받은 자에 대한 통신 : 「채무자 회생 및 파산에 관한 법률」제484조의 규정에 의하여 파산선고를 받은 자에게 보내온 통신을 파산관재인이 수령하는 경우

5) 혼신제거 등을 위한 전파감시 : 전파법 제49조 내지 제51조의 규정에 의한 혼신제거 등 전파질서유지를 위한 전파감시의 경우

2) 비밀녹음한 녹음테이프의 증거능력

통신비밀보호법은 누구든지 이 법과 형사소송법 또는 군사법원법의 규정에 의하지 아니하고는 우편물의 검열 또는 전기통신의 감청을 하거나 공개되지 아니한 타인간의 대화를 녹음 또는 청취하지 못하고(제3조 본문), 이에 위반하여 불법검열에 의하여 취득한 우편물이나 그 내용 및 불법감청에 의하여 지득 또는 채록된 전기통신의 내용은 재판 또는 징계절차에서 증거로 사용할 수 없고(제4조), 누구든지 공개되지 아니한 타인간

---

121) 대법원 2006. 10. 12. 선고 2006도4981 판결.

의 대화를 녹음하거나 전자장치 또는 기계적 수단을 이용하여 청취할 수 없고(제14조 제1항), 이에 의한 녹음 또는 청취에 관하여 위 제4조의 규정을 적용한다(제14조 제2항)고 각 규정하고 있는바, 녹음테이프 검증조서의 기재 중 피고인과 공소외인 간의 대화를 녹음한 부분은 공개되지 아니한 타인간의 대화를 녹음한 것이므로 위 법 제14조 제2항 및 제4조의 규정에 의하여 그 증거능력이 없고, 피고인들 간의 전화통화를 녹음한 부분은 피고인의 동의없이 불법감청한 것이므로 위 법 제4조에 의하여 그 증거능력이 없다.[122]

3) 타인간의 대화녹음 시 통신비밀법 침해여부

대법원은 식당 내부에 CCTV 및 도청장치를 설치하여 타인간의 대화를 녹음 녹화한 행위에 대해 "「통신비밀보호법」 제3조 제1항에서 '공개되지 아니한 타인간의 대화를 녹음 또는 청취하지 못한다.'고 정한 것은, 대화에 원래부터 참여하지 않는 제3자가 그 대화를 하는 타인들 간의 발언을 녹음 또는 청취해서는 아니 된다는 취지"라고 하여 식당 내부에 CCTV 및 도청장치를 설치하여 타인 간의 대화를 녹음 녹화한 행위는 통신의 자유를 침해한 행위라고 판단하였다[123]

또한, 대법원은 전화통화의 양 당사자중 일방의 동의를 얻어 통화내용을 녹음한 행위에 대해 '전기통신에 해당하는 전화통화 당사자의 일방이 상대방 모르게 통화내용을 녹음하는 것은 감청에 해당하지 않지만, 제3자의 경우는 전화통화 당사자 일방의 동의를 받고 그 통화내용을 녹음하였다 하더라도 다른 상대방의 동의가 없었던 이상, 사생활 및 통신의 불가침을 국민의 기본권의 하나로 선언하고 있는 「대한민국헌법」과 통신비밀의 보호와 통신의 자유신장을 목적으로 제정된 「통신비밀보호법」의 취지에 비추어 이는 감청에 해당하여 통신의 자유를 침해하는 행위'라고 판단하였다.[124]

---

122) 대법원 2001. 10. 9. 선고 2001도3106 판결.
123) 대법원 2007. 12. 27. 선고 2007도9053 판결.
124) 대법원 2002. 10. 8. 선고 2002도123 판결.

마. 소결

　전설한 내용을 기초로 살펴보면, 탐정사 甲이 丙의 불륜 등 행각에 대한 증거를 수집하기 위한 목적으로 丙소유의 차량에 모르게 도청장치인 보이스펜(녹음기)으로 설치한 후 丙이 상간녀 丁과 나눈 대화를 몰래 녹음한 후 이를 乙에게 제공한 경우, 이는 아무리 탐정이 수임받은 업무를 수행하기 위한 업무상 행위라고 하더라고 분명 통신비밀보호법」 제3조 제1항에서 규정한 행위를 위한 것으로서, 관련 불법행위로 피해자에게 민사상 손해배상(위자료) 책임을 부담하는 것 외에 통신비밀보호법 위반으로 처벌을 면하기는 어려워 보인다.

2. 개인정보보호법

가. 목적 등

1) 목적

　당사자의 동의 없는 개인정보 수집 및 활용 또는 제3자에게 제공하는 것을 금지하는 등 개인정보보호를 강화한 내용을 담아 제정한 법률이다. 이 법은 각종 컴퓨터 범죄와 개인의 사생활 침해 등 정보화사회의 역기능을 방지하기 위해 1995년 1월 8일부터 시행됐던 법률인 '공공기관의 개인정보보호에 관한 법'을 폐지하고 새로 제정한 법률이다. 2011년 3월 29일 제정되어 같은 해 9월 30일부터 시행되었다.

　이 법은 개인정보의 수집·유출·오용·남용으로부터 사생활의 비밀 등을 보호함으로써 국민의 권리와 이익을 증진하고, 나아가 개인의 존엄과 가치를 구현하기 위하여 개인정보 처리에 관한 사항을 규정함을 목적으로 한다. 여기서 개인정보란 살아 있는 개인에 관한 정보로서 성명, 주민등록번호 및 영상 등을 통하여 개인을 알아볼 수 있는 정보(해당 정보만으로는 특정 개인을 알아볼 수 없더라도 다른 정보와 쉽게 결합하여 알아볼 수 있는 것을 포함함)를 말한다.

「개인정보보호법」, 어떤 내용을 담고 있는지 살펴볼까요?

◉ 개인정보를 처리하는 모든 공공기관, 사업자, 단체에 적용됩니다.

– 개인정보보호법은 '업무를 목적으로' 개인정보를 처리하는 공공기관, 사업자에 모두 적용됩니다. 개인정보보호법은 공공기관 및 민간기업·단체 약 350만개에 적용될 것으로 추정됩니다.

– 개인정보보호법은 컴퓨터로 처리되는 DB 형태의 개인정보 뿐만 아니라, 신청서 서식 등 종이문서에 수기로 기록된 개인정보도 보호대상에 포함됩니다.

◉ 개인정보의 수집, 이용, 제공 등 처리단계에 따른 보호기준이 마련됩니다.

– 개인정보의 수집, 제3자 제공시에는 원칙적으로 정보주체(개인)의 동의를 받아야 하고, 처리목적 달성 시에는 지체없이 파기하여야 합니다.

◉ 주민등록번호 등 고유식별 정보의 처리 제한이 강화됩니다.

– 고유식별 정보는 원칙적으로 처리 금지되며, 인터넷을 통해 회원으로 가입 시에는 주민등록번호를 대체할 수 있는 방법을 의무적으로 제공해야 합니다.

◉ CCTV 등 영상정보처리기기의 설치, 운영이 제한됩니다.

– 영상정보처리기기는 공개된 장소에 공익적 목적으로만 설치할 수 있습니다. 개인정보보호법 제58조 제2항에서는 법적용 일부제외 중의 하나로서 CCTV와 관련된 내용이 규정되어 있다. 공개된 장소에 CCTV를 설치, 운영하여 처리되는 개인정보에 대하여는 법 제15조(개인정보의 수집, 이용), 제22조(동의를 받는 방법)등이 적용되지 않는다. 즉 동의를 필요로 하지 않는다.

통상적으로 '공개된 장소'란 도로, 공원, 공항, 항만, 광장, 주차장, 놀이터, 버스, 택시, 상가, 식당 등과 같은 공공장소 또는 불특정 또는 제한된 다수가 이용하거나 출입할 수 있도록 허용된 장소를 의미한다. 해당 장소의 소유자가 누구인지는 중요하지 않다. 개인이 소유하고 있는 사유지일지라도 불특정 다수가 왕래할 수 있도록 개방되어 있다면 공개된 장소로 보아야한다. 공개된 장소가 아닌 개인이 집안 내부를 촬영하도록 설치한 영상정보처리기기(예 홈네트워크 서비스 등) 또는 직장에서 출입이 통제된 사무실·작업장 내부에 설치한 영상정보처리기기 등은 법 제25조 적용 대상에서 제외된다.

◉ 정보주체(고객)의 권리 보장이 강화됩니다.

– 정보주체는 자신의 개인정보의 열람, 정정·삭제, 처리정지를 요구할 수 있으며 사업자는 별다른 이유가 없는 한 이에 응해야 합니다.

◉ 법 집행체계가 정비됩니다.

– 대통령 소속 개인정보 보호위원회가 설치되어 주요 사항을 심의·의결합니다.

– 개인정보 보호 기본계획 및 시행계획이 수립되며 각 공공기관은 이에 따라 관련 제도·정책의 시행, 법령 개선 등을 추진하여야 합니다.

2) 개인정보의 개념

개인정보는 개인의 신체, 신념, 사회적 지위, 신분 등과 같이 개인의 인격주체성을 특징짓는 사항으로서 개인의 동일성을 식별할 수 있게 하는 일체의 정보이고, 반드시 개인의 내밀한 영역에 속하는 정보에 국한되지 아니하며 공적 생활에서 형성되었거나 이미 공개된 개인정보까지 포함한다.[125]

구체적으로 살펴보면, '개인정보'란 살아 있는 개인에 관한 정보로서 1) 성명, 주민등록번호 및 영상 등을 통하여 개인을 알아볼 수 있는 정보, 2) 해당 정보만으로는 특정 개인을 알아볼 수 없더라도 다른 정보와 쉽게 결합하여 알아볼 수 있는 정보(이 경우 쉽게 결합할 수 있는지 여부는 다른 정보의 입수 가능성 등 개인을 알아보는 데 소요되는 시간, 비용, 기술 등을 합리적으로 고려하여야 한다), 3) 성명 등 또는 결합정보 등을 가명 처리함으로써 원래의 상태로 복원하기 위한 추가 정보의 사용·결합 없이는 특정 개인을 알아볼 수 없는 정보(이하 '가명정보'라 한다)에 해당하는 정보를 말한다.

[개인정보의 유형(행정자치부/ 한국인터넷진흥원)]

유 형	개인정보의 예
인적사항 정보	성명, 주민등록번호, 운전면허증번호, 여권번호, 주소, 본적지, 전화번호, 생년월일, 출생지, 이메일 주소, 가족관계 및 가족구성원 정보 등
신체적 정보	얼굴, 지문, 홍채, 음성, 유전자 정보, 키, 몸무게 등(신체정보), 건강상태, 진료기록, 신체장애, 병력 등(의료·건강정보)
정신적 정보	도서 비디오 등 대여기록, 잡지구독성보, 물품구매내역 등(성향정보) 사상, 신조, 종교, 가치관, 노조가입 여부 및 활동내역 등(내면의 비밀)
재산적 정보	소득, 신용카드번호, 통장계좌번호, 동산, 부동산 보유내역, 저축내역 등(개인금융정보) 개인신용평가정보, 대출 또는 담보설정 내역, 신용카드 사용내역 등(신용정보)
사회적 정보	학력, 성적, 출석상황, 자격증 보유내역, 상벌기록, 생활기록부 등(교육정보) 전과, 범죄기록, 재판기록, 과태료 납부내역 등(법적정보) 직장, 고용주, 근무처, 근로경력 등(근로정보) 병역여부, 군별, 군번, 계급, 근무부대 등(병역정보)
기 타	전화통화 내역, IP주소, 이메일 또는 전화 메시지, 기타 GPS 등에 의한 개인 위치정보

---

125) 대법원 2016. 8. 17. 선고 2014다235080 판결.

3) 현행법상 가능한 사실조사

현행법상 개인정보보호법에 저촉되지 아니하고 할 수 있는 사실조사의 범위는 ⅰ) 부동산등기부등본 열람 후 단순 요약 등 공개된 정보의 대리 수집 활동, ⅱ) 채용대상자나 계약거래상대방의 동의가 있음을 전제로 이력서, 계약서에 기재된 사실의 진위 확인 목적으로 자료수집, 관계인 진술청취, 탐문, ⅲ) 도난되거나 분실 또는 은닉된 자산의 소재 확인을 위한 사실조사 활동 등이다.

나. 문제의 소재

만일, 탐정사 甲이 의뢰인 乙의 의뢰에 따라 남편인 丙과 내연관계에 있는 丁의 신상을 파악하기 위하여 평소 잘 알고 지내던 동사무소 공무원 戊에게 丁의 인적사항 조회를 부탁하여 戊로부터 丁에 대한 인적사항을 넘겨받은 후 이를 의뢰인 乙에게 전달한 경우, 또는 탐정사 甲이 丙과 丁의 불륜관계가 녹화된 모텔 등의 CCTV 화면을 개인 휴대전화로 녹화하여 乙에게 전달한 경우, 탐정사 甲은 업무상 행위로 어떠한 처벌도 받지 아니하는지, 아니면 아무리 업무상 행위라고 하더라도 몰래 도청한 행위로 인하여 어떠한 처벌을 받게 되는지가 문제될 수 있다.

다. 개인정보의 수집 및 이용 등

1) 개인정보의 수집 등

개인정보처리자는 ⅰ) 정보주체의 동의를 받은 경우, ⅱ) 법률에 특별한 규정이 있거나 법령상 의무를 준수하기 위하여 불가피한 경우, ⅲ) 공공기관이 법령 등에서 정하는 소관 업무의 수행을 위하여 불가피한 경우, ⅳ) 정보주체와의 계약의 체결 및 이행을 위하여 불가피하게 필요한 경우, ⅴ) 정보주체 또는 그 법정대리인이 의사표시를 할 수 없는 상태에 있거나 주소불명 등으로 사전 동의를 받을 수 없는 경우로서 명백히 정보주체 또는 제3자의 급박한 생명, 신체, 재산의 이익을 위하여 필요하다고 인정되는 경우, ⅵ) 개인정보처리자의 정당한 이익을 달성하기 위하여 필요한 경우로서 명백하게 정보주체의 권리보다 우선하는 경우(이 경우 개인정보처리자의 정당한 이익과 상당한 관련이 있고 합리적인 범위를 초과하지 아니하는 경우에 한한다)의 어느 하나에 해당하는 경우에는 개인정보를 수집할 수 있으며 그 수집 목적의 범위에서 이용할 수 있다.

2) 개인정보 수집제한

개인정보처리자는 개인정보를 수집하는 경우에는 그 목적에 필요한 최소한의 개인정보를 수집하여야 한다. 이 경우 최소한의 개인정보 수집이라는 입증책임은 개인정보처리자가 부담한다. 또한 개인정보처리자는 정보주체의 동의를 받아 개인정보를 수집하는 경우 필요한 최소한의 정보 외의 개인정보 수집에는 동의하지 아니할 수 있다는 사실을 구체적으로 알리고 개인정보를 수집하여야 하며, 정보주체가 필요한 최소한의 정보 외의 개인정보 수집에 동의하지 아니한다는 이유로 정보주체에게 재화 또는 서비스의 제공을 거부하여서는 아니 된다.

3) 개인정보의 목적 외 이용 · 제공 제한

개인정보처리자는 개인정보의 수집, 이용에 따른 범위를 초과하여 이용하거나 개인정보의 제공 범위를 초과하여 제3자에게 제공해서는 안 된다.

그러나 개인정보처리자는 ⅰ) 정보주체로부터 별도의 동의를 받은 경우, ⅱ) 다른 법률에 특별한 규정이 있는 경우, ⅲ) 정보주체 또는 그 법정대리인이 의사표시를 할 수 없는 상태에 있거나 주소불명 등으로 사전 동의를 받을 수 없는 경우로서 명백히 정보주체 또는 제3자의 급박한 생명, 신체, 재산의 이익을 위하여 필요하다고 인정되는 경우, ⅳ) 개인정보를 목적 외의 용도로 이용하거나 이를 제3자에게 제공하지 아니하면 다른 법률에서 정하는 소관 업무를 수행할 수 없는 경우로서 보호위원회의 심의 · 의결을 거친 경우, ⅴ) 조약, 그 밖의 국제협정의 이행을 위하여 외국정부 또는 국제기구에 제공하기 위하여 필요한 경우, ⅵ) 범죄의 수사와 공소의 제기 및 유지를 위하여 필요한 경우, ⅶ) 법원의 재판업무 수행을 위하여 필요한 경우, 형(刑) 및 감호, 보호처분의 집행을 위하여 필요한 경우의 어느 하나에 해당하는 경우에는 정보주체 또는 제3자의 이익을 부당하게 침해할 우려가 있을 때를 제외하고는 개인정보를 목적 외의 용도로 이용하거나 이를 제3자에게 제공할 수 있다. 다만, 이용자란「정보통신망 이용촉진 및 정보보호 등에 관한 법률」제2조 제1항 제4호에 해당하는 자를 말한다(이하 같다). 개인정보를 처리하는 정보통신서비스 제공자는 「정보통신망 이용촉진 및 정보보호 등에 관한 법률」제2조 제1항 제3호에 해당하는 자를 말한다(이하 같다). 제1호·제2호의 경우로 한정하고, 제5호부터 제9호까지의 경우는 공공기관의 경우로 한정한다.

라. 위반시 처벌

개인정보보호법은 당사자의 동의 없는 개인정보 수집 및 이를 활용하거나 제3자에게 제공하는 등의 행위를 금지하는 내용을 담고 있고, 이를 위반하여 상대방의 동의 없이 개인정보를 제3자에게 제공할 경우 5년 이하의 징역이나 5,000만 원 이하의 벌금에 처해질 수 있다.

마. 소결

전설한 내용을 기초로 살펴보면, 탐정사 甲이 丁의 신상을 파악하기 위하여 동사무소 공무원 戊에게 丁의 인적사항 조회를 부탁하여 丁에 대한 인적사항을 넘겨받은 후 이를 의뢰인 乙에게 전달한 경우, 또는 탐정사 甲이 丙과 丁의 불륜관계가 녹화된 모텔 등의 CCTV 화면을 개인 휴대전화로 녹화하여 乙에게 전달한 경우, 이는 아무리 탐정이 수임받은 업무를 수행하기 위한 업무상 행위라고 하더라고 분명 개인정보보호법을 위반한 행위로써, 관련 불법행위로 피해자에게 민사상 손해배상(위자료) 책임을 부담하는 것 외에 개인정보보호법 위반으로 처벌을 면하기는 어려워 보인다.

3. 위치정보 보호 및 이용 등에 관한 법률

가. 목적

위치정보법의 입법목적은 위치정보의 보호와 이용을 균형있게 추구하여 국민생활의 향상과 공공복리 증진에 이바지하는 것이다. 즉, 개인의 사생활 비밀 등이 적절히 보호될 때 위치정보의 안전한 이용환경이 조성되어 비로소 위치정보 이용 활성화로 이어질 수 있는 것이므로, 위치정보의 보호와 이용은 서로 대립되는 개념이 아니라 상호 보완적인 작용을 통해 국민생활 향상과 공공복리의 증진에 기여할 수 있다.

여기서 '위치정보'라 함은 이동성이 있는 물건 또는 개인이 특정한 시간에 존재하거나 존재하였던 장소에 관한 정보로서 전기통신사업법 제2조 제2호 및 제3호에 따른 전기통신설비 및 전기통신회선설비를 이용하여 수집된 것을 말한다. 휴대전화, 차량 등의 이동성이 있는 물건이나 개인에 관한 정보이므로, 건물과 같은 이동성이 없는 부동산의 위치정보나 자연적인 지형·지물 등 「국가지리정보체계의구축및활용등에관한법률」의 적용을 받는 지리정보는 제외된다. 또한 특정한 시간의 의미는 매우 제한적인 범위의 시간대를 의미하는 것이므로 고정된 개인의 주소 또는 몇 년 동안 특정 지방에 거주하였다는 거주사실 등에 관한 정보 등은 제외된다. 이러한 정보들은 일반적인 '개인정보'로서 정보통신망법의 보호대상에 해당된다.

또한, '개인위치정보'라 함은 특정 개인의 위치정보(위치정보만으로는 특정 개인의 위치를 알 수 없는 경우에도 다른 정보와 용이하게 결합하여[126][127] 특정 개인의 위치를 알 수 있는 것을 포함한다)를 말한다. 휴대전화 통화내역상의 기지국 정보, 개인의 위치를 확인하기 위한 목적으로 수집되는 GPS 단말기의 좌표값(단말기 소지자에 관한 개인신상정보와 결합되는 경우),[128] 개인의 신체 일부분에 이식된 RFID태그 인식정보 등이 이에 해당될 수 있다.

---

126) 개인위치정보에는 '다른 정보와 용이하게 결합하여 특정 개인의 위치를 알 수 있는 것'을 포함한다. 따라서 위치좌표값과 같이 그 자체로는 누구의 위치인지 알 수 없지만 통신단말기 번호 또는 단말기 소지자의 이름 등과 결합하여 특정인의 위치를 알 수 있을 때에는 개인위치정보로 볼 수 있다.

127) '용이하게 결합하여'라 함은 결합할 수 있는 정보들이 반드시 하나의 DB 또는 시스템에 함께 있어야 함을 의미하지 않는다. 회사 내의 여러 DB로 분산되어 있거나 제휴회사에서 별도로 보유하고 있더라도 위치정보 관련 서비스를 제공하기 위해 상호 결합될 가능성이 많은 경우도 포함한다.

128) 피고인들이 공모하여, 피고인 갑 소유의 자동차에 지피에스(GPS) 장치를 설치한 후 인터넷 중고차 판매 사이트를 통하여 을에게 자동차를 매도한 다음, 을이 자동차 등록을 마치기 전에 을의 동의를 받지 않고 자동차의 위치정보를 피고인 갑의 휴대전화로 전송받아 수집하여 위치정보의보호및이용등에관한법률(이하 '위치정보보호법'이라 한다) 위반으로 기소된 사안에서, 위치정보보호법의 입법 취지와 보호법익 및 같은 법 제15조 제1항의 문언을 종합적으로 해석하면, 개인의 위치정보를 수집·이용 또는 제공하기 위해서는 당해 개인의 동의를 얻어야 하고, 이동성 있는 물건의 위치정보를 수집하려는 경우 물건을 소지한 개인이나 물건의 소유자의 동의를 얻어야 하는데, 위 조항에서 '개인이나 소유자'의 동의를 얻도록 규정한 취지는 이동성 있는 물건을 보유한 개인이 물건의 소유자인 경우와 소유자가 아닌 경우를 포괄적으로 포섭하기 위한 것이므로, 개인이 제3자 소유의 이동성 있는 물건을 소지한 경우 물건의 소유자인 제3자가 동의하더라도 물건을 보유하고 있는 당해 개인의 동의를 얻지 아니하였다면 당해 개인 또는 이동성 있는 물건의 위치정보를 수집·이용 또는 제공하는 행위도 금지된다는 이유로, 피고인들에게 유죄를 선고한 사례(서울북부지방법원 2016. 5. 19. 선고 2016고단1080 판

나. 손해배상의 가능성

제3자가 정보주체의 동의를 얻지 아니하고 개인의 위치정보를 수집·이용 또는 제공한 경우, 그로 인하여 정보주체에게 위자료로 배상할 만한 정신적 손해가 발생하였는지는 위치정보 수집으로 정보주체를 식별할 가능성이 발생하였는지, 제3자가 수집된 위치정보를 열람 등 이용하였는지, 위치정보가 수집·이용된 기간이 장기간인지, 위치정보를 수집하게 된 경위와 수집한 정보를 관리해 온 실태는 어떠한지, 위치정보 수집·이용으로 인한 피해 발생 및 확산을 방지하기 위하여 어떠한 조치가 취하여졌는지 등 여러 사정을 종합적으로 고려하여 구체적 사건에 따라 개별적으로 판단하여야 한다.[129]

다. 문제의 소재

만일, 탐정사 甲이 의뢰인 乙의 의뢰에 따라 남편의 丙의 행적을 추적하기 위한 목적으로 丙의 차량에 위치추적기(GPS)를 설치한 후 동인의 행적에 대한 사실을 乙에게 보고한 경우, 탐정사 甲은 업무상 행위로 어떠한 처벌도 받지 아니하는지, 아니면 아무리 업무상 행위라고 하더라도 몰래 위치추적기를 설치하는 등의 행위로 인하여 어떠한 처벌을 받게되는지가 문제될 수 있다.

라. 위치정보의 수집 등 금지

위치정보법 제15조의 수범대상은 '누구든지'이다. 따라서 동 조문은 사업자뿐 아니라 일반 개인에게도 위치정보의 수집 등에 대해서 일정한 제한을 규정하고 있으며, 타인의 위치정보를 침해하지 못하도록 의무를 부과하고 있다. 가장 큰 기본원칙은 개인 또는 이동성이 있는 물건의 위치정보 수집·이용·제공시에는 개인위치정보주체 또는 물건 소유자의 동의를 반드시 받아야 한다는 것이다. 위치정보는 개인위치정보주체의 인격권 및 재산권에 관련된 정보(사익성)가 사회적으로 중요한 경제적 가치를 지닌 정보(공익성)에 해당되어 수집·이용 또는 제공에 대하여 개인위치정보주체의 동의를 원칙으로 한다.

결).
129) 대법원 2018. 5. 30 선고 2015다251539, 251546, 251553, 251560, 251577 판결.

마. 위반시 처벌

위치정보를 다른 정보와 종합적으로 분석하면 개인의 종교, 대인관계, 취미, 자주 가는 곳 등 주요한 사적 영역을 파악할 수 있어 위치정보가 유출 또는 오용·남용될 경우 사생활의 비밀 등이 침해될 우려가 매우 크다. 이에 구 위치정보의 보호 및 이용 등에 관한 법률(2015. 12. 1. 법률 제13540호로 개정되기 전의 것)은 누구든지 개인 또는 소유자의 동의를 얻지 아니하고 개인 또는 이동성이 있는 물건의 위치정보를 수집·이용 또는 제공하여서는 아니 된다고 정하고, 이를 위반한 경우에 형사처벌(3년 이하의 징역 또는 3천만 원 이하의 벌금)하고 있다(제15조 제1항, 제40조 참조).[130]

바. 소결

전설한 내용을 기초로 살펴보면, 탐정사 甲이 丙의 행적을 추적하기 위한 목적으로 丙의 차량에 위치추적기(GPS)를 설치한 후 동인의 행적에 대한 사실을 乙에게 보고한 경우, 이는 아무리 탐정이 수임받은 업무를 수행하기 위한 업무상 행위라고 하더라고 분명 위치정보의 보호 및 이용에 관한 법률을 위반한 행위로서, 관련 불법행위로 피해자에게 민사상 손해배상(위자료) 책임을 부담하는 것 외에 위치정보의 보호 및 이용에 관한 법률 위반으로 처벌을 면하기는 어려워 보인다.

4. 정보통신망 이용촉진 및 정보보호 등에 관한 법률

가. 목적

이 법은 정보통신망의 이용을 촉진하고 정보통신서비스를 이용하는 자를 보호함과 아울러 정보통신망을 건전하고 안전하게 이용할 수 있는 환경을 조성하여 국민생활의 향상과 공공복리의 증진에 이바지함을 목적으로 한다. 여기서 정보통신망이란 「전기통신사업법」 제2조 제2호에 따른 전기통신설비를 이용하거나 전기통신설비와 컴퓨터 및 컴퓨터의 이용기술을 활용하여 정보를 수집·가공·저장·검색·송신 또는 수신하는 정보통신체제를 말한다.

---

130) 대법원 2016. 9. 28. 선고 2014다56652 판결.

나. 문제의 소재

만일, 탐정사 甲이 의뢰인 乙의 의뢰에 따라 남편의 丙의 불륜행각에 대한 정보를 수집하기 위한 목적으로 丙의 휴대폰을 해킹한 후 동인의 카톡내용 및 문자(E-MAIL) 내용 등을 확인한 후 이를 乙에게 보고한 경우, 탐정사 甲은 업무상 행위로 어떠한 처벌도 받지 아니하는지, 아니면 아무리 업무상 행위라고 하더라도 해킹을 통해 카톡내용 등을 확인하는 행위로 인하여 어떠한 처벌을 받게 되는지가 문제될 수 있다.

다. 정보통신망 침해행위 등의 금지

정보통신망 이용촉진 및 정보보호 등에 관한 법률 제48조 제1항 '누구든지 정당한 접근권한 없이 또는 허용된 접근권한을 넘어 정보통신망에 침입하여서는 아니 된다.'라고 규정하고 있고, 같은 법 제49조는 '누구든지 정보통신망에 의하여 처리·보관 또는 전송되는 타인의 정보를 훼손하거나 타인의 비밀을 침해·도용 또는 누설하여서는 아니 된다.'라고 규정하면 정보통신망을 통한 침해 금지 및 타인의 비밀 보호에 관한 규정을 두고 있다. 여기서 법 제49조 위반행위의 객체인 정보통신망에 의한 처리·보관 또는 전송되는 타인의 비밀에는 정보통신망으로 실시간 처리·전송 중인 비밀, 나아가 정보통신망으로 처리·전송이 완료되어 원격지 서버에 저장·보관된 것으로 통신기능을 이용한 처리·전송을 거쳐야만 열람·검색이 가능한 비밀이 포함됨은 당연하다.

그러나 이에 한정되는 것은 아니다. 정보통신망으로 처리·전송이 완료된 다음 사용자의 개인용 컴퓨터(PC)에 저장·보관되어 있더라도, 그 처리·전송과 저장·보관이 서로 밀접하게 연계됨으로써 정보통신망과 관련된 컴퓨터 프로그램을 활용해서만 열람·검색이 가능한 경우 등 정보통신체제 내에서 저장·보관 중인 것으로 볼 수 있는 비밀도 여기서 말하는 '타인의 비밀'에 포함된다고 보아야 한다.

타인의 비밀 '침해'란 정보통신망에 의하여 처리·보관 또는 전송되는 타인의 비밀을 정보통신망에 침입하는 등 부정한 수단 또는 방법으로 취득하는 행위를 말한다. 타인의 비밀 '누설'이란 타인의 비밀에 관한 일체의 누설행위를 의미하는 것이 아니라, 정보통신망에 의하여 처리·보관 또는 전송되는 타인의 비밀을 정보통신망에 침입하는 등의 부정한 수단 또는 방법으로 취득한 사람이나 그 비밀이 위와 같은 방법으로 취득된

것임을 알고 있는 사람이 그 비밀을 아직 알지 못하는 타인에게 이를 알려주는 행위만을 의미한다.[131]

라. 위반시 처벌

누구든지 정보통신망에 의하여 처리·보관 또는 전송되는 타인의 정보를 훼손하거나 타인의 비밀을 침해·도용 또는 누설할 경우 5년 이하의 징역 또는 5천만 원 이하의 벌금에 처한다.

마. 소결

전설한 내용을 기초로 살펴보면, 탐정사 甲이 丙의 불륜행각에 대한 정보를 수집하기 위한 목적으로 丙의 휴대폰을 해킹한 후 동인의 카톡내용 및 문자(E-MAIL) 내용 등을 확인한 후 이를 乙에게 보고한 경우, 이는 아무리 탐정이 수임받은 업무를 수행하기 위한 업무상 행위라고 하더라고 그러한 행위는 정보통신망 이용촉진 및 정보보호 등에 관한 법률위반으로 그 처벌을 면하기는 어려워 보인다.

한편, 탐정의 탐정활동이 위법성조각사유로서 정당행위나 정당방위가 되는지 여부는 구체적인 경우에 따라 합목적적·합리적으로 가려야 하고, 또 행위의 적법 여부는 국가질서를 벗어나서 이를 가릴 수 없는 것이다. 정당행위로 인정되려면 첫째, 행위의 동기나목적의 정당성, 둘째, 행위의 수단이나 방법의 상당성, 셋째, 보호법익과 침해법익의 법익균형성, 넷째, 긴급성, 다섯째, 그 행위 이외의 다른 수단이나 방법이 없다는 보충성의 요건을 모두 갖추어야 한다. 그리고 정당방위가 성립하려면 침해행위에 의하여 침해되는 법익의 종류, 정도, 침해의 방법, 침해행위의 완급과 방위행위에 의하여 침해될 법익의 종류, 정도 등 일체의 구체적 사정들을 참작하여 방위행위가 사회적으로 상당한 것이어야 한다. 따라서 본건과 같은 경우 어떠한 이유에서든 탐정사 甲의 행동은 위법성이 조각되어 면책될 가능성은 희박하다고 보면 된다.

한편, 만일의 경우 배우자가 직접 상대방 배우자의 유책성에 관한 증거를 수집한다는 미명하에 배우자 모르게 배우자가 비밀번호를 설정해 놓은 스마트폰의 비밀번호 및

---

131) 대법원 2018. 12. 27 선고 2017도15226 판결.

패턴을 알아내거나 또는 E-MAIL의 비밀번호를 알아내어 그 곳에 있는 메신저, E-MAIL, 카톡 등 배우자의 사생활을 알 수 있는 내용을 훔쳐보는 행위 또한 위 법률에 의거하여 처벌을 받을 수 있다.

나아가 이를 통하여 알게 된 내용을 전송 또는 타에 누설한 경우 가중 처벌을 받을 수 있음을 유의하여야 한다. 다만, 배우자와 비밀번호 등을 공유하고 있는 경우와 같이 언제든지 상대방의 E-MAIL 등을 열어 볼 수 있도록 용인된 경우라면, 위 법률에 저촉될 여지 및 처벌의 대상이 되지 아니한다.

5. 변호사법

가. 변호사제도의 취지

변호인은 소송의 주체에 해당되는 것은 아니고, 피고인 피의자의 방어권을 보충하는 것을 주 업무로 하는 보조자에 해당되며 소송관계인에 해당되는 것이다. 변호인제도를 두는 근본적인 이유는 법률전문가에 해당되며 국가권력기관인 검사는 강한 권한과 조직을 가지고 있는 반면에 피고인 피의자는 법률적으로 해박한 지식을 가지고 있지 않으며 검사와 대등하게 자신을 변론할 사실상의 능력이 없는 경우가 일반적이기 때문인 것이다. 따라서 피고인 피의자와 일정한 신뢰관계를 유지하면서 검사와 대등한 법률지식을 갖춘 검사의 공격에 맞설 수 있는 방어무기의 대등성을 확보할 수 있고 공정한 재판을 기대하기 위해서 이러한 제도를 두는 것이다.

일반적으로 변호사는 기본적 인권의 옹호와 사회정의의 실현을 사명으로 하여 널리 법률사무를 행하는 것을 그 직무로 하므로 변호사법에는 변호사의 자격을 엄격히 제한하고 그 직무의 성실, 적정한 수행을 위해 필요한 규율에 따르도록 하는 등 제반의 조치를 강구하고 있는데 그러한 자격이 없고, 규율에 따르지 않는 사람이 처음부터 금품 기타 이익을 얻기 위해 타인의 법률사건에 개입함을 방치하면 당사자 기타 이해관계인의 이익을 해하고 법률생활의 공정, 원활한 운용을 방해하며 나아가 법질서를 문란케 할 우려가 있으므로 비변호사의 법률사무취급을 금지하는 변호사법 제90조 제2호는 변호사제도를 유지함으로써 바로 그러한 우려를 불식시키려는 취지라고 보아야 한다.

나. 문제의 소재

만일, 탐정사 甲이 의뢰인 乙로부터 의뢰를 받아 乙의 남편인 丙에 대한 내연관계 증거를 취득한 후 이를 기화로 변호사인 丁에게 소송사건의 대리를 알선하고 그 대가로 금품을 받은 경우, 탐정사 甲은 업무상 행위로 어떠한 처벌도 받지 아니하는지, 아니면 아무리 업무상 행위라고 하더라도 변호사에게 사건을 알선하고 그 대가를 교부받은 행위로 인하여 어떠한 처벌을 받게 되는지가 문제될 수 있다.

다. 비변호인의 소송사건 알선의 법적 문제

구 변호사법(2000. 1. 28. 법률 제6207호로 전문 개정되기 전의 것) 제90조 제2호 후단에서 말하는 알선이라 함은 법률사건의 당사자와 그 사건에 관하여 대리 등의 법률사무를 취급하는 상대방 사이에서 양자간에 법률사건이나 법률사무에 관한 위임계약 등의 체결을 중개하거나 그 편의를 도모하는 행위를 말하고, 따라서 현실적으로 위임계약 등이 성립하지 않아도 무방하며, 그 대가로서의 보수를 알선을 의뢰하는 자뿐만 아니라 그 상대방 또는 쌍방으로부터 지급받는 경우도 포함하고, 비변호사가 법률사건의 대리를 다른 비변호사에게 알선하는 경우는 물론 변호사에게 알선하는 경우도 이에 해당하는 바 이러한 법리는 변호사에게 법률사건의 수임을 알선하고 그 대가로 금품을 받는 행위에 대하여 같은 법 제90조 제3호, 제27조 제1항에서 따로 처벌하고 있다고 하여 달리 볼 것도 아니므로, 비변호사인 경찰관, 법원·검찰의 직원 등이 변호사인 피고인에게 소송사건의 대리를 알선하고 그 대가로 금품을 받은 행위는 같은 법 제90조 제2호 후단 소정의 알선에 해당하고, 따라서 변호사인 피고인이 그러한 사정을 알면서 비변호사들로부터 법률사건의 수임을 알선받은 행위는 같은 법 제90조 제3호, 제27조 제2항, 제90조 제2호 위반죄를 구성한다.[132]

---

132) 대법원 2000. 6. 15. 선고 98도3697 전원합의체 판결.

라. 변호사법 위반의 범위

변호사가 아닌 자가 다음 각 행위를 하였을 경우 변호사법에 의하여 징역형 또는 벌금형에 처해질 수 있다.

[법률사무취급단속법]

제1조 (비변호사의 법률사무취급) 변호사 아닌 자가 금품, 향응 기타 이익을 받거나 받기로 약속하고 또는 제3자에게 이를 공여하게 하거나 공여하게 할 것을 약속하고 다음 각호에 규정된 사건에 관하여 감정, 대리, 중재, 화해 또는 청탁을 하거나 이러한 행위를 알선한 자는 3년 이하의 징역에 처한다.

1. 소송사건, 비송사건, 소원 또는 심사의 청구나 이의신청 기타 행정기관에 대한 불복신청사건
2. 수사기관에서 수사중인 형사피의사건 또는 탐사사건
3. 법령에 의하여 설치된 조사기관에서의 조사사건

제2조 (청탁등 명목의 금품수수) 공무원이 취급하는 사건 또는 사무에 관하여 청탁 또는 알선을 한다는 명목으로 금품, 향응 기타 이익을 받거나 받을 것을 약속하고 또는 제3자에게 이를 공여하게 하거나 공여하게 할 것을 약속한 자는 3년 이하의 징역에 처한다.

제3조 (상습범) 상습적으로 전2조의 죄를 범한 자는 5년 이하의 징역에 처한다.

제4조 (부정변호사) 변호사가 그 정을 알면서 전3조에 규정된 자로부터 사건수임의 주선을 받은 때에는 1년 이하의 징역 또는 20만 원 이하의 벌금에 처한다.

제5조 (몰수 · 추징) 범인 또는 정을 아는 제3자가 받은 금품 기타 이익은 몰수한다. 이를 몰수할 수 없는 때에는 그 가액을 추징한다.

제6조 (타인의 권리의 양수, 양수가장) 타인의 권리를 양수하거나 양수를 가장하여 소송, 조정 또는 화해 기타의 방법으로 그 권리를 실행함을 업으로 하는 자는 3년이하의 징역에 처한다.

마. 소결

전설한 내용을 기초로 살펴보면, 甲이 의뢰인 乙로부터 의뢰를 받아 남편인 丙에 대한 내연관계 증거를 취득한 후 이를 기화로 변호사인 丁에게 소송사건의 대리를 알선하고 그 대가로 금품을 받은 경우, 이는 비변호사가 법률사건의 대리를 다른 비변호사에게 알선하고 그 대가로 금품을 받은 행위에 해당하여 변호사법 위반으로 처벌을 면하기는 어려워 보인다.

CHAPTER 03

외국의 탐정제도 현황

탐정제도는 크게 공인탐정과 사립탐정으로 분류해 볼 수 있다. 공인탐정제도를 도입하느냐 사립탐정제도를 도입하느냐는 각국이 처한 역사적 배경이나 풍토에 따라 다를 수 있고, 각국의 법률시스템이나 제도에 따라 그 업무범위 및 역할도 다를 수 있다.

미국의 대부분의 주와 프랑스, 스페인, 캐나다, 벨기에, 독일, 호주 등 상당수의 국가들은 엄격한 자격시험과 훈련을 거쳐 취득한 면허나 자격을 부여하는 공인탐정제도를 채택하고 있고, 반면 영국과 일본의 경우 민간자격증으로 어느 누구든 막론하고 탐정영업을 개시할 수 있도록 하였다.

한편, 미국이나 영국, 일본 등 탐정업이 활성화된 주요 선진국들은 민간부분의 우수한 인적자원이 유입되어 활용되고 있으며, 특히 민간 보안 산업의 인력은 미국이나 영국의 경우 공·경찰보다 훨씬 웃돌고 있고, 그 영역에 있어서도 컴퓨터 보안, 민간조사, 개인정보보호에 따른 사실조사에 이르기까지 범죄예방, 수사, 경비 등 전 분야에 걸쳐 기능을 수행하고 있다. 미국의 경우 보안업체 형태로 발전하고 있으며, 민간조사전문가인 탐정업은 변호사의 조력자 또는 동반자로서 중요한 업무를 담당하고 있다.[133]

이렇듯 탐정업은 현재 각국의 실정에 맞게 자격인증, 교육 등 다양한 관리 및 법제도를 통해 국민의 권익보호 및 기업의 보안 등 여러 분야에 걸쳐 국가의 힘이 닿지 아니하는 공간에서 국가를 대신하여 여러 보완적 역할을 성공적으로 수행하고 있는 상황이다.

---

133) 황요한, 공인탐정제도 도입시 문제점 및 해결방안에 관한 입법론적 연구, 동아대학교 대학원 국제법무학과, 박사학위논문, 36~37면.

[주요국가의 탐정자격 및 면허제도 현황]

구 분	주유 자격요안, 시험	국가면허
미 국	주 마다 상이하나 미국 시민권 소지자로 범죄경력이 없어야 하고 수사경력, 조사보조원 경력 등 일정자격을 필요. 24개 주는 면허시험 실시.	있음(46개 주)
영 국	면허제도가 규정되었지만 시행되지 않고 있으며, 국가의 국가직업인증(NVQ) Level3 이상을 받으면 탐정업 등록 신청 가능	없음
독 일	• 전과기록 및 신용 등 결격사유가 없어야 함. • 법인에서 이론, 실무, 법률, 법과학 등을 6개월 이상 교육받은 후 법인에서 발급한 면허를 받아 활동하고, 탐정업 등록하는 경우 이 면허는 국가에서 인정하며 면허취득자에게 준사법권이 부여됨	없음
프랑스	• 프랑스 또는 EU 등 국적보유 및 전과기록이 없어야 하고 국내에 체류할 수 있어야함. • 전문화 직업교육을 통해 자격 취득	없음
일 본	• 탐정업을 신고제로 전환하고 탐정 결격사유를 명시하여 폭력단원 등 전과자의 탐정업계 유입을 차단할 수 있는 근거 등이 마련되어 있음	없음

출처 : 국회안전행정위원회, 「공인탐정법안」(윤재옥의원 대표발의, 의안번호 2002216) 검토보고서.

제1절 미 국

1. 탐정제도 운용 및 업무범위

가. 탐정제도 운용

미국은 하나의 단일 정부가 아닌 연방정부와 51개의 주 정부, 수천 개의 카운티 정부, 수만 개의 시 정부가 동등한 횡적 관계를 유지하고 연방정부체제이다. 이 때문에 각 주 정부마다 자체적으로 법률시스템과 제도를 마련하고 있으며, 탐정제도 역시 각 주마다 탐정의 업무범위, 자격요건, 면허 및 시험제도, 벌칙규정 등도 상이하여, 대부분의 주에서는 탐정에 대한 공인면허제를 실시하고 있지만, 일부 주의 경우 사업자등록만으로도 손쉽게 영업을 영위할 수 있다.

[탐정업의 정의]

주정부	법규내용
미시간 주 (Michigan State)	사설탐정면허법(The Private Detective License Act)의 경우에는 사설탐정과 사설탐정업을 다음과 같이 정의한다(The Private Detective License Act, 338~833). '사설탐정(private investigator)은 보험회사와 관련되어 고용이 되어 보수를 받는 보험손해사정인이나 전문엔지니어와는 달리 비용, 보수, 기타의 보상을 받고 관련된 자료를 수집할 목적으로 사업에 참여하거나 인력공급을 받아들이거나 하청계약을 하거나 조사에 동의 혹은 조사를 수행하는 자로 정의한다.
펜실베이니아주 (Pennsylvania State)	펜실베이니아주는 사설탐정업(The Pennsylvania Private Detective Act of 1953)을 비용, 보수 기타의 보상을 받고 관련된 자료를 수집할 목적으로 사업에 참여를 하거나 인력을 공급을 받거나 하청계약을 하거나 조사에 동의 혹은 조사를 수행하는 자로 정의한다.

예를 들어, 일부 주(Alabama, Alaska, Mississipi, Pennsylyvania, South Dakota)의 경우 사업자등록만으로 손쉽게 탐정업의 영위가 가능하지만[134] 이를 제외한 대부분의 주에서는 주정부 또는 지방정부 기관 등이 직접 담당하거나 정부에서 관리, 감독을 받은 위원회가 탐정면허와 사업자에 대한 관리, 감독 기능을 수행하고 있다.[135] 다만, 주법 등에서 업무내용을 열거하고 있는 경우에도 형법 등 관련 법률에 어긋나지 않는 한 자유롭게 업무를 수행할 수 있다.[136]

미국의 경우 2020년 기준 공인탐정은 약 3만 6천여 명 정도로 추산되며, 경찰과 변호사 그리고 탐정이 미국의 치안을 거의 담당한다는 이야기를 할 정도로 탐정의 활동이 왕성하다.[137]

---

134) 정인성, 앞의 논문, 22면.
135) 민간조사제도 법제화 필요성과 바람직한 도입방안, 경찰청 미래발전담당관실.
136) 정일석, 민간경비 영역확정을 위한 민간조사제도 도입 방안, 2008.
137) 이상수 외 1, 앞의 책, 174면.

주요국 탐정 인원 수 TOP5(명)

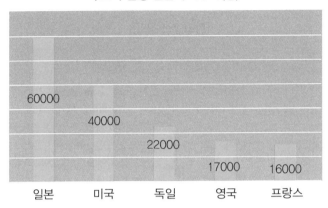

	일본	미국	독일	영국	프랑스
	60000	40000	22000	17000	16000

출처 : 컨슈머포스트 DB.

나. 업무범위

1) 업무범위

탐정업무에 관하여 대부분의 주정부는 별다른 제약을 두고 있지 아니하다. 예를 들어 플로리다 주에서 가능한 탐정업무의 내용(Florida Statues Chapter 493.601)을 살펴보면, 고객에게 정보를 제공하기 위하여 ⅰ) 정부로부터 위임받아 범죄나 위법행위 그리고 미국 내 주나 지역에 대한 위협행위 조사, ⅱ) 특정 사람이나 단체에 대한 신원확인, 습관, 행동, 동기, 소재확인, 친자확인, 친밀도, 거래, 명성, 성격 등의 파악, ⅲ) 목격자나 기타 사람들의 신빙성 확인, ⅳ) 실종자 혹은 귀속되거나 포기된 재산의 소유자 및 부동산 상속자에 대한 소재 파악, ⅴ) 분실이나 도난당한 재산의 소재를 확인해 주거나 찾아 주는 활동, ⅵ) 화재, 명예훼손, 모욕, 손해, 사고, 신체장애, 부동산, 동산에 대한 침해의 원인을 파악하는 행위 등이다. 정부로부터 위임받아 조사행위 외에는 다른 국가의 탐정들과 비슷한 업무를 수행한다.

---

138) http://www.consumerpost.co.kr/news/articleView.html?idxno=400585.

[주정부의 탐정업 업무범위]

주정부	업무내용
미시간 주 (Michigan State)	① 미연방 혹은 주, 미연방의 영토 및 속령을 대상으로 하여 발생되거나 위협이 되는 범죄 또는 부정행위 ② 특정인의 신분, 취미, 행동, 사업, 직업, 정직성, 성실, 신용, 신뢰성, 능력, 충실함, 활동, 동선, 행방, 친분관계, 교제, 행위, 성격 ③ 분실 또는 도난당한 재산의 소재 처분, 회수 ④ 인명 또는 재산에 대한 화재, 모욕, 손실, 사고나 손해 또는 손상의 원인과 책임법정, 이사회, 공무원 혹은 조사위원회에 회부 시 사용되는 증거의 확보
펜실베이니아주 (Pennsylvania State)	① 미국 연방이나 주 혹은 미국에 속한 영토에 대해 발생되거나 위협이 되는 범죄나 불법행위 등에 대한 조사 ② 특정 개인이나 단체, 협회, 조직, 사회분야, 동료, 법인 등의 확인, 습관, 관계, 거래, 평판, 특성 등에 대한 조사 ③ 증인 그 밖의 사람들에 대한 신뢰성 조사 ④ 실종자의 소재파악 ⑤ 분실 및 도난재산의 회복 및 소재파악 ⑥ 특정인, 특정조직, 사회, 협회, 법인, 직원 등과 관련된 사실의 확인 ⑦ 화재, 명예훼손, 비방, 손해, 사고, 신체장애, 부동산 혹은 동산에 대한 책임의 원인과 근거 등의 파악 ⑧ 파업으로 인해 일을 그만둔 사람이나 그 당시 고용주에 대한 사실의 조사 ⑨ 종업원, 관리인, 계약자, 하도급들의 행위, 정직, 효율, 충성 또는 활동에 대한 사실의 조사 ⑩ 형사재판·민사재판시 조사위원회, 판정위원회, 중재위원회의 판정 및 조정 전에 사용될 증거자료의 사전확보

다만, 미국의 탐정들은 다른 나라의 탐정과는 달리 경찰업무나 정보기관업무에도 개입할 수 있고 나아가 일부 경찰기능이 약한 지방도시의 경우 탐정기업에 아예 경찰수사권을 계약을 통해 위탁하는 경우도 있으며, IA와 같은 정보기관의 경우 자신들이 필요하다고 인정하는 경우 과감하게 탐정기업에 정보조사 용역을 주기도 한다는 특징이 있다.[139]

---

139) 이상수 외 1, 앞의 책, 175면.

2) 한계

미국에서도 탐정의 체포권은 다른 나라들과 같이 일반인과 같은 권리를 갖는다. 즉, 영장의 발부 없이는 가택수색이나 신체수색도 할 수 없고, 만일 이를 행사하기 위해서는 반드시 수색 대상자의 동의를 요한다. 시민의 체포에 관하여도 일반인과 같은 시민 체포권만 갖는다. 일반 시민이 누군가를 체포하려면 그 대상자는 반드시 현행범이거나, 목전에서 범죄행각을 목격하는 급박한 경우에만 가능하다.

그러나 탐정이 체포영장을 집행하는 경우에는 법원으로부터 그 권한을 위임받아 경찰과 달리 관할 지역이 없어지므로 수배자의 체포에 막강한 권한을 행사할 수 있다. 이 때문에 탐정자격이라기 보다는 법원의 권력을 행사하는 법원의 대리집행원의 성격을 갖게 된다. 또한 필요에 따라 경찰을 동원하거나 혐의자의 호송 도중 교도소의 임시사용을 요청할 수도 있다.[140]

2. 관리 · 감독 기관

통상적으로 탐정의 자격은 세 가지로 분류된다. ⅰ) 정식탐정이라고 할 수 있는 PI(Private Investigator), ⅱ) 탐정보조라고 할 수 있는 PII(Private Investigator Intern)[141], ⅲ) 탐정기업으로 할 수 있는 MPI(Manager of Private Investigation Agency) 등으로 나뉜다.

이러한 탐정업의 관리는 원래 연방법에 의하여 관리가 되었지만, 각 주정부마다 지역의 특성에 따라 독자적인 제도를 정비함으로서 면허제도를 주정부에 이관해 관리해오고 있다. 주정부가 직접 관리하는 경우에는 주경찰이 관리감독을 하도록 하는 방식을 채택하는 경향이 있었고, 그렇지 아니할 경우 전문직 면허증을 관리하는 부서에서 관리를 한다. 이와 같이 탐정업에 대한 관리감독권을 연방정부에서 주정부로 이관이

---

140) 강효은, 외국의 사설탐정제도의 활용사례와 법적고찰, 수사연구, 통권 210호, 2001, 23면

141) 미국의 경우에는 공인탐정업에 종사하는 일반탐정 사무원제도를 두고 있다. 예컨대 일리노이 주의 경우에는 일반조사관(탐정)은 면허국에서 인가받은 교유기관을 졸업해야 하며, 간단한 시험 및 신원조회를 거쳐 취업허가증을 발부 받게 된다.

> ⇨ 미국의 경우에는 일반조사관(탐정)은 공인면허를 가진 탐정사무소에 속해 회사의 지시에 의해서 일을 할 수 있는 것이고, 단독으로 계약이나 일을 할 수는 없는 것이다. 따라서 일반조사관의 자격증은 면허 아닌 취업허가증에 해당되는 것이다.

가능하게 된 것은 모든 관계법을 만족해야 한다는 미국의 기본 정신에 기초를 두고 있다.[142) 현재 법무부에서 관리하고 있는 곳은 켄자스주 뿐이다.

다만, 다음 표에서 보는 바와 같이 주마다 관리감독 방식이나 관리기관이 상이하기 때문에 만일, 탐정이 관리감독을 받는 주의 경계를 넘어 탐정업무를 수행할 경우 관할 및 감독권 등의 문제가 생길 수도 있다. 이러한 이유로 주마다 관련 조약을 체결하여 동조업무를 수행하는 등 이를 방지하고자 노력하고 있다.[143)

[미국 탐정관리 담당 부서]

구 분	개 수	주(州)
소비자 보호국, 면허국	21	플로리다, 조지아, 하와이, 일리노이, 켄터키, 오리건, 루이지애나, 미시간, 몬태나, 테네시, 뉴멕시코, 뉴욕, 노스캐롤라이나, 로드아일랜드, 노스다코타, 버몬트, 워싱턴, 웨스트버지니아, 위스콘신, 캘리포니아
경찰	9	아칸소, 코네티컷, 델라웨어, 마인, 푸에르토리코, 매사추세츠, 햄프셔, 메릴랜드, 뉴저지
주 안전부	6	애리조나, 아이오와, 미네소타, 오하이오, 유타, 텍사스
법무부	2	사우스캐롤라이나, 버지니아
법무부장관 직소위원회	3	캔자스, 네바다, 오클랜드
면허자격 無	5	앨라배마, 알래스카, 아이다호, 미시시피, 사우스다코타

출처 : 경찰청 수사국, 2007, '민간조사업법안' 법안심사 대비 보고서 재구성.

3. 자격요건

미국의 탐정제도에 대한 관리감독권은 주정부에 이관된 상태이다. 그에 따라 각 주의 성격에 맞게 탐정의 자격요건 또한 조금씩 상이하다. 하지만 공인탐정 자격을 요구하는 대부분의 주에서는 다음 표에서 보는 바와 같이 연령 등 일정한 자격이나 경력을

---

142) 강효은, 2001, 위의 논문, 23면.
143) 황정익, 공인조사(공인탐정)제도의 도입에 관한 연구, 치안정책연구수, 2005, 29면.

갖추고, 전과가 없는 자만이 시험에 응시할 수 있는 자격이 주어진다.

한편, 주로 조사와 관련된 분야의 자격요건은 최소 2,000시간의 유급경력으로 3년간 6,000시간의 경력을 요구하고 있으며, Science Degree 소지자는 2년간의 유급경력(4,000시간)을, 경찰학, 형법, 헌법, 사법학 분야의 대학과정을 이수한 학사학위 소지자 또는 대학과정을 이수한 후 1년간의 실무경력을 갖출 것을 요구하고 있다.[144]

다만 마약중독, 알코올 중독, 정신질환자의 경우 응시자격 조차 부여되지 않으며, 경범죄의 경우에는 그 형이 종료된 후 5년이 경과 되어야만 탐정면허가 주어진다. 하지만 국가 공무원으로 재직하였던 자가 불명예스러운 사건으로 퇴직한 경우에는 법원의 심사 이후 탐정시험의 자격이 주어진다.[145]

[자격요건]

주정부	사립탐정의 자격요건
미시간 주 (Michigan State)	① 미국 시민권자 ② 25세 이상의 연령 ③ 고졸 또는 동등 이상의 교육수료를 한 자 ④ 다음과 같은 사항을 포함하는 범죄를 행해서는 안 된다. ⇨ 부정행위 또는 사기, 정보나 증거의 무허가누설 또는 매매, 미연방 혹은 각 주의 경찰관이나 직원, 미연방 혹은 각 주의 국가기관 직원을 사칭, 위험무기의 불법사용, 운반 또는 소지, 2개 이상의 음주관련 범죄, 공중보건법령하의 규제약물사용, 폭행, 미연방 군대에서 군 복무 중 불명예제대. ⑤ 3년 이상의 기간을 다음과 같은 사항의 일을 했거나 하고 있는 경우여야 한다. ⇨ 다른 주에서 독립적인 사설탐정업에 합법적으로 종사, 탐정에이전시 운영의 허가증명서 보유자의 피고용인으로서 사설탐정업에 종사, 도시 · 군 · 주정부 또는 미연방정부의 수사관 · 형사 또는 경찰관, 정부정식인가 대학의 경찰행정, 형사법분야의 학사학위, 본 법 하에서 제공된 정부보증 채권공탁.

---

144) The Bureau of Security and Investigative Services of Califonia Department of Consumer Affairs 내부자료, The Califonia Private Investigator Act, 7541.

145) 나영민, 탐정제의 도입방안에 관한 연구, 연세대학교 석사학위논문, 2005, 21~22면.

134 PART 01 탐정학 일반

뉴저지주 (New Jersey)	① 25세 이상 ② 개인 또는 회사의 구성원이나 법인의 직원이나 관리자 중 적어도 1명이 조사원 또는 　주, 카운티, 관련 지방자치단체의 수사요원으로 5년 이상 근무한 경력이 있을 것 　(New Jersey State, The Private Investigator Act of 1939, 45). ③ 사설탐정업 면허를 받은 자는 그가 운영하는 사업의 어느 분야에서든지, 다음의 중범 　죄나 위반사항을 범한 자와 그로 인해 초래하는 법률상의 실격 대신에 유죄선고 후에 　뒤따르는 행정사면을 받지 않은 자를 고용금지(The Private Investigator Act, 45). 　⇨ 권총이나 기타 위협무기의 불법사용, 운반 또는 소지, 강도용 연장을 제작 또는 　　소지, 장물취득, 건물에 불법침입, 탈옥을 원조, 습관성 마약의 불법소지 또는 　　유통, 주 경찰청장이 그 면허에 대한 사설탐정의 면허를 취소하거나 거부한 자.

4. 교육훈련

　미국의 공인탐정은 기본 자격요건 및 일정한 실무경력을 요하며, 이러한 요건을 충족한 경우에만 주(州)에 따라 탐정면허가 발급되거나 또는 필기시험에 합격한 자에 한하여 탐정면허를 발급한다.

　따라서 그러한 요건을 충족하지 못한 즉, 수사업무나 관련 법률에 대한 전문성이 결여된 자가 탐정이 되기 위해서는 관련 전문교육기관(PI Academy)에서 일정한 교육을 수료하고 경력을 쌓거나, 시험을 응시하여 합격한 후 면허를 취득할 수밖에 없다.

가. 펜실베이니아 주(州) - Lion Investigation Academy

　Lion Investigation Academy의 경우 전문대학과정(Investigation & Associate Degree)에 준하는 2년간(4학기) 1,600시간의 연수교육을 통해 주정부에서 인정하는 시험을 거쳐 탐정면허를 취득하게 되어 있다. 이 프로그램 3학점씩 20개 과목의 총 60학점을 취득해야 하며 4학기 평점이 2.0 이상, 3년 이내에 프로그램을 모두 이수하여야 한다. 한편, 이 프로그램에 등록하기 위해서 응시자는 고교 졸업을 하였거나 동등 이상의 학력을 소지해야 하며 윤리적인 면에서도 기본적인 인성을 갖추어야 한다.[146]

---

146) Lion Investigation Academy 내부자료, 2007.

Lion Investigation Academy의
AST(Associate in Specialized Technology) Degree 교과과정

Semester	교과목	학점	시간
Semester 1	사설탐정개론	3	40
	감시 및 미행기법	3	60
	응용시큐리티 I	3	80
	심문조사기법과 절차	3	80
	심리학개론	3	100
Semester 2	조사실무 I	3	80
	특수업무	3	80
	민간조사	3	70
	통신장비	3	100
	사회학개론	3	100
Semester 3	고소사건조사	3	80
	조사실무 II	3	80
	응용시큐리티 II	3	80
	시큐리티 예방산업론	3	80
	심리학	3	100
Semester 4	위장조사	3	60
	증거사법절차	3	80
	응용시큐리티 III	3	80
	조사실무 III	3	70
	사회확	3	100
4 Semester	20과목	60	1,600

출처 : Lion Investigation Academy 내부자료, 2007.

나. 캘리포니아 주(州) - Nick Harris Detective Training Academy

캘리포니아 주 소재 Nick Harris Detective Training Academy는 CMI(Certified Master Investigator) 프로그램을 운영하고 있는데, 10주 코스로서 매주 40시간씩 총 400시간(오전 9시30분~오후 4시)을 이수토록 규정하고 있다.

Nick Harris Detective Training Academy는 CMI Training Program

주	과목	시간
1주	인터뷰기법과 보고서작성요령	40
2주	감시기법	40
3주	개인 상해사건조사 I	40
4주	개인 상해사건조사 II	40
5주	소환장송달 법정절차	40
6주	실종자 찾는 요령	40
7주	배경(경력)조사	40
8주	재산찾기와 회수요령	40
9주	범죄수사기법	40
10주	법과 면허제도	40
총 10주	10개 과목	40시간

출처 : Nick Harris Detective Training Academy 내부자료, 2006.

1. 탐정운용 현황 및 업무범위

가. 탐정운용 현황

영국의 탐정제도는 민간경비에서 경찰이 분리되었을 정도로 오랜 역사를 가지고 있으며,[147] 2001년 제정된 「민간보안산업법」(PSIA : The Private Security Industry Act 2001)이 시행되었던 2006년 1월 이전까지는 탐정이 되기 위한 특별한 규정이나 이를 금지하는 규제 또한 없기 때문에 경비업과 동일하게 별도의 신고 없이 누구나 개업만 한다면 그 영업이 가능할 만큼 자유업의 형태로 탐정시장에 대한 문호가 열려있었다. 그러나 현실에서는 탐정업에 대한 조사사기법 등 여러 전문적 지식을 요한다는 특성 때문에 사실상 전직경찰, 전직 수사 및 정보기관 출신들이 탐정으로 활동하고 있다.[148] 다만, 전직 경찰 등의 경력자가 아니더라도 관련 교육기관에서 교육을 이수하고 국가직업인증(National Vocational Qualification)을 취득할 경우 조사업무를 제한 없이 수행할 수는 있다. 이렇듯 자유업 형태였던 영국이 탐정업에 대하여 독립적인 법률을 제정한 배경에는 조사과정에서 주로 협박, 공갈, 재판방해, 우편물 절취 및 무단개봉, 도청 등과 같은 개인신상과 관련된 불법적 행위들이 성행하였기 때문이다.[149]

한편, 영국에서는 탐정 등 특정 직업의 대상자가 어느 수준 이상의 기술과 지식을 보유하고 있는가를 인정해 주는 제도를 갖추고 있으며, 2006년부터는 탐정업에 대하여도 NVQ 3등급(1~5등급) 즉, level 3를 취득해야만 개업할 수 있도록 하였다.

---

147) 이상수 외 1, 앞의 책, 166면.
148) 이상원, 민간조사원 교육훈련 프로그램에 대한 연구, 한국민간특수행정학회 학술세미나, 2007, 9~10면.
149) 정인성, 앞의 논문, 28면.

단 계	능력기준
1단계	매일 되풀이 되는 일을 할 수 있는 능력의 레벨
2단계	개인이 혼자, 혹은 팀의 일원으로서 책임감을 갖고 일을 할 수 있으며, 보다 복잡한 일을 할 수 있는 능력의 레벨
3단계	복잡한 여러 가지 일을 수행할 수 있으며, 동시에 다른 사람을 지도할 수 있는 능력의 레벨
4단계	전문적인 기술이나 능력이 요구되는 일을 할 수 있고, 다른 사람을 지도하며 수단과 정보를 전달할 수 있는 능력의 레벨
5단계	다양한 업무환경에서도 여러 가지 업무를 수행할 수 있으며, 자신의 업무뿐만 아니라 다른 사람의 일을 계획하고 체크할 수 있는 능력의 레벨

그런데 문제는 일부 탐정업무를 수행하기 부적합한 결격자들도 시험에만 합격할 경우 면허취득이 가능하고 탐정업무를 수행할 수 있게 되면서 그에 따른 부작용 또한 발생하게 되자 2001년 경비업을 비롯해서 탐정업 전반을 규율하는 것을 목적으로 하는 『민간보안산업법』이 제정되었고, 현재는 위 법률에 근거하여 탐정업이 규율되고 있다.[151] 이후 민간경비산업의 규제 및 독립적인 관리감독 기관인 보안산업위원회(The Secutity Industry Authority)가 설립되기도 하였다.[152]

한편, 영국은 2008년 기준으로 탐정업체가 465개가 영업 중이고 이에 종사하는 탐정들이 1만여 명이 있으며 민간조사업계의 시장규모는 25억 파운드(약 5천억 원, 2004년 기준)인 것으로 나타나고 있다(경찰청 수사국 내부자료, 2008).[153]

나. 업무범위

영국의 민간경비산업법 Schedule 2, Part 1 제4조(The Private Security Industry Act 2001,

---

150) 손상철, 민간조사학개론, 백산출판사, 2005,116면.

151) 이 법은 경비업을 주업으로 하는 다양한 개인과 회사들이 공공과 관련된 범죄행위를 일으키는 것을 규제하기 위한 것이 주요한 배경이다.

152) 이 위원회는 내무성과 긴밀한 업무관련성을 유지하면서 면허발급업무와 경비업 전반에 대한 관리, 감독업무를 수행하고 있다.

153) 이상원, 민간조사(탐정)제도의 도입방향 : 경비업법 개정을 중심으로, 한국경호경비학회지, 2008, 제17호, 245면.

section 4)에서 규정하고 있는 업무범위는 '특정인물의 활동이나 소재에 대한 정보수집·멸실된 재산상황 또는 그로 인한 피해 등에 관한 정보를 얻기 위한 감시, 조회 또는 조사로 규정하고 있다.'

따라서 영국에서의 사설탐정은 사람, 사람의 활동이나 소재에 대한 정보를 획득할 목적으로 수행하는 감시, 질문, 조사와 관련된 활동을 하는 사람(The Private SecurityIndustry Act 2001, Section1)으로 정의된다.

한편, 이 법은 같은 법률 항목 제2항부터 제10항까지 탐정의 업무에 해당하지 않는 구체적인 사항에 관하여 기술하고 있는바, '시장 조사만을 목적으로 조사하는 행위는 이 규정에 해당하지 않는다고 명시되어 있으며, 제3항에서는 어떤 특정한 사람이 신용도가 있는지에 대한 조사만을 목적으로 하는 활동은 이 규정에 해당하지 않는다.'라고 규정하고 있다.

2. 관리감독기관

영국의 민간경비산업법 제3조에 의하면 탐정업을 영위하기 위해서는 개인뿐만 아니라 탐정업을 영위하려는 사람도 당국으로부터 면허를 받아야만 가능하도록 되어있다.

탐정업에 대한 면허권한은 민간경비 산업면허국 SIA(Security Industry Authority)에 있으며, SIA는 민간경비산업의 인가와 승인에 관련된 업무, 이 분야의 사업을 수행하는 자의 활동과 효율성 감시, 민간경비산업분야의 훈련기준, 채용 관리의 수준설정과 승인, 민간경비산업 기준의 유지와 향상을 위한 권고와 제안 등의 역할을 수행한다(The Private Security Industry Act 2001, Chapter12).[154]

민간경비 산업면허국의 주요 임무는 민간경비업과 관련된 일부 활동에 대한 면허부여(Compulsory Licensing)와 민간경비업체들에 대한 능력평가(Apporoved Contractor Scheme) 등 두 가지이다.[155]

---

154) 이상원, 앞의 논문, 245면.

155) 영국 내무성 홈페이지, http://www.sia.homeoffice.gov.uk/Pages/about-us.spx 참조.

3. 자격요건 등

가. 자격요건

영국은 민간산업보안법 제3조의 규정에 따라 탐정이 되기 위한 자격요건으로서 민간경비산업면허국으로부터 민간조사에 대한 면허를 받아야 됨은 물론 18세 이상의 자로서, 신원증명서, 범죄경력증명서(범죄경력 무 : 유죄판결, 경고가 2년간 없어야 하며, 살인 무기 마약 정도 관명사칭 등의 중대범죄 경력이 5년간 없어야 함), 탐정으로서의 적합한 능력을 갖출 것을 요구한다.

나. 면허

영국의 민간경비산업법 제3조는 영국에서 탐정업을 영위하기 위해서는 관계 당국으로부터 면허를 받아야만 가능하도록 규정하고 있다. 따라서 탐정업을 영위하기 위해서는 관련 면허를 취득해야 하는데, 탐정업도 포함되는 The Private Secutity Industry Act 2001(민간경비산업법)의 규정에 다르면 민간경비산업분야의 면허권한은 SIA(민간경비산업면허국 - Secutity Industry Authority)에 있다.

4. 교육훈련

영국에서 탐정이 되기를 희망하는 사람은 탐정전문교육기관의 교육 및 NVQ(국가직업인증)의 교육을 통해 가능하다. 영국에서의 탐정교육은 전문협회가 진행하며 관련 교육훈련 프로그램에 일정한 비용을 지불하고 교육을 시키는 것이 일반적이다(Martin Gill and Jerry Hart, 1997).

⇨ 교육훈련코스는 다음과 같다.

조사교육과정(Investigation Course), 갈등관리교육과정(Conflict Management Course), 집달관 교육과정(Bailiff Course), 감시교육과정(Surveillance Course), 도보 및 차량감시 고급과정(Advanced Food and Mobile Surveillance), 전자감시과정(Electronic Surveillance), 목격자 증거수집과정(Professional Witness Evidence) 등이 개설되어 있다(Associations of British Investigators, 2006).

가. 전문조사과정(Professional Investigation Course)

전문조사과정의 교과과정

기 간	교과목
2주간	조사의 유형 보고서 작성요령 진술 소환장 송달절차 감시기법 추적기법 장비운용기법 경찰과 형사증거의 수집 자료보호 현장보호 신분보고(status reporting) NVQ(국가직업인증)제도 법정절차

출처 : Associations of British Investigators 내부자료, 2006.

나. 10일 과정의 감시과정(Surveillance Course)

이 프로그램의 경우 10일 과정으로 되어 있다. 조사팀의 일원으로서 규정에 의한 감시업무를 수행하는 사람들에게 적합하도록 설계되어 있다. 이 과정은 4일 과정 프로그램의 연장이다. 조사분야의 NVQ level 3, 4를 취득하고자 하는 사람들에게는 4일 과정의 프로그램이 Unit 9, 16 · 17 · 18을 수행하는 데 필요한 입증(evidence)을 해주는 것이라면, 이 코스의 경우에는 교육의 우수성이 인정될 때 도보 및 차량 감시분야의 NVQ level 3 자격이 부여되는 것이다.

[10일 감시과정(Surveillance Course)의 교과목]

기 간	과 목
10일	계획작성과 브리핑요령 위장비디오 및 사진촬영기법 전자감시기법 고정감시기법 고급 도보 및 차량감시기법 관련법규와 증거수집요령 위성차량추적기법 고급소송절차

출처 : Associations of British Investigators 내부자료, 2006.

제3절 일 본

1. 탐정운용 현황 및 업무범위

가. 탐정운용 현황

일본에서의 탐정의 태동은 현재의 개념과는 조금 달랐다. 메이지유신 이후 치안이 불안정하여 각 지역에서 테러나 폭동 등이 빈번히 발생하게 되자, 정부는 이에 대한 대책으로 정보수집과 문제해결을 위해 밀정(비밀경찰)을 배치하면서 '탐정'이라는 용어가 쓰이기 시작했다. 그 후 사회가 안정화되고 산업이 급속이 발달되어 주식회사나 증권거래소의 거래가 활발해지면서 기업신용이 중요한 요소로 자리매김 되자 1890년부터 이른바 흥신소가 설립되게 되었고, 제2차 세계대전 이후 전후복구와 함께 사람의 유동화와 경제 부흥 및 성장에 의해 흥신소,[156) 탐정회사 역시 급성장하게 되었다.[157)

---

156) 일본에서 1980년 3월에 제정된 오사카부락차별사상에관한조사등의 규제에 관한 조례는 일본 최초의 흥신소의 업무에 관한 조례이다.

157) 김일곤, 일본 탐정업의 현황과 시사점, 융합보안 논문지, 제12권 제5호, 2012. 10. 3면.

그런데 문제는 탐정업의 급속한 발전에도 불구하고 국가적 차원의 규제나 관리의 미흡으로 인한 무분별한 조사활동(비밀을 이용한 협박, 위법 수단에 의한 조사 등)과 사생활 침해(1960년대 미개발 빈민지역에 대한 일본사회의 집단따돌림과 이에 관한 정보 제공 등) 등의 행위로 인하여 발생한 여러 부작용들이 사회적인 문제로 주목을 받게 되자 국가차원의 규제의 필요성이 제기되었다.

이에 일본 의회가 2006년 6월 8일 탐정업의 폐단을 방지하고 그에 대한 관리감독권을 강화하기 위한 목적으로 「探偵業の業務の適正化に關する法律」(탐정업 업무의 적정화에 관한 법률, 平成十八年 法律 第六十号)을 제정하였고, 다음해인 2007년 6월 1일부터 시행됨으로서 비로소 탐정업에 대한 국가의 관리 및 규제가 가능하게 되었다.[158]

---

158) 위 법령의 주요내용으로는 업무의 실시원칙 및 규칙 준수, 비밀준수, 중요사항 설명 등이 있는 그 내용은 다음과 같다(김일곤, 앞의 논문, 5~6면.).

첫째, 일본 탐정업법 제6조에 따르면 탐정업자 및 탐정업자의 업무에 종사하는 자가 탐정업무를 수행할시 업무의 실시원칙 및 규칙을 준수해야 한다. 즉 업무와 관련하여 특별 권한부여나 탐정업무를 이유로정당한 업무행위라 하여도 위법성에 대해서는 어떠한 정당성도 인정되지 않는다. 또한 제6조 제1항은 형법상의 범죄행위인 조사대상자 감시, 개인사유지 무단침입, 전화 감청 등을 엄격히 금지하고 있다. 우리나라의 주민등록등본과 같은 주민기본대장 열람과 개인정보 보호에 관한 법률에 의거해 제한된 개인정보의 제3자 제공이 엄격히 금지되고 있다.

둘째, 일본 탐정업법 제6조 제2항에 따르면 타인의 안녕을 해하는 등 개인의 권리와 이익을 침해서는 아니 되며, 이를 위반할 경우 지시 등의 처분 대상에 처하게 되는데, 여기서 의미하는 개인의 권리이익을 침해하는 것이란 형사상의 위법적인 행위 이외에 민법상의 불법행위에 해당하는 행위를 포함하고 있다.

셋째, 일본 탐정업법 제9조 제1항에 따르면 탐정업자는 업무 조사 결과가 위법한 범죄행위에 활용될 것을 명확히 인식하였을 경우 또는 가능성이 있다고 인식하였을 경우, 의심하지 않고 용인한 경우 이를 위법사항으로 규정하고 엄격히 규제하고 있다. 예를 들면, 배우자 소재 파악 업무 의뢰를 받았을 경우 탐정업자는 해당 의뢰자가 배우자에 대한 폭력방지 및 피해자보호와 관련하여 위배되지 아니함이 명확히 확인되기 전까지는 탐정업무를 수행해서는 아니 된다.

넷째, 일본 탐정업법 제9조 제2항에 따르면 탐정업무를 전부 또는 일부를 탐정업자 이외의 사람에게 수탁할 경우의 규제이다. 정보를 청취할 경우 또는 조사과정중 취득한 사진 등을 제 3자에게 현상을 맡기는 등의 행위는 위반행위가 아니지만 주의를 요구하고 있다. 또한 업무 위탁의 경우, 업무를 위탁하는 행위자체는 위법이 아니지만 무허가 업자에게 탐정업무를 위탁하는 경우는 위반행위로 엄격히 규제하고 있다.

다섯째, 일본 탐정업법 제8조는 중요사항의 설명 등의 관계로서 탐정업무 수행에 있어 업자가 의뢰자로부터 업무 위탁을 받을 경우 업자가 업무의뢰자에게 반드시 업무내용에 관하여 설명하고 교부해야 한다.

여섯째, 일본 탐정업법 제10조 제1항은 비밀 유지등의 관계에 대한 규제이다. 탐정업무를 수행함에 있어서 탐정업자와 고용관계에 있는 임원, 사무, 경리,파견 근무자 등 다양한 대상을 업무 종사자로 규정하여 이들을 엄격히 관리하고 있다. 아울러 개인정보보호법과 관련하여 개인정보취급업자는 개인정보를 취득하였을 경우 이용목적 등을 본인에게 통지하도록 규정하고 있으므로 반드시 이러한 유의하도록 엄격히 규제하고 있다. 또한 부정 또는 부당한 이용을 방지하기 위해 일본 탐정업법 제10조 제2항과 같이 필요한 규정 정비 및 물적 조치(열쇠 보관소, 시큐리티 장치를 한 컴퓨터 등)가 이루어지도록 규제하고 있다.

이에 따라 각 도도부현 공안위원회는 탐정업자에 대한 감독으로 탐정업의 지시와 영업정지명령 및 폐지명령 등에 대하여 일정한 절차와 형식(신고서 제출)에 의하도록 각 세칙을 마련하여 탐정업에 대한 규제를 하고 있다.[159]

한편, 일본에는 탐정업과 관련된 일본조사협회 산하에 23개 지역협회가 조직되어 있고, 그 밑에 600여 개의 탐정업체(탐정사무소, 조사회사, 흥신소)에서 약 6만여 명의 탐정들이 활동하고 있다. 또 탐정산업의 시장규모는 약 2,000억 엔(한화 약 2조원) 정도로 알려져 있다.[160]

나. 탐정의 업무범위

「일본탐정업법」제2조 제1항에서는 "탐정업무는 타인의 의뢰를 받아 '특정인의 소재 또는 행동에 관한 정보'로서 해당 의뢰에 관계되는 것을 수집하는 것을 목적으로 면접에 의한 탐문, 미행, 잠복 기타 이와 유사한 방법으로 현장조사를 하고 그 조사의 결과를 해당 의뢰인에게 보고하는 업무"로 정의하고 있다.[161] 이렇듯 일본에서의 탐정업무는 포괄적 서술로서 그 범위가 광범위하게 해석될 수도 있을 만큼 명확하지 않게 규정되어 있다.

그 결과 법적으로 금지되는 것 이외의 활동사항이 일반 사회통념에 반하지 아니하는 한 자유롭게 탐정활동을 영위할 수 있는데,[162] 주 조사활동 업무를 정리해 보면 다음 표와 같다.

---

159) 노진거, 앞의 논문, 35면.

160) 노진거, 앞의 논문, 35면.

161) 「일본탐정업법」제2조 제1항 원문은 다음과 같다.
　この法律において「探偵業務」とは、他人の依頼を受けて、特定人の所在又は行動についての情報であって当該依頼に係るものを収集することを目的として面接による聞込み、尾行、張込みその他これらに類する方法により実地の調査を行い、その調査の結果を当該依頼者に報告する業務をいう。

162) 정인성, 앞의 논문, 45면.

업무영역		업무내용
행동조사		미행·잠복 등에 의한 조사대상자의 행동이나 행선지 파악
	불륜조사	• 배우자나 연인의 이성 관계 등에 관한 문제의 조사와 증거촬영 • 특정 인물의 행동이나 행선지, 교우관계 파악
	소행조사	• 외근 영업사원들의 외주추적, 확인하여 객관적인 평가 • 기업의 위기관리에 관한 종업원의 비밀누설이나 금품 등의 수수 및 횡령 등의 조기발견과 증거녹취 • 산업폐기물 등을 불법 투기하는 차량이나 인물, 업자를 특정
사람찾기 및 소재조사		• 가출인, 실종자, 첫사랑, 옛친구, 은인, 원거리 특정인 등의 소재 파악 • 특정인의 근무처 확인
신용조사	개 인	특정인의 자산이나 부채 등의 조사
	기 업	거래처의 신용도, 현재 재무상태, 부채회수 리스크 등의 조사
기타 배경조사	인연 적성검사	교재상대, 애인, 결혼상대자에 대한 우려 사항 및 신상조사
		채용 예정자나 인사이동 등의 직업에 관한 조사
	사생활 보호조사	• 도청, 몰래카메라 등의 발견 및 조사 • 수상한 인물, 스토킹 관련 문제와 해결방안 • 방법 컨설팅 • 컴퓨터나 인터넷 보안 문제 해결
재판 자료수집		변호사 또는 전문 유자격자와의 연계를 통한 각종 증거취득, 개인과 기업의 각종 소송문제 및 장애대응
각종 검증		DNA, 지문, 필적, 직인 등의 감정수행

출처 : http://www.tochoukyou.jp/home/chousa.html(일반사단법인 일본조사협회)

한편, 일본의 경우에도 우리나라와 같이 탐정업체가 의뢰인을 변호사에게 주선하는 행위로써 유료로 소개 및 알선을 통하여 돈이 발생한 경우에는 변호사법 제2조 비변호사와의 제휴의 금지 규정 위반이며, 변호사 소개 또는 이와 유사한 업무는 위법에 해당한다.

2. 관리감독기관

일본의 탐정업에 대한 감독권자는 각 도도부현 공안위원회이다. 공안위원회는 탐정업자에 대하여 적절한 업무수행을 하도록 탐정업자의 명의대여 금지, 탐정업자의 명부비치 등의 준수여부와 종사원에 대한 탐정활동의 업무내용 기재 및 장부비치와 현장조사 활동 중 법의 테두리 안에서 업무활동을 수행하고 있는지 등에 대한 감독권을 행사한다.

그 감독권에는 강제권 행사와 출입검사, 지시, 영업정지 명령, 영업폐지 명령 등이 포함되어 있고, 공안위원회 소속 공무원이 직접 영업소를 방문하여 영업상황, 장부, 기타 물건을 확인하고 검사하거나 관련자에 대한 입회검사를 할 수 있다.[163]

3. 자격요건 등

가. 자격요건

일본의 경우 2006년 탐정업법을 제정하여 신고제로 전환하기까지 어떠한 규제 없어 자유업으로 인정되었지만, 신고제가 도입된 후로는 서비스업으로 신고만하면 탐정업을 영위할 수 있게 되었다. 즉, 탐정업법 제4조의 규정에 의거 공안위원회에 신고를 하면 탐정업을 영위할 수 있게 된 것이다.

탐정업 영위를 위한 신고사항은 상호, 명칭 또는 성명 및 주소, 영업소의 명칭 및 소재지와 당해 영업소가 주된 영업소인 경우에는 그 뜻, 이외에 당해 영업소에 있어서 광고 또는 선전을 하는 경우에 사용되는 명칭이 있는 경우에는 당해 명칭, 법인에 있어서는 그 임원의 성명 및 현재 거주하는 주소 등이다(탐정법 제4조 제1항).

다만, ⅰ) 성년피후견 피보좌인 또는 파산자로서 복권되지 아니한 자(탐정법 제3조 제1항), ⅱ) 금고 이상의 형에 처해지거나 이 법률규정에 위반하여 벌금형에 처해지고, 그 집행을 종료하거나 또는 집행을 받지 아니하기로 된 날로부터 기산하여 5년을 경과하지 아니한 자(같은 조 제2항), ⅲ) 폭력단원에 의한 부당한 행위의 방지 등에 관한 법률

---

163) 이성용 외 3, 민간조사업의 관리에 관한 입법정책과 자격시험·교육의 구체화방향, 2015, 60면.

제2조 제6항에 규정한 폭력단원 또는 폭력단원에서 벗어난 날로부터 5년이 경과되지 아니한 자 등의 결격사유에 해당할 경우 탐정업을 수행할 수 없다. 따라서 위의 결격사유에 해당하지 아니할 경우 일본에서는 누구나 도도부현 공안위원회에 신고를 통해 탐정업을 영위할 수 있다(같은 조 제6항).

나. 면허

전설한 바와 같이 탐정업을 영위하려는 자는 영업소 소재지 관할 공안위원회에 신고서 및 내각부령에서 정한 서류를 첨부하여 제출하면 되고, 신청사항 변경 및 폐지 시에는 내각부령이 정한 바에 따라 공안위원회에 그 취지를 기재한 신고서를 제출하면 된다(탐정법 제4조).

4. 교육훈련

일본의 탐정업 법인 '탐정업무의 적정화에 관한 법률'에는 탐정의 교육훈련 및 교육프로그램에 관한 특별한 규정을 두고 있지 아니하다. 따라서 협회를 통한 탐정실무교육 및 훈련 프로그램이 마련된 상황인데, (사) 일본탐정협회는 건전한 탐정업자의 육성을 목적으로 그 업에 종사하려는 사람에 대하여 탐정활동에 필요한 실무 기술, 능력에 관한 자격인정, 검정시험 및 강습을 '탐정기능검정'으로 실시하고 있다.

참고로, 위 기관에 의한 1급 탐정조사사[164] 자격검정 내용은 다음 표와 같다.

대 상	도도부현 공안위원회에 탐정업의 신고를 실시한 자
시험횟수 원서접수	매년 1회 1월 4번째 일요일 13~20시 까지(교토도) (원서접수 : 전년 12월 1일 ~ 28일까)
필기시험	• 2시간 이내 – 택일식 약 50문항(탐정업법 및 관련법령 중 출제) • 90% 이상 정답을 요함 • 필기시험 합격자에 한해 당일 오후 기능시험 참가자격 취득
기능시험	• 4시간 • 미행·잠복에 관한 기술, 컴퓨터 기술, 카메라, 사진, 비디오 취급 등

---

164) 1급 탐정조사사는 탐문, 미행, 잠복, 촬영 등의 기술 및 능력 모두 일정한 수준 이상이라고 인정되며, 동시에 관계 법령에 대한 올바른 지식도 있다고 당 협회가 인정 또는 검정시험에 합격할 것을 요구하고 있다.

제4절 호 주

1. 탐정운용 현황 및 업무범위

가. 탐정운용 현황

호주는 연방국가(6개의 주와 2개의 특별지역)로 이루어진 나라로서 각각의 주마다 총독, 수상, 내각, 의회를 갖추고 있다. 이러한 이유로 주마다 관련 법률들에 있어 다소간 차이가 있지만, 캐피탈 테리토리를 제외한 나머지 7개의 주는 탐정업이 민간보안산업과 관련된 법률에 포함되어 있어 이를 근거로 관리감독권을 행사하고 있다.

가령, 사우스오스트레일리아 주는 'The Security and Investigation Agent Act 1995' 법률로 탐정을 포함한 민간보안산업을 규정하고 있고, 퀸즐랜드 주는 'The Security Providers Acts 1993' 법률로 탐정업과 민간경비산업을 규정하고 있다.

한편, 호주는 공인탐정제를 운용하는 나라이며, 미국과 마찬가지로 주마다 탐정제도와 업무범위가 다소간의 차이는 있지만, 탐정면허 인가요건은 대부분의 주의 경우 입법부와 관련하여 경찰업무집행의 형태로 관리되고, 탐정면허를 인가하고 있다.

나. 탐정의 업무범위

호주는 탐정 자격을 취득한 주에서만 탐정활동이 가능하지만 필요에 따라 일부 세금만 부과할 경우 다른 주에서도 탐정활동의 수행은 가능하다. 탐정의 업무범위와 관련하여서는 몇몇 주 혹은 일부지역에서 탐정의 인가 규정뿐만 아니라 운영형태도 조금씩 차이가 있고 그 때문에 업무범위 또한 약간의 차이는 있을 수 있지만 다음 표에서 보는 바와 같이 대부분 비슷하게 균형을 맞추고 있는 모습이다.

한편, 호주의 탐정은 탐정활동 시 조사권을 포함하는 준사법권을 행사할 수 있으며, 법원이 허가한 영장집행도 가능하고, 진행 중인 사건에 대한 증거채집을 위한 몰래카메라 사용도 허용되지만, 불법으로 도청하는 행위는 금지된다.

[호주 탐정의 업무범위]

주명	업무범위
Western Australia	① 채권회수, 영장송달, 상품회수 ② 의뢰인을 대신하여 제3자를 찾거나 제3자에 대한 개인 사업이나 개인의 문제를 조사
Northern Territory	① 대금 입금이 안 된 상품이나 동상의 회수 또는 그 소재의 확인 ② 채무회수 또는 독촉 ③ 판결의 집행이나 법원의 명령으로 법적절차를 집행하는 업무 ④ 소송을 목적으로 증거수집 ⑤ 다른 사람을 대신하여 행방불명자를 찾는 업무 ⑥ 다른 사람의 성향이나 행동 또는 사업이나 직업에 관한 정보를 수집하거나 제공
South Australia	① 채권회수 및 빚 독촉 ② 상품의 회수 또는 소재확인 ③ 지방세 회수를 목적으로 동산을 압류하는 업무 ④ 판결의 집행이나 법원의 명령으로 법적 절차를 집행 ⑤ 개인의 성향이나 행동 또는 개인의 사업이나 직업 등의 개인정보를 수집하거나 제공하는 업무 ⑥ 행방불명자의 소재확인 ⑦ 소송을 목적으로 증거를 수집하는 업무
Queensland	① 돈을 받고 다른 사람의 개인정보를 수집하고 제공
Tasmania	① 선취특권을 조건으로 동산을 회수하거나 소재확인 ② 빚 회수 또는 빚의 시환을 요구하는 업무 ③ 판결의 집행이나 법원의 명령으로 법적절차를 집행 ④ 압류의 징수 ⑤ 다른 사람의 성격이나 행동 또는 사업이나 직업에 관한 정보를 수집하거나 제공하는 업무 ⑥ 소송을 목적으로 증거를 수집하는 업무 ⑦ 행방불명자 소재확인

출처 : 송봉규, 민간조사원제도의 도입방안에 관한 연구, 2006.

2. 관리감독 기관

호주는 각 주마다 다음 표에서 보는 바와 같이 각 주마다 탐정의 면허관리를 하는 기관이 상이하다. 그러나 캐피털 테리토리를 제외한 모든 주의 경우 각각 주 경찰, 소비자 보호국, 공정거래위원회 등에서 이를 관리를 하고 있다.

[호주 지역별 탐정관리/감독기관]

주(州)	관련 법률	관리감독기관
New South Waies	The Commercial Agent Private Inquiry Agent Act	New South Waies Police
Queensland	The Security Providers Acts 1993	Office of fair Tranding
Victoria	Private Agency	Victoria Police
South Australia	The Security and Investigation Agent Act 1995	Office of Consumer and Business Affairs
Northern Territory	Commercial And Private Agent licensing Act	Department of justice
Western Australia	The Security and Investigation Agent Act 1966	Commercial Agents Branch Western Australian Police Service
Tasmania	The Security and Investigation Agent Act 2002	Consumer Affair and fair Tranding
Australia Capital Territory	없음	없음

출처 : http://www.Investigateway.com/resources/licensing

3. 자격요건 등

가. 자격요건

호주의 경우 공인탐정 국가면허를 취득하기 위해서는 주에서 인정하는 사설기관에서 소정의 교육과정 수료(주에서 인정한 사설교육기관에서 6월 ~ 2년 교육이수 후 공인탐정 시험자격 부여) 및 공인시험성적(국가에서 주관하는 공인면허시험) 외에 범죄경력이 없는 자로서, 개인적인 신용보증인으로 시험등록 이후 응시자와 1년 이상 친분이 있는 3인의 보증이 필요하다.

이는 공인탐정이 탐정업무를 수행하는 과정에 불법행위를 자행할 경우 그에 대한 책임을 담보할 수 있도록 하여 탐정활동의 준법행위를 강화할 목적이었는데. 이러한 제도의 도입은 탐정자격에 대한 진입장벽을 어느 정도 높이는 데 기여를 하였다.

한편, 탐정 자격증은 신청자가 거주하고 있는 주에서 신청, 발급받을 수 있으나 외국

인인 경우 6개주에서만 신청할 수 있다.[165]

---

1. 뉴사우스 웨일즈 주(N.S.W) : New South Wales
2. 퀸즐랜드 주(QLD) : Queensland
3. 빅토리아 주(VIC) : Victoria
4. 사우스 오스트레일리아 주(SA) : South Australia
5. 노던 테리토리(NT) : Northern Territory
6. 웨스턴 오스트레일리아 주(WA) : Western Australia
특별지역 1. 오스트레일리아 수도특별지역(ACT) : Australian Capital Territory
특별지역 2. 태즈매니아 주(TAS) : Tasmania

나. 면허

호주의 경우 탐정면허는 주 경찰국이 이를 발급하고 통제하고 있다.

4. 교육훈련

호주의 경우 직업교육과 훈련분야는 각 주정부가 연방정부에서 제시하고 있는 기본틀 안에서 운영하고 있는데, 공인 탐정자격을 얻기 위해서는 권한과 능력이 주어진 주정부로부터 허가된 사설교육기관에서 소정의 교육훈련 과정을 수료한 후 주정부에서 위탁한 사설교육기관에서 실시하는 시험에 합격한 후에야 자격증(certification)을 발급받을 수 있다.

주의 탐정 교육과정은 크게 탐정이론과 실무, 인터뷰(면접)로 구성되는데, 이는 교육 과정과 난이도에 따라 4단계 등급으로 나뉘고 최종 4단계 교육과정을 통과해야만 국가자격시험에 응시할 수 있는 자격이 부여된다. 등록된 훈련조직의 교육훈련시간은 각 주마다 다소간 차이는 있지만 Western Australia 주의 경우, 탐정 2급은 142시간, 탐정 3급은 302~322시간, 탐정 4급은 622~642시간을 각 이수하도록 규정하고 있고, 수업방식은 매우 엄격하게 진행되며, 4주간의 교육이 종료되면 종합시험을 거쳐 합격자에게 교육수료증을 교부한다.[166]

---

165) 한국공인탐정협회 블로그.
166) 노진거, 앞의 논문, 40면.

[사설탐정 교육시간]

코드	사설탐정 급수	시간
PRS20498	사설탐정 2급	142
PRS30598	사설탐정 3급	302~642
PRS40498	사설탐정 4급	622~642

출처 : Asset Security Training Package Implementation Kit의 Qualification.

참고로, Western Australia의 민간조사관 과정은 2급 교육과정과 3급 교육과정으로 나누어 운영되는데, 사설탐정 2급의 교육훈련 과목은 정보수집방법 선택, 서면보고서작성 및 편집, 법정증거 준비, 법정에 증거제출, 직업적 건강과 안전, 수사에 의한 증거수집 및 인터뷰방법과 진술에 관한 교육과정 등 7개 과목으로 구성되어져 있다.

[Western Australia의 민간조사관 2급 교과과정]

코 드	과 목	시 간
PRSIR13A	정보수집방법 선택	16
PRSIR20A	서면보고서작성 및 편집	20
PRSIR22A	법정에서 사용하기 위한 증거준비	16
PRSIR23A	법정에 증거제출	20
PRSIR38A	직업적 건강과 안전유지	10
PRSIR15A	실제수사에 의한 증거수집	30
PRSIR17A	인터뷰 방법과 진술	30
계		142

출처 : Western Australia Department of Training and Employment, Asset security Training Package Implementation Kit, 1999.

3급은 정부수집방법 선택, 서면보고서 작성 및 편집, 법정증거 준비, 법정에 증거 제출, 직업적 건강과 안전, 소규모 팀 지휘, 직원감독, 현장운용의 조직과 모니터, 감시에 의한 정보수집, 장비선택과 차량운용, 전문정보수집장비의 선택과 보관, 정보의 지정과 보호 및 고객과의 관계유지에 관한 사항 등 13개 과목으로 구성되어져 있다. 이 프로그램의 경우에는 탐정분야의 감독자로서 일하는 사람에게 적절한 프로그램이다.

[Western Australia의 민간조사관 3급 교과과정]

코 드	과 목	시 간
PRSIR 13A	정보수집방법선택	16
PRSIR 20A	서면보고서 작성 및 편집	20
PRSIR 22A	법정에서 사용될 증거의 준비	16
PRSIR 23A	법정에 증거제출	20
PRSIR 33A	소규모 팀에 대한 지휘	20
PRSIR 34A	직원감독	20
PRSIR 36A	현장운용의 조직과 모니터(감시)	20
PRSIR 38A	직업적 건강과 안전유지	10
PRSIR 14A	감시에 의한 정보수집	30
PRSIR 19A	장비의 선택과 감시차량 운용	30
PRSIR 16A	전문적 정보수집장비의 선택과 획득, 보관	40
PRSIR 21A	정보의 저장과 보호	40
PRSIR 28A	고객과의 관계유지	20
계		302

출처 : Western Australia Department of Training and Employment, Asset Secutiry Training Package Implementation Kit, 1999.

CHAPTER 04
탐정업법 제정의 필요성과 법제화 방향

제1절 탐정제도에 대한 필요성

1. 외국의 공인탐정 등의 활동 현황 및 향후 전망

가. 외국의 공인탐정 등의 활동 현황

서구 선진국의 경우 공인탐정 혹은 민간조사제도가 법률 및 제도 면에서 오랜 기간 동안 정착되어 대규모 자본이 투자된 민간보안산업(Private Security Industry)의 한분야로서 자리매김하고 있다.

미국 최초의 탐정업체인 PINKERTON[167]은 3개국 52개 도시에 지사를 운영 중이며, 직원 수는 10만 이상으로 추정되고, 사업분야로 ⅰ) 탐정, ⅱ) 경호경비, ⅲ) 위기관리, ⅳ) 채용심사, ⅴ) 보안설계, ⅵ) 경영전략수립 등의 업무를 수행하고 있고, 이 중 탐정분야의 세부업무로는 ⅰ) 기업내부 조사, ⅱ) 금융조사, ⅲ) 잠복수사, ⅳ) 사이버수사, ⅴ) 심층면담(심문), ⅵ) 자금추적 등을 내용으로 하고 있다. 그 외 미국의 민간보안산업업체인 KROLL[168]은 29개국 50개 도시에 지사를 운영 중이며, 직원 수는 2,000명 이상이

---

167) http://www.pinkerton.com - 2018. 1. 29. 기준

며 사업분야로 ⅰ) 탐정, ⅱ) 사이버보안, ⅲ) 감사, ⅳ) 재무조사, ⅴ) 경영전략 수립, ⅵ)
경호경비 등이며, 이중 탐정분야의 세부 사업내용으로는 ⅰ) 사기 및 기업내부 조사, ⅱ)
금융조사, ⅲ) 사이버수사, ⅳ) 부패비리 조사, ⅴ) 보유자산 검색, ⅵ) 지적재산권 침해
조사, ⅶ) 소송 및 분쟁 대응 등을 하고 있다.

또한, 영국계 민간보안산업업체인 HILL&ASSOCIATES[169] 또한 홍콩과 싱가포르에 본
사를 두고 전 세계 14개국에 지사를 운영 중이다.

전설한 위 기업들은 현재 국내에서도 활동 중이며, 이들 탐정관련 기업은 국내에서
'비즈니스 컨설팅', 및 '위기관리센터' 등의 이름으로 활동하고 있다.

나. 향후 전망

미국 노동통계청(US. Bureau of Labor Statistics)의 사설탐정과 조사관에 대한 직업전망에
따르면, 사설탐정과 조사관에 대한 고용은 2016부터 2026년까지의 기간 동안 11%의 성
장을 할 것으로 내다보고 있다. 특히 법률서비스 산업에서의 성장은 소송이나 다른 범
죄의 증가와 사인들 간의 반목과 불화와 더불어 이러한 수요를 증가시킬 것으로 전망
한다.[170]

또한, 2022년 9월 발표된 전 세계 및 지역의 민간보안서비스산업의 성장 전망을 다룬
'글로벌 민간보안서비스 시장' 보고서에 따르면, 민간경비서비스 시장 규모는 2022~2026
년 563억 3,000만 달러 증가할 전망이며, 예측 기간 중 CAGR(연평균성장률 : Compound
Annual Growth Rate) 4.81% 성장할 것으로 예측되고 있다. 그 외 국내 보안종합 월간지
'시큐리티월드'가 발간한 2023 국내외 보안시장 규모는 6조 7,195억 원 규모로 이는
2021년 대비 9% 성장한 금액이며, 2023년에는 4.8% 성장한 7조 437억 원, 2024년에는
3.8% 성장한 7조 3,127억 원대로 전망하고 있는 등,[171] 전 세계 민간경비시장은 지속적
인 성장세를 보이고 있는 상황이다.

---

168) http://www.kroll.com/en-us - 2018. 1. 30. 기준

169) http://www.hill-assoc.com/ - 2018. 1. 30. 기준

170) US. Bureau of Labor Statistics, 2018년 4월 13일 업데이트.

171) https://m.blog.naver.com/run7572/223013811910, 자료 참조.

2. 시대적 배경 및 관련 법령과 헌법재판소의 태도

가. 시대적 배경

4차 산업시대 급속한 사회발전으로 복잡해진 사회 환경과 보다 고도화된 정보사회를 맞이하게 되었다. 이러한 변화 속에서 삶은 예전에 비해 풍요로워 졌지만 아울러 전통적인 범죄와 다르게 첨단과학기술을 활용한 새로운 신종범죄들도 창출되어 기업의 특허재산 등의 침탈 및 국민의 생명과 재산 등을 위협하는 부작용에 직면하고 있는 현실이다.

문제는 이러한 첨단범죄 등 새로운 치안환경에 형사사법기관이 예산과 인력 등의 한계로 인하여 시의적절하게 대응하지 못한다는 점이다. 그 이유는 첨단범죄라는 사회현상이 먼저 발생하고 사법기관에서 이에 대응하기 위한 방안을 차후에 모색하는 경우가 많기 때문이다. 결국 사후대응적 위치에 놓여있는 현재의 공권력은 새로운 시대적 환경에서 국민과 재산 등을 보호하기 위한 역할을 다하기에 역부족한 것이다.

또한 2016년 12월 30일 고용영향평가센터에서 발간한 '신직업규제완화 고용영향평가 연구 보고서'에 따르면 거대해지고 복잡해진 사회 속에서 다양한 사회적 혹은 대인적 문제를 공권력이 모두 해결하거나 처리한다는 것은 한계가 있음을 지적하고, 민간조사원이 합법화 되는 경우에 일자리 창출이 가능하다는 점에 공감한다는 결론을 내리기도 하였다.[172]

이렇듯 급속한 변화를 초래하는 첨단사회에서의 사회적 환경과 이전과 다른 치안환경의 변화 그리고 국가기관의 대응력 부족 등의 한계를 근거로 우리나라에서도 공인탐정제 도입에 대한 논의가 본격적으로 시작되었고, 그 결과 법의 사각지대에서 흥신소나 심부름센터 등에서 자행되는 불법행위를 방지하고 첨단사회에서 기업 및 국민의 권익을 보호하기 위해 탐정업에 대한 입법화노력은 지난 17대 국회인 1999년 한나라당 하순봉의원이 추진한 공인탐정법안을 비롯하여 지금까지 20여 년이 넘는 기간 동안 계속되고 있다.

---

172) 송재현, 공인탐정 또는 민간조사제도의 실행방안 연구, 한국형사정책연구원, 연구총서 17-BB-03, 2017. 12, 18면.

나. 탐정업 관련 법령 및 헌법재판소의 태도

1) 관련 법령

우리나라의 경우 탐정업과 관련하여 살펴볼 수 있는 법령은 '경비업법'과 '신용정보의 이용 및 보호에 관한 법률'이다.

우선 경비업은 특수경비업자[173]로 하여금 '탐정업'을 겸업할 수 있도록 규정하고 있다(경비업법 시행령 별도 1의2).

특수경비업자가 할 수 있는 영업(제7조의2제1항 관련)

분 야	해당 영업
금속가공제품 제조업(기계 및 가구 제외)	• 일반철물 제조업(자물쇠제조 등 경비 관련 제조업에 한정한다) • 금고 제조업
그 밖의 기계 및 장비제조업	• 분사기 및 소화기 제조업
전기장비 제조업	• 전기경보 및 신호장치 제조업
전자부품,컴퓨터,영상,음향 및 통신장비 제조업	• 전자카드 제조업 • 통신 및 방송 장비 제조업 • 영상 및 음향기기 제조업
전문직별 공사업	• 소방시설 공사업 • 배관 및 냉·난방 공사업(소방시설 공사 등 방재 관련 공사에 한정한다) • 내부 전기배선 공사업 • 내부 통신배선 공사업
도매 및 상품중개업	• 통신장비 및 부품 도매업
통신업	• 전기통신업
부동산업	• 부동산 관리업
컴퓨터 프로그래밍,시스템 통합 및 관리업	• 컴퓨터 프로그래밍 서비스업 • 컴퓨터시스템 통합 자문, 구축 및 관리업
건축기술,엔지니어링 및 관련기술 서비스업	• 건축설계 및 관련 서비스업(소방시설 설계 등 방재 관련 건축설계에 한정한다) • 건물 및 토목엔지니어링 서비스업(소방공사 감리 등 방재 관련 서비스업에 한정한다)

---

173) 공항 등 국가중요시설의 경비 및 도난 화재 그 밖의 위험발생을 방지하는 업무에 종사하는 경비업자.

사업시설 관리 및 조경 서비스업	• 사업시설 유지관리 서비스업 • 건물 산업설비 청소 및 방제 서비스업
사업지원 서비스업	• 인력공급 및 고용알선업 • 경비, 경호 및 탐정업
교육서비스업	• 직원훈련기관 • 그 밖의 기술 및 직업훈련학원(경비 관련 교육에 한정한다)
수리업	• 일반 기계 수리업 • 전기, 전자, 통신 및 정밀기기 수리업
창고 및 운송 관련 서비스업	• 주차장 운영업

또한 신용정보의 이용 및 보호에 관한 법률 제40조는 신용정보회사 등의 금지사항을 규정[174]하고 있는데, 제1항 4호에서 '특정인의 소재 및 연락처를 알아내는 행위. 다만, 채권추심회사가 그 업무를 하기 위하여 특정인의 소재 등을 알아내는 경우 또는 다른 법령에 따라 특정인의 소재 등을 알아내는 것이 허용되는 경우에는 그러하지 아니하다.'고 규정하여 그 업무 수행을 위하여 특정인의 소재를 파악하는 것을 허용하고 있다. 다만, 신용정보회사의 경우에도 위의 규정에 따라 원칙적으로 특정인의 소재 및 연락처 등을 알아내거나 금융거래 등 상거래관계 이외 사생활 등을 조사하는 행위는 금지되며, 제5호의 규정에 의하여 추심업무를 위해 정보원, 탐정, 그 밖에 이와 비슷한 명칭을 사용하는 일 또한 금지된다.

결국 신용정보의 이용 및 보호에 관한 법률의 입법목적과 취지 그리고 관련 규정은 신용정보회사가 단지 탐정 등의 명칭을 사용하는 것을 명시적으로 제한할 뿐이고, 경비

---

174) 제40조(신용정보회사 등의 금지사항) ① 신용정보회사 등은 다음 각 호의 행위를 하여서는 아니 된다. 〈개정 2015. 3. 11., 2020. 2. 4.〉

1. 삭제 〈2020. 2. 4.〉
2. 삭제 〈2020. 2. 4.〉
3. 삭제 〈2020. 2. 4.〉
4. 특정인의 소재 및 연락처(이하 '소재 등'이라 한다)를 알아내는 행위. 다만, 채권추심회사가 그 업무를 하기 위하여 특정인의 소재 등을 알아내는 경우 또는 다른 법령에 따라 특정인의 소재 등을 알아내는 것이 허용되는 경우에는 그러하지 아니하다.
5. 정보원, 탐정, 그 밖에 이와 비슷한 명칭을 사용하는 일
6. 삭제 〈2013. 5. 28.〉
7. 삭제 〈2020. 2. 4.〉

업법 상의 특수경비원의 경우에는 탐정업을 겸업할 수 있도록 한 것과 같이, '다른 법령에 따라 특정인의 소재 등을 알아내는 것이 허용되는 경우'에 그러하지 아니하므로 탐정업에 관한 법률이 제정된다면 특정인의 소재 및 연락처를 알아내는 일 역시 탐정업무의 범위로 허용될 여지는 있다.[175]

2) 헌재의 태도

헌법재판소는 지난 2018년 6월 28일, 신용정보의 보호 및 이용에 관한 법률 제40조의 규정이 헌법 제15조 소정의 직업선택의 자유를 침해하거나, 탐정 등 명칭사용 금지조항이 선택한 직업을 자기가 원하는 방식으로 자유롭게 수행할 수 있는 직업수행의 자유를 침해한다는 내용으로 관련 조항에 대한 헌재 제소사건에서 특정인의 사생활 등을 조사하는 일을 업으로 하는 행위를 금지한 '신용정보의 이용 및 보호에 관한 법률'(2009. 4. 1. 법률 제9617호로 개정된 것) 제40조 후단 제4호 본문[176](이하 '사생활 등 조사업 금지조항'이라 한다)이 직업선택의 자유를 침해하는지 여부 및 탐정 유사 명칭의 사용금지를 규정한 '신용정보의 이용 및 보호에 관한 법률'(2009. 4. 1. 법률 제9617호로 개정된 것) 제40조 후단 제5호(이하 '탐정 등 명칭사용 금지조항'이라 한다)가 직업수행의 자유를 침해하는지 여부 등의 사건에서 각 금지조항은 이를 합헌이라고 결정하였다.

전단의 합헌 논거는 현재 국내에서 타인의 의뢰를 받아 사건, 사고에 대한 사실관계를 조사하고 누구나 접근 가능한 정보를 수집하여 그 조사결과 등을 제공하는 업체들이 자유업의 형태로 운영되고 있으나, 정확한 실태 파악은 어려운 실정이다. 최근에는 일부 업체들이 몰래카메라 또는 차량위치추적기 등을 사용하여 불법적으로 사생활 정보를 수집·제공하다가 수사기관에 단속되어 사회문제로 대두되기도 하였다. 이러한 국내 현실을 고려할 때, 특정인의 소재·연락처 및 사생활 등의 조사업을 금지하는 것 외에 달리 위 조항의 입법목적을 동일한 정도로 실현할 수 있는 방법을 찾기 어렵다.

청구인은 탐정업의 업무영역에 속하지만 위 조항에 의해 금지되지 않는 업무를 수행

---

175) 이상훈, 신 직업으로서 탐정제도의 필요성과 업무 영역에 관한 연구 – 점진적 영역 확대론과 국가사무 아웃소싱 공론화의 필요성을 제시하며 – 신 직업으로서의 공인탐정제도 도입방안 2018. 정책토론회, 3면.

176) 이 사건 금지조항 중 제4호 본문에 관한 부분은 '특정인의 소재 및 연락처를 알아내는 행위를 금지하고 있으며, 제5호에서는 정보원, 탐정, 그 밖에 이와 비슷한 명칭을 사용하는 일을 금지하고 있다.

하는 것이 불가능하지 않다. 예를 들어, 청구인은 현재에도 도난·분실 등으로 소재를 알 수 없는 물건 등을 찾아주는 일을 직업으로 삼을 수 있고, 개별 법률이 정한 요건을 갖추어 신용조사업, 경비업, 손해사정사 등 법이 특별히 허용하는 범위에서 탐정업 유사직역에 종사할 수 있다. 따라서 위 조항은 과잉금지원칙을 위반하여 직업선택의 자유를 침해하지 아니한다는 것이고, 또한 후단의 합헌 논거는, 우리나라에서는 '특정인의 소재 및 연락처를 알아내거나 사생활 등을 조사하는 일을 업으로 하는 행위'가 금지되어 있다. 그럼에도 불구하고 탐정 유사 명칭의 사용을 허용하게 되면, 일반인들은 그 명칭 사용자가 위와 같이 금지된 행위를 적법하게 할 수 있는 권한을 보유한 사람 내지 국내법상 그러한 행위를 할 수 있는 자격요건을 갖춘 사람이라고 오인하여 특정인의 사생활 등에 관한 개인정보의 조사를 의뢰하거나 개인정보를 제공함으로써 개인의 사생활의 비밀이 침해될 우려가 크다. 외국에서 인정되는 이른바 탐정업 분야 중 일부 조사관련 업무가 이미 우리나라에도 개별 법률을 통하여 신용조사업, 경비업, 손해사정사 등 다른 명칭으로 도입되어 있으므로 탐정 유사 명칭의 사용을 제한 없이 허용하게 되면, 탐정업 유사직종 사이의 업무 범위에 혼란을 일으켜 개별 법률에 의해 허용되는 정보조사업무에 대한 신용질서를 저해할 우려도 있다는 것이다.

그러나 이러한 헌재의 견해는 '사생활 등 조사업 금지조항'과 관련하여 그 조사업을 탐정업의 전형적이고 주요한 업무라는 전제하에 탐정업의 내용이 곧 사생활 조사만을 의미하는 것인 양 인식하고 있다는 문제가 있다. 오늘날 탐정은 오히려 보험사기, 실종아동, 소재파악, 사업보안 등에서 그 공익적 필요성이 날로 커지고 있기 때문에 이러한 분야에서의 국민적 수요에 부응하지 못하여 발생하는 기본권 침해를 좌시하였다는 비판이 가능하며, 탐정 유사 명칭의 사용금지 문제 또한 일반인들의 경우 그 명칭의 사용자가 사생활 조사 등 금지행위를 적법하게 할 수 있는 자격요건을 갖춘 자라 오인하여 그들에게 특정인에 대한 사실조사 등을 의뢰하여 사생활 침해 등의 우려가 크다고 보고 있지만, 신용정보의 이용 및 보호에 관한 법률 제정 당시인 1995년의 입법자가 전제한 일반인과 현재의 일반인은 상당한 격차를 보이고 있는바, 탐정 및 탐정업에 대한 국민적 인식과 평가는 다를 수 있다는 점을 간과하고 있다는 비판에 직면할 수 있다.[177]

---

177) 이상훈, 앞의 논문, 4면.

3. 탐정제도 도입의 필요성

가. 도입반대의 견해

대한변호사협회는 탐정관련 논의가 시작될 때부터 탐정직역에 대한 반대입장을 유지해 왔다. 그에 대한 구체적인 논거로는, ⅰ) 한국의 현행 법령상 사설업자의 민·형사 사건 증거 수집 활동은 위법이 될 가능성이 높으며 '위치정보의 보호 및 이용 등에 관한 법률은 국민의 개인 동의 없는 위치정보 수집을 금지하고 있고(제15조), 통신비밀보호법은 공개되지 않은 타인간의 대화를 녹음·청취하지 못하게 하고 있다(제3조). 특히 현행 흥신소 등의 주요 업무인 이혼한 배우자나 잠적한 채무자 등의 정보 확인은 개인정보보호법 위반으로 국민의 사생활을 침해할 우려마저 있는 상황'이라는 점, ⅱ) 수사나 재판 중인 사건에 관한 증거 수집은 '비변호사가 대가를 받고 소송, 심판 및 조사 사건 등에 대한 정보를 제공'하는 것을 처벌하는 변호사법 위반에 해당한다는 점, ⅲ) '사설탐정의 업무는 현행법에 위반되고 사회적으로도 필요가 없다.'며 공적 영역에서는 검찰과 경찰 등 국가 수사기관이 사건 수사를 맡고 있고, 민간 영역에서는 변호사가 사건 정보 수집 및 증거 확보 등 업무를 담당하고 있는 점, ⅳ) 사설탐정은 향후 경찰 출신 '탐정'과 경찰의 유착을 통한 전관 비리를 조장할 우려마저 있는 상황이라는 점 등이다.

나. 탐정제도 도입의 필요성

1) 탐정제도 도입의 필요성 및 이론적 근거

가) 도입의 필요성

탐정제도의 도입 및 입법화를 반대하는 견해의 논거를 정리해보면, 위치정보보호법 등의 위반 및 개인의 기본권침해 등의 우려, 경찰 등 공무원이 수행하거나 변호사의 직무에 속하는 사항으로 직역 간 충돌우려, 경찰과의 유착 등 전관비리를 조장할 우려가 있다는 점 등이다.

그러나 이러한 반대견해는 급변하는 사회발전과 증가하는 최첨단 범죄의 대처 그리고 그에 따른 치안공백 속에서 국민의 이익이나 권익보호 관점이라고 보다는 누가 혹은 어떤 집단이 보다 더 많은 이익을 가져갈 것인가에 대한 논의가 중심이 된 결과 즉, 지나친 지역이기주의의 산물이다.

특히 우리나라는 OECD 가입국 중 유일하게 탐정제도를 도입하지 아니한 국가이다. 그렇기 때문에 공식적으로 모든 사건은 공적인 수사기관인 검경에 의존하고 있는 실정이다. 문제는 개인 간의 분쟁이 수없이 발생하는 현대의 복잡한 시대적 흐름 속에서 단순히 공권력에 의존하지 않고 탐정을 통하여 합법적인 절차에 따라 원만히 해결할 수 있는 기회가 제공된다면 사회적으로 분쟁에 소요되는 시간과 비용을 줄일 수 있고, 나아가 국민의 삶에 대한 만족도와 질을 높을 수 있을 것으로 기대가 되며, 또한 이미 서구선국에서 탐정업은 민간보안산업의 일환으로 정착되고 지속적인 성장세를 보이며 관련 일자리 창출에도 크게 기여를 하고 있고, 현실적으로도 21세기의 새로운 환경변화에 따른 경찰행정개혁의 일환으로 다양한 민간조직과의 제휴라는 혼성치안(Hybrid Policing) 구조가 자리매김하면서 공공부문과 민간부문 사이의 제3부문을 통해서도 다양한 치안서비스를 공급하고자 하는 시대적 경향을 띠고 있는 상황에서,[178] 이제 우리나라도 탐정제의 도입을 더 이상 미룰 이유가 없다는 것이다. 따라서 그 법제화는 이제는 선택이 아닌 피할 수 없는 현실적 흐름임을 직시하여야 할 것이다.

나) 이론적 근거

탐정제도의 도입에 관한 각종 논의 역시 위와 같은 맥락에서 민간경비의 성장발전이론에서 그 논리적 근거를 찾아 볼 수 있다.[179]

공동화 이론(Vacuum Theory)은 경찰의 기능이나 역할이 법죄의 양적, 질적 증가 속도에 미치지 못하여 그러한 경찰서비스의 공백상태를 메우기 위해 민간경비가 발전한다는 이론이다. 즉 경찰과 민간경비가 상호갈등이나 경쟁관계가 아니라 상호보완적인 역할분담의 지위에 있다는 것이다. 탐정업무 역시 제한된 경찰력이라는 자원의 희소성에 기인하며 이를 해소하기 위한 논의 중에서 경찰업무의 민영화와도 연결된다. 이러한 측면에서도 법원과 검찰, 경찰 등 수사기관의 업무에 일정부분 민간부문이 참여하고 협력하는 것이 탐정의 주요 업무영역이 될 수 있음을 알 수 있다.

---

178) 이상원, 민간경비원 교육훈련 프로그램 개발에 관한 연구, 한국공안행정학회보 제15호, 2005, 254면.
179) 이상훈, 공인탐정제도의 올바른 모델설정에 관한 연구, 한국경호경비학회지 제20호, 2009, 254면.

수익자부담이론(Profit-Oriented Enterprise)은 그 핵심이 자본주의 사회에서 국가기구로서 경찰의 역할을 개개인의 안전과 사유재산의 보호라기보다는 국가체제 전반의 유지작용이라는 정치적 역할을 강조하는데 있다. 결과적으로 사회구성원 개개인 차원이나 국가 이외의 사회집단적 차원에서의 안전과 보호는 결국 개인이나 조직 스스로가 담당하고 그 비용을 지불하여야 한다는 것이다. 따라서 보험사기의 조사나 실종아동의 소재지 조사 등의 업무는 그 성격상 다분히 개인의 안전이나 사유재산의 보호와 같은 개인적 문제이므로 이를 국가경찰에 완전히 의탁할 수 없고, 개인의 부담으로 해결하도록 하게 될 현실적 문제에 대한 해법으로서 탐정제도를 통한 스스로의 문제해결방법이 대안으로 제기되는 것이다.

공동생산이론(Co-Production Theory)은 경찰서비스를 포함하는 국가서비스를 국가기관과 시민 내지 단체가 합동하여 생산하는 것을 말한다. 종래 국가가 독점적으로 공급하던 경찰서비스의 생산과 공급에 있어서 이제는 민간부문이 참여하는 방식을 통해 종래 단순한 소비자에 머물던 국민이 생산자로 개입하게 됨으로써 서비스의 질적 향상은 물론 서비스의 다양성 확보라는 시대적 필요성에 부응하게 되었다. 탐정제도 역시 국가의 수사활동에 대한 시민참여라는 형태를 띤 민간차원의 접근방식이라 하겠다.

2) 탐정제도 도입의 필요성에 대한 논거

가) 치안여건 변화에 따른 경찰력의 한계 극복

오늘날 범죄는 이동수단 등의 발달로 인하여 특정 지역에 국한하여 발생하는 것이 아니라 지역을 이동하며 광역화하는 사건이 많다. 이러한 범죄의 기동화 및 광역화는 과거에 비하여 관련 범죄를 단속하고 수사하는데 많은 어려움을 초래하였다. 이렇듯 범죄는 진화하여 기동화, 광역화가 되어 가는데 이를 담당해야 할 경찰은 전문성부족, 인력부족, 예산부족, 장비부족 등으로 인해 각종 범죄에 대처능력이 저하되면서 국민의 기대에 부응치 못하는 실정이다.

이러한 경찰력의 한계를 전문성을 갖춘 탐정이 일부 보완하는 기능을 할 수 있다. 특히 재산범죄와 관련하여 그것이 사기나 배임, 횡령 등 형사사건이 아닌 단순 채권채무 사건일 경우 민사관계불간섭의 원칙상 경찰권의 개입을 기대할 수 없다. 때문에 재산범죄자의 소재파악이나 도피재산에 대한 조사 등을 탐정이 담당할 경우 관련 소송준비를 위한 증거확보는 물론 피해구제에 보다 더 효과적일 수 있다. 그 외 보험사기의 조사나 실종아동의 소재지 조사, 배경조사, 채용 전 경력조회, 국가가 책임지지 못하는 부분 또한 탐정이 인력부족 등 경찰력의 한계를 보완해 주는 기능을 담당할 수 있다.

나) 흥신소 및 심부름센터 등의 불법행위 방지

현재 전국적으로 성행 중인 심부름센터나 흥신소 등은 이를 규제 또는 통제할 어떠한 법적인 근거 없이 설립되어 운영되고 있는 실정이다. 아무런 법적규제 없이 관련 업체들이 난립하다 보니 상호간 치열한 경쟁과정에서 개인의 기본권 침해, 사생활 침해, 초상권 침해 등을 포함한 여러 탈법적인 행위(개인정보 유출, 협박과 폭행, 불법도청, 미행 등)를 일삼으며[180] 각종 범죄에 노출된 상황이고, 그 피해는 오롯이 선량한 시민들의 몫이 되고 있는 현실이다. 이는 결국 이들을 효과적으로 제재하고 관리할 법률체계 미비에 따른 결과물이다.

이렇듯 국가의 법률체계 미비로 인하여 국민의 기본권 등 권익보호를 충족하지 못하고 있는 상황에서, 수익자부담의 원칙에 의거 탐정제도 등 민간조사제도를 두어 그들이 합법적으로 국민의 권익보호 등을 위한 적법한 업무수행을 가능케 하고 또한 그들에 대한 철저한 관리를 통하여 공권력의 부족한 현실을 보충하면서 사전에 관련된 불법행위를 차단할 필요성이 있다.[181]

다) 탐정시장의 개방에 대응한 경쟁력의 강화

우리나라는 1996년 OECD 회원국으로 가입하면서 민간경비업과 함께 탐정업이 외국시장에 개방이 되었다. 그 결과 OECD 회원국 중 유일하게 탐정제도를 도입하지 아니한 우리나라에 외국의 거대기업들이 진출하여 보안컨설팅 등[182]의 명목으로 이 업종에

---

180) 서울지방경찰청 사이버범죄수사대는 주민등록번호나 통신사 가입 정보 등 개인 정보 수천건을 유출해 매매한 혐의로 심부름센터 업자 36살 홍 모 씨 등 7명을 구속했습니다. 또 이들로부터 돈을 받고 개인정보를 유출한 공무원과 통신사 콜센터 대리점 직원 등 31명을 함께 검거했습니다.
   출처 : SBS 뉴스 원본 링크 : https://news.sbs.co.kr/news/endPage.do?news_id=N1001293085&plink=OLDURL&plink=COPYPASTE&cooper=SBSNEWSEND.

181) 김원중, 민간조사제도의 정착 및 수사기관의 관계에 관한 연구, 한국공안행정학회보, 제27호(한국경호경비학회), 2006, 12~13면.

182) 우리나라에 진출한 외국계 거대 탐정회사들의 경우 탐정회사가 아닌 보안컨설팅(security consulting) 회사로

관한 지점의 설립과 함께 탐정영업을 영위하고 있으며, 그러한 탐정업체들의 경우 자국과 자국기업의 여러 이득을 위해서 우리나라와 우리 기업에 대한 정보를 수집하는 등의 활동을 하고 있다.[183]

문제는 우리나라가 아직 탐정업이 법제화되거나 제도적으로도 정착되지 아니한 상태에서 급변하는 사회발전 속에 최첨단 기술 유출 등 최첨단 범죄의 증가, 경제규모의 발전에 따른 역외탈세 범죄의 증가, 불법 자금을 해외에 은닉하는 사례의 증가, 마약범죄 등 초국가적 범죄가 증가하고 있어 공권력을 보완한 공인탐정 또는 민간조사제도의 도입이 절실한 상황이고, 특히 WTO 체제 하에서 외국 탐정기업의 국내에서의 활동을 막을 어떠한 법제도적 장치를 둘 수 없는 현실에서 탐정업 관련 법제도의 정비 및 정착을 통해 하루 빨리 탐정제도를 정착시키고 국제 경쟁력을 높일 필요가 있다.

라) 기업의 영업비밀 보호와 보안에 기여

특허권 등 지적재산권은 일정기간 이후에 일반 공중이 자유롭게 사용할 수 있도록 공개하는 것을 조건으로 국가가 강한 보호수단을 제공해 주는 발명자와 국가 간의 일정한 약속이 있으며, 이를 통하여 과학기술과 문화의 발전이라는 법의 목적을 실현한다.

반면, 기업의 영업비밀은 이를 보유하고 있는 기업 스스로가 적극적으로 비밀로서 유지·관리할 것이 요구되며 국가는 부정한 수단에 의한 취득이나 비밀유지의무 위반의 경우에만 이를 보호해 주는 특징이 있다. 영업비밀 침해는 IT 벤처기업으로부터 발생하는 분쟁 중 가장 빈번하고 기업에 치명적인 손해를 끼치는 분쟁의 유형이다.

국제화시대 생존경쟁이 치열한 시장에서 세계 각국은 국가 경쟁력 강화나 신기술 습득 등 우월한 지위를 선점하거나 유지하기 위한 목적으로 산업스파이를 활용한 불법행위를 감수하면서도 경쟁국의 중요 핵심기술을 확보하기 위해 혈안이다.

문제는 이러한 첨단범죄를 대처할 국가 경찰력은 수사인력의 부족이나 전문성부족으로 인해 이러한 범죄행각에 대하여 이를 적시에 대처할 능력이 부족하다는 것인데, 그럼에도 불구하고 국내 현실은 관련 문제 발생 시 의지할 곳이라고는 국가 수사기관뿐이라는 것이다.

기업보안에 관한 전반적인 서비스와 조언을 담당하고 있는 회사에 불과하다는 비판도 제기된다.

183) 강영숙 , 한국의 공인탐정제도 도입에 관한 연구. 용인대학교대학원 박사학위 논문, 2006, 35~36면.

그런데 서구 선진국의 경우 탐정업은 이미 민간보안산업의 일환으로 정착되어 성장을 거듭하고 있는 상황이고, 또한 오늘날 기업의 핵심기술 보호와 관련된 사전 예방적 보안활동 또한 주로 기업 내부의 보안전문가들에 의해 이루어지고 있다는 등의 현실에 비추어 보면, 국가 수사기관에만 의존하는 우리나라는 실제 현장과는 다소 괴리가 있는 모습이다. 따라서 기업의 영업비밀 보호라는 절대적 화두 앞에 우리나라도 관련 전문지식을 습득한 전문탐정(민간보안전문가)에 의해 기업자체적으로 영업비밀의 보호 및 유지를 할 수 있도록 여러 제도적 장치의 마련이 시급한 실정이다.

마) 직업선택의 기회 확대

대한민국 헌법 제15조는 직업선택의 자유를 보장하는 규정을 두어 모든 국민에게 생활의 기본적인 수요를 스스로의 노력에 의해 충족시킬 수 있도록 하고 있다.

탐정제도 또는 민간조사제도의 도입은 국민생활의 기본적인 수요를 충족케 하는 직업 내지 일자리 창출과 연결될 수 있으며, 헌법에서 보장하고 있는 직업선택의 자유를 구체화하는 긍정적인 면이 있다.[184]

한편, 2016년 12월 30일에 고용영향평가센터에서 발간된 '신직업 규제 완화 고용영향 평가 연구 보고서'[185]에 의하면 '민간조사원이 합법화될 경우 단기적으로 일자리 창출은 둔화되었다가 장기적으로 증가가 예상된다'고 밝혔다. 본 보고서의 내용을 구체적으로 살펴보면 거시적 관점에서 2016년 기준 민간조사원의 숫자가 3,640명에서 규제가 개선된 이후(3년 후)에는 5,444명으로 3년간 약 49.6% 증가할 것으로 분석하였으며, 분설하면 민간조사원의 규제완화 이후 3년간 직접 고용 창출 효과로는 1,804명의 고용이 창출되며, 직접효과 이외의 간접효과 및 유발효과까지 고려하면 총 3,107명의 고용창출 효과를 기대할 수 있다고 밝혔다.[186] 이어서 민간조사원 활성화를 위한 제언에서 '거대해지고 복잡해진 사회 속에서 다양한 사회적 혹은 대인적 문제를 공권력이 모두 해결

---

184) 김원중, 앞의 논문, 20~21면.

185) 윤석천, 김대영, 김윤호, 박상철, 김기덕, 박진아, '2016년 신직업 규제 완화 고용 영향평가 연구' 고영영향평가 센터, 고용노동부/한국노동연구원, 2016. 12. 30. 132면.

186) 앞의 연구보서 131면에서는 민간조사원 업무 영역이 광범위하여 어디까지 민간조원 업무로 볼 것인가에 따라 추정 조사자의 규모가 크게 차이가 날 수 있다는 점을 밝히고 있으며, 본 연구에서는 업무범위를 협의로 산정하여 추정 조사자를 판단하였다고 함.

하거나 처리하는 것에 한계가 있다는 점에서 민간조사원이 합법화 되는 경우에 일자리 창출이 가능하다는 점에 공감을 한다'는 내용으로 결론을 맺고 있다.[187]

특히, 최근의 경제 글로벌화 추세에 힘입어 기업의 기밀보안이 중요한 경영전략으로 급부상함에 따라 산업기밀의 보안을 전문으로 하는 IT와 수사업무에 능통한 전문가의 양성이 필요하다. 실제 최근 이러한 업무는 국정원과 검찰청 및 경찰청의 수사관들의 수사능력 범위를 훨씬 앞서고 있어, 민간의 산업기밀전문 공인탐정이 절실히 요구되고 있다. 이와 같이 탐정제가 도입되면 전문영역에서의 전문가 양성과 함께 새로운 일자리 창출에도 큰 효과가 있을 것으로 기대된다.[188]

바) 민간조사에 대한 지속적인 사회적수요 존재

민간조사 시장에서 일반개인은 물론 기업 등도 자신들의 소송준비나 권리구현, 사실확인 등의 목적을 위해 민간조사기관인 심부름센터 등에 관련 사건을 의뢰하는 모습은 우리 주변에서 흔하게 볼 수 있는 광경이 된지 오래다.

개인적인 측면에서는 변호사에 의한 고비용 서비스만으로는 법률조력에 한계가 있는 상황에서 특히, 채권채무와 관련된 사건에서 채권자의 소재파악이나 재산파악, 배우자의 외도에 대한 증거수집 등에서 계속된 수요가 발생하고 있으며, 기업적인 측면에서는 특허나 저작권 침해문제, 최첨단 범죄 그리고 직원채용 시 평판조회, 기업의 자산추적 및 평가, 채무자의 소재파악, 기업내부정보 유출방지 등의 목적으로 계속된 수요가 발생하고 있는 것이 현실이다. 이러한 경향은 일반 시민들이나 기업들 공히 자신들에게 당면한 문제 모두를 우리나라의 현행 법제도와 절차만으로는 완벽하게 보호를 받지 못할 수도 있다는 사고에 전제한다. 즉, 국가 수사기관인 경찰과 검찰 등 사법기관이 아무리 그 역할을 다하더라도 법의 사각지대는 반드시 존재한다는 사고에 따른 결과물이다.

이렇듯 현실적인 여러 이유들로 민간조사시장에 대한 수요는 여전히 존재하고 있고 앞으로도 그러한 양상은 변화가 없을 듯하다. 아니 오히려 그 수요는 계속 증가되고 있고, 문제는 그에 따른 각종 폐해도 증가하고 있다는 것이다. 따라서 이러한 민간조사시

---

187) 앞의 연구보고서, 136면.
188) 황요한, 앞의 논문, 17면.

장을 현행과 같이 그대로 방치할 것이 아니라 신속한 탐정업의 법제화를 통하여 난립해 있는 탐정, 심부름센터 등 민간조사기관의 불법 조사행위를 근절하고 탐정업자들의 활동을 지도·관리·감독함으로써 탐정업무의 적법성을 담보해 국민의 권리보호에 이바지 할 필요성이 상당한 실정이다.

제2절 탐정제도의 법제화를 위한 입법 경과 및 쟁점

1. 국회입법 발의 현황

탐정제도를 법제화하기 위한 노력은 여러 현실적인 필요성이 대두됨에 따라 그동안 꾸준히 지속되어 왔다. 탐정제도를 법제화하기 위한 노력의 시작은 지난 17대 국회에서 관련 법률안이 제출되면서 부터이다. 지금껏(제15대 국회 하순봉 의원이 공인탐정에 관한 법률 발의 후 17대 국회부터 21대 국회까지) 제출된 탐정제도 도입을 위한 법률안들은 대부분 입법사항들이 유사하다. 다만 탐정업에 대한 관리·감독 권한을 어느 기관에 부여할 것인지 즉, 이를 경찰청에 부여할 것인지, 아니면 법무부에 부여할 것인지에 대한 차이가 있었고, 또한 그 형태면에서도 제출된 법률안이 독립된 탐정업에 대한 법률안인지 아니면 현재 시행 중인 경비업법의 일부개정이나 전부개정안을 통하여 탐정업을 도입할 것인지에 대한 차이도 존재하였다.

이러한 노력에도 불구하고 우리나라의 탐정제도 도입은 지금껏 20여 년째 국회 소관 상임위원회의 문턱을 넘지 못하고 실정이다. 다만 그 과정 동안 유의미한 성과가 없었던 것은 아니다. 특히 지난 18대 국회에서 이인기의원의 대표발의한 '경비업법 일부개정법률안'의 경우에는 그 동안 발의되었던 법률안 중 유일하게 당시 소관 상임위원회인 행정안전위원회를 통과한 사실이 있기도 하였다. 다만 이 또한 대부분 소관 위원회의 체계·자구심사에 계류되면서 결국 다른 법률안들과 같이 임기만료로 자동폐기 되었다.

그 후 최근인 2023년 4월 7일 더불어 민주당 황운하 의원이 '공인탐정업의 관리에 관한 법률제정안[189]'이 발의되기도 하였지만 현재까지 소관 상임위원회에서 심의조차 되지 못하고 계류되고 있는 실정이다.

그 이유는 무엇일까? 그 주된 원인은 크게 두 가지로 분류할 수 있다. 첫째는, 대한변호사협회 등 관련 단체의 '검·경 수사권 조정으로 경찰의 수사 정보가 많은 상황에서 전·현직 경찰의 유착관계로 또 다른 '전관예우 폐해'가 예상되며, 특히 형사사건에서는 증거가 중요하게 작용하는데 탐정업이 활발해진다면 증거 없는 사건에 대해 증거를 만들어오거나 민감한 자료를 녹취, 녹음하는 등의 위법한 증거 수집 사례가 늘어날 수도 있고, 돈이 많은 의뢰인이 더 많은 탐정을 고용하는 경우 증거의 비대칭성도 우려되어 법의 평등한 재판까지도 위협할 수 있다.'는 논거에 기초한 반대와 둘째는, 탐정업 관리 및 감독권을 둘러싼 이견(법무부/ 경찰청)으로 인하여 정부차원의 단일한 의사 결정이 이루어지지 못하였기 때문이다.

한편, 그 동안 탐정업의 제도화 과정의 주요 쟁점 중 하나는 바로 탐정업의 업무범위를 어떻게 규정하느냐였다. 이러한 업무범위는 향후 탐정법의 입법화 과정에서 인근 관련 법률들과의 충돌을 회피하고 상호 보완관계를 어떻게 유지하느냐의 측면에서 매우 중요한 부분이다.

세계적으로 탐정의 업무 범위를 정함에는 '법률로 열거한 일'만 할 수 있게 하는 열거주의(포지티브·Positive)형과 '하지 말라고 금지된 것 외에는 포괄적으로 허용'하는 개괄주의(네거티브·Negative)형으로 대별된다. 최근 우리 사회에서도 탐정(업)의 직업화 진행 및 법제화 논의와 때를 같이하여 '탐정의 업무 범위'를 어떠한 모델로 설정함이 옳을지에 대

---

189) 황 의원 발의 법안의 주요 내용은 ▲공인탐정 자격의 국가 공인화 ▲경찰청장 소속의 공인탐정 자격제도 운영위원회 운영 ▲미아실종자 등에 대한 소재파악, 도난분실 자산 등의 소재확인, 의뢰인의 권리보호 등 주요 업무내용 ▲경찰청장의 공인 탐정에 대한 지도·감독, 필요 조치 요구권 등으로 구성되어 있다.

한 의견이 분분하다. 이중 열거주의 형은 탐정사들이 법률의 규정에 열거된 업무만을 적법하게 수행토록 함으로써 그들의 일탈을 막고 동시에 시민들에 대한 사생활 침해를 어느 정도 방지할 수 있다는 장점이 있다. 반면, 업무제약으로 인해 시민들의 피해회복 및 권익보호의 기능을 다할 수 없다는 부분이 단점으로 지적된다. 또한 개괄주의 형은 반대로 업무의 범위가 확정되지 아니한 까닭에 국민의 피해회복이나 권익보호 등에 이바지 할 수 있다는 장점이 있다. 반면 그 활동과정에서 사생활 침해라는 문제가 발생될 소지가 크다는 등의 단점이 있다. 이러한 문제 때문에 일본·영국·프랑스 등 탐정제를 안착시킨 대부분의 선진국들은 탐정업의 업무 범위와 관련하여 그 범주를 법률로 열거하는 방식 대신 '최소한 해서는 안 될 일(절대적 금지)'만을 제시하고 있다. 우리나라의 경우 탐정법률안 중 윤재욱 의원안은 열거주의를 채택하였고, 이명수 의원안은 개괄주의를 채택하였다.

[역대 국회 탐정관련 법률(안) 발의 현황]

구 분	법 안	대표발의 (의원)	소관위원회	소관기관	심사경과
17대	민간조사업법안	이상배	행정자치위원회	경찰청	임기만료 폐기
	민간조사업법안	최재천	소관위 미지정	법무부	〃
18대	경비업법 일부개정법률안	이인기	행정안전위원회	경찰청	차계자구심사 중 임기만료 폐기
	민간조사업법안	강성천	법제사법위원회	법무부	임기만료 폐기
19대	경비업법 전부개정법률안	윤재옥	안전행정위원회	경찰청	전체 회의상정 후 임기만료 폐기
	민간조사에관한법률안	송영근	법제사법위원회	법무부	〃
	민긴조사업의관리에관한법률안	윤재옥	안전행정위원회	경찰청	임기만료 폐기
20대	공인탐정및공인탐정업에관한법률안	윤재옥	안전행정위원회	경찰청	안전행정위원회 소위상정 후 임기만료 폐기
	탐정업관리에관한법률안	이완영	안전행정위원회	경찰청	안전행정위원회 미상정 임기만료 폐기
21대	탐정업관리에관한법률안	이명수	행정안전위원회	경찰청	소관위 계류 중
	탐정업의관리에관한법률안	윤재옥	행정안전위원회	경찰청	소관위 계류 중
	공인탐정업의 관리에 관한 법률제정안	황운하	행정안전위원회	경찰청	소관위 계류 중

출처 : 국회 의원정보시스템(http://www.likms.assembly.go.kr : 처리/계류의안)

2. 탐정업법 제정을 위한 입법경과

가. 제15대~16대 국회

우리나라는 1999년 제15대 국회에서부터 탐정제도를 도입하기 위한 입법화 움직임이 있었다. 당시 국회의원인 하순봉의원(제15대 ~ 제16대 : 전 한나라당)에 의해 발의된 '공인탐정에 관한 법률안'이 탐정제도 도입을 위한 최초의 법제화시도였다.

동 법률안은 우선 민간인의 자격으로 수사업무관련 공인자격 소지자를 탐정이라고 칭하고 있으며, 경찰청을 감독관청으로 정하고 자격시험의 응시자격을 제한하여 5년 이상의 경력을 요하였다는 등의 특징이 있었지만 당시 정치적, 사회적 여건이 뒷받침되지 아니하여 2004년 5월 제16대 국회 임기만료 시까지 끝내 발의되지 못하였다.[190]

위 법안에 언급된 공인탐정의 주요 업무범위는 ⅰ) 다른 사람의 의뢰에 의하여 보수를 받고 범죄 조사, ⅱ) 개인에 관한사항의 조사, 분실 또는 도난당한 재산의 소재확인, ⅲ) 화재·사고·손실 등의 원인과 책임의 조사, ⅲ) 사람의 사망·상해 및 물건의 손실에 대한 원인과 책임조사, ⅳ) 법정 등에서 사용될 증거 등을 확보하여 의뢰인에게 제공, ⅴ) 개인에 관한 정보 중 사생활을 침해하지 아니하는 범위 내에서 대통령령이 정하는 사항의 조사업무 등으로 한정하였다.

하순봉의원에 의한 법률안은 당시 정치일정 및 사회적 분위기로 인하여 발의조차 되지 못하는 숙명을 맞이하였지만, 정치권 최초로 탐정제도 도입을 공론화하는데 성공하였고, 향후 탐정업의 입법을 위한 이론적 기초를 제공하였다는 데 의미가 있다.

나. 제17대 국회

제17대 국회에서는 이상배 의원과 최재천 의원이 법안을 발의하였다. 이상배 의원은 2005년 9월 8일 '민간조사업법(안)'을 발의하여 2006년 4월 20일 소관 행정자치위원회에 상정되었지만 임기만료로 폐기 되었다. 그 외 최재천 의원은 기존에 발의하였던 2006

---

190) 동 법안은 "공인탐정제도의 확립과 국민의 법률생활 편익을 도모하고 국민의 권리보호에 이바지하는 것을 목적으로 하였고, 민간조사업무를 행하는 자에 대한 명칭을 '공인탐정'이라고 기술하였으며 민간조사업의 관리·감독을 위한 소관행정청을 '경찰청장'으로 하였다."

년 3월 14일 '민간조사업법(안)'을 철회하고 같은 해 4월 15일 '민간조사업법(안)'을 재 발의하였지만 소관 위원회 상정 없이 임기만료로 자동폐기 되었다.

1) 이상배 의원안

가) 제안이유

우리나라의 소위 '심부름센터'는 발생초기 민원서류대행이나 택배 서비스 등 단순 대행업무를 그 목적으로 하였으나 최근에 발생한 심부름센터의 범죄양상을 보면 개인뒷조사·신상정보유출·도청 등 사생활 침해는 물론이고, 청부살해·납치·협박 등 속칭 '해결사'의 역할까지 자행하고 있다.

심부름센터 단속실적

기간 : 2005. 1. 28~3. 15( ) : 구속

구 분	계		청부살인		불법도청		개인정보 유출		사생활 침해		불법채권 추심		기타 (공갈, 사기 등)	
	건	명	건	명	건	명	건	명	건	명	건	명	건	명
계	655	1,017(129)	2	8(8)	13	18 (4)	154	230 (30)	158	218 (33)	177	336 (42)	151	207 (12)

※ 유형은 불법채권추심(27%), 사생활침해(24.1%), 개인정보유출(23.5%) 순(출처 : 경찰청)

이러한 심부름센터의 불법행위는 설립에서 운영까지 이를 관리·감독할 수 있는 법령이 없는 것에 그 원인이 있다. 한편 우리나라는 지난 1996년 경제협력개발기구(OECD) 회원국으로 가입하면서 민간조사업을 이미 외국시장에 개방하여 외국의 거대 민간조사 기업들이 국내에 지점을 설립하고 있으며, 범죄의 전문화·다양화 및 급증 등으로 인하여 국가의 공권력만으로는 증거수집 등 제반 법적인 문제들을 완벽하게 해결하기 어려운 실정에 이르고 있어 민간조사원을 필요로 하는 국민들의 요구가 거세지고 있다. 따라서 현재 음성화되어있는 민간조사를 법률을 통해 양성화하고, 엄격한 자격기준에 의한 민간조사원 자격시험의 합격자 중 일정한 연수교육을 수료하고, 경찰청장에게 등록

한 사람이나 법인만이 이러한 업무를 수행할 수 있도록 함으로써, 향후 인권침해와 범죄행위 등 심부름센터의 불법행위를 근본적으로 차단함은 물론, 민간조사제도 확립을 통해 민간조사의 적정성을 도모하고 국민의 권리보호에 이바지하고자 하는 것이다.

나) 업무범위

위 법안에서 언급된 주요 업무내용을 살펴보면, ⅰ) 범죄 및 위법 행위와 관련된 조사, ⅱ) 분실 또는 도난당한 재산의 소재 확인, ⅲ) 화재·사고·손실·명예훼손의 원인과 책임의 조사, ⅲ) 사람의 사망·상해 및 물건의 손상에 대한 원인과 책임의 조사, ⅳ) 소재가 불명한 친족의 소재파악 등과 관련된 조사, ⅴ) 법원 등에서 사용될 증거의 확보, ⅵ) 개인에 관한 정보 중 사생활을 침해하지 아니하는 범위 내에서 대통령령이 정하는 사항의 조사 등이다.

위 법안은 포괄적으로 업무범위를 설정하여 민간조사 제도의 실효성을 담보하고자 하는 것으로 보이나, 이중 제1호인 범죄 및 위법행위와 관련된 조사를 업무범위로 설정한 것에 대해서는 국가 공권력의 행사와 충돌될 수 있다는 지적이 있다.[191] 즉, 범죄수사는 현재 경찰 및 검찰의 권한으로 부여되어 있는 바, 이를 민간조사업의 업무범위로 설정할 경우 국가의 수사활동에 지장을 초래할 수 있고, 아울러 민간조사 제도의 성격을 지나치게 확대할 우려가 있다는 것으로, 민간조사 제도는 공권력의 부족한 점을 보충해주는 역할을 하는 것이지 대체하는 것이 아니라는 점을 상기해 볼 때, 범죄관련 조사를 업무범위에 설정하는 것에 대해서는 신중한 검토가 있어야 할 것으로 판단된다. 또한, 제2호 내지 제5호에서는 일정 유형의 인적·물적 피해 및 소재확인 등에 대한 조사를 규정하고 있으나 호별 기준이 모호하고 구분의 실익이 없다는 점에서 조문정리를 통해 조정할 필요성이 있다고 보이며, 업무범위는 민간에 의해 야기되는 인권 침해를

---

191) 『경찰관직무집행법』 제2조(직무의 범위) 경찰관은 다음 각호의 직무를 행한다.
   1. 범죄의 예방·진압 및 수사
   2. ~ 5. (생 략)
   『검찰청법』 제4조 (검사의 직무) ① 검사는 공익의 대표자로서 다음의 직무와 권한이 있다.
   1. 범죄수사·공소제기와 그 유지에 필요한 사항
   2. 범죄수사에 관한 사법경찰관리의 지휘·감독
   3. ~ 6. (생 략)

막기 위한 규정으로 범위를 초과한 경우 형사처벌의 대상[192]이 되기 때문에 제7호와 같이 대통령령으로 위임하는 것은 문제의 소지가 있다는 점에서, 전반적으로 합리적인 기준마련을 통해 적정한 업무범위가 설정될 수 있도록 하여야 할 것이다.

2) 최재천 의원안

가) 제안이유

최근 장기적 경기불황과 맞물려 일부 심부름센터가 본연의 합법적인 대행업무 외에 고객이 요청만 하면 청부살인, 불법 채권추심, 개인정보 수집, 불법도청, 사생활 뒷조사에 이르기까지 범죄행위를 서슴지 않고 있다. 심부름센터의 설립 초기부터 행정당국이 관여하여 이를 규제할 필요가 있으나 아직까지 심부름센터를 관리·감독할 수 있는 근거 법령이 마련되어 있지 않아 행정당국이 심부름센터의 불법행위를 규제하는데 어려움이 많다.

한편, 사회가 발전함에 따라 각종 범죄와 사건이 발생하고 이에 따른 개인과 기업의 피해가 급속도로 증가하고 있으나 범죄의 특수한 성격, 범죄의 전문화 및 다양화, 수사 인력과 예산의 한계로 인하여 수사기관이 모든 사건을 해결할 수 없는 것이 현실이다.

미아 찾기와 같이 장시간이 소요되는 사건은 시간과 인력의 부족으로 장기간 미제로 남는 경우가 많고 사생활 비밀의 노출이 우려되는 사건은 당사자가 범죄 신고를 꺼려 수사가 이루어지지 않는 경우도 있으며 수사기관이 사건을 제대로 해결하지 못하는 경우가 많다. 따라서 심부름센터와 같이 음성화된 민간조사업무를 양성화하여 이를 규제함과 동시에 국가의 수사권이 국민 모두에게 미치지 못한다는 현실과 형사사법 민영화의 국제적 추세를 고려하여 일정한 자격을 갖춘 자만이 법무부장관에게 등록한 후 각종 범죄와 위법행위를 조사하는 등 국민의 법률생활의 안전을 도모할 수 있도록 하는 '민간조사원제도'의 도입이 필요하다.

---

192) 안 제56조 제4호의 규정에 의하면 업무범위를 초과한 자는 2년 이하의 징역 또는 1천만원 이하의 벌금에 처하도록 하고 있음.

나) 업무범위

여러 차례 입법공청회를 개최하는 등 탐정제도의 법제화에 대한 논의가 심도 있고 빠르게 진행되는 것처럼 보였으나 결국에는 특별한 진척을 보이지 못하고 국회 임기만료로 인해서 자동폐기 되었다.[193]

동 법안에서 명칭에 대해서 '민간조사관'이라고 기술했으나 이는 탐정업무를 행하는 자를 공무를 수행하는 자로 혼동(특히 '수사직렬공무원')할 우려가 있을 수 있고, 조사활동을 함에 있어서 이를 이유로 남용할 소지가 있을 수 있어 이는 일탈행위를 조장할 가능성이 크다는 문제점이 제기되었다. 제3조를 살펴보면, ⅰ) 사이버범죄, 보험범죄, 지적재산권침해, 기업회계부정 등 각종 범죄 및 위법행위의 조사, ⅱ) 사람의 사망·상해, 화재, 교통사고, 물건의 멸실·훼손 등 각종 사고의 원인 및 책임의 조사, ⅲ) 분실·도난·도피자산의 추적 및 소재확인, ⅳ) 행방불명자, 상속인, 소유불명재산의 소유자, 국내외 도피사범 등 특정인에 대한 소재 탐지, ⅴ) 법원 등에서 사용될 증거 자료의 확보, ⅵ) 그 밖에 대통령령이 정하는 사항의 조사 등을 규정하고 있다.

위 업무범위와 관련하여 민간조사원의 업무범위를 명확히 하였다는데 그 특징이 있지만, 이중 제1호인 각종 범죄 및 위법행위와 관련된 조사를 업무범위로 설정한 것에 대해서는 국가 공권력의 행사와 충돌될 수 있다는 지적이 또 다시 공론화됨에 따라 후속 입법안부터는 탐정의 업무범위에서 '범죄관련 조사업무'에 대한 부분은 삭제되었다.

다. 제18대 국회

18대 국회에서는 2008년 9월 24일 이인기의원이 '경비업법 일부개정법률(안)'을 발의하였다. 이는 이전 법률안들과 달리 '경비업법'을 개정하는 법률안[194]이었다. 이와 관련하여 여러 차례 입법공청회를 개최되는 등 탐정제도의 법제화에 대한 논의가 심도 있고 빠르게 진행되는 것처럼 보였지만 결국 특별한 진척을 보이지 못하고 임기만료로

---

193) 동 법안은 탐정업무를 행하는 자에 대해서 '민간조사관'이라는 명칭으로 기술을 했으며 탐정업의 관리감독을 위한 소관행정청을 '경찰청장'으로 하였다.

194) 이 법률안 2조에서는 민간조사업무와 민간조사관을 정의하였으며, 민간조사업자의 의무, 민간조사관의 결격사유, 허가의 취소 등에 관한 내용을 규정하였다.

자동폐기 되었다.[195)

　　다만, 동 법안에서 명칭에 대해서 '민간조사관'이라고 기술했으나 이는 탐정업무를 행하는 자를 공무를 수행하는 자로 혼동(특히 '수사직렬공무원')할 우려가 있을 수 있고, 조사활동을 함에 있어서 이를 이유로 남용할 소지가 있을 수 있어 이는 일탈행위를 조장할 가능성이 크다는 문제점이 제기되었다.[196) 그 외 성윤한 의원과 이한성 의원이 '민간조사법(안)'을 각각 발의하였지만 이를 철회하였고, 강성찬의원은 2009년 4월 10일 '민간조사업법(안)'을 발의하여 소관 상임위원회에 회부되기도 하였지만 결국 임기만료로 자동폐기 되었다.

1) 이인기 의원안

가) 제안이유

　　현대사회의 복잡성, 다양성으로 인해 권리구제 및 피해회복을 위한 사실관계 조사의 필요성은 점차 증가되고 있다. 일반 국민들은 이러한 사실관계 조사가 필요하더라도 전문성과 시간적 제약으로 인한 한계에 봉착하게 되어 전문가에 의한 사실조사 서비스 수요는 점차 증대되고 있으며 현재의 변호사에 의한 고비용 법률서비스만으로는 대다수 국민들의 수요를 충족하는데 한계가 있다. 이러한 사실조사 서비스 등의 필요성으로 인해 그동안 국내에서는 심부름센터 형식의 용역서비스가 이루어지고 있으나 자유업 형태로 이루어져 설립 초기부터 행정당국이 관여를 하지 못하고 별다른 규제를 할 수가 없어 본연의 합법적인 대행업무 외에 고객이 요청만 하면 불법 행위를 서슴지 않고 있어 사회문제화된 바 있고, 그뿐만 아니라 아무런 규제 없이 영세업체들이 난립하게 됨으로써 용역을 제공받고자 하는 국민도 양질의 서비스를 보장받을 수 없고 오히려 의뢰를 하면서 제공한 정보로 인해 역으로 사생활침해 피해를 당할 우려가 있어 국가에 의한 자격제도 운영, 영업등록 등이 필요하다.

　　민간경비 분야의 경우 「경비업법」에 의해 관리되면서 개인과 공공의 안전확보와 관

---

195) 동 법안은 탐정업무를 행하는 자에 대해서 '민간조사관'이라는 명칭으로 기술을 했으며 탐정업의 관리감독을 위한 소관행정청을 '경찰청장'으로 하였다.

196) 강동욱 외 1, 탐정학개론, 박영사, 2021, 93면.

련하여 국가기능과 상호 보완관계를 형성, 성공적으로 정착되고 있는 선례를 비추어 볼 때, 민간에 의한 사실조사 분야도 영업의 적정성을 도모하고 건전하게 육성시키기 위해서는 국가가 관리·감독할 수 있도록 하는 관련입법이 필요하다. 민간조사업이 발전한 미국, 영국 등 선진국의 경우, 민간경비와 민간조사는 비용을 지불하여 개인의 안전을 확보하고 피해를 회복하기 위해 영위되는 사적 활동들로서, 동일한 법률로 규율하고 있을 뿐만 아니라 실제의 영업행위에 있어서도 유니폼을 입고 제공하는 민간경비 서비스와 사복을 입고 제공하는 민간조사 서비스를 종합적으로 제공하는 산업이 발전되고 있는 만큼 우리나라도 민간조사업을 경비업의 한 분야로 보고 관련 규정을 기존의「경비업법」에 추가하여 개정입법 하고자 한다.

나) 업무범위

위 법안에서 언급된 주요업무 내용을 살펴보면, ⅰ) 의뢰에 의해서 미아, 가출인, 실종자에 대한 소재의 파악, ⅱ) 소재가 불명한 물건의 소재파악, ⅲ) 의뢰인의 피해확인 및 그 원인에 관한 사실조사 등이다.

이는 기존 법률안에서 문제가 탐정의 업무범위와 관련하여 공권력의 업무와 충돌될 소지가 있는 '범죄관련 조사업무'를 업무부분을 삭제를 하는 등 탐정의 업무범위 여타 법률이나 업무범위와의 충돌 가능성을 피하며 축소 정리하였다는데 그 특징이 있다.

2) 성윤환 의원안

한나라당 성윤환 의원은 2009년 2월5일 탐정업의 양성화 및 탐정자격시험 그리고 자격시험 합격자 중 법무부에 등록된 사람이나 법인만이 탐정업무의 수행함으로써 탐정 제도 확립 물론 불법적인 심부름센터의 조사행위를 근절하고, 탐정활동의 적정성 및 국민의 권리보호를 도모할 목적으로 '민간조사업법안'을 대표발의했지만 2009년 2월17일 자진철회 하였다.

위 법안에서는 탐정의 업무범위를 ⅰ) 소재가 불분명한 사람 또는 도난·분실된 재산의 소재확인, ⅱ) 변호사가 수임한 사건으로 변호사로부터 의뢰받은 자료의 수집 등으로 제한함으로써, 기존 법률안에 비하여 그 업무범위를 상당히 축소하였다는 그 특징이 있다.

3) 이한성 의원안

한나라당 이한성 의원은 2009년 3월 30일 탐정업의 감시, 업무수행의 적정성 담보를 통한 국민의 권익보호를 목적으로 '민간조사업법안'을 대표발의하였지만 같은 해 4월 6일 이를 자진 철회하였다.

위 법안에서 언급된 탐정의 업무범위는 ⅰ) 미아, 가출인, 실종자 소재불명인 불법행위자에 대한 소재파악과 관련된 조사, ⅱ) 도난, 분실, 도피자산의 추적 및 소재확인과 관련된 조사, ⅲ) 변호사가 수임한 사건과 관련하여 해당 변호사로부터 의뢰받은 자료와 수집 등이다.

4) 강성천 의원안

가) 제안이유

교통·통신수단과 컴퓨터기술의 발달로 인한 지식정보화 및 국제화 사회로의 급격한 이동에 따라 빈발하고 있는 신종 인터넷범죄와 국제범죄를 비롯한 각종 범죄나 사건의 사실관계 조사 또는 실종자 소재탐지 등에 있어서 국가수사기관의 수사력이 미치지 못하거나 미흡한 분야에 대하여 민간인이 직접 사실관계를 조사할 수 있도록 해달라는 국민의 요구가 점증하고 있다. 민간조사제도는 당사자주의를 원칙으로 하는 미국에서 특히 발달한 제도이고, 캐나다, 호주, 영국, 독일, 프랑스, 일본 등 대다수 선진국가에서 허용하고 있다. 다만, 자격증 인정여부는 각국의 입법정책에 따라 다르고, 미국의 경우는 각 주마다 다르다.

국가의 수사력은 한정되어 있고 사익보다는 공익침해 사건에 우선적으로 행사되는 것이 현실이다. 가령 실종가족 소재탐지 의뢰, 지적재산권 피해자가 신속히 범인과 피해상황을 파악하여 손해배상 소송을 준비하는 한편 고소하고 싶은 경우 등 대부분 경찰이나 검찰에 신고 또는 고소하여도 만족한 결과를 기대하기 어려울 수 있다. 위와 같은 경우 '심부름센터'에 부탁하거나 소위 '해결사'를 고용하여 채권회수에 나서다가 또 다른 인권침해의 악순환에 빠지거나, 자력구제를 도모하다가 또 다른 범죄를 저지르게 되는 사례가 빈발한다.

현실적으로는 소재불명인 미아나 실종자에 대한 조사, 분실하거나 도난당한 재산의 회수 외에 변호사의 의뢰를 받은 민·형사사건의 소송준비자료 수집과 조사 등의 분야에 대한 필요성이 증대되고 있다. 위와 같은 국민의 수요를 충족시키면서 난립해 있는 심부름센터의 불법 조사행위를 근절할 수 있는 법적근거를 마련하는 한편 제도도입에 따른 시행착오를 최소화하기 위하여 업무범위를 적정수준에서 제한하고 민간조사업자들의 활동을 감시하고 그 업무의 적법성을 담보하기 위하여 민간조사원의 예상되는 권한 남용과 오용에 의한 불법행위시 가중처벌하는 것을 내용으로 하는 민간조사업법을 발의하였다.

나) 업무범위

위 법률안에서 언급하고 있는 탐정의 업무범위는 ⅰ) 미아, 가출인, 실종자, 소재불명인 불법행위자에 대한 소재파악과 관련된 조사, ⅱ) 도난, 분실, 도피자산의 추적 및 소재확인과 관련된 조사, ⅲ) 변호사가 수임한 사건과 관련하여 해당 변호사로부터 의뢰받은 자료의 수집 등이다.

라. 제19대 국회

제19대 국회에서는 윤재옥의원이 2012년 11월 2일 '경비업법'을 '민간보안산업에 관한 법률'로 전부 개정하는 '경비업법 전부개정법률(안)'을 발의하였다. 이 법률안은 2013년 2월 4일 소관 상임위원회에 상정되었지만 임기만료로 자동폐기 되었다. 이후 2015년 11월 13일 '민간조사업의 관리에 관한 법률(안)'을 발의하기도 하였지만 이 또한 임기만료 자동폐기 되었다. 그 외 송영근의원은 2013년 3월 19일 '민간조사업에 관한 법률(안)'을 발의하여 같은 해 6월 20일 소관 상임위원회에 상정되었지만 이 또한 회기만료로 자동폐기 되었다.

이처럼 제19대 국회에서 민간조사업에 대한 법률안 발의가 이전 국회에 비하여 활발해진 이유는 2013년 3월 박근혜 대통령이 신직업의 발굴과 육성을 지시하고, 2014년 3월 고용노동부가 민간조사원 제도 도입 등을 골자로 '신직업 발굴 육성 추진계획'을 국회에 보고하고 난 뒤 민간조사원 제도 도입을 위하여 국무조정실 주관으로 법무부, 경찰 등 관계기관 협의체를 구성하여 2014년 도입방안을 마련하고, 2015년 관련 입법안을 지원하는 계획을 마련하였기 때문이다.[197]

1) 윤재옥 의원안

가) 제안이유

현재 우리나라의 경비업은 개인의 신변보호에서부터 시설경비, 국가 중요 시설에 대한 특수경비까지 다양한 형태의 민간경비 서비스를 제공하며 치안유지에 있어 중요한 역할을 담당하고 있다. 하지만, 물리적인 충돌이 발생할 개연성이 높은 집단분쟁현장에 경비업체들이 개입되어 과도한 무력을 행사하는 상황이 반복되고 있어 경비업자 및 경비원에 대한 규제와 처벌을 강화하여야 한다는 사회적 요구가 높아지고 있다.

한편, 선진국의 경우에는 경비업과 함께 사실조사 서비스업이 민간보안산업(Private Security Industry)으로 활성화되어 있어 시민들이 피해회복 및 권리구제를 위한 양질의 민간조사서비스를 제공받고 있다. 그러나 우리나라의 경우에는 적정한 사실조사 서비스를 제공받을 수 있는 민간조사업이 형성·발전되어 있지 못하여 사실조사 등을 영세 심부름업체에 의뢰하고 있는 실정이므로, 국민의 권익보호 차원에서 선진국의 민간조사업 제도를 도입할 필요성이 있다. 이에, 경비원의 자격기준이나 처벌규정을 상향조정하는 등 경비업체에 대한 규제 장치를 강화하는 한편, 경비업 이외에 민간조사업을 신설하여 기존의 경비업과 함께 선진화된 민간보안산업을 육성·발전시킬 수 있는 기반을 마련하려는 것이다.

나) 업무내용

위 법안에서 언급된 탐정의 업무범위는 ⅰ) 가족의 의뢰에 대하여 실종아동 등 소재확인('실종아동 등의 보호 및 지원에 관한 법률' 제2조 제2호에 따른 실종 아동 등을 말한다), ⅱ) 도난, 분실, 소재가 불명한 물건의 소재확인과 관련된 조사, ⅲ) 의뢰인의 피해확인 및 그 원인에 관한 사실조사(안 제3조) 등이다.

---

197) 송재현, 공인탐정 또는 민간조사제도의 실행방안 연구, 한국형사정책연구원, 연구총서(17-BB-03), 2017, 22면

2) 송영근의원안

가) 제안이유

민간조사업이란 국가기관의 수사력이 미치지 못하거나 미흡한 각종 범죄나 사건에 대한 사실관계 조사 또는 실종자 소재 탐지 등에 있어서 사인의 다양한 권리구현을 위해 의뢰인을 대리하여 사실을 확인해 주고 누구나 접근 가능한 정보의 수집을 대행하는 서비스업을 의미한다. 국가의 수사력은 시간적·물리적으로 한정되어 있어 실종된 가족의 소재탐지를 의뢰하거나 지식재산권 피해자가 신속히 범인과 피해상황을 파악하여 손해배상 소송을 준비하려는 경우 등에는 경찰이나 검찰에 신고 또는 고소하여도 만족한 결과를 기대하기 어려운 경우가 많으며, 이런 경우 속칭 '심부름센터'에 의뢰해 문제 해결을 시도하여 각종 불법행위가 자행되거나 자력 구제를 도모하다가 또다른 범죄를 저지르게 되는 경우가 빈번하다.

현실적으로는 소재불명인 미아나 실종자에 대한 조사, 분실하거나 도난당한 재산의 회수 외에 변호사의 의뢰를 받은 민·형사사건의 소송준비자료 수집과 조사 등의 분야에 대한 필요성이 증대되고 있다. 위와 같은 국민의 수요를 충족시키면서 난립해 있는 심부름센터의 불법 조사행위를 근절할 수 있는 법적근거를 마련하는 한편, 제도 도입에 따른 시행착오를 최소화하기 위하여 업무범위를 적정수준에서 제한하여 민간조사업자들의 활동을 관리·감독하고, 민간조사원의 권한 오남용에 의한 불법행위 시 가중처벌을 통해 업무의 적법성을 담보하는 것을 내용으로 하는 민간조사업법을 발의함으로써 국민의 권리보호에 이바지하려는 것이다.

나) 업무범위

위 법안에서 언급한 업무범위는 ⅰ) 미아, 가출인, 실종자, 소재 불명인 불법행위자에 대한 소재 파악과 관련된 조사, ⅱ) 도난, 분실, 도피자산의 추적 및 소재 확인과 관련된 조사, ⅲ) 의뢰인의 피해사실에 대한 조사, ⅳ) 변호사가 수임한 사건과 관련하여 해당 변호사로부터 의뢰받은 자료의 수집 등이다.

마. 제20대 국회

제20대 국회에서는 윤재옥의원이 2016년 9월 8일 '공인탐정업법(안)'을 발의하였지만 소관 상임위원회 상정 후 회기만료로 자동폐기 되었고, 이완영의원이 2017년 7월 13일 '공인탐정 및 공인탐정업에 관한 법률(안)'을 발의하였지만, 이는 소관 상임위원회에 상정조차 되지 못한 채 회기만료로 인해 자동폐기 되었다.

1) 윤재옥 의원안

가) 제안이유

탐정업이란 다양한 민간조사업 영역 중에서 실종자 · 가출인 등 사람 찾기, 각종 피해 회복을 위한 자료수집 등과 같이 국민들의 다양한 권익보호를 위하여 다른 사람의 의뢰를 받아 관련자료 및 정보 수집을 대행하는 서비스업이다. 이러한 탐정업은 OECD 가입 34개국 중 우리나라를 제외한 모든 국가에서 허용되고 있으며, 각국의 실정에 맞게 자격인증 · 교육 · 영업등록 등 다양한 관리제도를 통해 국민의 권익보호에 필요한 탐정업의 장점은 활성화하면서 부작용 등 단점은 최소화하고 있다.

따라서 우리나라도 탐정업을 금지할 것이 아니라 세계 주요 국가들과 같이 적정한 관리를 통해 국민들이 탐정업 서비스를 믿고 이용하면서도 부작용은 방지할 수 있는 제도시행이 필요하다. 다만 탐정업무 수행과정에서 발생할 수 있는 사생활 침해 등 부작용을 방지하기 위해서 적절한 관리제도를 마련하는 것이 필요하다. 이에 탐정에 대한 국가자격제도, 탐정업에 관한 관리 · 감독 및 불법행위에 대한 처벌규정 등을 마련함으로써 국민의 권리보호에 이바지하고 탐정업의 건전한 발전을 도모하려는 것이다.

나) 업무범위

위 법안에서 언급된 업무범위는 ⅰ) 미아, 가출인, 실종자, 소재 불명인, 불법행위자에 대한 소재 파악과 관련된 사실조사, ⅱ) 도난, 분실, 도피자산의 추적 및 소재 확인과 관련된 사실조사, ⅲ) 의뢰인의 권리보호 및 피해사실과 관련된 사실조사 등이다.

2) 이완영 의원안

가) 제안이유

제20대 국회에서는 과학기술, 교육, 산업 및 노동 분야 등의 제도개선을 통한 미래일자리 창출 방안을 논의하기 위하여 「미래일자리 특별위원회」를 구성하였다. 미래일자리 특별위원회는 7차례의 전체회의와 1차례의 제도개선소위원회를 개최하여 미래일자리 창출을 위한 과제를 심도 있게 논의한 결과 12건의 법률개정 필요과제를 의결하였다.

이에 미래일자리 특별위원회가 의결한 과제 중 「공인탐정 및 공인탐정업에 관한 법률」 제정이 필요한 사항에 대하여 다음과 같은 사유로 제정법률안을 제출하는 것이다. 사회가 급격하게 발전하고 복잡화되어 감에 따라 신종 범죄를 비롯하여 각종 사건과 사고가 빈발하고 있으나, 인력과 예산 등의 한계로 인하여 국가의 수사력만으로 모든 사건·사고를 해결할 수 없는 것이 현실이다. 이에 따라 현재 민간 차원에서 자력구제를 위하여 정보 수집 및 사실 조사를 심부름센터 등에 의뢰하고 있는 상황이나, 이러한 심부름센터 등에서 개인정보의 유출, 불법 도청, 폭행, 협박 등의 불법행위가 무분별하게 자행되고 있어 사회적 문제가 되고 있다.

반면, 미국, 영국, 일본 등 많은 선진국가에서는 합법적이고 정당하게 공인탐정업무가 이루어지면서 이를 통해 국민의 권익이 증진될 수 있도록 각국 실정에 맞게 공인탐정업에 관한 법적 기반을 마련하여 관리하고 있는 상황이다. 이에 우리나라의 경우에도 공인탐정 및 공인탐정업에 관한 법적 기반을 마련함으로써 공인탐정업을 양성화·제도화하여 공인탐정업의 건전한 발전을 도모하고 국민의 권익을 보호하려는 것이다.

나) 업무내용

이 법안에 언급된 공인탐정의 업무란, 다른 사람의 의뢰를 받아 사람의 생사나 그 소재, 재산상 이익의 소재 또는 권리·의무의 기초가 되는 사실관계 등에 대하여 관련 정보를 수집하고 사실을 조사하여 의뢰인에게 제공하는 업무를 말한다.

바. 제21대 국회

제21대 국회에서 발의된 탐정관련 법안은 2020년 11월 10일 이명수 의원이 대표발의한 '탐정업 관리에 관한 법률(안)'과 2020년 11월 26일 윤재옥 의원이 대표발의한 '탐정업의 관리에 관한 법률(안)' 그리고 2023. 4. 24. 황운하 의원이 대표발의한 '공인탐정업의 관리에 관한 법률(안)' 등이 있으며, 위 각 법률안은 현재 각 소관 상임위원회에 계류 중이다.

세 법안은 대부분 공통점을 가지고 있으나 큰 차이점은 첫째, 탐정업무범위와 관련하여 이명수 의원안은 개괄주의를 규정하여 타 법률에서 금지하는 사항 외의 업무를 수행할 있다고 규정하고 있고, 윤재옥, 황운하 의원은 열거주의를 규정하여 법에 규정한 사항만을 수행할 수 있게 하였다는 점이다. 둘째, 자격증과 관련하여 이명수 의원안은 민간자격관리기관에서 자격증을 발급하되 주무관청에서 관리감독을 하는 구조인 반면, 윤재옥, 황운하 의원안은 국가자격제로 국가기관에서 관리하는 구조라는 점 등에서 차이가 있다.

1) 이명수 의원안

가) 제안이유

이명수 의원이 제안한 이유에 대해서 살펴보면 다음과 같다. '국가의 수사력은 시간적으로나 물리적으로나 제한적이기에 실종된 가족에 대한 소재를 파악하거나 지적재산권의 피해를 입은 자가 신속하게 범인과 피해상황에 대해서 파악을 하여 손해배상 소송을 준비하려는 경우 등에는 경찰이나 검찰에 신고 또는 고소를 해도 만족할 만한 결과를 기대하기 어려운 경우가 많다.' 이러한 상황에 처해 있을 경우 심부름센터에 이를 의뢰하여 문제를 해결하고자 해서 여러 불법적인 행위를 하거나 자기스스로 이러한 문제를 해결하려 하다가 또 다른 범죄를 저지르게 되는 경우가 허다하다.

이러한 이유에서 합법적으로 실종자에 대한 조사, 분실하거나 도난당한 재산의 회수 이외에도 변호사의 의뢰를 받아서 이를 조사하여 소송과 관련된 자료를 수집, 조사 등의 분야에 대한 필요성이 점점 증대되고 있는 것이다.[198]

2020년 2월 4일 신용정보업의 개정으로 인해서 확실치 않은 탐정사무소가 생겨나고

---

198) 현실적 수요로 인해서 현재 활동 중인 탐정사(민간조사사)의 경우는 8,000명이며, 탐정관련 20여개의 민간단체가 난립하고 있고, 그 단체에서 각종 탐정과 관련한 자격증을 발급하고 있는 것으로 추정중이다.

있고, 이와 관련된 단체들이 난립하여 검증도 안 된 탐정과 관련된 자격증을 남발할 우려성이 제기되고 있는 것이다. 난립해 있는 탐정(민간조사사), 심부름센터의 불법적인 조사행위에 대해서 이를 근절하도록 탐정업에 대한 법적인 근거를 마련함으로써 탐정업의 활성화를 도모해야 하며, 탐정업자들의 여러 활동에 대해서 이를 지도하고 감독하고, 탐정의 직권 남용의 행위로 인해서 불법적인 일을 행할 시 이에 대한 가중처벌을 통해 업무의 적법성을 담보로 하여 국민의 권리보호에 이바지하려는 것이다.

나) 업무내용 등

위 법안에서 언급된 주요내용은 ⅰ) 이 법률은 탐정업에 대한 필요한 사항에 대해서 규정하고 적정한 지도, 관리, 감독을 통해서 업무수행의 적법성을 담보하고 국민의 권리보호에 이바지함을 목적으로 한다(안 제1조), ⅱ) 탐정업무란 탐정사가 기업이나 개인 등 타인의 의뢰를 받아서 이에 대한 계약을 하고 보수를 받으며, 위법하지 않은 범위 내에서 의뢰받은 사건을 조사활동을 통해서 사실관계 확인 및 관련된 정보 등에 대해서 이를 수집·분석을 하여 그 결과에 대한 것들을 의뢰인에게 제공하는 업무를 말한다(안 제2조 제1호), ⅲ) 탐정사가 되려는 사람은 경찰청장이 등록심사·결정하여 등록한 민간자격관리기간에서 실시하는 탐정사 자격시험에 합격해야 한다(안 제6조 제1항), ⅳ) 탐정사가 탐정업을 하려면 경찰청장에게 등록을 해야 하고, 탐정법인을 설립하려면 경찰청장의 인가를 받아야 하며 탐정사와 탐정법인은 탐정사협회에 가입해야 한다(안 제10조, 제13조 및 제38조), ⅴ) 공인탐정업자의 권리·의무로서 조사부의 작성·보관, 계약서의 작성 및 교부, 수집·조사의 제한, 등록증·인가증의 양도·대여 금지, 손해배상책임, 비밀누설 금지 등에 관한 사항을 규정한다(안 제22조부터 제34조까지) 등이다.

2) 윤재옥 의원안

가) 제안이유

탐정업이란 다양한 민간조사업 영역 중에서 실종자·가출인 등 사람 찾기, 각종 피해회복을 위한 자료수집 등과 같이 국민들의 다양한 권익보호를 위하여 다른 사람의 의뢰를 받아 관련자료 및 정보 수집을 대행하는 서비스업이다. 이러한 탐정업은 OECD가입 34개국 중 우리나라를 제외한 모든 국가에서 허용되고 있으며, 각국의 실정에 맞게 자격인증·교육·영업등록 등 다양한 관리제도를 통해 국민의 권익보호에 필요한 탐정업의 장점은 활성화하면서 부작용 등 단점은 최소화하고 있다.

따라서 우리나라도 탐정업을 금지할 것이 아니라 세계 주요 국가들과 같이 적정한 관리를 통해 국민들이 탐정업 서비스를 믿고 이용하면서도 부작용은 방지할 수 있는 제도시행이 필요하다. 다만, 탐정업무 수행과정에서 발생할 수 있는 사생활 침해 등 부작용을 방지하기 위해서 적절한 관리제도를 마련하는 것이 필요하다. 이에 탐정에 대한 국가자격제도, 탐정업에 관한 관리·감독 및 불법행위에 대한 처벌규정 등을 마련함으로써 국민의 권리보호에 이바지하고 탐정업의 건전한 발전을 도모하려는 것이다.

나) 업무내용 등

위 법안의 주요내용은, ⅰ) 이 법은 탐정업에 관한 적정한 관리·감독을 통해 국민들에게 양질의 사실조사 서비스를 제공하여 국민의 권익 보호에 이바지하고, 탐정업의 건전한 발전을 도모함을 목적으로 한다(안 제1조), ⅱ) '탐정'이란 사람의 생사나 그 소재, 도난 자산 등 물건의 소재, 또는 권리·의무의 기초가 되는 관련 정보와 사실관계의 존부 등을 확인할 정당한 이해관계가 있는 사람이 관련 사실 조사를 의뢰한 경우에 이에 대해 정보를 수집하고 사실을 조사하여 의뢰인에게 제공하는 것을 말한다(안 제2조 제1호), ⅲ) 공인탐정의 권리·의무로서 부당한 비용 청구 금지, 사건부 작성·보관, 계약내용 서면 교부, 수집·조사의 제한, 등록증 대여 금지, 사무원 채용, 손해배상책임, 비밀의 준수 및 교육의 의무 등을 규정한다(안 제13조부터 제26소까지), ⅳ) 경찰청장은 공인탐정을 지도·감독할 수 있으며, 자격취소 및 등록취소 등과 경찰청장의 권한의 위임 및 위탁에 관한 사항을 규정한다(안 제41조부터 제45조까지) 등이다.

3) 황운하 의원안

가) 제안이유

2020년 8월 「신용정보의 이용 및 보호에 관한 법률」이 개정되면서 누구나 '탐정'이라는 명칭을 사용할 수 있게 되었으나, 후속 입법의 공백으로 부적격자의 무분별한 사실조사로 인한 사생활 침해가 우려되는 상황이다. 주요 해외 선진국은 이미 법률을 통해 탐정업을 인정하여 국가의 엄격한 관리·감독하에 탐정이 재무상태 조사 및 실종자 소재 파악 등의 서비스를 국민에게 제공하고 있다. 우리나라 또한 미아·실종자의 생사 또는 소재 확인을 비롯하여 개인의 권리구제를 위한 사실조사 서비스에 대한 수요가 존재하는 이상 입법을 통해 탐정업무의 범위를 명확히 하고 국가가 체계적으로 관리함으로써 불법적이고 음성적인 사실조사 활동을 사전에 예방하고 감독하는 것이 필요하다. 이에 국가자격으로서 '공인탐정'을 신설하고 결격사유 및 시험제도 등을 도입하여 종사자의 자질을 검증하는 한편, 공인탐정에게 영업 신고 의무를 부여하고 신의성실의 원칙에 입각한 의뢰인 보호를 규정함으로써 국민에게 전문적이고 안전한 사실조사 서비스를 제공하는 것을 내용으로 하는 법안을 발의하였다.

나) 업무내용 등

위 법안의 주요내용은 ⅰ) 이 법은 공인탐정업에 관한 적정한 관리·감독을 통해 국민에게 필요한 사실조사 제도를 제공하여 국민의 권익을 보호하고, 공인탐정업의 건전한 발전을 도모함을 목적으로 한다(안 제1조), ⅱ) 공인탐정은 의뢰인이 의뢰한 미아·실종자 등에 대한 소재파악, 도난·분실 자산 등의 소재확인, 의뢰인의 권리보호 등에 관한 사실조사를 행한다(안 제2조 제1항), ⅲ) 경찰청·해양경찰청·검찰청·고위공직자범죄수사처·국가정보원·군수사기관 직원으로 수사·정보 등의 유사직무 또는 「형사소송법」 제245조의10에 따른 특별사법경찰관리로 수사직무에 10년 이상 근무한 경력이 있는 자는 공인탐정 1차 자격시험을 면제한다(안 제8조 제1항), ⅳ) 공인탐정은 사실조사를 의뢰받은 내용에 위법한 사항이 있는 경우에는 사실조사를 거부하여야 한다(안 제21조 제1항), ⅴ) 경찰청장은 공인탐정의 업무를 적절하게 수행하도록 하기 위해서 공인탐정을 지도·감독하며, 필요한 조치를 요구할 수 있다(안 제47조 제1항) 등이다.

구 분	법 안	대표발의 (의원)	주요내용
17대	민간조사업 법안	이상배	가. 민간조사업에 대한 필요한 규제를 규정하는 등 민간조사업제도의 확립을 통하여 민간조사제도의 적정성을 도모하고 국민의 권리보호에 이바지함을 목적으로 함(안 제1조). 나. 민간조사원·민간조사업 등에 대한 용어를 정의 함(안 제2조). 다. 민간조사업의 업무범위를 법률로서 명확히 함(안 제3조). 라. 민간조사원자격시험의 응시자격을 엄격히 하고, 시험은 경찰청장이 매년 1회 이상 실시하도록 함(안 제6조). 마. 민간조사원의 자격이 있는 자가 민간조사업을 개업하고자 할 때에는 대통령령이 정하는 연수교육을 마친 후 사무소를 설치하여 경찰청장에게 등록을 하여야 함(안 제8조). 바. 민간조사업자는 그 업무에 관하여 의뢰인으로부터 소정의 보수를 받음(안 제17조). 사. 민간조사업자는 경찰, 검찰 등 공무원의 직무집행을 방해하여서는 아니 됨(안 제20조). 아. 민간조사업자는 업무를 수행함에 있어 고의 또는 과실로 의뢰인에게 재산상의 손해를 가한 때에는 그 손해를 배상할 책임을 짐(안 제27조). 자. 민간조사원이거나 이었던 자는 업무상 알게 된 비밀을 정당한 이유 없이 누설하거나 다른 사람의 이용에 제공하는 등 부당한 목적을 위하여 사용하여서는 아니 됨(안 제30조). 차. 민간조사업으로 등록된 자는 그 업무를 조직적·전문적으로 행하고 그 공신력을 높이기 위하여 민간조사합동법인을 설립할 수 있음(안 제33조). 카. 민간조사원은 그 자질향상 및 품위유지와 업무의 효율적인 수행을 위하여 민간조사협회를 설립할 수 있음(안 제47조). 타. 민간조사원에 대한 징계처분을 하기 위하여 경찰청에 민간조사원 징계위원회를 둠(안 제49조). 파. 경찰청장은 민간조사업자의 등록취소 및 합동법인의 설립인가 취소를 하고자 하는 경우에는 청문을 실시하여야 함(안 제51조). 하. 이 법 또는 이 법에 의한 명령을 위반한 민간조사원 및 민간조사업자에 대해서는 벌칙 또는 과태료를 부과할 수 있음(안 제53조 내지 제59조).
	민간조사업 법안	최재천	가. 민간조사원이 수행할 수 있는 업무범위를 명확히 함(안 제3조). 나. 민간조사원이 아닌 자는 민간조사원, 탐정 또는 이와 유사한 명칭의 사용이나 경찰과 혼동할 수 있는 명칭을 사용하지 못하도록 함(안 제4조).

17대			다. 민간조사원 자격시험에 합격한 자만이 민간조사원의 자격을 가지며 일정한 경력자의 경우 시험을 일부 면제함(안 제5조ㆍ제6조). 라. 민간조사원이 민간조사업자로서 개업하기 위해서는 법무부장관에게 등록하여야 하고 일정한 요건을 갖추지 못할 경우 등록이 취소됨(안 제8조ㆍ제11조). 마. 민간조사업자가 의뢰인으로부터 받을 수 있는 보수의 한도를 규정함(안 제17조). 바. 민간조사업자가 수집ㆍ조사할 수 없는 정보의 범위를 규정함(안 제18조). 사. 민간조사업자에게 업무범위초과행위 및 자격증대여의 금지 의무, 사건부 작성ㆍ보관 의무, 성실의무, 위법ㆍ부당한 조사업무의 거부의무, 폭행, 협박 및 위계 또는 위력의 사용금지의무, 부당한 사건 유치의 금지의무, 겸직금지의무, 비밀누설금지의무 등을 부과함(안 제19조 내지 제21조ㆍ제23조ㆍ제26조ㆍ제28조). 아. 민간조사업자가 고의 과실로 의뢰인 또는 제3자에게 손해를 가한 경우 손해배상책임을 지도록 하고 이를 담보하기 위하여 배상책임보험 또는 공제에 가입하도록 강제함(안 제25조). 자. 법무부장관이 민간조사업자를 관리ㆍ감독함(안 제30조). 차. 민간조사원이 이 법에 위반되는 행위를 한 경우 징계처분을 내리기 위하여 법무부에 민간조사원징계위원회를 설치하도록 함(안 제47조). 카. 민간조사업자가 이 법에 위반되는 행위를 하거나 민간조사업자가 아닌 자가 민간조사업을 영위하는 경우 등에 대한 각 종의 벌칙규정을 마련함(안 제8장 벌칙).
18대	경비업법 일부개정 법률안	이인기	가. 경비업의 한 분야로서 민간조사 업무를 규정하고 민간조사를 행할 수 있는 민간조사관을 정의함(안 제2조). 나. 민간조사업을 영위하는 경비업(이하 '민간조사업'이라 함)은 법인만이 영위할 수 있도록 규정함(안 제3조) 다. 민간조사업을 하기 위해서는 주사무소의 소재지를 관할하는 지방경찰청장으로부터 영업허가를 받도록 하고 폐업 또는 휴업하고자 하는 경우 지방경찰청장에게 신고하도록 함 (안 제4조). 라. 민간조사업자의 보수를 대통령령으로 정하도록 하고 성실의무, 불법ㆍ부당한 사건 수임금지 의무, 허가증의 대여 금지 의무, 허가증의 게시 의무, 수임부 작성ㆍ보관 의무, 비밀누설금지 의무를 규정함 (안 제7조). 마. 민간조사관이 될 수 없는 결격사유를 규정함(안 제20조 신설). 바. 경찰청장 주관으로 매년 1회 이상 민간조사관 자격시험을 시행하고 시험과목ㆍ방법ㆍ시험의 일부가 면제되는 자의 범위 그 밖의 사항은 대통령령으로 정함(안 제21조 신설).

18대			사. 민간조사관이 조사할 수 없는 사실의 범위를 규정하고 위법사항 발견시 신고의무, 자격증 양도·대여 금지 의무를 규정함(안 제22조 신설).

사. 민간조사관이 조사할 수 없는 사실의 범위를 규정하고 위법사항 발견시 신고의무, 자격증 양도·대여 금지 의무를 규정함(안 제22조 신설).

아. 민간조사사업자는 민간조사업무의 적정한 수행을 위해 민간조사관으로 하여금 대통령령으로 정한 교육을 이수케 하여야 함(안 제23조 신설).

자. 민간조사사업자의 허가취소·영업정지, 민간조사관의 자격취소, 이를 위한 청문을 규정함(안 제24조, 제26조 신설, 제27조).

차. 민간조사 협회와 공제사업을 할 수 있음을 규정함(안 제28조·제29조).

카. 경찰청장 또는 지방경찰청장이 민간조사사업자를 지도·감독하도록 함(안 제30조).

타. 민간조사사업자가 고의 과실로 의뢰인 또는 제3자에게 손해를 가한 경우 손해배상책임을 지도록 하고 이를 담보하기 위하여 배상책임 보험 또는 공제 가입을 의무화함(안 제32조).

파. 민간조사관, 민간조사사업자가 이 법에 위반되는 행위를 한 경우 벌칙 및 과태료를 규정함(안 제35조·제38조).

하. 민간조사제도 관련 조항은 공포 후 2년이 경과된 날로부터 시행(안 부칙 신설).

민간조사사업 법안   **강성천**

가. 본 법은 민간조사제도를 확립하여 민간조사사업자들의 활동을 감시하고 업무수행의 적법성을 담보함으로써 국민의 권리보호에 이바지하는데 그 목적이 있음을 밝힘(안 제1조).

나. 용어의 정의와 민간조사원이 수행할 수 있는 업무범위를 명확히 함(안 제2조 및 제3조).

다. 민간조사원이 아닌 자는 민간조사업무를 수행하지 못하며, 민간조사원 또는 이와 유사한 명칭의 사용을 금함(안 제4조).

라. 민간조사원 자격시험 합격자에 한하여 자격을 인정함(안 제5조).

마. 민간조사원 자격시험, 자격심의위원회, 및 결격사유를 규정함(안 제6조부터 제8조까지).

바. 민간조사원이 민간조사사업자로서 개업하기 위해서는 법무부장관에게 등록하도록 하고, 등록의 신청과 거부, 이의신청, 등록취소, 휴·폐업신고 등을 규정함(안 제9조부터 제13조까지, 제16조 및 제17조).

사. 민간조사사업자는 의뢰인으로부터 수수료와 성공보수를 받을 수 있음을 규정함(안 제18조).

아. 민간조사사업자가 수집하거나 조사할 수 없는 정보의 범위를 규정함(안 제19조).

자. 민간조사사업자에게 업무범위 초과행위 및 자격증 대여의 금지의무, 사건부 작성·보관 의무, 성실의무, 폭행·협박 또는 위계나 위력

18대			의 사용금지의무, 부당한 사건 유치 금지의무, 겸직금지의무, 비밀 누설 금지의무 등을 부과함(안 제20조부터 제22조까지, 제24조, 제27조 및 제29조).
			차. 민간조사업자가 고의 과실로 의뢰인 또는 제3자에게 손해를 가한 경우 손해배상책임을 지도록 하고 이를 담보하기 위하여 배상책임 보험 또는 공제에 가입하도록 강제함(안 제26조 및 제47조).
			카. 법무부장관이 민간조사업자를 관리·감독함(안 제31조).
			타. 민간조사원이 민간조사업법에 위반되는 행위를 한 경우 징계처분을 하기 위하여 법무부에 민간조사원징계위원회를 설치하고 징계에 관한 규정을 둠(안 제48조 및 제49조).
			파. 이 법 위반 행위에 대한 벌칙과 과태료규정을 마련함(안 제50조 및 제52조).
			하. 대통령령으로 정하는 바에 의하여 이 법에 정한 법무부장관의 권한의 일부를 지방검찰청 검사장에게 위임할 수 있도록 함(안 제53조).
19대	경비업법 전부개정 법률안	윤재옥	가. 법률의 제명을 「민간보안산업에 관한 법률」로 변경함(안 제명).
			나. 민간보안산업의 개념을 경비업과 민간조사업으로 하고, 경비업과 민간조사업의 업무범위를 규정함(안 제2조).
			다. 민간보안산업은 법인만이 할 수 있도록 함(안 제3조).
			라. 무허가 경비업자에게 경비업무를 도급 주는 것을 금지하고, 노동쟁의 또는 집단민원현장 등에 경비원을 20명 이상 배치할 경우 허가받은 경비업자에게 경비업무를 도급 주도록 함(안 제9조).
			마. 집단분쟁 현장에 배치될 수 있는 경비업의 특수성을 고려하여 범죄경력과 관련된 경비지도사 및 경비원의 결격사유를 강화함(안 제12조).
			바. 경비업자는 경비원에게 소속 경비업체를 표시한 동일한 복장을 착용하게 하고, 소속 경비원의 복장을 정하여 지방경찰청장에게 신고하도록 함(안 제19조 제1항 및 제2항).
			사. 민간조사업을 운영하려는 법인은 지방경찰청장의 허가를 받도록 하되, 대통령령으로 정하는 민간조사원 인력과 자본금을 갖추도록 함(안 제21조).
			아. 민간조사업자의 임원의 결격사유와 민간조사업자 및 민간조사원의 의무사항을 규정함(안 제22조, 제24조 및 제28조).
			자. 민간조사업무를 수행하는 민간조사원은 제26조 각 호의 결격사유에 해당하지 아니하는 사람으로서 민간조사원 자격시험에 합격한 사람으로 함(안 제27조).
			차. 민간조사업자와 민간조사원의 준수사항 위반 등에 대하여 허가취소 및 자격 취소 등의 행정처분과 처벌규정을 둠(안 제31조, 제32조, 제43조 및 제46조).

| 19대 | 민간조사에 관한 법률안 | 송영근 | 가. 본 법은 민간조사제도를 확립하여 국민의 권리보호에 이바지하고, 민간조사업 종사자들에 대한 적정한 관리·감독을 통해 민간조사업의 건전한 발전을 도모하는데 그 목적이 있음을 밝힘(안 제1조).
나. 용어의 정의와 민간조사원이 수행할 수 있는 업무범위를 명확히 함(안 제2조 및 제3조).
다. 민간조사원이 아닌 자는 민간조사업무를 수행하지 못하며, 민간조사원 또는 이와 유사한 명칭의 사용을 금함(안 제4조).
라. 민간조사원 자격시험 합격자에 한하여 자격을 인정함(안 제5조).
마. 민간조사원 자격시험, 자격심의위원회, 및 결격사유를 규정함(안 제6조부터 제8조까지).
바. 민간조사원이 민간조사업에 종사하기 위해서는 법무부장관에게 등록하도록 하고, 등록의 신청과 거부, 이의신청, 등록취소, 휴·폐업 신고 등을 규정함(안 제9조부터 제13조까지, 제16조 및 제17조).
사. 민간조사업자는 의뢰인으로부터 보수를 받을 수 있음을 규정함(안 제18조).
아. 민간조사업자가 수집하거나 조사할 수 없는 정보의 범위를 규정함(안 제20조).
자. 민간조사업자에게 성실의무, 업무범위 초과행위 및 자격증 대여의 금지의무, 사건부 작성·보관 의무, 폭행·협박 또는 위계나 위력의 사용금지의무, 부당한 사건 유치 금지의무, 겸직금지의무, 비밀 누설 금지의무 등을 부과함(안 제19조, 제21조, 제22조, 제24조, 제27조 및 제29조).
차. 민간조사업자가 고의 또는 과실로 의뢰인 또는 제3자에게 손해를 가한 경우 손해배상책임을 지도록 하고 이를 담보하기 위하여 배상책임보험 또는 공제에 가입하도록 강제함(안 제26조 및 제46조).
카. 법무부장관이 민간조사업자를 관리·감독함(안 제47조).
타. 민간조사원이 민간조사업법에 위반되는 행위를 한 경우 자격취소 등 처분을 하기 위하여 법무부장관 산하에 민간조사원감독위원회를 설치하고 그 처분에 관한 규정을 둠(안 제48조 및 제49조).
파. 이 법 위반 행위에 대한 벌칙과 과태료규정을 마련함(안 제50조 및 제52조).
하. 대통령령으로 정하는 바에 의하여 이 법에 정한 법무부장관의 권한의 일부를 지방검찰청 검사장에게 위임할 수 있도록 함(안 제53조). |
| | 민간조사업의 관리에 관한 법률안 | 윤재옥 | 가. 이 법은 민간조사업에 관한 적정한 관리·감독을 통해 국민의 권익보호에 이바지하고, 민간조사업의 건전한 발전을 도모함을 목적으로 함(안 제1조).
나. 민간조사업무란 의뢰를 받은 사항에 대하여 정보를 수집하고 사실을 조사하여 의뢰인에게 제공하는 업무를 말함(안 제2조 제1호). |

19대			다. 민간조사업자란 민간조사업을 할 목적으로 등록된 민간조사원과 인가를 받은 민간조사법인을 말함(안 제2조 제4호). 라. 민간조사원의 결격사유, 자격시험 및 자격제도 운영위원회를 규정함(안 제5조부터 제7조까지). 마. 민간조사원 자격증의 양도·대여를 금지하고 민간조사원이 아닌 자가 그 명칭 또는 유사한 명칭을 사용하지 못하도록 함(안 제8조 및 제9조). 바. 민간조사업을 하려는 자는 경찰청장에게 등록하여야 하고, 개·폐업 또는 휴업할 때에는 신고하도록 함(안 제10조). 사. 민간조사업자의 권리·의무로서 사건부 작성·보관, 계약내용 서면 교부, 수집·조사의 제한, 등록증 대여 금지, 사무원 채용, 손해배상책임, 비밀의 준수 및 교육의 의무 등을 규정함(안 제13조부터 제25조까지). 아. 민간조사원은 3명 이상으로 구성하여 민간조사법인을 설립할 수 있도록 하고, 설립절차 및 업무집행방법 등을 규정함(안 제26조부터 제37조까지). 자. 경찰청장은 민간조사업자를 지도·감독할 수 있으며, 자격취소 및 등록취소 등과 경찰청장의 권한의 위임 및 위탁에 관한 사항을 규정함(안 제40조부터 제44조까지).
20대	공인탐정 및 공인탐정업에 관한 법률안	윤재옥	가. 이 법은 탐정업에 관한 적정한 관리·감독을 통해 국민의 권익 보호에 이바지하고, 탐정업의 건전한 발전을 도모함을 목적으로 함(안 제1조). 나. 탐정이란 의뢰를 받은 사항에 대하여 정보를 수집하고 사실을 조사하여 의뢰인에게 제공하는 것을 말함(안 제2조 제1호). 다. 공인탐정업자란 탐정업을 할 목적으로 등록된 탐정과 인가를 받은 탐정법인을 말함(안 제2조 제4호). 라. 공인탐정의 결격사유, 자격시험, 1차시험 면제 대상자 및 자격제도 운영위원회를 규정함(안 제5조부터 제8조까지). 마. 공인탐정 자격증의 양도·대여를 금지하고 공인탐정이 아닌 자가 그 명칭 또는 유사한 명칭을 사용하지 못하도록 함(안 제9조 및 제10조). 바. 탐정업을 하려는 자는 경찰청장에게 등록하여야 하고, 개·폐업 또는 휴업할 때에는 신고하도록 함(안 제11조). 사. 공인탐정의 권리·의무로서 부당한 비용 청구 금지, 사건부 작성·보관, 계약내용 서면 교부, 수집·조사의 제한, 등록증 대여 금지, 사무원 채용, 손해배상책임, 비밀의 준수 및 교육의 의무 등을 규정함(안 제13조부터 제26조까지). 아. 공인탐정은 3명 이상으로 구성하여 탐정법인을 설립할 수 있도록 하고, 설립절차 및 업무집행방법 등을 규정함(안 제27조부터 제38조까지).

20대	탐정업관리에 관한 법률안	이완영	자. 경찰청장은 공인탐정을 지도 · 감독할 수 있으며, 자격취소 및 등록 취소 등과 경찰청장의 권한의 위임 및 위탁에 관한 사항을 규정함(안 제41조부터 제45조까지). 차. 신용정보의 이용 및 보호에 관한 법률 중 탐정업을 금지한 부분을 삭제함(부칙 제2조). 가. 이 법은 공인탐정의 자격과 업무 등 민간조사제도에 필요한 사항을 규정함으로써 공인탐정업의 건전한 발전을 도모하고 국민의 권익을 보호함을 목적으로 함(안 제1조). 나. 공인탐정업무란 다른 사람의 의뢰를 받아 사람의 생사나 그 소재, 재산상 이익의 소재 또는 권리 · 의무의 기초가 되는 사실관계 등에 대하여 관련 정보를 수집하고 사실을 조사하여 의뢰인에게 제공하는 업무를 말함(안 제2조 제1호). 다. 공인탐정이 되려는 사람은 경찰청장이 실시하는 공인탐정 자격시험에 합격하고 연수교육을 받아야 함(안 제6조). 라. 공인탐정이 공인탐정업을 하려면 경찰청장에게 등록하여야 하고, 폐업 · 휴업 또는 재개업하려는 경우에는 이를 신고하여야 함(안 제10조). 마. 공인탐정은 공인탐정업무를 조직적 · 전문적으로 행하고 그 공신력을 높이기 위하여 2명 이상의 공인탐정으로 구성된 민간조사법인을 설립할 수 있도록 함(안 제12조). 바. 공인탐정업자의 권리 · 의무로서 조사부의 작성 · 보관, 계약서의 작성 및 교부, 수집 · 조사의 제한, 등록증 · 인가증의 양도 · 대여 금지, 손해배상책임, 비밀누설 금지 등에 관한 사항을 규정함(안 제22조부터 제34조까지). 사. 공인탐정은 그 자질 향상 및 품위 유지와 업무의 효율적인 수행을 위하여 공인탐정협회를 설립할 수 있도록 함(안 제35조). 아. 경찰청장은 공인탐정업자 및 공인탐정협회를 지도 · 감독하도록 하고, 공인탐정의 자격 취소 및 정지, 공인탐정업자의 등록이나 설립인가의 취소 및 영업정지 처분 등을 할 수 있도록 함(안 제37조부터 제41조까지).
20대	탐정업관리에 관한 법률안	이명수	가. 이 법률은 탐정업에 대하여 필요한 사항을 규정하고 적정한 지도 · 관리 · 감독을 통해 업무수행의 적법성을 담보함으로써 국민의 권리보호에 이바지함을 목적으로 함(안 제1조). 나. 탐정업무란 탐정사가 기업이나 개인 등 타인의 의뢰를 받아 계약을 맺고 보수를 받으며, 위법하지 않은 범위 내에서 의뢰받은 사건에 대한 조사 활동을 통하여 사실관계 확인 및 관련정보 등을 수집 · 분석하여 그 결과를 의뢰인에게 제공하는 업무를 말함(안 제2조 제1호).

			다. 탐정사가 되려는 사람은 경찰청장이 등록심사 · 결정하여 등록한 민간자격관리기관에서 실시하는 탐정사 자격시험에 합격하여야 함(안 제6조 제1항).
			라. 탐정사가 탐정업을 하려면 경찰청장에게 등록하여야 하고, 탐정법인을 설립하려면 경찰청장의 인가를 받아야 하며, 탐정사와 탐정법인은 탐정사협회에 가입하여야 함(안 제10조, 제13조 및 제38조).
			마. 탐정업자의 권리 · 의무로서 의뢰건조사부의 작성 · 보관, 계약서의 작성 및 교부, 수집 · 조사의 제한, 손해배상책임, 비밀누설 금지 등에 관한 사항을 규정함(안 제5장).
			바. 탐정업자가 업무를 수행함에 있어서 고의 또는 과실로 의뢰인 또는 제3자에게 손해를 끼쳤을 때에는 그 손해를 배상할 책임이 있고, 이를 보장하기 위하여 공제사업에의 가입 또는 보험 가입 등 필요한 조치를 하여야 함(안 제33조).
			사. 탐정업자의 자질 향상, 품위 유지 및 윤리경영을 위하여 탐정사협회를 둠(안 제37조).
			아. 경찰청장은 탐정업자 및 탐정사협회를 지도 · 관리 · 감독하도록 하고, 탐정사의 자격 취소 및 정지, 탐정업자의 등록이나 설립인가의 취소 및 영업정지 처분 등을 할 수 있도록 함(안 제40조부터 제42조까지).
20대	탐정업의관리에 관한 법률안	윤재옥	가. 이 법은 탐정업에 관한 적정한 관리감독을 통해 국민들에게 양질의 사실조사 서비스를 제공하여 국민의 권익 보호에 이바지하고, 탐정업의 건전한 발전을 도모함을 목적으로 함(안 제1조).
			나. '탐정'이란 사람의 생사나 그 소재, 도난 자산 등 물건의 소재, 또는 권리 · 의무의 기초가 되는 관련 정보와 사실관계의 존부 등을 확인할 정당한 이해관계가 있는 사람이 관련 사실 조사를 의뢰한 경우에 이에 대해 정보를 수집하고 사실을 조사하여 의뢰인에게 제공하는 것을 말함(안 제2조 제1호).
			다. '공인탐정업자'란 탐정업을 할 목적으로 제11조에 따라 등록된 공인탐정과 제28조에 따라 인가를 받은 공인탐정법인을 말함(안 제2조 제4호).
			라. 공인탐정의 결격사유, 자격시험, 1차시험 면제 대상자 및 자격제도 운영위원회를 규정함(안 제5조부터 제8조까지).
			마. 공인탐정 자격증의 양도 · 대여를 금지하고 공인탐정이 아닌 사람은 공인탐정, 탐정 또는 이와 유사한 명칭을 사용하지 못하도록 함(안 제9조 및 제10조).
			바. 탐정업을 하려는 자는 경찰청장에게 등록하여야 하고, 개폐업 또는 휴업할 때에는 신고하도록 함(안 제11조).
			사. 공인탐정의 권리 · 의무로서 부당한 비용 청구 금지, 사건부 작성 · 보관, 계약내용 서면 교부, 수집 · 조사의 제한, 등록증 대여 금지,

			사무원 채용, 손해배상책임, 비밀의 준수 및 교육의 의무 등을 규정함(안 제13조부터 제26조까지). 아. 공인탐정은 3명 이상으로 구성하여 탐정법인을 설립할 수 있도록 하고, 설립절차 및 업무집행방법 등을 규정함(안 제27조부터 제38조까지). 자. 경찰청장은 공인탐정을 지도·감독할 수 있으며, 자격취소 및 등록취소 등과 경찰청장의 권한의 위임 및 위탁에 관한 사항을 규정함(안 제41조부터 제45조까지). 차. 이 법은 공포 후 1년이 경과한 날부터 시행함(안 부칙 제1조).
20대	공인탐정업의 관리에 관한 법률제정안	황운하	가. 이 법은 공인탐정업에 관한 적정한 관리·감독을 통해 국민에게 필요한 사실조사 제도를 제공하여 국민의 권익을 보호하고, 공인탐정업의 건전한 발전을 도모함을 목적으로 한다(안 제1조). 나. 공인탐정은 의뢰인이 의뢰한 미아·실종자 등에 대한 소재파악, 도난·분실 자산 등의 소재확인, 의뢰인의 권리보호 등에 관한 사실조사를 행한다(안 제2조 제1항). 다. 공인탐정은 탐정업무를 수행함에 있어서 적법하고 성실하게 하여야 하며, 헌법상의 사생활의 자유를 보장하고 타인의 권리와 이익을 침해하는 일이 없도록 하여야 한다(안 제2조 제2항). 라. 공인탐정 자격시험에 합격한 자는 공인탐정의 자격이 있다(안 제4조). 마. 공인탐정 자격시험은 경찰청장이 관장·실시한다(안 제6조 제1항). 바. 경찰청·해양경찰청·검찰청·고위공직자범죄수사처·국가정보원·군수사기관 직원으로 수사·정보 등의 유사직무 또는 형사소송법 제245조의10에 따른 특별사법경찰관리로 수사직무에 10년 이상 근무한 경력이 있는 자는 공인탐정 1차 자격시험을 면제한다(안 제8조 제1항). 사. 공인탐정 자격제도의 운영 및 관리에 관한 사항을 심의하기 위하여 경찰청장 소속으로 공인탐정 자격제도 운영위원회를 둔다(안 제9조 제1항). 아. 공인탐정은 사실조사를 의뢰받은 내용에 위법한 사항이 있는 경우에는 사실조사를 거부하여야 한다(안 제21조 제1항). 자. 경찰청장은 공인탐정의 업무를 적절하게 수행하도록 하기 위해서 공인탐정을 지도·감독하며, 필요한 조치를 요구할 수 있다(안 제47조 제1항).

출처 : 국회 의원정보시스템(http://www.likms.assembly.go.kr : 처리/계류의안).

1. 서 론

탐정의 업무는 공적 치안기관이 수행하는 업무가 아닌 비권력적 작용으로 의뢰인의 요구에 따라 누구나 접근 가능한 정보의 수집을 대행하는 사실관계 등의 조사행위이다. 이러한 탐정업이 가지는 의미는 특히 공적기관이 국민의 수요 요구를 해결하지 못하는 법의 사각지대에서 탐정 등 사적기관이 그 공백을 해결한다는 것에 그 제도적 의의가 있다. 즉, 탐정업무가 도입됨으로써 폭증하고 있는 수사기관 등 공공기관의 업무 한계를 보완할 수 있다는 점이다. 그 외에도 개인이나 기업 등 사회적으로 늘어나고 있는 각종 수요 증가에 대한 대응이 가능하며, 신규 일자리를 창출하고, 심부름센터 등에서 탈법적으로 수행해 오던 불법행위에 등에 대한 관리가 가능하게 되어 오히려 국민의 기본적 인권보호에도 기여할 뿐만 아니라 현재의 유사업종에 대한 양성화 또한 가능하다는 점, 직업선택의 자유가 보장된다는 등의 장점이 있다.

이러한 장점들에도 불구하고 현재까지 공인탐정 혹은 민간조사제도가 법률로 입법화되지 못한 가장 큰 이유는 공인탐정 혹은 민간조사제도가 국민의 사생활을 침해 등 불법행위를 자행할 수 있는 공인된 통로가 될 수 있다는 우려가 크고 및 변호사 등 타 직종과의 업무의 중첩 그리고 탐정과 경찰 등 치안서비스와의 업무범위 충돌문제 및 법무부와 경찰청 등 탐정업의 관리감독 권한을 둘러싼 이견이 크기 때문이다. 따라서 탐정제도가 입법화된다면 현실적으로 문제가 되고 있는 위와 같은 문제점들을 어떠한 법적 근거를 통해 해결해 나갈 것인지 면밀한 검토가 필요하다.

2. 입법방향

가. 탐정의 자격 : 신고제 또는 등록제

공인탐정 또는 민간조사제도 도입 시 이들이 공인탐정 혹인 민간조사업을 수행함에 있어 이를 신고제로 운영하게 할 것인지 아니면 등록제를 운영하게 할 것인지 사전 논의가 필요하다.

그 동안 우리나라의 공인탐정 혹은 민간조사제도의 등록에 관한 국회의 입법논의 과정을 살펴보면, 제20대 국회에서 윤재옥의원이 발의한 '공인탐정법안', 이완영의원이 발의한 '공인탐정 및 공인탐정업에 관한 법률안', 제21대 국회에서 황운하의원이 발의한 '공인탐정업의 관리에 관한 법률제정안'들의 경우 공히 신고제가 아닌 등록제를 규정하고 있다.

한편, 이미 탐정제도가 도입되어 정착된 미국의 경우를 살펴보면, Alabama, Alaska, Idaho, Mississipi, Pennsylvania, South Dakota를 제외한 대부분의 주에서 탐정업에 대하여 주정부 혹은 지방정부에서 관리 감독업무를 수행하고 있으며,[199] 프랑스의 경우 1983년 '안전확보를 위한 사적업무에 관한 법률'이 제정되어 공인탐정 또는 민간조사제도가 시행되었는데 초창기에는 민간조사업에 대하여 신고제가 적용되었지만, 2003년 '안전확보를 위한 사적 업무에 관한 법률'이 개정되면서 공인탐정 또는 민간조사업을 영위하기 위해서는 허가를 받아야 되는 것으로 변경됨은 물론 민간조사업의 인가제도 및 자격제도 또한 도입되었다.[200] 가까운 일본의 경우는 애초 2006년 전까지는 탐정업을 자유업으로 규제를 하지 아니하여 누구나 쉽게 진입할 수 있도록 하였지만 탐정업의 개인의 사생활침해 등 각종 불법행위가 사회적 문제로 부각됨에 따라 2006년 6월 '탐정업 업무의 적정화에 관한 법률'이 제정되면서 신고제로 전환되었다.

위와 같은 외국의 입법례들을 살펴보면, 탐정제도 도입시 이를 신고제로 운영할 것인지 아니면 등록제로 운영할 것인지 그러한 결정은 결국 각국의 처한 상황에 고려하여야 할 입법 정책적 문제로 보인다. 다만, 탐정제도 도입의 반대의견 중 하나인 국민

---

199) 송병철, 윤재옥 의원 대표발의안 공인탐정업법 검토보고서, 2016, 14면.
200) 이하섭, 외국사례를 통한 민간조사제도 도입에 관한 연구, 한국민간경비학회보(제11권 제4호), 2012, 275면.

의 사생활 침해문제나 불법행위의 차단 등의 문제를 해결하기 위해 그들의 업무를 법률의 규정 내에서 보다 더 엄격하게 관리감독할 필요가 있다는 현실적인 문제점들을 감안한다면 자유업에 가까운 신고제보다는 일정한 자격요건을 갖춘 자만이 업무수행이 가능한 등록제가 우리 현실에 더 적합하다고 판단된다.

3. 탐정의 업무범위 명확화

공인탐정 또는 민간조사제도 도입시 경찰의 수사권과의 충돌 및 인근 자격증과의 업무영역 충돌 등이 가장 문제가 될 수 있는 부분이다. 따라서 탐정업의 업무범위를 정함에 있어서는 탐정업무의 특성상 발생할 수 있는 사생활침해 및 불법행위의 남용방지는 물론 유사직역과 업무범위의 충돌을 최소화하고, 조화를 꾀하는 방향으로 입법화될 것이 요구된다.[201] 그러나 지금까지 우리나라에는 탐정제도가 도입되지 아니한 상황에서 그 업무범위에 대해서는 국회의 탐정관련법 입법화 논의 과정에서 진행되었던 것이 전부이기 때문에 현시점에서는 확정된 업무범위가 존재하지 아니한다. 다만 이러한 입법안을 비교하면 공통된 분모를 찾을 수 있으며 이러한 공통분모는 국민을 대표하는 국회의 의사결정으로 향후 입법화될 공인탐정 등의 업무를 정함에 있어 민주적 정당성을 가질 수 있기 때문에 상당한 의미가 있다.[202]

[국회 탐정관련 발의 법안 중, 탐정 및 공인탐정관련 법안의 업무범위]

회 기	제안자	업무범위
제16대	1999년 하순봉의원	• 다른 사람의 의뢰에 의하여 보수를 받고 범죄수사 • 개인에 관한 사항의 조사 • 분실 또는 도난당한 재산의 소재확인 • 화재, 사고, 손실 등의 원인과 책임의 조사 • 사람의 사망, 상해, 물건의 손실에 대한 원인과 책임의 조사 • 법정 등에서 사용될 증거 등을 확보하여 의뢰인에게 제공

---

201) 강동욱, 앞의 책, 110면.
202) 송재현, 앞의 논문, 45면.

제20대	2016년 윤재옥의원	• 미아, 가출인, 실종자, 소재불명인, 불법행위자에 대한 소재파악과 관련된 사실조사 • 도난, 분실, 도피자산의 추적 및 소재확인과 관련된 사실조사 • 의뢰인의 권리보호 및 피해사실과 관련된 사실조사
	2017년 이완영의원	• 타인의 의뢰를 받아 사람이 생사나 그 소재 • 타인의 의뢰를 받아 재산상 이익의 소재 또는 권리의무의 기초가 되는 사실관계 • 위 사항에 대한 정보를 수집하고 사실을 조사하여 의뢰인에게 제공
21대	2020년 이명수의원	• 기업이나 개인 등의 의뢰를 받아 계약을 맺고 보수를 받으며, 위법하지 않은 범위 내에서 의뢰받은 사건에 대한 조사활동을 통하여, 사실관계 확인 및 관련 정보 등을 수집분석하여 그 결과를 의뢰인에게 제공
	2020년 윤재옥의원	• 미아, 가출인, 실종자, 도피한 불법행위자 등 소재불명인에 대한 소재파악과 관련된 사실조사 • 도난, 분실, 은닉자산의 추적 및 소재확인과 관련된 사실조사 • 의뢰인의 권리보호 및 피해사실과 관련된 사실조사
	2023년 황운하의원	• 의뢰인이 의뢰한 미아·실종자 등에 대한 소재파악, 도난·분실 자산 등의 소재확인, 의뢰인의 권리보호 등에 관한 사실조사

따라서 현시점에서 탐정의 업무범위와 관련하여서는 탐정제도가 오래 전 정착되고 운영되어온 외국의 사례에서 그 시사점을 찾을 수밖에 없다. 먼저 외국의 입법사례를 살펴보면, 미국의 경우, Florida 주의 경우 탐정의 업무범위를 ⅰ) 정부로부터 위임받은 범죄나 위법행위 그리고 미국 내 주나 지역에 대한 위협행위 조사, ⅱ) 특정 사람이나 단체에 대한 신원확인, 습관, 행동, 동기, 소재확인, 친자확인, 친밀도, 거래, 명성, 성격 등의 파악, ⅲ) 목격자나 기타 사람들의 신빙성 확인, ⅳ) 실종자 혹은 귀속되거나 포기된 재산의 소유자 및 부동산 상속자에 대한 소재파악, ⅴ) 분실이나 도난당한 재산의 소재를 확인해 주거나 찾아주는 활동, ⅵ) 화재, 명예훼손, 모욕, 손해, 사고, 신체장애, 부동산, 동산에 대한 침해의 원인 등으로 정하고 있으며, California주의 경우 탐정의 업무범위를 ⅰ) 미합중국 또는 미연방이나 주를 상대로 발생되거나 위협이 되는 범죄 또는 불법행위 등에 대한 조사, ⅱ) 특정 개인의 신원조회, 습관이나 행동, 사업관계, 경력, 지식수준, 성실성이나 신뢰성, 업무효율성, 조직에 대한 충성도, 활동사항, 교우관계, 소속된 조직이나 단체, 평판이나 특성에 대한 조사, ⅲ) 분실 또는 도난당한 물건의

원상회복이나 소재파악, ⅳ) 사람이나 물건의 화재, 명예훼손, 손실, 사고 피해 또는 부상에 대한 원인 및 책임규명, ⅴ) 재판, 중재, 위원회의 판정 및 조정에 시용하는 증거의 확보 및 조사 등으로 정하고 있다.

영국의 경우 탐정의 업무범위는 민간보안산업법(Private Security Industry Act 2001) 제4조 제1항[203])에서 규정한 어떠한 개인이 특정한 개인의 활동 및 소재파악 등과 관련된 정보를 수집하기 위하여 감시, 질문, 그리고 조사 등과 관련된 업무를 수행할 수 있다고 다소 포괄적으로 정하였고, 이러한 업무를 수행하기 위해서는 민간산업위원회에서 규정한 일정한 자격을 갖출 것을 요구한다. 그 외 일본의 경우 탐정의 업무범위와 관련하여 탐정업법(日本探偵業の業務の適正化に関する法) 제2조에 따르면 타인의 의뢰를 받아 특정인의 소재 또는 행동에 대한 정보로서 당해 의뢰에 관한 정보 등을 수집하며, 이를 위해 면접에 의한 탐문과 미행, 잠복 등 기타 이와 유사한 방법으로 현장조사를 실시하여 그 조사결과를 당해 의뢰인에게 보고하는 업무로 규정하고 있다.

위와 같은 외국의 입법례를 검토해 보면, 탐정의 업무범위를 다소 포괄적으로 규정하고 예외 조항을 규정하고 있는 경우가 있다. 이러한 업무범위의 규정은 각각 당해 국가가 처한 상황에 따라 결정된 부분으로써, 우리나라의 경우에는 탐정제도 도입시 가장 문제가 되는 사생활침해 및 불법행위의 남용방지는 물론 유사직역과 업무범위의 충돌을 최소화하고, 조화를 꾀하는 방향으로 입법화를 모색하되, 너무 포괄적 열거가 아닌 제한적 예시로 업무범위를 명확히 할 필요가 있다.

4. 탐정업의 관리와 감독기관

공인탐정 또는 민간조사제도 도입할 경우 그 소관 부처를 어디로 하여 관리감독을

---

203) 4 Exemptions from licensing requirement
   (1) If—
   (a) it appears to the Secretary of State that there are circumstances in whichlicensable conduct is engaged in only by persons to whom suitable alternativearrangements will apply, and
   (b) the Secretary of State is satisfied that, as a consequence, it is unnecessary forpersons engaging in any such conduct in those circumstances to be required tobe licensed under this Act, then he may by regulations prescribing those circumstances provide that a person shallnot be guilty of an offence under section 3 in respect of any conduct engaged in by himin those circumstances.

할 것인지 이는 법무부와 경찰청간의 의견이 상당이 대립되는 부분이다.

법무부의 경우 공인탐정 또는 민간조사업의 경우 국민의 사생활침해 등 인권침해의 요소가 많고, 경찰청에서 관리감독 시 유착관계가 발생할 가능성이 높으며, 민간조사업무의 경우 변호사 업무의 직역과 중복되어 충돌이 발생할 우려가 있어 변호사 업무를 감독하는 법무부가 통합하여 업무범위를 조정할 필요가 있다. 또한 사법경찰에 대한 지휘권이 있는 검찰청 또는 그 상위기관인 법무부가 관리감독하는 것이 합리적이라는 등의 이유로 공인탐정 등의 관리감독의 주체가 되어야 한다는 입장이다.

반면 경찰청은, 탐정은 의뢰인이 직접 해야 하는 사실조사를 대리할 뿐 수사기관에 부여된 강제처분 등 특별한 직무수단이 인정되지 아니하여 사법작용 내지 준수사업무 성격이라고 불 수 없다는 입장이다. 특히 전문분야의 사실조사 활동에 대하여 이미 각 소관부처에서 관리감독하고 있으며,204) 또한 경찰청 훈령인 경찰 정보통신 보안업무 규칙에 의하면 경찰정보통신망 접속내역에 대한 정기적인 보안감사를 실시하고 온라인 조회내역 확인검증 시스템 등을 통해 상시적으로 정보통신망 조회내역을 감시하고 있으며, 내사, 수사 사건의 정보는 형사사법절차 전자화 촉진법에 따라 형사사법통신망(KICS)에 보관, 관리되고 있으므로, 부당하게 유출 시 5년 이하 징역 또는 5천만 원 이하 벌금형에 처하도록 규정되어 있어 전 현직 경찰 간의 유착을 근원적으로 막을 수 있는 시스템이 마련되어 있으며, 민간조사업무의 특성상 사생활침해 및 불법적인 수단을 활용할 가능성이 높아 국가의 강력한 행정지도, 단속 등 통제가 필요하고, 유사직역인 경비업 분야를 이미 경찰청 생활안전국이 관리감독하고 있는 점 등을 이유로 경찰청이 관리감독하는 것이 합리적이라고 주장하며, 양자의 견해가 대립하고 있는 실정이다.

다만, 현재 우리나라 사회에서 사회공공의 안녕과 질서를 그 소관업무를 하는 기관은 경찰법과 경찰관직무집행법에 규정하고 있는데, 이 법률들은 경찰의 직무로 공공의 안녕과 질서유지를 규정하여 경찰 법집행의 근거조항으로 보고 있다. 경찰은 공공의 안녕과 질서유지를 기본으로 하고 있으며, 이를 현행 법률에 규정을 두어 경찰의 법집행 수권조항으로 정하고 있다.205)

---

204) 가령, 손해사정을 위한 사실조사를 위하여 손해사정제도를 도입하고 있고, 신용조사를 위하여 신용조사제도가 도입되어 있는데 이에 대해서는 금융감독위에서 관리감독하고 있다.
205) 홍정선, 경찰행정법, 박영사, 2019. 15면 이하.

또한 정부조직법 제34조 제5항에서는 치안에 관한 사무를 관장하기 위하여 행정안전부장관 소속으로 경찰청을 둔다고 규정하여 경찰의 직무로 보고 있다. 탐정업은 사적 영역에서 사인에 대한 조사 등을 수행하는 업무의 특성상 개인의 인권침해나 사생활침해 등의 불법행위를 자행할 가능성이 상당하다. 따라서 탐정업이 가지는 이러한 위험성 등을 고려할 경우 공공의 안녕과 질서유지를 담당하는 경찰기관이 소관부처로 되는 것이 우리 법제상 타당하다.[206]

5. 탐정의 자격요건 및 결격 사유

탐정제도는 그 나라의 역사와 문화, 정치체제, 국민의식 등 다양한 요인에 의해 그 도입과 운용이 다르게 나타나고 있다. 이는 국가의 치안상황과 국민의 안전과 기본권에 대한 의식수준에 따라 그 특징과 형태의 다양성을 보이고 있으며, 탐정제도의 자격요건 및 결격사유 또한 이와 같다.

가. 자격요건

헌법 제15조는 직업선택의 자유를 규정하고 있는데 이는 자기가 선택한 직업에 종사하여 이를 영위하고 언제든지 임의로 그것을 전환할 수 있는 자유로서 민주주의·자본주의 사회에서는 매우 중요한 기본권의 하나로 인식되고 있는 것이다. 왜냐하면 직업선택의 자유는 근세 시민사회의 출범과 함께 비로소 쟁취된 기본권으로서 중세 봉건적 신분사회에서는 인정될 수 없었던 것이며 현대사회에서도 공산주의 국가에서는 원칙적으로 인정되지 않는 기본권이기 때문이다. 여기서 직업이란 생활의 기본적 수요를 충족시키기 위한 계속적인 소득활동을 의미하며 그러한 내용의 활동인 한 그 종류나 성질을 불문하는데 헌법재판소는 직업선택의 자유를 비교적 폭넓게 인정하고 있다.[207]

직업선택의 자유에는 직업결정의 자유, 직업종사(직업수행)의 자유, 전직의 자유 등이 포함되지만 직업결정의 자유나 전직의 자유에 비하여 직업종사(직업수행)의 자유에 대

---

206) 김원중, 주요외국의 탐정법제 사례를 통해 본 탐정업법 도입방안, 2020. 11. 47면.

207) 헌재 1989.11.20. 선고, 89헌가102 결정; 1990.10.8. 선고, 89헌가89 결정; 1990.10.15. 선고, 89헌마178 결정; 1990.11.19. 선고, 90헌가48 결정; 1991.6.3. 선고, 89헌마204 결정 각 참조.

하여서는 상대적으로 더욱 넓은 법률상의 규제가 가능하다고 할 것이고 따라서 다른 기본권의 경우와 마찬가지로 국가안전보장·질서유지 또는 공공복리를 위하여 필요한 경우에는 제한이 가하여질 수 있는 것은 물론이지만 그 제한의 방법은 법률로써만 가능하고 제한의 정도도 필요한 최소한도에 그쳐야 하는 것 또한 의문의 여지가 없이 자명한 것이다(헌법 제37조 제2항).[208]

헌법재판소의 위와 같은 견해를 기초로 보면, 제20대 국회에서 윤재옥의원이 대표발의한 법안 제7조 상의 ⅰ) 경찰공무원, 검찰청, 국가정보원, 군수사관 직원 중 수사 정보 등 유사업무 종사 경력이 10년 이상인 자, ⅱ) 형사소송법 제197규조의 특별사법경찰관리로서 수사업무 종사 경력이 10년 이상인 자에게 1차 시험 면제규정을 두는 것은 특정인에게 배타적·우월적인 직업선택권이나 사실상 독점적인 직업활동의 자유까지 보장하는 것으로써 그러한 주장은 제고될 필요가 있다.

더욱이 최근 각종 자격시험에서 직업선택의 자유나 자유경쟁, 형평성 등을 침해한다는 이유로 전직 공무원에게 주어진 1차 시험면제가 과도한 특혜라는 사회적 논란으로 그 폐지가 수면위로 오른 상황에서는 탐정사제도 도입시 발생할 수 있는 불필요한 논쟁은 사전에 지양할 필요가 있다.[209]

---

208) 헌재 1993. 5. 13. 소js고 92헌마 80 결정.

209) 노웅래 의원(더불어민주당)이 2023년 5월 17일 공인회계사·관세사·공인노무사·변리사 시험에 대해 공무원 특혜를 폐지하는 법률 개정안을 대표발의했다. 지난해 국세청에서 일한 국세경력자에 대한 공무원 일부 시험 면제제도를 철폐하는 내용의 세무사법을 발의한데 이어, 공인회계사·관세사·공인노무사·변리사 등 타 자격시험까지 범위를 확대했다. 현행법은 국세·지방세에 관한 행정사무 경력이 있는 공무원이 세무사 시험에 응시하는 경우, 1차 시험의 전 과목을 면제해 주거나 1차 시험의 전 과목 및 2차 시험의 일부 과목을 면제해 주고 있다. 또한, 노동행정 또는 노동관계 업무에 종사한 경력이 일정기간 이상인 공무원, 기업회계·회계감사 또는 직접세 세무회계 담당 경력이 있는 공무원, 관세행정 분야 경력자 중 일정 분야에 5년 이상 종사한 공무원, 특허행정사무에 종사한 경력이 일정 기간 이상인 공무원도 관련 국가전문자격시험인 공인회계사·관세사·공인노무사·변리사 시험의 1차 또는 2차 시험과목 일부를 면제받고 있다. 그러나 이는 공무원 응시생과 일반 응시생간 자유경쟁·형평성을 저해하고 공무원에 대한 과도한 특혜라는 지적이 계속돼 왔다.
공직경력 특례 폐지 논란은 2021년 제58회 세무사시험이 방아쇠를 당겼다. 공무원 경력자 면제과목인 세법학 1부 일반 응시자의 82.1%가 과락으로 탈락하면서 불공정 논란이 수면 위로 떠올랐다.
이를 계기로 과거 공무원의 열악한 처우에 대한 보상 차원으로 제공됐던 경력 공무원의 전문자격시험 면제제도를 없애야 한다는 목소리가 높아졌다. 국민권익위원회가 지난해 10월 실시한 공직경력 특례 인정제도에 대한 조사 결과, 국민 3천534명 중 2천718명(76.9%)이 폐지 입장을 보였다.
노웅래 의원은 '지난 세무사 시험처럼 열심히 준비한 일반 수험생들이 피해를 본 사태가 다시 발생해서는 안된다.'며 '해묵은 공무원 특혜를 폐지하기 위해 하루 빨리 제도가 개선돼야 한다.'고 입법 취지를 설명했다. [출처] 한국세정신문 (http://www.taxtimes.co.kr)

결국 직업선택의 자유라는 측면에서 본다면, 탐정업은 누구나에게 공평하게 개방되어 있는 것이 맞다. 특히나 탐정제도 도입의 반대 입장에 서있는 변호사 단체의 퇴직 경찰관 직업 만들어 주기 또는 경찰의 전관예우나 결탁문제 등의 문제까지도 1차 면제 규정을 삭제할 경우 어느 정도 해결될 수 있다는 점 등을 감안한다면 더더욱 그러할 필요가 상당하다.

다만, 전직 경찰 등에게 1차 시험 면제를 주장하는 자들의 탐정업의 전문성 향상 방안에 관하여는 자격합격자에게 일정 기간 연수교육을 이수케 하고 만일 연수교육에서 낙오하거나 일정한 성적에 미달한 자를 제적함으로써 탐정업 수행의 장벽을 높이고, 그 후에도 일정기간마다 보수교육 등을 의무적으로 이수하게 함으로써 지속적으로 업무수행의 전문성을 제고할 필요가 있다.

나. 결격사유

공인탐정제를 도입하고 있는 미국의 경우 탐정시험에 응시하기 위한 자격요건으로서 범죄기록이 없어야 하며, 마약 및 약물 복용, 정신이상자는 결격사유로서 응시자격을 부여하지 않고 있다. 또한 일부 주의 경우에는 음주운전을 중범죄로 판단하여 응시자격을 부여하지 않고 있으며, 수시기관 등에서 불명예 퇴직을 하거나 징계경력이 있는 자는 시험응시에 일정한 제한을 두고 있다.[210]

그리고 독일의 경우 탐정업을 영위하기 위해서는 주정부 감독청에 영업등록을 하여야 하며, 영업신고시 감독청은 그 신뢰성을 심사하도록 하고 있다. 신청인은 신뢰성 심사를 위한 자료로써 연방중앙등록법 상의 유죄판결을 받은 범죄경력 기록이 있는지 및 상업중앙등록부상의 정보 등 자료가 제공되도록 하여야하며, 만일 신뢰성 검사를 통하여 문제점이 발견되면 업무의 일부 또는 전부에 대한 정지조치를 할 수 있다.[211]

그 외 일본의 경우에는 탐정업무의 적정화에 관한 법률에 의거하여 성년피후견, 금고 이상의 형에 처해지거나 이 법률규정에 위반하여 금고형에 정해져 그 집행을 종료 또는 집행을 받지 아니하기로 한 날부터 기산하여 5년을 경과하지 아니한 자, 최근 5년

---

210) 박동균, 김태민, 미국 민간조사산업의 특징 및 함의, 한국민간경비학회보, 제11권 제4호, 한국민간경비학회, 2012, 115면.
211) 조현빈, 주요국가의 공인탐정 현황 및 정책적 시사점, 한국민간경비학회보, 제8호, 한국민간경비학회, 2006, 284면.

간 본 법률 제15조의 규정에 의한 처분을 위반한 자, 폭력단원에 의한 부당한 행위의 방지 등에 관한 법률 제2조 제6항에 규정한 폭력단원 또는 폭력단원이 아닌 날로부터 5년을 경과하지 아니한 자, 영업에 관하여 성년자와 동일한 능력을 보유하지 않는 미성년자로 그 법정대리인이 전조 각 항목 중에 해당될 때, 법원에 소속된 종업원 중 위 제1항부터 4항까지의 각 항목에 해당하는 자가 있을 때 등의 사유를 결격사유로 각 규정하고 있다.

한편, 우리나라의 경우에도 외국의 입법례와 같이 대부분의 국가자격증의 경우 관련 법률에 결격사유를 명확히 규정하고 있다. 따라서 우리나라에 탐정제도가 도입될 경우 탐정자격 또한 여타의 자격증의 취득과 같이 이를 취득하기 위한 요건을 정함에 있어 탐정업이 가지는 고도의 전문성과 공익적 성격 그리고 그 조사행위의 특성 및 국가의 치안상황, 국민의 의식수준 등을 종합적으로 고려하여 시험 응시요건 및 결격사유 등을 매우 엄격하게 규정함으로써 탐정업의 적정성 및 적법성을 담보하여야 할 필요가 있다.

참고로, 제20대 국회 윤재옥의원이 발의한 공인탐정업법(안)에서 규정한 결격사유를 살펴보면, 전설한 일본의 탐정결격 사유와 유사한 점을 많이 찾아볼 수 있다. 19세 미만인 사람, 피성년후견인 또는 피한정후견인, 금고 이상의 형을 선고받고 그 집행이 종료되거나 집행이 면제된 날로부터 5년이 경과되지 아니한 사람, 금고 이상의 형의 집행유예를 선고받고 그 유예기간이 만료된 날부터 2년이 경과되지 아니한 사람, 금고 이상의 형의 선고유예를 받고 그 유예기간 중에 있는 사람, 법원의 판결 또는 다른 법률에 따라 자격이 상실되거나 정지된 사람, 제42조 제1항 제1호, 제2호, 제3호에 따라 공인탐정의 자격이 취소된 후 3년이 경과하지 아니한 사람 등을 결격사유로 규정하고 있다.

경비업법 제10조(경비지도사 및 경비원의 결격사유)

① 다음 각 호의 어느 하나에 해당하는 자는 경비지도사 또는 일반경비원이 될 수 없다.

  1. 18세 미만인 사람 또는 피성년후견인

  2. 파산선고를 받고 복권되지 아니한 자

  3. 금고 이상의 실형의 선고를 받고 그 집행이 종료(집행이 종료된 것으로 보는 경우를 포함한다)되거나 집행이 면제된 날부터 5년이 지나지 아니한 자

  4. 금고 이상의 형의 집행유예선고를 받고 그 유예기간중에 있는 자

5. 다음 각 목의 어느 하나에 해당하는 죄를 범하여 벌금형을 선고받은 날부터 10년이 지나지 아니하거나 금고 이상의 형을 선고받고 그 집행이 종료된(종료된 것으로 보는 경우를 포함한다) 날 또는 집행이 유예·면제된 날부터 10년이 지나지 아니한 자

　　가. 「형법」 제114조의 죄

　　나. 「폭력행위 등 처벌에 관한 법률」 제4조의 죄

　　다. 「형법」 제297조, 제297조의2, 제298조부터 제301조까지, 제301조의2, 제302조, 제303조, 제305조, 제305조의2의 죄

　　라. 「성폭력범죄의 처벌 등에 관한 특례법」 제3조부터 제11조까지 및 제15조(제3조부터 제9조까지의 미수범만 해당한다)의 죄

　　마. 「아동·청소년의 성보호에 관한 법률」 제7조 및 제8조의 죄

　　바. 다목부터 마목까지의 죄로서 다른 법률에 따라 가중처벌되는 죄

6. 다음 각 목의 어느 하나에 해당하는 죄를 범하여 벌금형을 선고받은 날부터 5년이 지나지 아니하거나 금고 이상의 형을 선고받고 그 집행이 유예된 날부터 5년이 지나지 아니한 자

　　가. 「형법」 제329조부터 제331조까지, 제331조의2 및 제332조부터 제343조까지의 죄

　　나. 가목의 죄로서 다른 법률에 따라 가중처벌되는 죄

　　다. 삭제 [2014.12.30.]

　　라. 삭제 [2014.12.30.]

7. 제5호 다목부터 바목까지의 어느 하나에 해당하는 죄를 범하여 치료감호를 선고받고 그 집행이 종료된 날 또는 집행이 면제된 날부터 10년이 지나지 아니한 자 또는 제6호 각 목의 어느 하나에 해당하는 죄를 범하여 치료감호를 선고받고 그 집행이 면제된 날부터 5년이 지나지 아니한 자

8. 이 법이나 이 법에 따른 명령을 위반하여 벌금형을 선고받은 날부터 5년이 지나지 아니하거나 금고 이상의 형을 선고받고 그 집행이 유예된 날부터 5년이 지나지 아니한 자

② 다음 각 호의 어느 하나에 해당하는 자는 특수경비원이 될 수 없다.

1. 18세 미만이거나 60세 이상인 사람 또는 피성년후견인

2. 심신상실자, 알코올 중독자 등 대통령령으로 정하는 정신적 제약이 있는 자

3. 제1항제2호부터 제8호까지의 어느 하나에 해당하는 자

4. 금고 이상의 형의 선고유예를 받고 그 유예기간중에 있는 자

5. 행정안전부령으로 정하는 신체조건에 미달되는 자

③ 경비업자는 제1항 각호 또는 제2항 각호의 결격사유에 해당하는 자를 경비지도사 또는 경비원으로 채용 또는 근무하게 하여서는 아니된다.

CHAPTER 05

탐정과 직업윤리

제1절 직업윤리의 개념

1. 직업윤리의 개념 및 필요성

가. 직업윤리의 개념

직업윤리란 사람들의 직업적 활동의 관점에서 최적이라 생각되는 사람들 간의 일정 유형의 도덕적 관계를 규정하는 행동의 규약들을 의미한다. 이러한 직업윤리는 직업의 적용을 받는 대상자 곧 일반 시민 및 고객들은 물론 해당 직업에 종사하고 있는 직업인 자신들을 위해서도 필요하며, 직업 자체의 건전한 성장과 발전을 위해서도 매우 중요한 의미가 있다.

특히, 현대사회에서 많은 전문직 종사자들은 자신들의 공익성을 강조하면서 나름대로 윤리강령을 가지고 있다. 변호사 윤리강령, 의사 윤리강령, 한국신문 윤리강령, 공인 회계사 윤리강령 등이 그것이다. 이러한 윤리강령은 구성원들의 자기규율, 자율성, 그리고 사회적 헌신을 그 내용으로 한다. 그래서 통상적으로 어느 직업적 활동이 윤리강령에 의해 규율된다는 것은 그 직업이 전문적 지위를 가진다는 징표임을 뜻한다.[212]

이와 같이 전문직업인에게는 통상적으로 윤리헌장(code of ethics)에 구체화되어 있는 일련의 규범적 및 행태상의 기대를 준수하여야 하는 의무가 부여되어 있다. 이러한 역할기대는 전문직업인의 행위를 전반적으로 규제하는 요인이 되며, 특히 이들의 전문분야의 지식으로 인하여 향유하는 의사결정상의 자율성을 상당한 정도로 제약하는 요인으로 작용한다.[213)]

나. 직업윤리의 필요성

전문직업인의 경우 자신의 선택하거나 종사한 직업에 대하여 기본적으로 관련 일에 대한 전문적 지식 및 판단 능력, 성실성 등이 필요하며, 그 외에도 ⅰ) 직업상 개인의 판단과 행동이 다수의 이해관계자와 관계되고, ⅱ) 많은 사람이 관련되어 공통 협력하므로 맡은 역할에 대한 책임감과 정확하고 투철한 일처리가 필요하며, ⅲ) 규모가 큰 공동의 재산, 정보 등을 개인의 권한 하에 위임·관리하므로 높은 윤리의식이 요구되고, ⅳ) 직장이라는 특수상황에서 갖는 집단적 인간관계는 가족관계, 개인적 선호에 의한 친분관계와는 다른 측면의 배려가 요구되며, ⅴ) 각각의 직무에서 오는 특수한 상황에서는 개인적 덕목차원의 일반적인 상식과 기준으로 규제할 수 없는 경우가 존재하기 때문에 직업윤리가 반드시 필요하다.[214)]

2. 탐정의 직업윤리

가. 탐정의 직업윤리 필요성

탐정업은 일정한 보수를 받고 적법한 범위 내에서 실종자 조사, 평판조회, 각종 사고 조사, 직원들의 행동조사, 채무자 소재 및 재산 파악 등 의뢰를 받은 사실을 조사하거나 접근 가능한 정보를 수집·분석하여 이를 의뢰인에게 제공하는 업무를 수행한다. 현실적으로 소재불명인 미아나 실종자에 대한 조사, 분실하거나 도난당한 재산의 회수 외에 변호사의 의뢰를 받은 민·형사사건의 소송 준비자료 수집과 조사 등의 분야에 대

212) 전용찬·최원석, 경찰윤리, 경찰대학 2004, 213면.
213) 김종주, 한국 도시계획의 전문직업화에 관한 연구, 대구대학교 대학원, 박사학위논문, 2000. 59면.
214) 직업윤리, NCS 직업기초능력교육매뉴얼(교수자용), 한국기술교육대학교 능력개발교육원, 2021. 4~6면.

한 탐정의 필요성이 증대되고 있는 것 또한 현대사회의 특징이다.

문제는 대부분의 업무가 개인정보와 밀접한 관련이 있고, 그 업무수행 과정에서 각종 불법행위가 자행되어 사회적 문제로 대두되기도 하였다는 것이다. 실제 과거 신문기사이기는 하지만 심부름센터의 불법행위를 단속한 기사의 내용을 살펴보면, 특정인의 소재나 연락처 등 사생활을 불법으로 조사하다 적발된 행위가 가장 많았고, 그 다음으로 피해자 차량에 위치추적기를 부착해 위치 정보를 불법으로 수집하는 행위 및 취득한 개인정보를 누설하거나 받는 행위, 불법 채권추심 행위 등이 그 뒤를 이었고, 심부름센터에 조사를 의뢰한 이들은 대부분 배우자의 불륜을 의심한 사건이라는 것이다.215)

그 외 드라마나 영화에서 자주 등장하거나 소재거리로 삼고 있는 내용 중에 의뢰인의 의뢰를 받고 업무에 착수한 탐정이 관련 증거를 채득한 후 이를 기회로 의뢰인에게 추가로 돈을 요구하거나 또는 의뢰인을 배신하고 반대 상대방에게 이를 제공하여 거액의 수수료를 챙기는 모습니다. 실제 탐정에게 관련 업무를 의뢰하는 사람들의 걱정 중하나가 탐정의 이러한 배신행위이다. 이렇듯 탐정의 업무는 각종 비리나 유혹에 노출된 직역이기도 하다. 따라서 탐정의 업무는 그 어느 직역보다 더 큰 도덕성이 요구됨은 물론 적법성, 청렴성, 진실성, 정직성 등이 요구되는 직역이다.

한편, 탐정의 위와 같은 업무수행상의 특징 및 사회적 파장 때문인지 탐정업무에 관한 윤리강령은 국가마다 조금씩 상이하지만 관련 법규를 준수하여야 한다는 점 외에도 다음과 같은 공통점이 있다. ⅰ) 사건의 수임에서 불법적이거나 비윤리적 사건, 혹은 고객의 이익과 상반되는 사건은 수임하지 못하도록 하고 있고, ⅱ) 업무수행 과정에서 취득한 정보에 대한 비밀을 준수할 의무가 있으며, ⅲ) 업무와 의뢰 수수료에 대해서는 계약 전에 이를 명확히 하여 추후 문제가 발생하지 않도록 사전 대비하도록 하였고, ⅳ) 윤리규정 위반자에 대한 통보 의무를 부과하고 있다.216)

따라서 향후 탐정제도가 법제화되는 경우 위의 윤리강령 및 여타의 전문자격사의 윤리규정을 참고하여, 비밀유지의무나 이해충돌방지의무, 품위유지 의무, 수임사건의 건수 및 수임액 보고의무, 회칙준수의무 등 윤리규정을 구체적으로 명기하고, 또한 관련 규정 위반시 탐정사자격의 정지 또는 등록취소 등 벌칙규정을 위반행위 유형별로 세분

---

215) 심부름센터 불법행위 '불륜 뒷조사' 최다 :: 문화일보 munhwa 참조.
216) 박성수, 안성원, 탐정학개론, 윤성사, 2020. 290~291면.

화하여 규정함으로써 탐정업의 적법성 담보는 물론 전문 직종으로써 국민의 신뢰 아래 정착되도록 할 필요가 있다.

그와 더불어 신설 또는 기존 탐정협회는 자체적으로 탐정윤리강령을 제정하고, 자율적인 관리감독을 철저히 함으로써 탐정업이 정당한 직업으로 정착·발전할 수 있도록 하여야 할 것이다.[217]

나. 탐정윤리의 주요내용

업무수행과정에서 사실관계 조사, 정보수집 및 분석 그리고 의뢰인과의 관계 등을 고려할 때 타 전문직종과 비교하여 보다 더 높은 정직성과 사명감 등이 요구되는 조사 전문가로서 탐정의 기본적인 윤리는 다음과 같다.[218]

1) 비밀준수 및 개인정보보호 의무

비밀준수의 목적은 업무수행과정에서 취득한 통신내용 및 정보를 보호하는 것이다. 정보공개는 고객의 개인정보 보호권과 관련하여 필요하고 관련성이 있으며, 검증 가능한 것으로 제한된다. 조사관은 의뢰인 고용주 또는 동료가 자신에게 부여한 신뢰를 어떠한 방식으로든 공개하거나, 발설하거나, 배신해서는 안 된다. 의뢰인의 의뢰를 받아들일 때 탐정은 비밀을 보장하고, 의뢰인의 이익을 보호하고 증진해야 한다.

제3자가 관련된 경우, 개인정보 또는 비밀정보를 고려할 때 핵심은 고객에게 통지하는 것이다. 진실하고 합법적인 운영방식을 발전시키려면 고객의 권리가 존중되어야 한다. 비밀정보를 신문, 출판물 또는 기타 매체에 누설하는 것을 자제하여 고객을 보호하고, 사법집행 또는 법원에서의 공정한 재판에 대한 간섭을 방지할 수 있다.

고객의 신뢰는 또한 기한을 초과하여 유지되어야 한다. 탐정이나 고용된 조사직원의 사적인 이익을 위해 기밀을 공개하거나 사용하거나, 고객에게 사전통지나 동의 없이 의뢰인에게 불리하게 사용하는 경우 기밀유지 위반이 된다. 전문 파일, 보고서 및 기록은 적절한 경우 파기할 수 있다는 규정과 함께 보안조건에 비밀준수가 되어야 한다.

---

217) 강동욱, 윤현종, 앞의 책, 130~131면.

218) McMahon, Rory J.(2007). Practial handbook professional investigator,Ch.16 Ethics, 341~348면.

2) 진실성

고객의 이익을 최우선한다는 업무수행 의무는 가장 중요하지만 사실을 확인하고 정직하게 편향되지 않은 보고서를 제공해야 하는 의무를 소홀히 하라는 것은 아니다. 조사관은 진실을 찾고 고용주 또는 고객의 이익을 증진하는데 전념해야 한다. 진실을 찾는 것은 모든 경우에 의뢰인의 이익을 위한 공정성과 정의의 이상을 확립하는 것을 가능하게 한다. 모든 전문조사자의 의도는 접촉하는 모든 사람을 정직하고, 정당하고, 정중하게 대하는 것이어야 한다. 고객의 이익을 위해 사실관계를 조작하거나 위조·변경하여서는 아니 된다.

3) 최신정보제공

탐정은 의뢰인이 탐정의 업무 분야에서 제공할 수 있는 최고 품질의 서비스를 제공받을 수 있는 수준에서 기술 역량을 유지할 의무가 있다. 따라서 탐정은 법률문제, 발의된 법안, 공공정책, 법의학 또는 기술발전, 작업에 영향을 미치는 기술문제의 발전 및 변경사항을 지속적으로 파악하는 것이 중요하다. 지역, 주 및 연방 수준의 정보는 탐정이 정보에 입각한 의견을 제공하고 전문 분야 및 제안된 과제의 실행 가능성 영역에서 고객에게 적절하게 조언할 수 있도록 최신 상태여야 한다.

4) 비즈니스 행동

탐정은 대중이나 직업의 이익을 해치는 어떠한 행위도 해서는 아니 된다. 해당 국가 또는 지역 관할권의 법령 및 판례 정의된 불법적이거나 비윤리적 행위에 가담해서는 아니 된다. 또한 동료, 고객 또는 고용주의 직업적 명성이나 관행을 악의적으로 손상시키거나 명예를 훼손해서도 아니 된다. 적절한 기회가 있을 때마다 형사사법 행정을 증진하는데 있어 탐정직업의 긍정적 역할을 일반 국민에게 설명하여야 한다.

다른 사람의 생명, 신체 또는 안전을 위협할 수 있는 기술을 사용하거나, 그러한 장비나 장치를 사용하지 않도록 주의해야 한다. 자신과 이해관계에 있는 제3자를 보호하기 위해 전문 책임보험에도 가입하는 것이 필요하다.

업무수행의 기준을 높이기 위해 근면하고, 부단히 노력하고, 자신의 사적 이익이나 재정적 이득을 위해 고의로 다른 탐정에게 손해나 부상을 입히는 행위나, 자신의 사적 이익이나 재정적 이득을 위해 고의적으로 다른 사람의 이익을 침해하는 파렴치한 사업 계약을 체결하는 것을 용납하지 않는다.

5) 이해충돌방지

임무가 개인적으로나 직업적으로 이해충돌을 일으킬 경우, 사건의뢰 임무 수락이나 고용을 거절해야 한다. 이러한 이해충돌 방지를 위한 행위가 고객 및 고용주의 이익을 침해하지 않는 한, 다른 조사자 및 관련 전문직과 협력하여 전문직으로서 탐정의 효과성을 증진해야 한다. 함께 일하는 사람들의 청렴성을 존중해야 한다. 이해충돌이 있는 경우 탐정직업에 충실성과 책임성의 성격과 방향을 명확히 해야 하며, 모든 당사자에게 그러한 윤리강령 이행을 계속 알려야 한다. 또한 사립탐정은 이해 상충을 일으키거나 어떤 문제에서 증언에 영향을 미칠 가능성이 있는 수수료 약정을 체결해서는 아니 된다.

6) 고객에 대한 공적한 보고 및 표현

고객에서 탐정의 서비스를 허위로 표현하거나 과장하여서는 아니 된다. 의뢰인은 탐정이 제공하는 서비스에 대한 공정한 사실 보고서 또는 요약을 받아야 한다. 이때 탐정은 높은 수준의 성과를 유지하고 고객의 이익에 유리하거나 해로운 작업과 노력의 결과로 확인된 모든 사실을 보고함으로써 고객의 입장에서 최선의 이익을 보장해야 한다. 고객에게 어떤 사실도 보류해서는 아니 되며 또한 탐정은 자신을 허위로 표현하거나, 의무사항이나 자격증명을 고의로 허위 진술하여서는 아니 된다.

7) 법규준수

탐정은 법률의 범위 내에서 서비스를 수행하고, 직원이나 동료 회원에게 법률 위반이나 사기를 허용하거나 요구하지 않는다. 관할 지역의 헌법이나 주 및 연방정부의 법률에 의해 보장되거나 제공될 수 있는 개인의 권리나 권한을 고의로 위반해서는 아니 된다.

국가 또는 지방정부 등 관할 영역 내의 문제에 대해 인정되고, 책임 있는 모든 법집행기관 및 정부기관과 협력해야 한다. 탐정은 해당 관할권의 법령 및 판례에 정의된 불법적이거나 비윤리적인 업무수행에 관여하여서는 아니된다. 어떤 방식이나 정도, 목적을 불문하고 함정에 빠지도록 제안, 묵인 또는 참여해서도 아니된다. 오직 법률에 따라 전문적인 직무와 업무를 수행하고, 법률의 세부내용에 대해 숙지하여 적법행위와 불법행위를 판단할 수 있어야 한다.

8) 보고

모든 보고는 진실과 사실에 근거하고 정직한 의견만을 표현해야 한다. 서비스 및 보고서 제출은 적시에 제공되어야 하며, 조사 목적에 부합해야 하고, 적절한 경우 제안사항을 포함하여야 한다. 모든 보고서는 제공자의 전문지식과 경험 및 전문영역 내에서 사실에 기반한 객관적이고 독립적인 의견을 반영해야 한다. 나아가 서비스 및 조사결과에 대한 보고서는 적절한 당사자에게 배포하여야 하며, 모든 해당 법률 규정을 준수해야 한다.

9) 고객관계

고객으로부터 제안된 문의가 실행 가능하지 않다고 판단되는 상황에서 고객의 사건의뢰를 수락해서는 아니된다. 고객에 대한 서비스제공과 관련하여 규제기관이 설정한 표준과 충돌하는 업무수행에 참여하는 것을 단호히 거부할 수 있어야 한다.

의뢰인과 주고받는 모든 지침을 확인해야 한다. 불법적이거나 비윤리적인 행동에 대해 고객과 상담을 통해 합법적으로 처리해야 한다. 고객의 불만을 처리하기 위한 효율적인 절차를 제공하고 중재인이나 법원에서 결정한 모든 결정에 따른다.

다. 직업윤리 현황

1) 변호사법 및 변호사 윤리장전 상 윤리규정

미국은 한국과 달리 탐정, 경호, 경비업도 변호사, 의사 등과 같은 전문직으로 분류하고 있고, 특히 실무상 변호사가 탐정을 고용하여 관련 증거자료를 수집한 후 이를 소송절차에서 활용하는 경우가 많다. 이렇듯 탐정의 업무는 변호사의 업무와도 상당부분

연계되어 있다. 따라서 향후 탐정법이 제정될 경우 인근 영역에서의 변호사법은 충분히 고찰될 필요가 있다.

변호사법에서 탐정의 직업윤리와 관련하여 유심히 살펴보아야 할 부문은 변호사법 제4장 변호사의 권리와 의무 중, 제24조 품위유지의무 및 제26조 비밀유지의무, 그리고 변호사 윤리장전 제2조 수임제한과 관련된 부분이다.

먼저, '변호사로서의 품위'란 기본적 인권의 옹호와 사회정의 실현을 사명으로 하는 법률 전문직인 변호사로서 그 직책을 맡아 수행해 나가기에 손색이 없는 인품을 의미한다. 따라서 변호사가 그 직무의 공공성과 전문성에 비추어 부당하게 과다한 보수를 약정하거나(변호사윤리장전 제31조), 개인적 친분 또는 전관관계를 이용하여 직접 또는 간접으로 법원이나 수사기관 등의 공정한 업무 수행에 영향을 미칠 행위를 할 경우(변호사윤리장전 제38조) 등의 행위를 자행할 경우 변호사로서의 품위유지 위반을 이유로 징계를 받을 수 있다.

또한 비밀유지의무와 관련하여, 헌법 제17조는 모든 국민은 사생활의 비밀과 자유를 침해받지 아니 한다고 천명하고 있기 때문에 의뢰인은 그의 비밀을 변호사나 제3자로부터 보호받아야 하는 것은 당연하다. 의뢰인은 자기 비밀의 공개를 강요당하지 않을 비밀유지권이 있다. 의뢰인은 양질의 조력을 받을 목적으로 변호사에게 비밀을 고지한다. 따라서 변호사는 의뢰인의 비밀유지권이 침해되지 않도록 비밀의 누설(공개)금지에 그치지 않고 적극적으로 이를 보호해야 한다. 형법 제317조(업무상비밀누설죄)는 변호사가 그 업무처리 중 지득한 타인의 비밀을 누설한 때에는 3년 이하의 징역 등으로 처벌한다. 그러므로 변호사의 비밀누설행위는 범죄행위에 해당된다. 형사소송법과 민사소송법은 변호사에게 증언거부권을 인정하여 의뢰인의 비밀을 보호하고 있다(형사소송법 제149조, 민사소송법 제315조). 따라서 변호사의 비밀유지의무는 의무임과 동시에 권리이다. 민사·형사소송법은 증거법적인 관점에서 증언거부권의 형식으로 비밀유지를 인정하고 있으며, 변호사법과 변호사윤리장전은 변호사의 직업윤리적인 관점에서 규정한 특징이 있다.

마지막으로, 변호사는 '동일 사건에서 둘 이상의 의뢰인의 이익이 서로 충돌하는 경우', '현재 수임하고 있는 사건과 이해가 충돌하는 사건'의 경우 관계되는 의뢰인들이 모두 동의하고 의뢰인의 이익이 침해되지 않는다는 합리적인 사유가 있는 경우에는 그러하지 아니하다(윤리장전 제22조 제1항 단서). 여기서 '동일 사건에서 둘 이상의 의뢰인의 이익이 서로 충돌하는 경우'는 복수의 의뢰인 상호간에 이익이 충돌하여 변호사가 양자의 이익을 동시에 실현시킬 수 없어 공정한 직무수행을 하기 어려운 경우다. 그럼에도 의뢰인들의 동의가 있으면 수임할 것이지만, 이익충돌을 조절할 능력이 없는 상태에서 수임하면 누군가는 불이익을 받을 수 있다. 공동피고인들이 서로 주범, 종범을 다투는 것처럼 수임 후에 비로소 이익충돌이 생길 때는 '적절한 방법'을 강구하도록 한다(윤리장전 제27조).

라. 소결

변호사법 및 변호사 윤리장전 상 윤리규정은 향후 탐정관련법 제정시 시사점이 크다. 탐정의 활동은 현실적으로 사생활의 침해와의 연계성이 많고, 과거에 비해 경쟁이 치열해지다 보니 위치추적기부착, 보이스펜 사용, 불법촬영으로 인한 초상권침해 등의 불법행위는 물론이고 심지어 수집된 정보를 활용하여 추가적인 비용을 요구하거나, 반대 상대방에게 제공하여 거액의 수수료를 챙기는 등의 불법행위도 우리 주변에서 확인할 수 있다.

이러한 현실에서 그 직무의 전문성에 등에 비추어 부당하게 과다한 보수를 약정할 경우 품위유지 위반으로 징계를 받을 있다는 점 및 의뢰인의 비밀유지권이 침해되지 않도록 비밀의 누설(공개)금지에 그치지 않고 적극적으로 이를 보호해야 하며 이를 위반할 경우 비밀유지위반으로 변호사법 및 형법상 처벌을 면할 수 없다는 점 그리고 동일 사건에서 둘 이상의 의뢰인의 이익이 서로 충돌하는 경우 수임을 제한하고 있는 점 등은 향후 탐정제도 도입 시 많은 시사점을 준다.

탐정제도는 OECD 가입국 중 현재 우리나라를 제외한 대부분의 국가가 도입하여 관련 법규 및 윤리강령 등에 의거 합법적인 탐정활동이 이루어지고 있다. 특히 미국의 경우 15개의 주에서 경찰, 1개 주에서는 법무부, 21개 주에서는 별도 전담부서에서 공인탐정을 관리감독하고 있고, 영국과 프랑스는 각 내무부에서 관리감독을 하고 있으며, 일본의 경우에는 공안위원회에서 탐정을 관리감독하고 있다.

각국이 탐정을 관리하기 위해 제공한 법규 및 윤리규정 등은 입법형성과정에서 각국이 처한 사회적, 정치적 상황들이 반영되고 다소간 차이는 존재하지만, 그 사례를 종합적으로 검토할 경우 향후 탐정제도 및 탐정관련법, 윤리강령 등의 도입 및 제정시 많은 참고가 될 것이다.

1. 호주

가. 서론

호주의 탐정면허 인가요건은 대부분의 주에서 입법부와 관련하여 경찰업무 집행의 형태로 관리되며, 원칙적으로 자신이 면허를 취득한 곳으로 활동범위가 한정된다. 따라서 탐정들도 각주의 탐정협회를 통하여 탐정활동의 도덕성과 합성성을 토대로 전문직으로서의 위상을 제고함은 물론 국민들의 신뢰확보 및 탐정이라는 전문직으로서의 가치를 인정받기 위한 노력을 하고 있다.

나. 윤리강령 : 호주 빅토리아(Victoria)주의 탐정협회[219]

탐정협회의 윤리강령은 모든 사설탐정과 피고용인이 고수하는 윤리적 목표의 기준이 된다.

---

[219] 각 주의 탐정협회를 통해서 도덕과 합법성에 근거를 두고 전문직으로서의 위상을 높이고, 국민에게 신뢰와 인정을 받기 위한 노력의 일환으로서 윤리강령을 제정하고 이를 운영 중에 있다.

[Australia, Victoria 주 탐정협회의 윤리강령(Code of Ethics)]

1. 우리는 오스트레일리아의 법에 따라 윤리와 전문성의 최고의 기준을 고수하는 방식으로 전문업무를 수행한다.
2. 우리는 윤리와 전문성 및 고객서비스의 최고기준을 장려한다.
3. 우리는 요구되는 신분증과 법이 요구하는 면허를 가진 탐정의 자격범위 안에서 활동한다.
4. 우리는 긍지와 존경을 나타내는 업무기준을 장려, 보호, 유지하고 탐정산업의 건전한 대외적 위상 증진에 노력을 한다.
5. 우리는 모든 고객, 피고용인과 사업에 관련된 정보는 불법적 접근, 누설, 악화에 대응하여 보호된다는 점을 확신한다.
6. 우리는 직업과 직접적으로 관련되어 있고 그 직업에 종사하기 위해 직접적으로 요구되는 고객의 정보만을 받아들이고 검토한다.
7. 모든 피고용인은 이 윤리강령을 고수하여 조사활동을 보조하며, 책임을 받아들여야 하며 그렇지 못한 경우 그에 상응하는 조치가 취해진다.
8. 우리는 항상 정직, 성실에 기초한 행동을 행하며, 최고의 고객서비스를 기준으로 조사업무의 수행과 마무리를 행한다.
9. 우리의 서비스와 정보에서 고객의 사생활과 비밀을 대한 것 등을 보호한다.

2. 미국

가. 서론

미국의 경우 각 주의 탐정협회에서 윤리강령을 제정하여 매우 엄격하게 운영하고 있으며, 탐징으로 등록된 자가 윤리강령을 위반할 경우 자체적인 징계 또한 가능하다.

나. 윤리강령

1) Pennsylvania 주 공인탐정협회(PALI)

펜실베이니아 주 공인탐정협회 회원은 탐정업무분야에서 윤리적인 행위의 높은 원칙들을 준수해야 한다. 각 탐정들은 그들이 상대하는 모든 의뢰인들에게 언제든지 정확하고, 올바르고, 공정하고, 정중한, 높은 기준으로 대해야 한다.

[Pennsylvania 주 공인탐정협회 윤리강령(Pennsylvania State, PALI Code of Ethics.)]

1. 회원은 사법행정에서 자기들의 전문적인 업무 역할을 적절한 시기에 공중에게 설명해야 한다.
2. 회원은 다른 탐정이나 전문가들에게 서로 정직해야 한다. 어느 경우라도 다른 탐정이나 민간조사관의 직업적 명성을 손상시키거나 위해를 가해서는 안된다. 탐정 혹은 민간조사관이 업무수행을 함에 있어 비윤리적, 불법, 불공정한 책임이 있을 경우 그 정보 및 사실은 윤리위원회에 문서로 통보된다.
3. 유능하고 업무수행을 행하는데 자격이 있는 회원들은 그들의 서비스를 제공할 것이다. 회원들은 사적 혹은 영업상 이해관계가 충돌할 경우에 업무위임 수락을 자제해야 한다. 고객은 공정하고 정당한 대우를 받아야 한다. 탐정은 각자 의뢰받은 업무는 물론 요금(수수료)에 대한 명확한 근거와 탐정의 의무에 대해 의뢰인에게 설명을 해야만 한다.
4. 회원은 그들의 조사업무상 교섭과 그들의 고객과 입수된 정보에 대한 비밀들을 지켜야만 한다.
5. 회원은 업무와 관계하여 유혹이 있는 경우라도 다른 탐정과 불법적인 경쟁을 해서는 안 되는 것이며, 업무상 유혹이 있을 경우에는 윤리적 태도를 유지해야 한다.
6. 회원은 서로 오도하거나 남을 속이는 태도를 가져서는 안 된다. 회원은 직업상 품위와 명예를 불신시키거나 손상시키는 행위를 피해야 한다.
7. 회원은 업무수행과 직업 자체를 규율하는 어떠한 법률도 위반해서는 안 된다. 미연방 헌법이나 각 주의 헌법에서 보장하고 있는 시민의 권리를 침해해서는 안 된다.
8. 회원은 모든 진실과 사실에 기초하여 보고를 해야 하며, 그에 기초하여 정직한 의견을 표현해야만 한다. 고객을 위한 조사업무시 획득된 결과에 대해 사실적, 진실적인 발표를 방해하는 사적인 느낌이나 편견이 있어서도 안 된다.
9. 회원은 그들의 훈련으로 제공되는 고품질의 서비스를 고객이 받을 수 있도록 기술적인 능력을 유지시켜야 한다. 회원은 가능한 한 기술적인 능력이 향상되고 유지할 수 있도록 항상 전문적인 성장과 훈련 기회를 이용해야 한다.
10. 회원은 탐정직업을 위한 높은 표준을 촉진시키고 있는 PALL의 지침을 지원해야 한다.

2) New York 주 탐정협회(Associated Licensed Detectives of New York State)

뉴욕 주 공인탐정협회 회원은 효율적이고 신뢰성 있는 서비스의 제공으로 공공의 존경과 신뢰를 증진하여야 하며, 탐정활동시 높은 수준의 도덕적·윤리적 업무수행규범을 준수할 것 등을 요한다.

1. 효율적이고 신뢰성 있는 서비스의 제공으로 공공의 존경과 신뢰를 증진한다.
2. 높은 수준의 도덕적 · 윤리적 업무수행규범을 준수한다.
3. 법조계, 산업, 상업 및 공공의 이익을 위해 성실하게 근무한다.
4. 적합하고 인가된 인원으로 모범적인 서비스를 제공하기 위해 최선을 다한다.
5. 선입견이 없는 열린 시각으로 업무를 하며 조사한 사실만을 보고한다.
6. 부적합하고 비윤리적인 업무청탁에 대해서 하지 않는다.
7. 필요한 경우에는 법집행담당관 및 권한을 가진 국가기관을 지원한다.
8. 우호적인 관계를 도모하기 위해 동료 및 클라이언트와 협력을 하면서 업무를 진행한다.

3. 영국

가. 서론

'우리의 모범으로 깨끗한 직업으로 만들고 바람직하지 않는 것을 제거하기 위해 노력한다.'라는 슬로건을 가지고 창설한 영국조사협회(ABI, The Association of British Investigators)는 100여년의 전통을 가지고 있다. 영국조사협회 또한 여타의 국가와 같이 탐정의 윤리강령을 제정하여 시행하며, 영국탐정협회나 민간조사업계의 명예를 훼손시키는 행위를 한 민간조사원을 제명할 수 있는 등 10여개의 원칙으로 구성된 윤리강령이 있다.

나. 윤리강령

영국조사협회의 윤리강령의 내용은 다음과 같다.

[영국조사협회 윤리강령(Association of British Investigators Code of Ethics,)]

1. 회원은 도덕적 원칙에 합당한 전문적 업무를 수행하고, 개인의 직업과 협회의 비난을 초래하는 잘못을 하지 않는다.
2. 회원이 조사업무를 수행함에 있어서 의뢰인의 신분, 증명서, 도덕성, 합법성을 검증한다.

3. 회원은 의뢰인의 비밀과 합법적인 일은 존경해야 한다.

4. 회원은 부주의로 인한, 개인정보 누설로 인한 보호와 비밀보호에 관해 보증해야 한다.

5. 회원은 물론 탐정업무를 조력하는 고용인, 기타 인에게도 윤리강령은 고수되어야 하며, 그에 따른 책임을 인정하도록 한다.

6. 회원은 적법성, 윤리성, 도덕성의 범위 안에서 조사업무를 수행해야 한다.

7. 회원은 숙달된 능력을 유지함으로써 관심을 나타내는 의뢰인을 존경하고 유리하든 불리하든 조사과정에서 확인된 일은 의뢰인에게 보고해야 하고, 법규에 위반되는 의뢰인과의 계약은 하지 않아야 한다.

8. 회원은 의뢰인 상호간 이해 상호충돌을 방지하라.

9. 회원은 데이터 기밀을 유지하라.

10. 회원은 모범을 보이며 최고 수준의 행동 기준을 준수해라.

4. 일본

가. 서론

일본의 경우 등록된 민간조사협회에서 자체적으로 윤리강령을 제정하고 운용하고 있으며, 일본 조사업협회(社團法人 日本調査業協會)의 윤리강령은 직책자각, 신의성실, 법령준수, 인권존중, 비밀유지, 자기계발, 융화협조 등 7개 규정으로 구성되어 있다.

나. 윤리강령

일본의 대표적 민간조사협회인 '일반사단법인 일본조사업협회(Japan Investigation Service Association)'의 윤리강령 내용은 다음과 같다.

[사단법인 日本調査業協會(JISA) 윤리강령]

1. **직책자각** : 가맹원은 업무의 사회적 사명을 자각해서 직무를 성실히 수행해야 한다.

2. **신의성실** : 가맹원은 조사를 성실하게 수행하고, 정확을 기해야 하며, 요금은 적정하게 해서 업자로서의 신의를 중요시 해야만 한다.

3. **법령준수** : 가맹원은 업무의 수행에 있어서 항상 법령을 준수함과 동시에 사회상식을 일탈하지 않도

록 해야만 한다.
4. **인권존중** : 가맹원은 항상 인권의 존중·옹호에 배려하고, 타인의 명예권익을 훼손하거나 부락차별 조사를 하거나 해서는 안 된다.
5. **비밀유지** : 가맹원은 업무상 지득한 사람의 비밀을 함부로 타인에게 누설하거나 발표해서는 안된다.
6. **자기계발** : 가맹원은 항상 인격을 연마하고, 어부의 지식·기능의 향상에 노력해야만 한다.
7. **융화협조** : 가맹원은 상호 융화·협조를 꾀하고, 단결해서 업계의 발전에 노력해야만 한다.

5. 시사점

현재 각 국가(협회포함)에서 탐정업무의 신뢰성, 공정성, 정당성, 합법성 등의 확보 및 관리감독의 효율성 확보를 위해 시행하고 있는 윤리규정(강령)들을 종합해 보면 서로 상이한 부분도 존재하고 유사한 부분도 존재하지만, 탐정의 조사활동 시 ⅰ) 합법적 업무수행, ⅱ) 인권존중, ⅲ) 비밀유지 및 사생활보호, ⅳ) 신의성실, ⅴ) 품위유지, ⅵ) 이해충돌방지, ⅶ) 비윤리적 업무청탁 배제 등으로 요약된다.

위 각 내용들은 이미 탐정제도를 도입하여 오랜 기간 동안 시행착오를 거듭하면서 각국이 탐정업과 함께 정리되어 온 역사적 산물이다. 현재 탐정관련법 제정을 위한 입법화 노력이 계속되고 있는 우리나라의 경우 관련법 제정시 위의 각 내용들을 심도 있게 고찰한 후 우리의 정치적 현실이나 국민적 정서에 부합할 수 있도록 재설정하여 도입할 필요성이 상당하다.

제3절 탐정의 윤리문제 해결방법

Allison Petty가 PI에 대한 3대 윤리적 문제 및 처리 방법(Top 3 Ethical Issues for PIs and How to Handle Them)[220])에서 주장한 탐정의 3대 윤리문제는, 프라이버시권 침해, 형법에

대한 이해부족, 윤리적 의사 결정에 대한 교육 부족 등이며, 그 해결방법은 다음과 같다.[221]

---

220) https://www.pinow.com/articles/376/top-3-ethical-issues-for-pis-and-how-to-handle-them 참조하여 정리한 것임.

221) It can be difficult to navigate the ethical minefield of private investigation in today's world. Evolving technologies have eradicated the days of gumshoe investigations, and a variety of state and federal laws can make it hard to know where the ethical and legal line is.

Houston attorney Clyde W. Burleson and Scott H. Belshaw, executive director of the University of North Texas Professional Development Institutes private investigations training program, have researched some key ethical issues for private investigators. PInow.com interviewed them to get their take on some of the top problems PIs can face and how to handle them.

Violation of privacy rights

There are many ways to violate someone's privacy, and new technology is just making it easier.

To prove a violation of privacy, a person must show that his or her solitude or seclusion was violated in bad faith in a way that would offend the reasonable man. Violations of privacy could include hacking computers, placing cameras in hidden locations or using long-range cameras to take pictures through someone's window, intercepting mail, and obtaining information under false pretenses.

For instance, a credit agency can provide a persons credit report to someone who has a legitimate business interest. But private investigators must be careful not to lie about their intentions or misrepresent themselves when seeking credit reports. Obtaining a credit report under false pretenses is a federal offense.

Burleson said that information obtained illegally is not admissible in court, so it is useless to attorneys who hire PIs. Also, he said he would be likely to file a complaint against a PI he hired if he found that investigator doing something illegal to gather information.

The easiest way to avoid violating privacy is to conduct investigations from public viewpoints.

Lack of understanding criminal laws

It is important for private investigators to understand federal and state laws in order to make sure they are not breaking them. The thing is this: If it's illegal, it's unethical, Burleson said. PIs need to know the laws well enough to recall them when they have to make split-second decisions.

Adding complications, what is legal in one area might not be in another. For example, wiretapping laws vary between states. In Illinois, both parties in a conversation must be aware it is being recorded; in Texas, only one person's consent is needed. But everywhere, it is illegal to record a conversation when neither party knows it is being recorded something that is newly possible thanks to software that can crack cell phone signals and pick up conversations. As Burleson put it, "there's probably a hundred ways to Sunday actually to do that, but they're certainly going to get somebody sued."

Burleson said PIs need to be particularly familiar with the laws of the state in which they work. If you're not sure about what you can and can't do, then call an attorney in your jurisdiction to explain the rules to you so that you don't get yourself charged with a crime, he recommended.

Private investigators who break the law could not only face jail time but also suspension of their licenses (in states that regulate private investigators).

1. 사생활침해(Violation of privacy rights)

다른 사람의 사생활을 침해하는 방법은 여러 가지가 있으며, 신기술은 이를 더 쉽게 만들고 있다. 사생활침해의 유형에는 컴퓨터를 해킹하거나, 카메라를 숨겨진 장소에 두거나, 누군가의 창문을 통해 사진을 촬영하기 위해 장거리 카메라를 사용하는 것, 우편을 가로채는 것, 거짓된 사칭으로 정보를 얻는 것들이 포함되며, 위와 같이 불법적인 방법으로 채집한 정보는 법정에서 증거로 활용될 수조차 없다. 따라서 이러한 사생활침해를 피하는 가장 쉬운 방법은 대중의 관점(평균인의 상식)에서 조사업무를 수행하는 것이다.

2. 형법에 대한 이해부족(Lack of understanding criminal laws)

PI는 연방법과 주법을 위반하지 않도록 이해하는 것이 중요하며, 찰나의 결정을 내려야 할 때 법칙을 기억할 수 있을 만큼 법률에 특히 정통해야 한다. 나아가 자신이 할 수 있는 일과 할 수 없는 일이 확실하지 않은 경우 관할 지역의 변호사에게 전화하여 규칙을 설명한 후 범죄 혐의로 기소되지 않도록 하여야 한다. 법을 위반한 PI는 징역형

Lack of training in ethical decision-making

In some situations, private investigators have to make quick decisions, meaning they won't have time to consider all the angles. That's why it is important for PIs to receive ethical and legal training, Burleson said. If they don't have that knowledge up front when they make a quick decision, it could be the wrong one, he said.

While most states require private investigators to acquire continuing education hours in ethics training, Belshaw said that is not enough. He said more universities and colleges should offer training programs for private investigators, with attorneys teaching criminal law, and other instructors offering a background in privacy rights and ethics.

Belshaw also stressed the importance of mentors. He said he credits his own mentor with teaching him more than any academic program ever could, and recommended that all inexperienced PIs find someone who is successful in the field to help them along.

Also, he said, private investigators need to be more knowledgeable in electronic investigative tools now more than ever. He said the field has traded in magnifying glasses for GPS receivers and laptops, and PIs need to stay on top of the technology that is now a staple of their profession.

This article was written by Allison Petty.

은 물론 면허정지까지 받을 수 있다.

따라서 형법에 대한 이해는 탐정사들의 각종 불법행위가 성행하고 있는 현실에서 사전에 이를 차단하고 탐정 조사활동의 적법성을 담보할 수 있는 핵심 사항이라고 볼 수 있다.

3. 윤리적 의사 결정에 대한 교육 부족(Lack of training in ethical decision-making)

PI는 경우에 따라 빠른 결정을 내려야 하므로 모든 측면을 고려할 시간이 없다. 그렇기 때문에 PI가 윤리적이고 합법적인 교육을 받는 것이 중요하다. 그들이 빠른 결정을 내릴 때 미리 그 지식이 없다면 그것은 잘못된 결정이 될 수 있다. 대부분의 주에서는 PI가 윤리 교육에서 지속적인 교육 시간을 취득하도록 요구하지만 그것만으로는 충분하지 않다. 더 많은 대학에서 PI를 위한 교육 프로그램을 제공해야 하며 변호사는 형법을 가르치고 다른 강사는 개인 정보 보호 권리 및 윤리에 대한 배경 지식을 제공해야 한다.

CHAPTER 06

탐정업과 인권

탐정업과 인권

1. 인권일반론

가. 인권의 개념

인권은 존엄성을 가진 인간으로서 누구나 가지는 기본적이고 보편적인 권리를 말한다. 이는 모든 인류 구성원이 갖는 천부의 존엄성과 평등하고 양도할 수 없는 권리이고 (1948 세계인권선언), 국적, 거주지, 성, 출신 국가, 출신 민족, 피부색, 종교, 언어 등과 관계없이 모든 인류 구성원이 갖는 천부적 권리이며(UN OHCHR, 유엔인권최고대표사무소), 대한민국 헌법도 제10조에서 '모든 국민은 인간으로서의 존엄과 가치를 가지며, 행복을 추구할 권리를 가진다. 국가는 개인이 가지는 불가침의 기본적 인권을 확인하고 이를 보장할 의무를 가진다'고 선언하고, 이하 제37조까지 평등의 원리, 자유권, 참정권, 사회권, 청구권 등을 규정하고 있다.[222]

---

222) 자유권은 자유롭게 생각하고 행동할 수 있는 권리를 말한다. 마음대로 주거를 이전할 수 있는 주거의 자유, 원하는 직업을 선택할 수 있는 직업의 자유, 다양한 예술 활동을 할 수 있는 예술의 자유 등이 자유권이라 할 수 있다. 평등권은 성별, 종교, 사회적 지위 등에 따라 누구도 차별을 받지 않을 권리를 말한다. 여성이라고 무

이러한 인권은 생래적이고 천부적인 권리이지만, 우리가 처음부터 누릴 수 있었던 권리는 아니었다. 인권은 인류의 역사 속에서 수많은 희생, 끊임없는 저항과 투쟁 끝에 개념을 정립하고 범주를 확장시켜 온 노력의 결실이자 인류 최대의 산물이다. 따라서 구체적인 인권의 내용과 범주는 사회적·시대적·역사적 상황에 따라 조금씩 변화하며 확장되어 왔고, 그 모든 내용과 범주는 근본적으로 보편적이고 천부적인 권리로서의 인권 개념에 기반을 두고 있다.

한편, 인권과 유사한 의미로 기본권이 자주 사용되기도 하는데, 기본권은 인권의 개념을 포함한 더 넓은 개념으로써, 국가인권위원회는 기본권 중「대한민국헌법」제10조부터 제22조까지에 보장된 기본권을 인권이라고 칭하며 이를 침해하는 행위 또는 차별 행위에 대해서는 국가인권위원회에 진정할 수 있도록 하고 있다(국가인권위원회법 제30조 제1항).

나. 인권의 제한

1) 법률에 의한 제한

국민의 모든 자유와 권리는 국가안전보장·질서유지 또는 공공복리를 위하여 필요한 경우에 한하여 법률로써 제한할 수 있으며, 제한하는 경우에도 자유와 권리의 본질적인 내용을 침해할 수 없다(헌법 제37조 제2항).

2) 비례의 원칙

인권의 제한은 법률로써만 가능하며, 그 법률은 ⅰ) 입법목적의 정당성과 ⅱ) 그 목적달성을 위한 방법의 적정성, ⅲ) 피해의 최소성, 그리고 ⅳ) 그 입법에 의해 보호하려

시하거나 장애인이라고 차별하는 등의 행위가 평등권을 침해하는 행동들이다. 참정권은 정치에 참여할 수 있는 권리를 뜻한다. 선거에 출마한 후보 누구를 선택할지 또는 직접 선거에 출마하는 등의 행동이 참정권으로 볼 수 있다. 청구권은 자신의 권리가 침해된 경우 국가에 요구할 수 있는 권리를 말한다. 공무원이 직무상 행동으로 개인의 권리를 침해할 경우 또는 누군가에게 폭력으로 다친 경우 처벌해달라는 재판을 청구하거나 빌린 돈을 받지 못하였기 때문에 손해 배상을 청구하는 것이 대표적이다. 마지막으로 사회권은 국민이 진정 인간다운 생활을 할 수 있는 권리를 말한다. 국민들에게 의무교육을 실시한다거나 근로자나 저소득층의 인간다운 삶을 보장하기 위해 각종 정책들을 실시하는 것 등이 여기에 해당된다.

는 공공의 필요와 침해되는 기본권 사이의 균형성을 모두 갖추어야 하며 이를 준수하지 않은 법률 내지 법률조항은 인권을 침해하는 것이 된다.[223]

2. 탐정과 인권

가. 탐정 등 민간조사기관의 불법행위 유형[224]

탐정이 조사활동 시 자행하는 불법행위 유형을 살펴보면, 물론 일부이기는 하지만 탐정(심부름센터)을 이용한 청부살인 · 폭력 · 협박, 폭력적 수단 등을 이용한 불법채권추심 행위 등 강력범죄를 비롯하여, 그 외 대부분을 차지하는 타인의 신용정보 및 개인정보 불법수집 행위, 특정인의 소재탐지 또는 사생활 조사 행위 등이 대표적이다.

최근에는 자동위치측정시스템(GPS)을 동원하는 등 수법도 날로 지능화하고 있고 이로 인한 국민의 불안감의 가중 및 사생활침해는 심각한 수준이다.

[경찰청 단속내용 : 탐정의 불법행위 유형]

- 심부름센터를 이용하여 타인 살인, 폭행, 협박, 공갈 등 강력범죄 교사 행위
- 타인의 사주에 의한 살인, 폭행, 협박, 공갈 등 강력범죄 행위
- 채권추심 관련, 채무자 또는 관계인 폭행 · 협박 · 체포 · 감금행위
- 채무자 또는 관계인에게 위계나 위력을 사용한 채권추심행위
- 반복적 또는 야간에 채무자 또는 관계인 방문 · 전화 등의 방법으로 공포심 · 불안감을 유발하여 사생활 · 업무의 평온을 심하게 해치는 행위
- 허가없이 신용정보를 조사한 후 의뢰인에게 알려주는 행위
- 정보통신망에서 처리되는 타인의 비밀을 침해 · 도용 · 누설하는 행위
- 간통 현장 사진촬영 등 사생활 침해행위
- 특정인의 소재를 탐지하거나 사생활을 조사하여 알려주는 행위 등

---

223) 헌재 1990. 9. 3. 선고 89헌가95 결정.
224) 2013. 1.월 경찰청 브리핑 www.police.go.kr 참조.

나. 탐정과 인권

1) 기본권(인권) 침해유형

가) 기본권 침해유형

일부 탐정들이 자행하는 위 가.항의 불법행위는 국민들이 헌법에 의하여 보장되는 사생활의 비밀과 자유(헌법 제17조), 행복추구권, 신체의 자유, 거주이전의 자유(헌법 제14조), 주거의 자유(헌법 제16조), 통신비밀보호(헌법 제18조) 등의 기본권을 침해하는 심각한 인권침해행위이자 범죄행위이며, 특히 국민들의 탐정업이나 탐정제도 도입에 대한 불신감과 저항감을 조장할 뿐만 아니라 탐정제도 도입의 중대한 저해요인이기도 하다.

나) 형사상 처벌

물론 탐정들의 위 가.항의 불법행위들에 대한 어떠한 처벌규정도 존재하지 아니하는 것은 아니다. 살인, 폭행, 협박, 공갈 등의 행위들은 모두 형법이나 형사특별법 등의 각 규정에 의하여 처벌되는 중대한 범죄행각이며 그 외 탐정활동의 대부분을 차지하는 타인의 신용정보 조사행위 및 간통 현장 사진촬영 등 사생활 침해행위는 개인정보의 이용 및 보호에 관한 법률 제16조(수집, 조사 및 처리의 제한) 제1항 제3호 '개인의 정치적 사상, 종교적 신념, 그 밖에 신용정보와 관계없는 사생활에 관한 정보를 수집, 조사하여서는 아니된다.'라는 규정 및 같은 법 제50조 제2항의 규정에 따라 5년 이하의 징역 또는 5천만 원 이하의 벌금에 처해질 수 있다.

또한, 정보통신망에서 처리되는 타인의 비밀을 침해·도용·누설하는 행위는 통신비밀보호법 제3조 제1항 '누구든지 이법과 형사소송법 또는 군사법원법의 규정에 의하지 아니하고는 우편물의 검열, 전기통신의 감청 또는 통신사실확인자료의 제공을 하거나 공개되지 아니한 타인간의 대화를 청취하지 못한다.'라는 규정 및 같은 법 16조 제1항 제1호의 규정에 의거 1년 이상 10년 이하의 지역과 5년 이하의 자격정지에 처해질 수 있다.

그 외 자동위치측정시스템(GPS)을 동원하여 특정인의 소재를 탐지하거나 사생활을 조사하여 알려주는 행위는 위치정보의 보호 및 이용에 관한 법률 제15조 제1항 '누구든지 개인 또는 소유자의 동의를 얻지 아니하고 당해 개인 또는 이동성이 있는 물건의 위치정보를 수집 · 이동 또는 제공하여서는 아니된다.'라는 규정 및 같은 법 제40조 위 규정을 위반하여 개인의 동의를 얻지 아니하고 당해 개인의 위치정보를 수집 · 이용 또는 제공한 자는 3년 이항의 지역 또는 3천만 원 이하의 벌금에 처해질 수 있다.

다) 민사상 손해배상책임

이러한 형사처벌 외에도 탐정은 위 각 불법행위들을 원인으로 각각의 피해자에게 민사상 불법행위에 기한 손해배상책임까지 부담하게 된다.

2) 개선방안

가) 문제의 소재

일부 탐정들이 자행하는 위 가.항의 불법행위에 대하여 그 동안 어떠한 처벌이나 단속이 없었던 것은 아니다. 문제는 이러한 단속이 일시적이라는 것이고, 또한 탐정의 불법행위에 대한 피해자의 고소 또는 손해배상청구도 특정한 사건에서 단발적으로 이루어지고 있는 실정이라는데 있다.

결국, 이러한 현실이 탐정의 불법행위를 근절하지 못하고 계속 증가하게 하는 근본적인 원인 중 하나이며, 특히나 탐정업(심부름센터)은 현행법상 업종이 자유업으로 구분되어 있어 누구라도 세무서에 사업자등록만 신청하면 그 사업의 영위가 가능하고 구청 등 행정당국에 별도로 신고할 필요가 없기 때문에 현장에서 이를 직접적으로 관리 · 관독할 기관조차 존재하지 아니한 채 사실상 법의 사각지대에 방치되어 있다는 깃 또한 근본적인 원인 중 하나이다.

나) 개선방안

건전한 탐정업을 육성하고, 국민과 함께하는 국민의 도우미로써 탐정업의 합법적 활동을 담보하는 방안은 없는 것일까?

결국 탐정업을 관리 · 감독할 수 있는 근거법 제정 및 그에 근거한 지속적인 관리감독만이 답이다. 단발적, 한시적 행정이 아닌 일정한 틀 안에서 지속적인 관리감독이 필요하다.

이를 위해서는 먼저 탐정관련법 제정이 시급하다. 탐정관련법 제정을 통하여 탐정의 의무 및 금지규정 등을 명확히 하고 나아가 벌칙규정으로 탐정이 탐정관련법상의 금지규정을 위반한 경우 당해 행위에 대한 행정처분으로써 면허정지 및 면허취소 그리고 면허취소 후 재취득 요건 등을 세밀하게 규정하여 불법을 자행하려는 탐정에게 위하력[225]을 줄 필요가 있다.

또한 탐정업의 등록 및 관리감독에 관한 소관청을 명확히 할 필요가 있다. 현행법상 업종이 자유업으로 구분된 탐정업을 일정한 요건 및 자격을 갖춘 자에 한하여 등록이 가능케 하고, 소관청의 주관 하에 지속적인 관리·감독권의 행사뿐만 아니라 정기적인 보수교육도 의무적으로 수강하게 함으로써 사전에 불법적인 요소를 차단하고 준법의식을 함양할 필요가 있다.

그 외에 탐정들이 조사활동 시 지침이 되는 윤리강령을 탐정관련법 제정과 함께 제정할 필요가 있다. 윤리강령은 소관청에서 표준양식을 작성한 후 그에 대한 소양교육을 소관청이 직접 담당하거나 탐정들이 소속된 협회에 위탁하는 방식으로 운용하며, 다른 어떠한 직종의 종사자들보다 투철한 윤리의식이 요구되는 탐정들의 막중한 책임감과 사명감을 고취할 필요가 있다.

다) 소결

위와 같은 현실적인 문제점들을 모두 감안하여 향후 탐정제도 및 탐정관련법 제정 시 탐정들의 준법의식이나 책임의식 사명감 등을 고취하여 그들이 법의 테두리 안에서 합법적으로 활동하며, 국민들의 편에서 국민의 편익을 도모하는 직종으로써 국민의 사생활침해 등 인권침해 행위를 최소화할 수 있는 안전장치를 고안할 필요가 있다.

---

225) 위하력이란, 범죄의 급부로서 형벌을 부과할 때 '잠재적 범죄자'인 다른 일반인들에게 위협이 가해짐으로써 그 범죄가 얼마나 억제되겠는지를 나타내는 개념이다.

PART 02

증거수집론

CHAPTER 07

소송절차를 통한 사실조사 및 증거수집

증거신청

1. 증거신청의 개념

법원에 증거의 조사를 구하는 신청을 말한다. 증거조사는 원칙적으로 당사자의 신청으로 이루어지며, 당사자로부터 증거신청이 있으면 법원은 이에 대하여 결정을 하여야 한다. 증거신청의 구체적 내용은 서류나 물건을 증거로 제출하거나 증인, 감정인, 통역인 또는 번역인의 신문을 신청하는 것이다. 그리고 민사소송에서는 변론주의가 지배하기 때문에 당사자가 신청하지 않은 증거에 대해서는 법원이 조사하지 않는다.

2. 적시제출주의

당사자는 소송의 단계를 감안하여 절차가 촉진되도록 적시에 공격방어방법을 제출하여야 하며, 재판장은 일정한 주장의 제출이나 증거신청에 관하여 재정기간을 정할 수 있고, 그 기간을 넘기면 원칙적으로 실권적 효과가 발생함으로 주의를 요한다.

3. 증거신청의 유형

가. 증인

증인이라 함은 과거에 경험하여 알게 된 사실을 법원에 보고(진술)할 것을 명령받은 사람으로서 당사자 및 법정대리인(대표자 포함) 이외의 제3자를 말하고, 증인의 증언으로부터 증거자료를 얻는 증거조사를 '증인신문'이라고 한다. 이러한 증인에 대한 증인신문을 신청할 경우에는 증인의 이름·주소·연락처·직업, 증인과 당사자의 관계, 증인이 사건에 관여하거나 내용을 알게 된 경위, 증인신문에 필요한 시간 및 증인의 출석을 확보하기 위한 협력방안을 밝혀야 한다(민사소송규칙 제75조 제2항).

1) 증인신청서 제출

증인신문신청을 하기 위해서는 기일 전에 미리 아래 양식에 따라 증인신청을 하여야 하며, 각 증인별로 입증취지 및 당사자와의 관계를 미리 명확히 밝히고, 증인의 출석여부 확인 및 연락 가능한 전화번호 등을 함께 기재하여야 한다.

법원에서 증인을 채택한 때에는 법원에서 정한 바에 따라 증인진술서를 제출하거나 또는 증인신문사항을 제출하여야 하는데, 법원에서 정한 기간 안에 이를 제출하여야 하고, 증인진술서는 상대방 당사자의 수에 2를 더한 통수의 사본을 원본과 함께 제출하여야 하며, 증인신문사항은 상대방 당사자의 수에 3을 더한 통수를 제출하여야 한다. 법원이 증인채택결정을 하였을 경우에 신청인은 증거조사비용(일당, 여비, 숙박료)을 증거조사기일 전에 법원보관금 취급담당자에게 예납하여야 한다.

만약, 증거조사비용을 예납하지 않을 때에는 증인신문을 하지 않을 수 있으며, 신청인이 증인을 대동한 경우에도 여비 등을 직불할 수는 없다. 그러나 대동증인이 여비 등 청구권포기서를 제출한 경우에는 비용예납의무가 면제된다.

2) 증인의 구인방법

증인이 정당한 이유 없이 출석하지 아니한 경우에는 법원은 구인장을 발부하여 법정 또는 그 밖의 신문장소로 구인할 것을 명할 수 있다. 구인장은 통상 사법경찰관이 집행하나 집행관에게 구인장의 집행을 명할 수도 있다. 이 경우에는 집행관의 여비 등을 예납하여야 한다.

3) 감치제도 등

증인이 정당한 사유없이 증인신문기일에 출석하지 아니한 증인에 대하여는 500만 원 이하의 과태료의 제재를 부과할 수 있다. 증인이 1회 과태료 재판을 받고도 다시 출석하지 아니할 경우 7일 이내의 감치에 처할 수 있다.

나. 서증

1) 서증의 제출방법

서증이란 법원에 증거로 제출하는 문서를 말한다. 이러한 서증은 법원에 제출하는 것 이외에도 추가로 피고의 숫자만큼 사본을 준비해 두었다가 변론준비절차 기일에서 재판장에게 1통을 제출하고 나머지는 피고에게 교부해 주면 된다.

서증에는 서증의 첫 페이지 왼쪽 또는 오른쪽의 중간 상단부분에 '갑 제○호증'이라 번호를 붙여야 한다. 그리고 피고가 제출하는 서증은 '을 제○호증'이라 번호를 붙여가면 된다.

또한 같은 종류의 서증이 여러 개인 경우 '갑 제○호증의 1, 갑 제○호증의 2'라는 식으로 '갑 제○호증'이라는 하나의 모번호 내에서 다시 가지번호를 붙여 나가는 식으로 하면 되며, 서증을 등본이나 원본이 아닌 사본으로 제출하는 경우에는 위와 같이 서증번호를 붙이는 것 외에도, 그 첫 장과 끝장 사이에 일일이 간인을 하고, 끝장 하단 여백에 '원본과 상위없음. 원고○○○'라고 적어 넣은 다음 도장을 날인 하여야 한다. 피고에게 교부해 줄 서증 사본에도 같은 표시를 하는 것이 좋다. 소장에 첨부하였으면 필요가 없지만 별도로 서증을 제출하는 경우에는 서증 앞에 표지로 '서증목록'을 만드는 것이 좋다.

2) 서증의 인부방법

증거로 서증이 제출되면 법원은 상대방에게 그것이 진정한 것인가의 여부를 묻게 되는데 이때 대답하는 방법은 성립인정, 부인, 부지 중 한가지로 대답하여야 하는바, 성립인정은 상대방이 주장하는 바와 같이 작성자가 작성한 문서라는 사실을 인정한다는 취지이고, 부인은 작성자로 주장된 사람이 작성하지 아니한 것이라는 취지이며, 부지라함은 작성자라고 주장된 사람이 작성한 것인지 아니면 가짜인지 알 수 없다는 것이다.

3) 증거설명서 제출

서증의 수가 방대하여 개별적으로 입증취지를 확인하기 곤란한 경우, 서증의 내용을 이해하기 어렵거나 그 입증취지가 불명확한 경우 또는 서증의 작성자나 그 작성연월일 등이 불명확한 경우 등에는 증거설명서를 제출하여야 한다.

증거설명서에는 문서의 제목, 작성연월일, 작성자 및 입증취지 외에 원본의 소지 여부 등을 기재하여야 하며, 입증취지는 증명하여야 할 핵심적인 사실을 기재하고, 사안에 따라서는 작성경위나 그 서증으로 구체적으로 입증하려는 사실을 함께 기재하여야 한다.

다. 사실조회신청

사실조회란 공공기관, 학교, 그 밖의 단체, 개인 또는 외국의 공공기관에게 그 업무에 속하는 특정사항에 관한 조사 또는 보관중인 문서의 등본·사본의 송부를 촉탁함으로써 증거를 수집하는 절차로써 촉탁의 상대방이 용이하게 조사할 수 있는 사실에 대하여 조회하는 것이다. 이러한 공공기관 등의 관장사항에 관하여는 증인신문·서증조사 등에 의하여 법원이 직접 증거자료를 탐지하는 것보다 그 공공기관 등에게 조사를 촉탁하여 그 결과를 회신하도록 하는 것이 훨씬 능률적이므로, 실무에서는 당사자의 신청 또는 직권에 의한 증거결정에 의하여 활발하게 이용되고 있다.

그러나 조사할 내용이 촉탁의 상대방의 특별한 지식과 경험을 필요로 하는 것이거나 촉탁의 상대방의 전문적인 의견을 구하는 것일 때에는 감정촉탁을 하여야 하지 사실조회촉탁의 방법에 의할 수 없다.

라. 금융거래정보조회신청

1) 일반 소송상 금융거래조회

법원이 금융기관 또는 세무공무원에 대하여 금융거래정보나 과세정보의 제출명령을 할 수 있다. 금융실명거래 및 비밀보장에 관한 법률 제4조 제1항, 국세기본법 제81조의13 제1항, 민사소송법에 근거하여 사실조회, 문서제출명령, 문서송부촉탁을 할 수 있다. 금융기관은 법원의 제출명령에 의하여 거래정보를 제공한 경우에는 거래정보 제공사실을 명의인에게 서면으로 통보하여야 한다. 그 비용은 거래정보 등의 제공을 요구하는 자가 부담하여야 하므로 법원은 제출명령의 신청인(신청인이 없는 경우에는 제출명령으로 이익을 받을 당사자, 이익을 받을 당사자가 불명할 때에는 원고)에게 통보비용의 예납을 명한다.

2) 상속인 금융조회

상속인 등이 피상속인(사망자, 피성년후견인, 실종자)의 금융재산 및 채무를 확인하기 위하여 여러 금융회사를 일일이 방문하여야 하는데 이에 따른 시간적 · 경제적 어려움을 덜어주기 위하여 금융감독원(금융감독원 본원 1층 금융민원센터 및 각 지원)에서 조회신청을 받아 각 금융회사에 대한 피상 금융거래여부를 확인할 수 있다.

▶ 조회범위 및 대상회사

- **조회범위** : 조회신청일 기준으로 금융회사에 남아있는 피싱속인 명의의 모든 금융채권, 금융채무 및 보관금품의 존재유무 및 공공정보
- **금융채권** : 명칭여하를 불문하고 각종 예금, 보험계약, 예탁증권, 공제, 신용카드사 DCDS 가입여부 등 피상속인 명의의 금융자산
- **금융채무** : 명칭여하를 불문하고 대출, 신용카드이용대금, 지급보증 등 우발채무 및 특수채권 등 금융회사가 청구권이 있는 피상속인 명의의 부채
- **보관금품** : 국민주, 미반환주식, 대여금고 및 보호예수물, 보관어음 등 금융회사가 반환할 의무가 있는 피상속인 명의의 임치계약금품
- **공공정보** : 피상속인의 국세 · 지방세 · 과태료 등 일정금액 이상의 체납정보 등(2014.9.1.부터 제공)
- **부가서비스** : 피상속인 명의의 채무금액 및 상환일, 예금액 통보

마. 기타 신청

1) 감정, 검정 신청

가) 감정

감정이란 법관의 지식과 경험을 보완하기 위하여 특별한 지식과 경험을 가진 제3자로부터 그 학문적 지식에 기하여 법규, 관습, 경험법칙의 존부 및 그것들을 적용하여 얻은 결과를 보고하게 하는 증거방법을 말한다. 감정은 인증의 일종이나, 전문지식이나 이를 이용한 판단의 결과를 증거로 하고 대체성이 있다는 점에서 증인과 구별된다. 다만, 특별한 학식과 경험에 의하여 알게 된 사실에 관한 신문은 감정증인으로서 증인신문에 관한 규정에 따른다(민사소송법 제340조).

이러한 감정을 신청할 경우 감정신청서와 감정을 요구하는 사항을 적은 서면을 함께 제출해야 한다(「민사소송규칙」 제101조 제1항 본문). 다만, 부득이한 사유가 있는 경우에는 재판장이 정하는 기한까지 제출하면 된다(「민사소송규칙」 제101조 제1항 단서).

한편, 감정인은 법원에서 지정하므로(민사소송법 제335조) 감정 신청을 하면서 감정인을 지정할 필요는 없다. 어떤 자격을 가진 자 중에서 감정인을 선정하여 달라는 취지의 기재를 하거나, 감정이 특수 분야에 관한 것으로 법원에서 적당한 감정인을 발굴하기 어려운 경우에는 감정 신청인 측에서 적극적으로 감정인을 추천할 수는 있으나, 어느 경우이건 법원을 구속하는 것은 아니다.

나) 검증

'검증'이란 법관이 다툼이 있는 사실을 판단하기 위해 사람의 신체 또는 현장 등 그 사실에 관계되는 물체를 자기의 감각으로 스스로 실험하는 증거조사를 말한다. 이러한 검증은 자동차사고의 현장, 각종 공사장·기계의 상황, 토지의 경계상황 등과 같이 주로 시각에 의하여 의식할 수 있는 것에 많이 활용되나 소음, 가스의 냄새 등 청각 또는 후각에 의하여 인식할 수 있는 것도 검증의 대상이 된다.

위 검증물에 대한 검증을 신청할 경우에는 검증의 목적을 표시하여 신청해야 한다(민사소송법 제364조).

2) 법원 외 서증조사

법원으로부터 서증조사의 증거가 채택되면 서증조사의 대상인 문서의 보관장소 및 문서의 번호를 확인하여 법원외 서증조사신청서를 제출하고 참여사무관 등에게 서증조사에 필요한 출장여비 등 비용을 확인하여 보관금 취급 담당자에게 예납하여야 한다. 이를 위한 서증조사기일에는 서증조사 장소에 출석하여 서증의 등본을 작성하여 서증으로 제출하여야 한다.

3) 문서송부촉탁

문서송부촉탁이란 문서의 제출의무가 있든 없든 가리지 않고 그 문서소지자를 상대로 그 문서를 법원에 송부하여 줄 것을 촉탁하는 절차를 말한다. 국가기관, 법인, 학교, 병원 등이 보관하고 있는 문서를 서증으로 제출하고자 할 경우에 흔히 이용되고 있다. 이러한 문서송부촉탁 신청은 변론(준비)기일에서 할 수 있으나, 증거신청의 일종이므로 기일 전에도 할 수 있다(민사소송법 제289조 2항).

법원의 송부촉탁을 받은 소지자는 정당한 이유가 없는 한 문서를 송부하여야 한다(민사소송규칙 제114조 제1항). 당해 문서를 보관하고 있지 아니하거나 그 밖에 송부촉탁에 따를 수 없는 사정이 있는 때에는 그 구체적인 사유를 촉탁한 법원에 통지하여야 한다(같은 조 제2항).

한편, 법원으로부터 문서송부촉탁의 증거가 채택되면 문서가 있는 장소와 그 문서의 번호 등을 확인하여 문서송부촉탁서를 빠른 시일 안에 해당법원에 제출하여야 한다. 문서의 보관장소 및 번호가 정확하지 않으면 송부촉탁을 할 수 없는 경우가 발생할 수 있으며 촉탁한 문서가 법원에 도착하면 변론기일에 그 문서를 서증으로 제출하여야 한다.

4) 문서제출명령

문서제출명령이란 어느 문서를 서증으로 제출하고자 하나 이를 상대방 또는 제3자가 소지하고 있기 때문에 직접 제출할 수 없는 경우 당사자의 신청에 따라 법원이 그 문서의 제출을 명하는 절차이다. 문서제출명령신청서에는 문서의 표시와 취지, 소지자, 증명할 사실, 제출의무의 원인을 명시하여야 한다.

다음의 경우 문서를 가지고 있는 사람은 그 제출을 거부하지 못함(「민사소송법」 제344조 제1항 제1호, 제2호, 제3호 본문 및 제2항).

- 당사자가 소송에서 인용한 문서를 가지고 있는 경우
- 신청자가 문서를 가지고 있는 사람에게 그것을 넘겨 달라고 하거나 보겠다고 요구할 수 있는 사법상의 권리를 가지고 있는 경우
- 문서가 신청자의 이익을 위해 작성된 경우
- 신청자와 문서를 가지고 있는 사람 사이의 법률관계에 관해 작성된 경우
- 오로지 문서를 가진 사람이 이용하기 위한 문서가 아닌 경우

개정된 민사 소송법은 문서소지자에 대한 문서제출의무를 확대하여, 원칙적으로 증언의 거절사유와 같은 일정한 사유(형사소추, 치욕, 직무비밀, 직업비밀 등)가 있는 문서와 공무원이 직무상 보관하는 문서를 제외하고는, 모든 문서를 제출하도록 하였다.

다음의 경우에는 법원의 문서제출명령을 거부할 수 있음(「민사소송법」 제344조 제1항 제3호 단서).

- 공무원 또는 공무원이었던 사람이 그 직무와 관련해 보관하거나 가지고 있는 문서
- 대통령·국회의장·대법원장 및 헌법재판소장 또는 그 직책에 있었던 사람을 증인으로 하여 직무상 비밀에 관한 사항을 신문한 내용(「민사소송법」 제304조)을 기재한 문서로 증인의 동의를 받지 않은 문서

- 국회의원 또는 그 직책에 있었던 사람을 증인으로 하여 직무상 비밀에 관한 사항을 신문한 내용(「민사소송법」 제305조 제1항)을 기재한 문서로 국회의 동의를 받지 않은 문서
- 국무총리·국무위원 또는 그 직책에 있었던 사람을 증인으로 하여 직무상 비밀에 관한 사항을 신문한 내용(「민사소송법」 제305조 제2항)을 기재한 문서로 국무회의의 동의를 받지 않은 문서
- 공무원 또는 공무원이었던 사람을 증인으로 하여 직무상 비밀에 관한 사항을 신문한 내용(「민사소송법」 제306조)을 기재한 문서로 그 소속 관청 또는 감독 관청의 동의를 받지 않은 문서
- 문서를 가진 사람이나 다음에 해당하는 사람(「민사소송법」 제314조)이 공소 제기되거나 유죄판결을 받을 염려가 있는 사항 또는 자기나 그들에게 치욕이 될 사항이 기재된 문서
  가. 문서를 가진 사람의 친족 또는 이런 관계에 있었던 사람
  나. 문서를 가진 사람의 후견인 또는 문서를 가진 사람의 후견을 받는 사람
- 변호사·변리사·공증인·공인회계사·세무사·의료인·약사, 그 밖에 법령에 따라 비밀을 지킬 의무가 있는 직책 또는 종교의 직책에 있거나 이러한 직책에 있었던 사람의 직무상 비밀에 속하는 사항(「민사소송법」 제315조 제1항 제1호)이 적혀 있고 비밀을 지킬 의무가 면제되지 않은 문서
- 기술 또는 직업의 비밀에 속하는 사항(「민사소송법」 제315조 제1항 제2호)이 적혀 있고 비밀을 지킬 의무가 면제되지 않은 문서

바. 그 밖의 증거신청

그 밖의 증거는 도면·사진·녹음테이프·비디오테이프·컴퓨터용 자기디스크, 그 밖에 정보를 담기 위해 만들어진 물건 등을 말한다(「민사소송법」 제374조).

1) 자기디스크 등의 증거신청

컴퓨터용 자기디스크·광디스크, 그 밖에 이와 비슷한 정보저장매체에 기억된 문자정보, 도면, 사진을 증거자료로 하는 경우에는 읽을 수 있도록 출력한 문서, 도면, 사진을 제출할 수 있다(민사소송규칙 제120조 제1항 및 제3항). 자기디스크 등에 기억된 문자정보, 도면, 사진에 대한 증거조사를 신청한 당사자는 법원이 명하거나 상대방이 요구하면 자기디스크 등에 입력한 사람과 입력한 일시, 출력한 사람과 출력한 일시를 밝혀야한다(민사소송규칙 제120조 제2항 및 제3항).

2) 녹음테이프 등의 증거신청

녹음·녹화테이프, 컴퓨터용 자기디스크·광디스크, 그 밖에 이와 비슷한 방법으로 음성이나 영상을 녹음 또는 녹화해 재생할 수 있는 매체에 대한 증거조사를 신청하는 경우 음성이나 영상이 녹음 등이 된 사람과 녹음 등을 한 사람 및 녹음 등을 한 일시·장소를 밝혀야 한다(민사소송규칙 제121조 제1항). 한편, 녹음테이프 등에 대한 증거조사는 녹음테이프 등을 재생해 검증하는 방법으로 하며(민사소송규칙 제121조 제2항), 녹음테이프 등에 대한 증거조사를 신청한 당사자는 법원이 명하거나 상대방이 요구하면 녹음테이프 등의 녹취서, 그 밖에 그 내용을 설명하는 서면을 제출해야 한다.

제2절 증거보전신청

1. 의 의

소송을 제기할 예정이거나 이미 소장을 제출하여 놓은 상태에서, 그 소송에 필수적인 증인이 중병이 들어 곧 사망할 지경에 이르렀다거나(예를 들어 의료소송), 아니면 곧 외국으로 떠나버리려 하는 상황이 발생하거나 또는 당해 소송에 꼭 필요한 검증물이 시일을 지체하면 멸실되거나 부패하여 변경될 우려가 있는 경우(외도장면이 담긴 모텔, 식당, 공원 등의 CCTV 영상물)와 같이 급박한 상황임에도 불구하고 정상적인 절차를 밟아 소송절차에서 증거조사를 하려고 하면 때를 놓치는 경우가 많다. 따라서 소송절차에서 본래의 증거조사기일 전에 미리 증거조사를 하지 아니하면 그 증거를 사용하기 곤란할 사정이 있다고 인정할 때 본안의 소송절차와는 별도로 미리 증거조사를 하여 그 결과를 확보하여 두는 판결절차의 부수절차로서 증거보전절차를 두고 있다. 이러한 증거보전절차는 증거의 보전기능뿐만 아니라 현대적 기능으로 증거개시기능, 더 나아가 분쟁해결기능까지 기대할 수 있다.

2. 증거보전요건

가. 대 상

증거보전의 대상이 되는 것은 모든 증거방법이다. 증인신문, 감정, 서증조사, 문서제출명령, 문서송부촉탁, 검증은 물론 당사자본인신문도 가능하다.

나. 미리 조사하지 아니하면 증거를 사용하기 곤란한 사정이 있어야 한다

1) 증거보전의 필요성

증거보전이 허용되기 위해서는 증거보전의 필요성이 있어야 한다(법 제375조). 증거보전의 필요성은 미리 증거조사를 하지 않으면 증거방법 자체의 사용이 불가능하거나 현저히 경비가 증가하여 사실상 증거조사가 곤란한 경우에 인정된다. 미리라 함은 소제기 전은 물론 소송계속 중이라도 본래의 증거조사의 실시 전이라는 뜻으로 소송절차의 진행 상황에 따라 판단하여야 한다.

2) 필요성의 소명

증거보전의 사유(필요성)는 소명하여야 한다. 그런데 보전의 필요성을 어느 정도 소명해야 하는지에 대해서는 구체적 소명 필요설과 불요설(완화설)의 대립이 있다.

3. 증거보전의 절차

가. 신 청

증거보전의 신청은 서면으로 하여야 한다. 신청서에는 ⅰ) 상대방의 표시, 그러나 상대방을 지정할 수 없는 경우(예컨대 도주 교통사고의 경우)에도 증거보전 신청을 할 수 있는데 이 경우에는 법원에서 상대방이 될 사람을 위해 특별대리인을 선임한다. ⅱ) 증명할 사실, ⅲ) 보전하고자 하는 증거, ⅳ) 증거보전의 사유에 관한 소명자료를 붙여야 한다.

나. 관할법원

소제기 뒤에 증거보전신청을 하는 경우에는 그 증거를 사용할 심급의 법원에 하여야 하고, 제1심 법원이 변론을 종결한 때에는 변론재개의 신청과 함께 증거보전신청을 하는 경우가 아니면 제2심 법원이 관할법원이 된다. 소제기 전에 증거보전신청을 하는 경우에는 신문을 받을 사람(증인, 감정인, 당사자 등)이나 문서를 가진 사람의 거소 또는 검증하고자 하는 목적물이 있는 곳을 관할하는 지방법원에서 하여야 한다. 그러나 급박한 경우에는 소 제기 뒤에도 소 제기 전에 증거보전신청을 하는 경우의 관할법원에 신청할 수 있다.

다. 법원의 결정

소송이 계속된 중에는 직권으로 증거보전을 결정할 수 있다. 그러나 실무상 그러 경우는 거의 없다. 증거보전의 신청에 대하여 법원은 변론 없이 그 허부의 결정을 하여야 한다. 증거보전신청을 받아들이는 결정에 대하여는 불복신청을 하지 못하지만, 이를 각하하는 결정에 대해서는 신청인이 항고할 수 있다.

라. 증거조사의 시행

증거보전으로서의 증거조사도 본안소송에 있어서의 증거조사와 동일한 방법으로 시행되며, 증거보전절차에서의 증거조사에 관하여는 민사소송법 규정 등이 적용된다.

4. 증거보전의 효력

증거보전결과를 변론에 상정하고 변론조서에 기재함으로써 소송자료가 된다. 증거보전절차에서 신문한 증인을 당사자가 변론에서 다시 신문하고자 신청한 때에는 법원은 그 증인을 신문하여야 한다(법 제384조).

CHAPTER 08

정보수집론

제1절 탐정의 기본적인 소양

1. 탐정이 갖추어야 할 소양

탐정의 조사활동과 관련하여 유능한 탐정이 갖추어야 할 특성으로 객관성, 논리성, 인내와 성실성, 인관관계기술 등이며, Charles P. Nemeth는 위 각각의 특성에 대하여 다음과 같이 기술하였다.

가. 객관성(objectivity)

탐정(민간조사관)은 조사활동 시 감정과 편견, 선입관에 의해 사실을 다루어서는 아니되고, 실재하는 사실을 기초로 자기의 임무를 수행해야 하며, 가설설정에 있어서 개방적이어야 하고, 사건이 발생할 경우 과학적으로 이를 접근하여야 한다. 또한, 추론보다는 알려진 실제 사실을 기초로 접근해야 하고, 의사결정에 있어서는 효과적인 사실을 기초로 해야 한다.

나. 논리성(logic)

탐정(민간조사관)이 지식, 정보, 자료를 수집할 경우에는 논리성이 요구된다. 논리성은 규칙적이어야 하고, 일관된 형태의 사건과 사실들에 대해 질서정연하게 기술되어 있는 것을 뜻하며, 논리적이라 함은 어떤 사실이 연역적이고, 직접적이며, 추론적인 형태에 의해 전개되는 것을 말한다. 연역적인 추리는 누가(who), 무엇을(what), 어디서(where), 언제(when), 어떻게(how), 왜(why) 형태의 질문에 대한 결과로서 기술되어지며, 조사의 논리성은 상상력의 훈련이라고 볼 수 있다.

다. 인내와 부지런함(perseverance and deligence)

탐정은 정보와 사실을 수집하고 결합시키는 업무를 수행하기 때문에 그 업무의 특성상 인내심(=신중함), 부지런함, 성실성을 가지고 있어야 하며, 일반적으로 사건과 관련된 많은 부분들의 경우 인내심과 부지런한 조사를 통해서 그 결과를 도출해 낼 수 있다.

라. 인간관계기술(human relations skills)

탐정의 성공은 정보를 수집하는 능력에 의해서 좌우되는 것이고, 인간 상호작용을 위한 탐정의 능력은 중요한 특성에 해당되기도 한다. 탐정이 의뢰인, 사건의 목격자, 정부관리, 경찰조직 및 사회 공공부문의 인사, 보험이나 소송의 손해사정인들과 원만한 관계를 가져야만 해당 관련 분야에서 성공을 보장받을 수 있는 것이다. 한마디로 여러 다양한 직업을 가진 사람들과 대인관계가 좋아야 한다는 것이다.

2. 탐정의 조사활동 시 필요한 조건

탐정은 타인 즉, 개인이나 기업 나아가 공기관의 위임을 받고 특정한 사실을 탐문이나 관찰 등 종합적인 방법을 통하여 조사하거나 정보나 단서를 수집 · 분석한 후 그 결과물을 의뢰인에게 제공하는 업무를 수행한다.

문제는 탐정이 실제 수임된 사건과 관련된 사실조사나 정보수집 수집과정에서 불법적인 유혹에 넘어가기 쉽고, 현장에서 민첩하게 대응해야만 해결될 일도 있다. 이러한 업무상 특성으로 인해 탐정에게는 무거운 책임과 소명의식이 뒤따르는데, 그에 더하여 ⅰ) 준법정신(정직성), ⅱ) 강인한 체력과 정신력, ⅲ) 세밀한 관찰력, ⅳ) 정확한 기억력, ⅳ) 민첩한 판단력, ⅳ) 정확한 정보수집능력, ⅴ) 끈질긴 추진력(해결능력), ⅵ) 폭넓은 상식(추진력), ⅶ) 수사서류 작성능력, ⅷ) 사건의뢰인에 대한 철저한 비밀보장 등 자질이 성공적인 탐정업무의 수행상 필요적으로 요구된다.

제2절 정보수집의 기초

1. 정보의 개념

오늘날 정보라는 단어는 국가정보 분야 외에 경제, 통신, 공학, 컴퓨터 등 다양한 분야에서 사용되고 있다. 일반적으로 정보란 '문제해결에 도움이 되도록 정리한 지식'을 의미한다.[226]

이러한 정보의 개념은 사회가 고도로 발전하고 정보화가 진행됨에 따라 그 의미도 계속해서 변화되고 있지만, 일반적으로 정보는 '어떤 것에 대한 메시지(Message)로써 개인이나 조직의 의사결정 혹은 행동을 위하여 사용되는 의미 있는 내용'으로 정리된다. 이렇듯 정보는 의사결정과정에 영향을 미친다는 의미에서 그 가치를 가지게 되며, 실질적으로 인간이 하는 모든 가치판단과 행동이 정보에 의존하고 있다는 측면에서 살펴보면 정보는 예를 들어, 기업경영정보, 농산물 유통정보, 정보통신정보, 전자정보교환제도, 정보공학, 정보과학 등과 같이 매우 복잡하고 다양하게 정의되며, 다양한 분야에서 다양한 형태의 정보가 존재할 수 있다.

한편, 이러한 정보는 국가가 정책을 수립하거나 집행할 때, 기업이 사업계획을 수립하고 집행할 때 그리고 개인이 사업계획을 수립하고 집행할 때 그 어느 때든 매우 중요한 역할을 담당한다.

---

226) 이길규, 정보의 개념에 관한 소고, 국가정보연구 제1권 2호, 9면.

특히 타인 즉, 개인이나 기업 나아가 공기관의 위임을 받고 특정한 사실을 탐문이나 관찰 등 종합적인 방법을 통하여 조사하거나 정보나 단서를 수집·분석한 후 그 결과물을 의뢰인에게 제공하는 업무를 수행하고 있는 탐정의 조사활동의 경우, 바로 이러한 정보의 수집 및 분석능력이 그 조사활동의 성패를 결정지을 수 있을 만큼 매우 중요한 부분이기도 하다.

[자료, 첩보, 정보의 비교][227]

구분	광의의 정보		
	자료(Date)	첩보(Information)	정보(Intelligence)
의미	단순사실, 신호, 소재	목적의식에 따라 수집된 자료	일정한 절차에 따라 처리된 유용한 정보
용어	데이터(자료)	1차 정보, 첩보, 생정보	2차 정보, 정보, 가공정보, 지식
활동	입력(Input)	수집	평가, 분석, 가공
활동특성	임의적	의식적	의식적
활동주체	전임직원	전임직원	전임직원
특성	무의미	불확실성	확실성
유용성	소	중	대
시간	자동적	신속성	지연성

2. 정보개념의 구성요소 및 기본적 특성

가. 정보개념의 구성요소

정보개념의 구성요소로는 정보사용자와 정보의 고유가치, 일정한 형태의 처리과정 등을 들고 있다. 이에 대해서 살펴보면 다음과 같다.

---

227) 경찰대학, 경찰정보론, 2005. 14면.

1) 정보 사용자

정보의 생산 가치는 소비자를 전제한다. 따라서 특정한 사용자가 존재하지 아니하는 정보는 정보로서의 가치가 없다. 정보는 다양한 분야에서 다양한 형태의 정보가 존재하기 때문에 그 사용자 또한 특정한 개인이나 조직, 단체가 될 수도 있고, 국가나 군대, 기업체 등도 그 대상이 될 수 있다.

2) 정보 고유의 가치

일반적으로 어떤 정보에 대하여 그의 수요자측의 지적 판단 활동에의 영향 정도에 따라 그의 중요성이 판단되어 가치가 결정된다. 수요자가 어떤 의사결정이나 계획 입안에 대하여 현재와 장래를 합쳐서 그의 정보를 어떻게 활용하는가에 따른다. 그것에는 정보의 질과 타이밍이 커다란 요소를 갖는다. 따라서 시장에서 매우 중요한 가치가 있다고 평가를 받는 정보라 하더라도 그것을 필요로 하지 아니하는 자에게 아무런 가치가 없는 것이 될 수 있다.

3) 일정한 처리과정

정보는 일정한 형태의 처리과정을 거쳐야 한다. 정보는 필요한 사람이나 특정한 목적에 따라 일정한 처리과정을 통해서 처리되어야만 정보로서의 가치가 생긴다.

나. 기본적 특성[228]

정보의 개념에서 볼 수 있듯이 정보는 일반 상품과는 다른 성격을 지니고 있으므로 정보를 올바로 인식하기 위해서는 정보에 대한 특성을 파악하는 것이 중요하다.

1) 정보의 비소비성(Non-consumption)

정보는 사용한다고 사라지지 아니한다. 다시 말하면 정보는 비소비성이다. 정보는 지금까지의 상품에서처럼 사용으로 인하여 노후화되거나, 감가상각 되어 없어지지 않

---

228) https://mcms.daegu.ac.kr/user/chodh/user_source/kpa2.htm 상 내용을 참고하여 정리한 것임.

고 오히려 사용할수록 더욱 그 가치를 높이는 효과를 발생시킨다.

2) 정보의 복사가능성(Possible to copy)

정보는 복사가 가능하다. 사본 원본의 구별이 없으며 매우 낮은 가격에 생산이 가능하다. 일반적으로 산업사회의 상품은 1단위 생산을 추가할 때마다 동일한 비용이 추가되지만 정보는 일단 생산되면 정보의 전달방법에 따라서 무한 복제가 가능하다.

3) 정보의 누적효과성이다(Cumulative effects)

정보 데이터베이스에서처럼 정보가 누적되면 될수록 더욱 그 가치나 효용이 높아지게 된다.

4) 정보의 비이전성(Non-transferable)

정보자원은 배분한다고 해서 없어지거나 줄어들지 않는 비이전성의 특징을 지니고 있으며 오히려 새로운 사용자가 생김으로써 가치가 더욱 증가하는 특징을 가지고 있다. 이와 같은 특성 때문에 인터넷에는 수많은 정보들이 떠돌고 있고 실질적으로 많은 사람들이 사용한다고 해서 없어지거나 줄어들지 않으며 오히려 더욱 가치가 높아지는 것을 자주 볼 수 있다.

5) 정보의 비변질성(Non-depreciation and no change in quality)

정보는 감가상각이나 변질되지 않는다. 따라서 한번 생성된 정보는 아무리 사용해도 감가상각 되거나 변질되지 않으며 또한 인간서비스와는 달리 정보서비스는 저장할 수 있어서 지속적으로 활용이 가능하다.

6) 정보의 시간적 차원성(Has the dimension in time, it is important in terms of time(Early Bird))

정보는 시간의 차원을 가진다. 일단 생산된 정보는 시간이 지남에 따라 그 가치가 점차 떨어지게 된다. 그러므로 정보는 지속적으로 갱신되어야 그 가치를 유지할 수 있으며, 특히 정보의 특성상 동일하거나 유사한 정보는 나중에 생산되면 거의 가치를 지니지 않는다. 따라서 정보는 빨리 생산하는 것이 좋은 정보를 생산하는 것 못지않게 매우 중요하며, 이와 같은 특성이 정보사회가 끊임없이 변화하고 발전할 수 있게 하는 중요한 요인 중에 하나이다.

7) 정보의 생산자 모호성

정보는 생산자와 소비자의 구별이 모호하며 생산자인 동시에 또한 소비자의 역할을 하게 되며, 정보생산자의 능력이나, 재능, 시간에 따라서 정보의 질이나 공급량이 결정되게 된다.

제3절 정보의 가치에 대한 평가기준

1. 정보의 가치

정보의 의미와 특징 그리고 정보사회의 내용과 발전방향에 대한 논의가 다양함에도 불구하고 자원으로서 정보가 갖는 가치와 중요성에 대해서는 많은 사람들이 공감한다. 특히 다양화되고 지능화되어가는 개인 및 기업관련 여러 사건에 대비하기 위해서 관련 정보를 적극적으로 수집하고 분석을 통해 사건 해결의 단서(또는 증거)를 신속 정확하게 포착하고 수집(발견)한 것은 탐정조사활동의 중요한 요소로 강조되고 있다.

그 결과 탐정활동 및 조사와 관련하여 양질의 정보 확보 및 분석이 탐정활동의 성패를 좌우한다는 것은 주지의 사실이다. 따라서 탐정활동 시 정보수집의 궁극적 목적은 당해 사건을 의뢰한 의뢰인의 의사결정에 활용 가능하도록 사건과 관련성이 있어야 하고, 정확해야 하며, 적시에 활용가능한 필요한 증거여야 하는 등 그 의사결정에 필요한 요소들을 갖추어야 할 필요성이 있다.

[정보의 순환과정][229]

1. **정보요구단계**	정보요구결정, 수집계획의 준비, 명령하달 및 수집기관의 활동 내역에 대한 지속적 점검
2. **정보수집단계**	인적수단이나 기술적 수단 등을 통한 첩보수집
3. **정보처리단계**	수집된 자료들을 대조, 평가, 존안 및 관련 부처로 전단
4. **정보생산단계**	첩부에 대한 체계적인 분석, 종합, 해석 및 판단으로 정보사용자에게 적합한 형태의 안전한 정보로 가공
5. **정보배포단계**	생성된 정보가 사용자에 전단

2. 평가요소

일반적으로 의사결정에서 정보가 일정한 가치를 가지려면 다음과 같은 요건을 필요로 한다.

1) 관련성(적합성, 적실성)

관련성은 정보가 당면 문제와 관련된 성질을 의미하는 것으로서, 정보는 정보의 사용자와 사용목적과 연관된 것이어야 한다.

2) 정확성

정확성은 정보가 사실과 일치되는 성질을 의미하는 것으로서, 이러한 정보가 정확하지 못할 경우 의사결정은 물론 방향에 있어서도 그릇된 방향으로 흐를 수 있다는 부작

---

229) 강영숙, 박승현, 조동운, 탐정학, 진영사, 2022, 98면.

용을 초래할 뿐만 아니라 탐정활동의 신뢰와도 결부된 중요한 요소이다. 따라서 의뢰인의 필요로 하는 정확한 정보를 얻기 위해서는 사전 준비를 철저히 하여야 함은 물론 정보의 객관성에 대한 평가도 있어야 한다.

3) 적시성

정보의 적시성이란 정보가 어떠한 결정이 이루어지는 시점에 비추어 가장 적절한 시기에 존재하여야 하는 성질을 의미한다. 정보는 의뢰인이 필요로 하는 시점에 제공되어야 그 가치가 있는 것으로, 너무 빠르거나 너무 늦을 경우에는 그 가치를 상실할 수 있다. 탐정의 조사활동 시 간혹 탐정보다 의뢰인이 먼저 관련 정보를 수집하는 경우가 있는데, 이러한 경우 수집된 증거의 가치문제는 별론으로 하더라도 비용관련 분쟁이 발생할 수도 있다.

4) 완전성

정보의 완전성이란 정보가 그 자체로서 어떠한 결정에 필요하고 가능한 모든 내용을 망라하고 있는 성질을 의미하는 것으로서, 정보를 해석하거나 정책과 관련된 의사결정을 하는데 있어 추가적인 정보를 필요로 하지 않는 상태를 말한다. 따라서 탐정이 조사활동 종료 후 관련 보고서를 작성할 경우 6하 원칙에 따라 의뢰인이 더 이상 궁금한 사항이 없도록 완전하게 작성하여야 한다.

5) 객관성

탐정에 의하여 수집된 정보가 탐징개인의 이익 등을 감안하여 탐정의 개인적인 시각, 편견, 감정이 이입되어 정보를 사실과 달리 왜곡할 때 정보의 객관성을 잃게 되는 성질을 의미하는 것으로서, 정보가 생산자인 탐정이나 의뢰인의 의도에 따라 주관적으로 왜곡될 경우 의사결정에 합리적으로 활용될 수 없다.

탐정업이란 의뢰인의 의뢰를 받고 그 범위 내에서 의뢰를 받은 사실에 대하여 누구나 접근 가능한 사실을 조사하거나 정보를 수집·분석하여 의뢰인에게 제공해 주는 업이다. 이러한 탐정업에 있어 핵심이 되는 정보는 성질, 출처, 사용주체, 입수형태, 대상, 업무 등 다양한 기준에 따라 세분할 수 있지만, 크게는 공개정보와 비공개정보로 등으로 나눌 수 있다.

전 미국 중앙정보국(CIA) 국장 제임스 울시(R. James Woolsey Jr. 제13대 CIA 국장)는 '모든 정보의 95%는 공개된 출처에서, 나머지 5%만이 비밀 출처에서 나온다.'고 말했다. 즉, CIA 비밀 보고서 하단의 20개의 각주 중에 단 1개만이 다른 비밀 보고서를 출처로 하고 있으며, 19개의 출처는 뉴스나 논문, 저서 등 공개출처정보를 인용하고 있다는 의미로서, 공개된 정보의 수집 및 활용의 중요성을 언급하였다. 탐정업에 있어 정보는 다음과 같이 분류할 수 있다

1. 공개여부에 의한 분류

가. 공개된 정보

공개된 정보라 함은, 신문·잡지·정부간행물·언론매체(인터넷, TV, 라디오 등) 등을 통해 공공연하게 입수할 수 있는 정보를 의미한다. 이러한 정보의 경우 비공개 정보와는 달리 그 정보에 대한 접근이 자유로우며, 출처에 대한 보안대책 등을 준비할 필요가 없고, 정부수집에 있어 위험부담이 적고 시간과 비용을 절감할 수 있으며, 속성상 조작되지 않은 원형에 가까운 정보를 수집할 수가 있다는 등의 특징이 있다.

미국의 저명한 정보전문가 랜슨(Ranson)은 CIA를 비롯한 각국의 대표적인 정보기관이 막대한 예산을 들여 수집해온 첩보를 자체 분석한 결과 수집된 첩보의 약 80% 이상이

이미 공개된 출처에서도 획득 가능한 것이었다는 결론을 내리고 공개정보의 중요성을 특히 강조 하였다.

나. 비공개정보

비공개 정보는 본질적으로 탐정의 합법적인 조사영역은 아니다. 탐정업에 있어 사실 조사 및 정보의 수집은 다양한 형태로 존재하고 있는 공개된 정보의 발견과 취합이라는 물리적 과정을 통해 달성되어야 한다. 그럼에도 사회 일각에서는 민간조사원(사설탐정)이라하면 '비공개 정보를 수단껏 잘 빼오는 전문가'로 잘못 이해하는 경우가 많다. 탐정은 대립 관계에 있는 국가나 기업 등 일정한 조직체에 침투하여 기밀을 알아내는 스파이(spy)와는 그 존립근거나 추구하는 가치가 다르다.[230]

따라서 민간조사원이 불법적인 방법으로 비공개 정보(기업의 특허기술 등 특허권이나 저작권 그리고 개인의 신상정보 등 그 외 사생활침해의 원인이 되고 있는 도청, 감청 등)에 까지 접근하려는 시도는 민간조사제도의 근간을 뒤흔드는 행위가 될 수도 있으므로 탐정업을 영위하는 사람들은 그것이 공개된 정보라고 하더라도 누구나 다 접근가능 한 '정보'라도 편견을 버리고 '공개된 정보' 또한 '하나의 정보원'라는 인식전환을 통해 비공개된 정보에 대한 잘못된 집착 및 그러한 정보를 채집하여야만 전문가라는 편견을 버릴 필요가 있다.

2. 정보의 신빙성 판단

정보 과잉시대 소셜미디어 뿐만 아니라 전통 미디어에서도 가짜 정보가 범람하고 있다. 따라서 과거 어느 때 보다 더 탐정의 조사활동시 공개된 정보의 경우 관련 정보를 면밀히 검토, 분석해 그 신빙성을 검토한 후 의뢰인에게 제공해야 될 책임이 커진 상황이다.

'잘못된 정보(Misinformation)'는 내용은 비록 허위이지만 현실적 악의(actual malice)가 없는 정보이다. 종종 기자들이 보도과정에서 잘못된 정보를 전달하여 타인의 명예를

---

230) https://en.seoul.co.kr/news/newsView.php?id=20150505500166 참고.

실추시키거나 사생활을 침해할 때 발생한다. 이러한 경우의 대부분은 현실적 악의가 없는 단순 실수로 오보정정을 통해 시정된다. '조작된 정보(Disinformation)'는 정보를 제공하는 자가 허위로 만들어 낸 내용을 현실적 악의를 갖고 유포하는 경우이다. 조작된 정보를 개인이나 집단, 조직, 특정 국가에 피해를 줄 목적으로 유포하기 때문에 범죄행위에 해당한다. 좁은 의미로 기만을 목적으로 한 가짜뉴스는 조작된 정보에 해당한다. '악의적 정보(Mal-information)'는 정보 내용은 사실이지만, 누군가의 명예를 더럽히거나 사생활을 침해하기 위해 악의를 갖고 유포하는 정보이다. 이 경우에도 현실적 악의를 갖고 정보를 제공하지만, 정보 자체는 역사적 사실이거나 진실이다. 잘못된 정보(오보)든 조작된 정보나 악의적 정보든 결론적으로는 모두 사회적 갈등과 혼란을 가중시킨다. 가짜뉴스는 잘못된 정보와 조작된 정보에만 해당한다. 그러나 사실을 적시하는 악의적 정보도 사회적 갈등을 유발시키고 개인에게 큰 피해를 주기는 마찬가지이다. 결국 가짜뉴스는 정보에 대한 신뢰를 떨어뜨려서 사회적 신뢰가 상실되게 만든다. 또한 쓸모 있는 정보와 쓸모없는 정보를 구분하기 어렵게 만든다. 그래서 이를 구분해내기 위해 많은 사회적 기회비용을 지불하게 만드는 특징이 있다.[231]

따라서 공개된 정보의 경우 ⅰ) 데이터의 출처가 분명하게 명시되어 있는가?, ⅱ) 미리 결론을 내려놓고 꿰맞춘 것이 아니라 중립적이고 객관적인 태도를 보이고 있는가?, ⅲ) 신분을 밝히고 다른 의견을 받아들일 준비가 되어 있는가?, ⅳ) 다른 사이트와 비교했을 때 내용이 지나치게 다르지 않은가? 등을 기준으로 사전검토가 필요하다. 이러한 사전검토 후 이를 의뢰인에게 보고할 필요가 있다.

---

231) https://www.kocca.kr/trend/vol17/sub/s33.html 참조.

CHAPTER 09
탐정의 탐문기법

제1절 탐문조사의 개념 등

1. 탐문조사

탐정활동 시 주로 사용되는 기법 중 하나인 탐문은 수사활동 시 주로 사용되는 개념이며, 이는 범죄현장에서 범인의 것으로 추정되는 의류, 신발, 모자 등의 제조업체, 판매자 등을 찾아 소유자를 찾아 수소문하는 활동을 말한다. 이러한 탐문은 탐정이 의뢰인의 의뢰를 받고 특정한 사실을 조사하기 위한 활동을 수행할 경우 그 사실과 또는 그와 관련된 어떠한 사정을 알고 있는 자로부터 관련 사실을 조사하는 기초 수단이 된다.

[수사의 요소][232)

원 칙	수사의 요소			
4하 원칙	누가, 언제, 어디서		무엇을 했나	
6하 원칙	누가, 언제, 어디서	왜	어떻게	어떻게 되었나
8하 원칙	누가, 언제, 어디서	왜	누구와 누구에게 어떻게	어떻게 되었나

---

232) 박노섭, 이동희, 이윤, 장윤식, 범죄수사학, 2013년, 경찰공제회, 34면.

2. 범죄정보의 특징[233] 및 탐문조사의 성격

가. 범죄정보의 특징

아래에서 언급한 범죄정보의 특성은 탐정의 탐문을 통한 조사활동시 유념할 필요가 있는 내용으로서, 탐정의 탐문활동을 통한 정보의 수집도 시한성이나 가치변화성 등이 동반되기 때문에 이를 숙지하여 활동할 필요가 있다.

1) 시한성

범죄정보는 그 내용이 아무리 중요하더라도 시간이 경과함에 따라 가치가 감소하게 된다. 즉, 범죄정보의 효용에는 시간적인 제한이 있으며 특히 그 수집시기 및 내사착수 시기의 타이밍이 중요하다.

2) 가치변화성

범죄정보는 선별적인 가치를 가지고 있다. 수사기관에게는 극히 중요한 정보일지라도 일반인에게는 불필요한 경우가 많다. 이러한 범죄정보는 수사기관의 필요성에 따라 가치가 달라진다.

3) 결합성

범죄정보는 결합되고 가공되어지며 기초정보가 다른 기초정보와 결합하여 구체적인 사건정보가 되거나 사건정보가 다른 사건정보와 결합하여 범죄정보가 된다.

4) 결과지향성

범죄정보는 수사에 착수하여 사건으로서 현출되는 결과가 있어야 한다. 아무리 노력과 시간을 투입하더라도 사건으로서의 결과를 얻지 못하면 소용이 없다.

---

233) 성광호, 범죄수사의 이론과 실제, 1995년, 도서출판 진리와 탐구, 69~70면.

5) 혼합성

범죄정보는 단순한 사실의 나열이 아니고 그 속에 하나의 원인과 결과를 내포하고 있다. 또한 다른 첩보와 연결되어 있어 이를 분해하고 혼합함으로써 완전한 사건으로서 새로운 모습을 갖게 된다.

나. 탐문조사 성격 - 비권력적 사실조사행위, 주관적 가치판단 지배영역

조사는 탐문에서 시작하여 탐문으로 끝난다는 말이 있을 정도로 탐문은 탐정조사활동의 핵심이다. 그러나 탐정의 조사활동은 수사기관의 조사활동과는 달리 강제력을 수반하지 아니하기 때문에 그 탐문활동에서는 분명 한계가 존재한다. 이는 탐정의 탐문활동이 비권력적 사실행위에 불과하다는 점이 근본적인 이유이다.

그 외 탐정의 조사활동은 의사의 객관성보다는 탐정 활동 및 판단, 증거채집 등에 관한 주관적 견해가 지배하는 영역이다. 그러나 관련 조사 등의 결과물이 너무 개인의 주관적 의사에만 치우친 결과물일 경우 자칫 판단의 오류에 빠질 우려가 크기 때문에 조사방법이나 내용에 있어서는 객관적이고 보편타당성을 추구하며, 그 조사활동 시에도 사생활침해 등의 부작용을 최소화하기 위해 사회성과 공공성을 견지해야 할 필요가 있다

3. 탐문조사의 방법 등

가. 탐문조사의 방법

탐정의 조사방법은 탐정 자신이 직접 상대방과 면담을 통한 조사방법은 크게 직접탐문법과 제3자의 협력을 얻어 진행하는 간접탐문법으로 분류할 수 있다. 이중 직접탐문이 원칙적인 탐문방법이다.

1) 직접탐문법(공개탐문법, 가장탐문법)

직접탐문법이란, 표현 그대로 탐정이 탐문의 상대방과 직접 면접을 하여 탐문을 하는 방법이다. 즉, 신분을 명시한 상태에서 수행하는 탐문활동이며, 이에는 자신의 신분을 명시하고 행하는 것과 신분을 은닉하고 행하는 두 가지 방법이 있다.

공개탐문법 **(직접탐문)**	조사자가 자신의 소속기관과 신분을 명시함은 물론 사건의 전부 또는 일부를 공개하면서 상대방의 협조를 하는 방법이다.[234] 공개탐문법은 아래와 같은 경우에 사용한다. • 사실 등이 명확할 때 • 제3자의 협력을 얻어서 탐문하고자 할 때 • 사후조사에 영향이 없을 것이라고 판단될 때 • 상대가 범인과 통모나 증거인멸의 우려가 없을 때 • 피해자 가족에 대한 탐문
가장탐문법 **(직접탐문)**	조사자의 신분, 조사목적, 대상사건 등을 완전히 숨기거나 고객 등을 가장하여 탐문하는 방법이다.[235] 가장탐문법은 아래와 같은 경우에 사용한다. • 장물취득자 등에 대한 탐문 • 선거사범 등에 대한 탐문 • 전과자에 대한 탐문 • 상대자에게 직접 탐문하기가 어렵고 그 효과를 기대하기 어려울 때 • 우범지역 등에서 탐문하고자 할 때 • 피해자의 가족 친족 또는 사건에 대한 이해관계자에 대한 탐문

(2) 간접탐문(고용탐문법)

간접탐문법은 탐정이 그 상대방에게 직접 탐문을 하기가 어렵고 또한, 그 효과를 거두기가 어려운 경우에 제3자의 협력을 얻어서 간접적으로 탐문을 하는 방법이다.

고용탐문법 **(간접탐문)**	제3자의 협력을 얻어서 간접적으로 탐문하는 방법이다. 만일 협력자를 잘못 선택할 경우 보안문제 등 여러 문제가 발생될 수 있다는 단점이 있다. 고용탐문법은 아래와 같은 경우에 사용한다. • 탐정이 그 상대자에게 직접 탐문하기 어렵고 그 효과도 기대하기 어려울 때 • 범죄 또는 피의자를 탐지하기 위하여 꼭 필요한 정보를 득하고자 할 때

---

234) 이 탐문은 주로 피해자의 가족탐문에 주로 사용되며, 조사대상자 주변인에게는 실시하지 않아야 한다.

235) 탐문대상자와 조사대상자가 통모할 가능성이 있는 이해관계자에 대해 실시하는 방법이다

나. 질문방법

탐문활동 시 질문방법은 전체법과 일문일답법, 자유응답법, 선택응답법, 긍정과 부정 질문법 등이 있다.

1) 전체법

'무엇인가 이상한 점은 없었습니까?', '무엇을 했습니까?' 등과 같이 막연하게 질문을 하고 상대방은 이에 관해서 자유롭게 답변을 하는 방식을 말한다. 이 방법은 질문자의 암시, 유도의 염려가 수반되지 않기 때문에 올바른 답변을 얻을 수 있는 장점을 지니고 있으나 답변의 정리가 어렵다는 것이 단점에 해당된다.

2) 일문일답법

질문자가 듣고 싶은 점에 대한 말을 하나하나 물으면서 하는 방식을 말한다. 문제점을 명확히 할 수 있는 장점이 있다. 그러나 질문 이외의 정보에 대해서 얻기가 어렵고 질문을 어떻게 하는가에 따라서 암시, 유도의 염려가 있다는 단점이 있다.

[전체법과 일문일답법의 비교표]

비 고	전체법	일문일답법
의 의	'무엇을 했습니까?' 등과 같이 막연하게 묻고 상대자는 이에 대하여 자유롭게 대답하는 방법	'그 사람을 만났습니까?'와 같이 질문자가 듣고 싶은점을 하나하나 묻는 방법
장 점	암시·유도의 염려가 없다.	문제점을 명확히 할 수 있다.
단 점	답변의 정리가 어렵다	• 질문 이외의 정보를 얻기가 어렵다. • 암시·유도의 염려가 있다.

3) 자유응답법

자유응답법은 '무엇을 보았습니까?', '어디로 가는 버스였습니까?'처럼 무엇, 어디 언제 등과 같이 의문사를 수반하는 질문방식을 말한다. 이 방식의 장점은 언제, 어디서,

무엇을 등의 의문부호가 있는 질문에 대해서 자유롭게 답변을 하는 방식에 해당되기 때문에 질문의 암시, 유도의 염려가 적다.

4) 선택응답법

선택응답법은 미리 준비해 둔 몇 개의 답변 중에서 선택을 하여 답변을 하도록 하는 다지선택법 방식을 말한다. 예컨대 색깔은 남색이었습니까? 녹색이었습니까? 등과 같은 질문에 대한 응답법이다.

[자유응답법과 선택응답법 비교]

비 고	자유응답법	선택응답법
의 의	'무엇을 보았습니까?'와 같이 의문사를 수반하는 질문방식	'색깔은 남색이었습니까? 녹색이었습니까?'와 같이 미리 준비해 둔 몇 개의 답변 중에서 선택을 하여 답변을 하도록 하는 다지선택법 방식
장 점	• 질문에 대해 자유롭게 답변하므로 예상치 못한 자료를 얻을 수 있음 • 내용의 진실도가 높음	• 중요한 점을 놓치지 아니함
단 점	• 중요한 사항을 빠뜨리고 진술할 우려가 있음 • 자유로운 답변이므로 진술하기 싫은 것은 묵비할 우려가 있음	• 유도심문의 우려가 있음

5) 긍정 및 부정질문법

긍정질문법은 긍정적으로 질문을 하는 방법을 말하는 것이고, 부정질문법은 부정적으로 질문을 하는 방법을 말한다. 예컨대 긍정질문법은 '그것이 맞는지요?', 부정질문법은 '병은 아니겠지요?' 일반적으로 긍정 및 부정질문법은 암시, 유도의 염려가 있기 때문에 답변을 정확히 얻기가 어려운 단점이 있다.

[부정문과 긍정문 비교]

비 고	부정문	긍정문
의 의	'병은 아니겠지요?'와 같이 부정어를 가지고 질문하는 방식	'그것이 맞는지요?'와 같이 긍정어를 가지고 질문하는 방식
특 징	암시, 유도의 염려가 있기 때문에 답변을 정확히 얻기가 어려움	

탐문조사를 실시하기 위해서는 사전에 대상자나 대상지역에 대한 예비조사를 철저히 할 필요가 있다. 무엇을 얻기 위한 탐문인지 그 목적과 방향을 명확히 설정하여 설정된 목표나 방향에 집중할 필요가 있고, 특히 탐문대상자 선정 시 탐문의 목적과 방향성에 부합하는 자를 선정하고 그에 맞춘 실행계획을 세우는 등의 사전준비가 필수이다. 이러한 기초적인 준비를 통하여 사전조사가 충분히 이루어질 경우 그만큼 탐문의 실효성 및 성공률은 높아질 수 있기 때문이다.

1. 예비조사

주변의 지리, 지형, 환경 등의 특성을 파악한 결과에 따라 탐문의 방식 즉, 시간이나 복장 등이 결정되기 때문에 준비과정 중 가장 선행될 일은 그 지역에 대한 지리, 지형, 환경 등의 특성에 대해서 파악하는 일이다.

예비조사의 성공률은 의뢰를 받을 때, 얼마나 많은 정보를 얻을 수 있는가에 달려있다. 그때의 정보를 무시한다면 탐문은 물론, 미행, 잠복의 성공률도 낮을 것이다. 예비조사 후 탐문조사를 끝낸 다음에 더 정확한 정보를 얻기 위해 본격적인 조사를 하는 것이다. 탐문조사에서 얻어진 정보는 모두 미확인 정보일 뿐이므로 이것을 확인정보로 만들기 위해선 잠복, 미행을 여러 번 하는 경우도 있다.[236] 이는 탐문조사를 가정 먼저 시작하게 될 경우 가장 먼저 질문했던 사람에게 얼굴을 보이게 되면서 주변사람에게 경계심을 일으켜 잠복조사하는 것이 어렵게 되기 때문이다.[237]

---

236) 강영숙, 박승현, 조동운, 앞의 책, 118면.
237) 강동욱, 윤현중, 앞의 책, 157면.

2. 탐문의 목적과 방향의 설정

탐문활동을 함에 있어서는 의뢰인에게 의뢰받은 사건에 대한 면밀한 검토 후 탐문의 목적과 방향이 설정되어야 하며, 이를 토대로 탐문대상자를 선정하고 대상자에 대한 분석(연령, 성별, 교육장소, 소속집단, 사회적 환경, 처지, 기분, 태도, 흥미, 요구 등)이 뒤따라야 한다.

3. 탐문대상자의 선정

탐문대상자는 탐문의 목적과 방향에 부합하는 인물이어야 한다. 따라서 성공적인 탐문조사를 수행하기 위하여 그 대상자는 관련사건을 직접 경험하거나 목격한 자 중 비교적 객관적인 위치에 있는 자를 선정하는 것이 좋다.

4. 탐문 실행계획의 수립

가. 탐문의 요점 확정

탐문활동을 위해서는 대상자와 어떠한 내용의 대화를 통해 목적한 내용을 어떻게 얻을지 관하여 사전에 6하 원칙[언제(면접일시), 어디서(면접의 장소와 환경의 선정), 왜(목적의식), 누구와(대상자 선정), 어떻게(면접의 방법, 대화내용 및 골자, 예상되는 질문에 대한 태도 등)]에 의하여 탐문의 요점을 확정해야 하며, 이를 토대로 대상자와 소통이 용이한 탐정요원을 정하고, 탐정요원이 확정될 경우 대상자와 미팅 전 미리 가장의 질문과 답변 등에 대한 사전 연습을 해보는 것이 중요하다.

나. 탐문의 시간과 장소 선정

사건이 발생한 후 오랜 시간이 경과된 다음 탐문을 하게 되면 상대방의 기억력이 쇠퇴하여 정확한 정보를 얻기 어려울 수도 있기 때문에, 탐문장소의 선정은 상대방에게 심리적으로 편안함을 주어 과거의 기억을 도출하기 유용하고, 조용한 장소가 적당하다.

조사를 행함에 있어서 사전에 실행계획을 수립해야 하는데 살펴보면 다음과 같다.

제3절 탐문활동 및 탐문조사 시 유의사항

1. 일반적 유의사항

가. 상대방을 읽는 관찰력 및 판단력 함양

상대방이 이야기 할 때 그의 심리작용은 말하는 자의 표정, 안색, 말의 뉴앙스 등에서 나타난다. 따라서 조사자는 그러한 심리작용에 대한 섬세한 관찰을 통해 상대방의 진술의 진위여부 그리고 마음의 동요 여부 등을 파악할 수 있는 판단력 함양이 필요하다.

나. 정보출처의 근원 확인

탐문을 통해 얻어지는 정보는 직접적인 경우가 많아 정보의 와전이 예상되기 때문에 가능한 한 정보의 출처를 찾아(직접 경험한 자) 그에 따른 정확한 확인이 필요하다.

다. 연쇄적 탐문실시

탐문을 통해 하나의 사실이 확인될 경우 그에 부수되는 모든 사실들에 대해서 신속하고, 정확하게 탐문활동을 시행하여 조사의 선을 확대시켜야 한다.

라. 상대방의 사정 활용

상대방의 영업상 경쟁, 갈등관계 등 사정의 활용은 탐문활동에 매우 효과적인 측면이 있지만 반면, 이러한 경우 정보의 신용성에 대한 주의를 기울일 필요가 있다.

마. 탐문내용의 가치판단

탐문시 경쟁상대방에게 피해를 입히고자 고의로 허위의 정보를 제공하는 경우도 많다. 따라서 탐문이 종료된 후에는 탐문에 의해서 얻어진 정보에 대해서 여러 방면으로 검토하고 정보의 신뢰성을 판단해야만 한다.

2. 탐문조사 시 자세와 면담요령 등

가. 면담요령

탐문조사의 성패는 면담태도에서 좌우된다. 따라서 조사 시에는 상대의 긴장완화(면담자의 취미 등의 대화) 및 신뢰획득을 위한 노력이 선행되어야 하며, 이를 기초로 예의 바르고 정중한 태도로 자발적인 진술 및 협조를 유도함은 물론 생활에 관계 깊은 문제 등 공감을 느끼게 하거나 유머로 긴장감을 풀어주는 등의 행동으로 주의를 환기시키고, 적당한 칭찬 등 설득의 기술을 발휘하여 원하는 진술을 획득하도록 노력하여야 한다.

나. 청취방법

조사자는 탐문조사 시 상대방에게 탐문의 목적을 설명하고, 질문 시 그 용어는 상대방의 수준에 맞게 사용할 필요가 있다. 또한 질문은 되도록 암시·유도가 되지 않도록 하여야 하며, 상대방의 이야기를 중간에 끊지 말고 끝까지 청취하여야 하고, 한꺼번에 여러 질문을 하지 말아야 한다. 또한 대화 도중 비평 등을 피하고 대화에 집중하여야 하고, 상대방에게 가급적 말을 많이 시키고 질문을 적게 해야 하며, 탐문 종결 시에는 반드시 감사의 표시를 하여야 한다.

탐문이 종결될 경우라도 향후 재차 탐문을 실행할 필요성이 있다고 판단되는 경우 차후 만날 장소, 시간, 연락방법 등에 대해서 사전에 약속을 해두어야 한다. 탐문에서의 대화는 상호 비밀유지를 보장하고 약속함은 물론 조사의 협력자가 어떠한 피해도 발생하지 않도록 보호하여야 한다.

또한 탐문이 종료된 후 탐정은 정보의 질과 신뢰성 등을 평가하는 보고서를 작성하여야 한다. 이때 보고서는 간결하고 명확하게 작성하여 의뢰인이 의뢰한 사건에 대한 판단을 돕도록 작성하여야 하는데, 이러한 목적으로 작성하는 보고서의 구성요소 및 작성단계 등은 다음과 같다.[238]

1. 보고서의 구성요소(보고서의 평가)

보고서는 다음 5가지 요건을 구비해야 한다.

요 소	내 용
정확성	의견, 풍문이나 추리가 아닌 오로지 증거, 증언에 근거해 정확하게 작성되어야 함
완전성	의뢰인의 요구하는 모든 정보를 포함하고 있어야 함
적시성	보고시는 그 사건 해결에 필요한 시기에 바로 작성되어야 함
명확성	보고서는 논리적이며 발생한 일이 순차적으로 기재되어야 함
간결성	내용이 중복되지 않고 복잡하지 않게 잘 정리되어야 함

---

238) 찰스 네메스 원저, 임윤태·송영남 옮김, 탐정학(조사방법과 실무기법), 도서출판 그린, 2020, 415면.

2. 보고서 작성의 5단계

> 계획 → 조직화 → 작성 → 평가 →교정

가. 계획

보고서는 아이디어와 조직적 계획에 의해 만들어져야 한다. 계획은 그 시간에 한 생각을 집중시키게 해준다. 계획은 읽는 사람과 감독자의 시간을 절약시켜 준다.

나. 조직화

보고서는 표준화된 형식에 따라 논리적으로 작성되어야 하며, 잘 정돈된 문장들은 보고서를 읽는 사람에게 이익이 되고 이해를 돕는다.

다. 작성

보고서의 작성은 일관성이 있고 확고해야 하고, 하나의 부분에 핵심내용을 집중시켜야 한다. 보고서를 작성하고 난 후 다시 그 내용을 검토하기 시작할 때 중복된 내용을 발견하거나 수정할 내용이 나타나면 다시 고쳐서 작성해야 하는 등에 집중해서 보고서를 작성해야 한다.

라. 평가

평가는 보고서가 보고서의 5대 구성요소에 맞게 잘 작성되었는가를 객관적으로 평가하는 것을 말한다.

마. 교정

보고서작성에 필요한 단어나 문장들을 추가하거나 불필요한 문장이나 단어들을 삭제함으로써 보고서의 의미가 명확하고 간결하게 전달되도록 하는 과정이며, 단순한 편집은 아니다.

CHAPTER 10

탐정의 가장과 변장

제1절

가장(假裝)기법

1. 가장의 의의

가장(masquerade)이란 탐정이 자기의 정체를 감추기 위하여 옷을 바꾸어 입거나 장신구 등 외부의 모습을 바꾸어 다른 사람처럼 임시로 바꾸는 것은 물론 합법적인 직업을 가진 사람처럼 전체적인 모습을 변신하여 정보수집 등의 임무를 수행하는 것을 말한다.

2. 가장의 유형

가. 장기가장(長期假裝)

장기가장은 정보수집을 위해서 오랜 기간 동안 탐정 자신을 은폐해 가상 시나리오에 따라 특정인의 임무에 맞도록 행동을 하는 방법으로, 상당한 주의와 노력이 요구되는 기법이다.[239] 장기가장을 위해서는 임무를 수행하는 탐정의 출생지와 교육적 배경을

---

239) 강영숙, 박승현, 조동운, 앞의 책 191면.

바꾸게 되고. 그의 실제 임무와 실제 거주지 등에 관한 모든 사실이 은폐될 수 있도록 노력을 해야 한다. 이 경우 탐정은 가장스토리의 내용들 뿐만 아니라 대화 등의 경우에도 다른 사람이 보아도 진짜인 것처럼 보여야 되며, 가장된 사소한 내용일지라도 일관성 있게 기억하고 있어야 한다.[240)

나. 단기가장(短期假裝)

단기가장은 가장 직업에 적합하지 않은 어떠한 일을 하면서 그 이유를 설명할 수 있는 가상의 스토리를 사전에 준비해야 할 경우 주로 사용된다. 가령, 탐정이 임무수행상 장기가장으로 이미 그 역할을 수행 중인데 갑자기 어느 단체에서 주관하고 있는 세미나에 참석해야 하는 예기치 아니한 상황에 처하게 된 경우 이는 기존의 설정과는 전혀 부합하지 아니하므로 해당 세미나의 참석에 적합한 다른 역할을 정할 필요가 있을 때 사용하는 기법이다.

다. 예비가장(豫費假裝)

예비의 사전적 의미는 필요한 때를 위해 미리 준비해 놓는다는 의미로, 예비가장이란 이미 설정된 가장을 더 이상 활용할 수 없는 여러 상황을 대비하여 또 다른 가장을 미리 준비해 놓는 기법을 말한다. 가령, 탐정의 장기가장은 법인 대표이사인데 더 이상 법인 대표이사의 직분을 사용하지 못하게 될 경우를 대비하여 다른 직종으로 활동할 수 있는 예비직업을 사전에 준비해 두는 경우이다.

3. 가장계획

가장계획이란 장차 활동할 국가나 지역 및 그 임무와 관련지어 풍부한 지식을 확보해야 하는 것을 말한다. 이는 장차 활동할 국가나 지역에 관한 풍부한 정보 없이는 가장계획을 작성할 수 없기 때문이다. 따라서 우선적으로 가장계획 작성에 필요한 목표 지역 및 임무에 대한 주요 정보를 수집하여야 한다.[241)

---

240) 강동욱, 윤현종, 앞의 책, 162면.

가장을 함에 있어서는 사전에 어떻게 생활할 것인가(주택, 음식, 의복, 오락 등), 어떻게 일할 것인가(근로조건, 근로법, 직업의 종류, 무역, 임금, 취업에 필요한 자격 등), 정치적 현황은 어떤가, 인구의 구성은 어떠한가(상이한 민족의 종류, 인종, 종교 등), 경제적 현황은 어떠한가(GNP, 노동자의 연간 평균소득, 물가, 은행의 운용방식 등), 정부에 의한 주민 통제방식은 어떠한가(여행통제 및 제한사항, 주택 및 작업장에 관한 규정 및 제한사항, 신분등록 및 기타 신분증, 전화도청, 우편검열, 국가기관, 경찰 및 군기관의 구성형태 등) 등에 대한 준비와 계획을 미리 세워야 한다.[242]

제2절 탐정의 변장

1. 개 념

변장은 탐정활동 시 대상자에 대한 미행을 할 경우 간혹 여러 번의 미행이나 추적을 해야 할 경우가 있다. 이러한 경우에 대상자가 미행 또는 추적을 하고 있는 탐정을 인식하지 못하도록 복장이나 외모에 변화를 주는 기술이다.

역사적으로 범죄수사의 수단으로 수사관이 인상, 착의, 언어, 동작 등을 변화시켜서 신분이 노출되지 않게 하는 경우와 범죄자가 잠적을 목적으로 여장, 남장, 개장(수염, 점만들기 등) 등으로 변장하여 은신하는 경우가 많다. 탐정의 정보수집이나 비밀활동 시 노출을 예방하고 상대방에게 의심을 받아 위험에 처했을 때 간단하고도 신속하게 피하기 위해서는 효과적인 변신술이 필요하다.[243]

241) 강영숙, 박승현, 조동운, 앞의 책, 192면.
242) 강동욱, 윤현종, 앞의 책, 162~163면.
243) 강영숙, 박승현, 조동운, 앞의 책, 193~194면.

2. 변장기법

탐정활동시 변장기법으로 실전에서 활동되고 있는 대표적인 방법으로는 ⅰ) 의복이나 소품에 의한 변장기법, ⅱ) 모발의 변형에 의한 변장기법, ⅲ) 안경에 의한 변장기법 등이 주로 활용되고 있다.

탐정의 변장 시 중요한 점은 전체적인 인상을 바꾸는 것이기 때문에 우선 사람의 눈이 가는 부분부터 바꾸어야 한다는 것이다. 즉 모자=머리, 안경=눈, 상의=상반신의 부분을 바꾼다는 것을 뜻한다.[244]

가. 의복이나 소품에 의한 변장

이중 의복 등에 의한 변장은 상황이나 환경에 따라 자신의 착용하고 있는 의복(유형, 스타일, 색상, 재질 등)이나 소품(가방, 벨트, 넥타이, 휴대폰, 책 등)을 변경하는 것을 의미하는데, 대부분의 경우 자신이 1차적으로 착용하고 있던 의복의 색상을 변경하거나 또는 정장에서 캐주얼로 변경하는 방법과 스타일의 변경을 위해 넥타이나 모자 그리고 신발(색상이나 재질, 브랜드 변경, 스타일 변경) 바꾸어 착용하는 등의 방법을 의미한다.

단, 변장을 위해 단순히 의복이나 소품을 변경하였다고 하여 완벽하게 변경이 끝났다고 생각하거나 또는 변장도구에만 의존하면 절대 안 된다. 때로는 의복에 맞는 행동의 변화를 주는 것이 좋은 데 가령 다리를 질질 끄는 모습을 하거나 등이 굽은 자세를 취하는 등 신체와 인상을 같이 변화시키는 방법도 있다.[245]

나. 모발의 변장

일반적인 사람들의 경우 헤어스타일[두발의 길이, 두발의 염색, 머릿결, 헤어스타일 변경, 가발착용(곱슬머리, 새치형 머리, 부분 가발, 붙임머리, 남성 숏가발 등)]의 변경만으로도 그 사람의 인상이 바뀌어 보일 정도로 이미지 변신에 상당한 효과가 있다.

모발의 변장이라고 하면 가발을 떠올리는 사람도 있을 것이다. 여성탐정이라면 가발

---

244) 강영숙, 박승현, 조동운, 앞의 책, 195면.
245) 강영숙, 박승현, 조동운, 앞의 책, 195면.

을 쓰는 경우도 있지만 남성인 경우 일반적으로 가발은 발각되기 쉽다. 따라서 가발과 가짜수염은 모습의 어색함과 어떤 위화감으로 상대방에게나 주변에 묘한 인상을 줄 수 있기 때문에 가급적 사용하지 않으며, 사용하는 경우에는 신중을 기하여야 한다.[246]

다. 안경에 의한 변장

안경에 의한 변장은 평소 안경을 착용하는 사람 또는 착용하지 아니하였던 사람이 안경을 벗고 콘택트렌즈 또는 재질(스테인리스 → 뿔테)이나 스타일이 다른 안경을 활용하거나 안경의 착용을 통해 얼굴의 이미지를 변화시키는 변장방법을 말한다.

---

246) 강동욱, 윤현중, 앞의 책, 165면.

CHAPTER 11

촬영기법

제1절 촬영기법의 의의

촬영은 사람, 사물, 풍경 따위를 사진으로 찍는 것을 말하며 일반적으로 특정한 상황을 자료화 하는 정보활동과 조사활동으로서의 성격을 동시에 지닌다. 사진촬영 등은 탐정의 증거채집 방법 중 핵심 중의 하나이며, 탐정이 촬영 등을 통해 수집한 사진이나 동영상 등의 촬영자료의 역할은 법정 및 각종 위법행위의 뚜렷한 증거 및 의뢰인에게 필요한 가장 적합한 보고서의 완성과 그 자료의 가치를 높이기 위해 사용된다.[247]

제2절 촬영행위 등의 초상권 침해여부

초상권이란 자신의 얼굴 기타 사회통념상 특정인임을 식별할 수 있는 신체적 특징에 관하여 함부로 촬영 또는 그림 묘사되거나 공표되지 않으며 영리적으로 이용당하지 않

---

247) 강영숙, 박승현, 조동운, 앞의 책, 210면.

을 권리를 말한다. 따라서 만일 탐정이 특정한 목적을 가지고 의도적·계속적으로 주시하고 미행하면서 촬영하는 것은 비록 그것이 공개된 장소에서 민사소송의 증거를 수집할 목적으로 이루어졌더라도 헌법상 보장된 초상권 및 사생활의 비밀과 자유의 보호영역을 침범한 것이다.

다만, 영상자료 수집행위가 민사재판의 증거 수집 및 제출을 위하여 필요하고도 부득이한 것으로 초상권을 침해하는 결과를 초래하였더라도 이러한 결과는 행위 목적의 정당성, 수단·방법의 보충성과 상당성 등을 참작할 때 공정한 민사재판권의 실현이라는 우월한 이익을 위하여 상대가 수인하여야 하는 범위 내에 속하는 것일 경우 수집행위는 위법하지 않다.

제3절 탐정의 촬영기법

1. 감시촬영 시 일반적 요령

가. 감시촬영의 유의사항

탐정이 조사대상자에 대한 증거확보 목적의 촬영 시 그의 동태를 촬영하기 위해서는 동인의 움직임에 맞추어 미행, 잠복감시 그리고 주야간 등 다양한 상황에서 순간순간 대상자의 움직임을 촬영해야 하는 상황에 놓이는 경우가 많다. 즉, 감시대상자에 대한 촬영은 가변성이 매우 높기 때문에 항상 대상자의 움직임에 맞추어 촬영이 진행될 수 있도록 완벽한 준비가 수반되어야 신뢰성과 증거가치가 높은 사진을 촬영할 수 있다.

나. 촬영기법[248]

감시촬영 시 촬영기법은 다음과 같다.

---

248) 손상철, 민간조사학개론, 백산출판사, 2005, 222~223면.

- 사진촬영 시 다양한 방향과 앵글에서 촬영하면 더 포괄적이고 신뢰성 높은 증거기록을 제공해 준다.
- 탐정은 피사체를 미행하거나 움직이는 상황에서 신속히 촬영해야 하므로 주변이나 당사자에게 발각되지 않도록 주의하여야 한다.
- 보행 중 촬영을 진행할 경우 포커스가 잘 맞아야 하며, 흔들림이 없어야 한다.
- 손 떨림이나 이동 중의 흔들림을 방지하기 위하여 카메라를 잘 잡고 팔꿈치를 가슴에 대고 안정적인 보폭을 유지해야 한다.
- 외부에 설치 된 전광게시판, 시계탑, 거리의 위치를 알 수 있는 건물 등을 배경으로 촬영함으로서 의뢰인에게 제3자에게 신뢰를 높이고 확실한 증거의 능력을 갖추도록 해야 한다.
- 조사대상자를 촬영하는 모든 동작들이 노출되지 않도록 자연스러운 상태에서의 촬영기술이 필요하므로 많은 훈련을 통해 숙달시켜야 한다.
- 파인더를 보지 않고 촬영해야 하는 경우에는 실패를 고려하여 한 장면을 최소한 2장 이상 촬영하도록 한다.
- 촬영을 할 경우에는 고장 등의 상황에 대비하여 반드시 예비 장비를 준비해야 한다.
- 야간 촬영 시는 플래시나 소리의 사용에 주의하고, 야간 촬영 시는 어두운 곳에서도 촬영이 가능한 장비를 갖추는 것이 좋다.

2. 미행시 촬영방법

조사대상자에 대한 미행 중 촬영의 핵심은 두 가지이다. 하나는 조사대상자의 동선이 드러나게 촬영을 하는 것이고 또 하나는 조사대상자가 머무르는 곳 및 만나는 사람에 대한 촬영이다. 위 두 가지가 결합될 경우 의뢰인은 조사대상자가 평소 어디를 다니고 또 어디에서 누구를 만나게 되는지 등 그의 평균적인 동선을 확인할 수 있기 때문이다.

만일 조사대상자의 동선이 파악될 경우 미리 잠복해 있다가 동인의 움직임을 정확히 촬영할 수도 있으며, 서로 스치듯 지나가는 모습 또는 옆모습을 촬영할 수도 있는 장점이 있다.

또한, 조사대상자를 따라다니면서 촬영을 하는 경우라면 조사대상자가 움직이는 공간(외부에 설치 된 전광게시판, 시계탑, 거리의 위치를 알 수 있는 건물 등 배경)의 배경을 터 잡아 사진 등을 촬영하는 것이 중요하다. 이는 향후 조사대상자가 사진 등이 위조·변조된 것이라는 주장 등을 할 때 사진의 신빙성이나 신뢰도를 높이고, 특히 사진촬영 당시 조사대상자가 어디에서 무엇을 하고 있었는지 등을 특정할 수 있기 때문이다.

그 외, 법원을 통한 증거채집 시 조사대상자가 위치한 곳이나 머물렀던 건물 등 공간을 정확히 특정될 경우, 예를 들어 촬영된 사진만으로 조사대상자의 특정이 곤란할 경우 건물 등에 설치되어 있는 CCTV 카메라에 촬영된 영상물에 대한 증거보전신청을 통해 조사대상자의 존재여부를 확인할 수 있다는 장점도 있다.

CHAPTER 12

탐정의 감시 · 잠복 · 미행기법

제1절 감시(surveillance)기법

1. 감시의 개념 등

가. 개념

감시란 탐정이 의뢰받은 사건과 관련된 정보나 사실을 수집하기 위한 목적으로 특정 사람이나 장소, 물건들을 주의 깊게 관찰하는 과정을 의미한다. 이때 감시는 특정 장소에 고정되어 있을 수도 있고[고정감시(fixed surveillance)],[249] 동적인 대상을 감시할 수도 있는 등 상황에 따라 다를 수 있다[이동감시(mobile surveillance)].[250] 다만, 대부분의 감시는 대상자가 인지하지 못하는 상태에서 은밀하게 행하여지지만 상황에 따라 공개적인 감시가 행하여지는 경우도 있다.

---

249) 예컨대, 잠복근무가 이에 해당된다. 잠복근무는 대상자가 머물러 있을 경우 또는 모든 중요 정보를 한 장소에서 얻을 수 있는 경우에 주로 사용된다. 그러나 잠복에 있어서 감시자는 상황에 따라서 자동차에 머물러 있거나 유리한 지점에서 다른 지점으로 움직일 수도 있다. 만약 출구가 1개 이상일 경우에 감시자는 그 출구를 감시하기에 적절한 곳으로 이동해야만 한다.

250) 통상 미행을 함에 있어서 상대방을 그림자처럼 밀착하여 따라다니는 것을 말한다. 이동감시는 도보나 차량에 의해 각기 수행되기도 하고 하나로 결합하여 수행되기도 한다. 그러한 선택은 감시하는 대상자의 움직임이 어떠한 가에 따라서 달라지는 것이다.

[감시방법]

느슨한 감시	근접감시	결합감시
• 이따금씩 대상자를 감시 • 필요한 정보는 대상자의 활동에 대해 한 면을 감시함으로써 구할 수 있다.	• 지속적으로 대상자를 감시 • 필요한 정보는 대상자의 활동을 한 면 이상으로 감시함으로써 단편적으로 얻게 된다.	• 느슨한 감시와 밀착감시 • 대상자를 분리하여 병행하거나 한 대상자에 대해서 차례대로 감시함으로써 훨씬 더 많은 정보를 획득하게 된다.

나. 주의점

탐정이 감시대상자의 감시업무를 수행할 경우 무엇보다 중요한 것은 대상자가 전혀 인식하지 못한 상태에서 동인에 대한 감시업무를 수행하여야만 목적하는 바를 달성할 수 있다. 따라서 탐정의 감시행위가 너무 자연스럽지 못하거나 어색한 변장을 하고 자주 눈을 마주친다는 등의 눈에 띄는 행동은 조심하여야 한다.

2. 감시의 목적

가. 목적

감시의 목적과 대상은 의뢰인과의 계약에 의하여 정하여진다. 다만, 일반적으로 행하여지는 감시는 대상자의 행적 즉, 그가 주로 다니는 장소, 만나는 사람, 만나는 사람의 주소 등을 찾기 위해 또는 채무자의 주소나 소재지 등을 확인하기 위한 목적으로 활동되어 진다.

나. 기타 감시목적의 유형

• 범죄의 사전 예방 목적
• 채무자의 위치나 재산파악 목적
• 대상자가 주로 다니는 장소, 만나는 사람, 만나는 사람의 주소 파악 목적
• 정보제공자와 그의 정보에 대한 신뢰성을 확인하기 위한 목적

- 실종자나 도주하는 성인 또는 청소년들의 위치 확인 목적
- 인터뷰나 신문에 대한 배경정보를 확보하기 위한 목적
- 수사 또는 소송에서 사용할 증거의 채집 목적
- 인명과 장소, 물건의 보호 목적

3. 감시기법

탐정이 감시하는 대상자의 움직임을 일주일 기준으로 통계를 내보면 대체로 비슷한 패턴이 형성된다. 따라서 위와 같은 대상자의 통계된 패턴에 따라 감시유형과 위험의 정도에 따른 탐정 투입 숫자 및 감시기법을 정하여야 한다.

가. 도보감시

1) 도보감시의 원칙

감시는 도보감시가 일반적으로 통용되는 방식이다. 다만 도보로 이동 중인 대상자의 움직임이나 주변 상황은 항상 가변적일 수 있다. 따라서 감시의 효과를 배가시키기 위해서는 대상자 1인 기준으로 2인 또는 3인 정도의 탐정이 팀을 이루어 사주경계를 하듯 적당한 거리를 두고 감시하는 것이 감시의 사각지대를 해소할 수 있어 효과적인 방법이 될 수 있다.

2) 탐정 1인의 도보감시

탐정 1인이 대상자를 도보로 감시를 할 경우에는 항상 대상자의 움직임에 시선을 집중해야 하고 대상자와 접촉은 피하여야 한다.

만일 대상자가 탐정이 진행하고 있는 반대편 도로로 걸어가고 있을 경우 탐정은 반대편 도로에서 대상자와 나란히 길을 걸어가야 한다. 또한 대상자가 보행 중 건물 안으로 들어갈 경우 탐정은 특별한 경우가 아니면 함께 건물 안으로 들어가는 것 및 입구쪽에서 서성거리는 행위는 삼가야 한다. 자칫 그러한 행위는 대상자의 의심을 사거나

발각될 가능성이 높기 때문이다. 이러한 경우 입구 쪽의 관찰이 가능한 적당한 거래에서 입구 쪽을 계속 주시하며 대상자를 관찰하는 것이 일반적이다.

3) 탐정 2인의 도보감시

탐정 2인이 대상자를 도보로 감시할 경우 1인 감시에 비하여 발각될 가능성이나 대상자를 시야에서 놓칠 가능성이 줄어든다는 장점이 있다. 2인 감시의 경우 대상자가 움직이는 거리의 상황에 따라 감시하는 방법을 달리할 필요가 있다.

만일 거리에 보행자가 많거나 다소 혼잡한 상황일 경우 2인 모두 대상자를 시야에서 놓치지 않기 위해 보행자와 같은 방향에서 적당한 거리를 두고 감시할 필요가 있고, 반대로 한산한 거리의 경우 한 사람은 대상자와 같은 거리에서 다른 한 사람은 맞은편 거리에서 각각 대상자와 적당한 거리를 두고 감시하는 것이 효과적이다. 또한 2인 감시의 경우 혹시나 모를 대상자의 의심을 피하기 위해 적당한 시간에 상호 위치를 바꾼 교차감시를 시행하는 것이 좋다.

4) 탐정 3인의 도보감시

탐정 3명이 대상자 1인의 감시하는 경우, 그 중 2명은 대상자와 같은 방향에서, 나머지 1인은 대상자와 맞은 편 거리에서 적당한 거리를 두고 감시하는 것이 효과적이다.

만일 대상자가 혼잡한 거리를 보행할 경우 3명의 탐정이 대상자를 시야에서 놓치지 않기 위해 대상자와 같은 진행방향에서 감시를 하는 것이 좋고, 한산한 거리일 경우 2명은 대상자와 같은 방향에서, 1명은 맞은 편 도로에서 적당한 거리를 두고 감시하는 것이 좋다.

또한, 대상자가 출구가 여럿 있는 건물에 들어간 경우(상가나 빌딩 등), 탐정 중 1인은 대상자 감시, 다른 1인은 로비에 위치, 또 다른 1인은 대상자가 이용할 수 있는 다른 출구를 점검하여야 한다. 그 외 대상자가 버스나 지하철 등 대중교통을 이용하여 이동하는 경우 탐정 중 1인은 대상자와 함께 탑승을 한 후 대상자의 뒤쪽에 착석하여 감시를 하고, 다른 1인은 택시나 버스 또는 오토바이를 이용하여 추적하며, 또 다른 1인은 버스나 택시 방향에 따라 앞쪽에서 내려 대상자가 대중교통 이용 후의 움직임을 감시하면 된다. 그리고 대상자가 택시를 이용하는 경우, 탐정 전원은 다른 택시를 타고 추적을 해야 하고 대상자가 하차할 경우에는 다시 걸어서 미행을 한다. 차량에 의한 감시가 용이하지 못하고 다른 택시를 탈 시간적 여유가 없을 경우에는 택시회사의 이름과 차량번호를 알면 후에 대상자가 어디로 갔는지에 대해서 알 수가 있다.

5) 발각징후 및 발각 후 조치

가) 발각징후

일반적으로 탐정이 대상자에 대한 감시를 진행하며 대상자가 탐정의 감시행위를 인지하였다고 판단되는 경우는, ⅰ) 대상자가 보행 중 갑자기 걸음을 멈추고 되돌아보며 무언가를 확인하는 행동을 반복할 때, ⅱ) 간혹 탐정을 직시할 때, ⅲ) 보행 중 갑자기 방향을 바꾸거나 또는 다급히 뛰거나 걸음이 빨라지고 모퉁이로 들어 갈 때, ⅳ) 건물로 들어간 후 다른 출구로 나올 때, ⅴ) 버스, 지하철 등을 탑승한 후 출입문이 닫힐 무렵 급하게 하차할 때, ⅵ) 짧은 시간에 여러 운송수단을 변경하거나, 같은 지역을 반복해서 돌거나 택시를 타고 빠르게 유턴할 때, ⅶ) 길을 걷다가 멈추어 구두끈을 매면서 뒤를 쳐다 볼 때, ⅷ) 식당이나 클럽에서 계속 주위를 살펴볼 때 등이며, 대상자가 이와 같은 행동을 보일 경우, 감시행동을 중단하거나 발각되는 상황에 대처하여야 한다.

나) 발각 후 조치

탐정이 대상자에게 발각되었다고 판단될 경우 다른 탐정으로 교체해서 업무를 수행하거나 철수하여야 하며, 만일 대상자가 탐정에게 다가와 대화를 하려할 경우 탐정은 그럴 듯한 변명거리를 미리 준비해 두거나 휴대폰 등으로 촬영한 동영상물도 즉시 삭제하여야 한다.

나. 차량감시

1) 차량감시의 원칙

탐정이 대상자에 대한 감시를 차량으로 수행할 경우 가장 먼저 차량의 안전점검 및 사용가능한 연료가 충분한지 등을 확인해야 하며, 차량감시 또한 도보감시에 사용되는 기법들이 사용이 된다. 그러나 차량감시에 이러한 기법들을 그대로 적용하는 것은 교통법규나 교통 혼잡 등의 걸림돌이 많아 도보감시에 비해 신중을 기해야 한다.

2) 1대의 차량감시

탐정들이 대상자 1인의 차량을 감시하는 경우 대상자의 움직임을 충분히 관찰할 수 있는 거리에서 함께 움직여야 한다. 1대의 차량에 의한 감시를 할 경우 감시차량은 대상차량의 위치 뒤에서 교통량에 의존하여 일정거리를 유지한다. 도시에서는 대상차량과 감시차량 사이에 2대 이상의 다른 차량이 끼어드는 것을 허용해서는 안 된다.

만일, 대상차량이 고속도로나 일반도로 상을 주행할 경우 대상차량이 향하는 도로의 출구와 고속도로의 교차점을 알아 두는 것이 좋고, 야간감시의 경우 탐정이 탑승한 차량은 불필요한 라이트나 유색라이트를 사용하지 않고 보통 라이트를 사용하여 눈에 띄는 것을 지양해야 한다.

3) 2대의 감시차량

탐정이 2대의 차량으로 대상자를 감시할 경우 첫 번째 차량은 도로에서 대상차량의 뒤에서, 두 번째 차량은 왼쪽선이나 그 안쪽 차선에 위치하는 형태로 감시하는 것이 좋다. 교차로인 경우가 문제시 되는데 이 경우에는 대상차량의 방향이 어디인지에 따라서 대열에 있어서 약간의 변형이 발생할 수 있는데 대상차량이 우회전 또는 좌회전을 할 경우에는 바로 뒤에 따라 가던 미행차량의 경우 똑바로 직진을 하고, 나머지 미행차량은 대상차량이 회전해서 가능 방향으로 뒤 쫓아 가면된다.

4) GPS 부착 후 감시에 따른 법적문제

근래 탐정들이 의뢰인의 의뢰를 받아 대상자를 감시하는 수단으로 GPS를 이용하면서 사회적으로 문제가 되는 경우가 많다.[251]

---

251) 검찰, GPS로 불륜 뒷조사 심부름센터 직원 등 6명 기소 - 아시아투데이 (asiatoday.co.kr) 참조.

이렇듯 탐정이 증거수집 등의 목적이라고는 하나 타인의 차량에 위치추적 장치를 부착하는 불법적인 방법으로 위치정보를 수집하는 행위는 형사적 처벌의 대상이 될 수 있다. 위치정보란 이동성이 있는 물건 또는 개인이 특정한 시간에 존재하거나 존재하였던 장소에 관한 정보를 말하는 것으로, 위치정보의 보호 및 이용에 관한 법률 제15조 제1항은 '누구든지 개인위치정보주체의 동의를 받지 아니하고 해당 개인위치정보를 수집·이용 또는 제공하여서는 아니 된다.'고 규정하고 있고, 제15조의 수범대상은 '누구든지'이다. 따라서 동 조문은 사업자뿐 아니라 일반 개인에게도 위치정보의 수집 등에 대해서 일정한 제한을 규정하고 있으며, 타인의 위치정보를 침해하지 못하도록 동의 등의 의무를 부과하고 있다.

따라서 만일 탐정이 의뢰인의 의뢰에 의한 행위라고 하더라도 침해받는 개인의 동의를 얻지 않은 상태에서 해당 개인의 위치정보를 수집·이용 또는 제공하는 경우에는 같은 법 제40조 제4호의 규정에 의거, 3년 이하의 징역 또는 3천만 원 이하의 벌금에 처해질 수 있으므로 각별한 주의를 요한다.

5) 발각징후 및 발각 후 조치

가) 발각징후

일반적으로 탐정이 대상자에 대한 차량감시를 진행하며 대상자가 탐정의 감시행위를 인지하였다고 판단되는 경우는, ⅰ) 대상차량이 갑자기 진행방향을 바꾸거나 속도를 내거나 서행하는 때, ⅱ) 대상차량이 교통위반을 서슴지 아니할 때, ⅲ) 대상차량이 운행 중 주차를 반복하는 때, ⅳ) 대상차량이 진로를 바꾸어 막다른 골목으로 운전할 때, ⅴ) 대상차량이 일정한 지역을 반복적으로 운행할 때, ⅵ) 대상차량이 갑자기 교통이 혼잡한 구역으로 운행을 하는 때 등이며, 대상자가 위와 같은 행동을 보일 경우, 감시행동을 중단하거나 발각되는 대처하여야 한다.

나) 발각 후 조치

탐정이 대상자에게 발각되었다고 판단될 경우 즉시 감시를 중단하고 철수하거나 다른 차량으로 교체해서 업무를 수행하여야 하며, 만일 대상자가 갑자기 정차 후 탐정에게 접근해서 다가올 경우 탐정은 사전에 그럴 듯한 변명거리를 준비해 두거나 휴대폰 등으로 촬영한 동영상물도 즉시 삭제하여야 한다.

4. 감시보고서 작성

가. 감시보고서의 의의

탐정업무의 종결은 의뢰인에게 의뢰한 사무의 최종 결과를 보고하는 것이다. 감시보고서에는 대상자의 움직임을 타임라인 별로 그리고 그가 어디(특정 장소)에서 머물렀고, 누구를 만났고, 언제쯤 헤어졌는지 등의 내용을 간명하게 정리하여야 하며, 이때 특히 중요한 것은 보고서의 신빙성 또는 객관성을 담보하기 위한 녹음이나 사진 등 대상자의 움직임을 입증할 수 있는 증거들이 함께 첨부되어야 한다는 것이다.

대부분의 감시자료는 무언가를 증명하기 위한 목적으로 사용되고, 특히 변론주의를 취하는 우리나라의 소송구조 하에서는 단순한 진술만으로 원하는 결과를 얻을 수 없다. 다시 말해, 사실을 주장하는 자는 그 사실이 진실이라는 것을 입증할 책임을 부담한다는 것이다. 이때 진실규명의 핵심적인 자료로 사용되는 것이 사진 등이 물증이다.

나. 감시보고서 작성방법

감시보고서는 탐정의 대상자에 대한 감시결과를 기재하는 것으로써, 실제 감시에 참가한 탐정의 성명, 작성일시, 작성목적 그리고 대상자의 감시 일시(일정한 시간 단위로 대상자의 움직임 등 특이점을 기재) 및 장소(누구를 만났는지, 어디를 갔는지, 무엇을 하였는지 등 및 대상자가 당시 어떠한 옷차림 이었는지), 감시기법(도보/차량 등), 이동수단(대상자가 차량을 이용하여 이동을 하였다면 차량의 종류 및 색상, 번호 등 대중교통일 경우 - 버스: 노선번호, 택시: 색상, 회사, 차량번호 등) 그리고 이를 입증할 사진 등의 자료를 첨부하여 정확하고 세밀하게 작성하여야 한다.

1. 잠복의 의의

잠복이란 특정한 상황파악이나 조사 자료를 수집하기 위하여 특정 대상자 또는 관계자의 동정파악 및 주소확인, 소재확인 그리고 유리한 증거나 자료의 수집 등의 목적으로 특정한 장소에 계속적으로 은신하며 비밀리에 관찰하는 활동을 말한다. 이러한 잠복감시는 잠복자가 장기간 일정한 장소에서 누군가를 관찰하는 업무를 수행하는 것이기 때문에 잠복자의 상황대처 능력 및 통찰력 그리고 인내력이 특별히 요구되는 기법이다.

[잠복과 미행의 이동]

구 분	잠 복	미 행
대 상	사람, 장소 즉 사람 기타 사건에 관계가 인정되는 자의 배회처	사람(용의자, 우범자)이 감시대상
행동방법	일정한 장소에 고정하여 감시하는 정적인 조사활동	동적인 조사활동으로 사람을 추적, 감시
변장정도	정적인 조사활동이므로 장소에 어울리는 변장만으로 충분	통태적인 조사활동이므로 수시로 변장이 필요
종 류	외부잠복감시 내부잠복감시	대상자의 행동 : 도보미행과 자동차 미행 행원의 수 : 단독미행과 공동미행
공통점	• 범인체포 및 용의자 발견 • 용의자 언동 및 동정파악 • 물품의 이동사실 확인 • 공범죄 관련자 파악 • 현행법 검거 및 현장증거수집 • 정보의 신빙도를 내사 또는 확인하기 위한 것	

2. 잠복의 유형

탐정이 의뢰인의 의뢰에 따른 대상자가 있거나 출몰할 것으로 예상되는 장소에 몰래 숨어서 지키는 '잠복조사'는 기초적이면서도 일반적인 탐정기법 중 하나다. 탐정이 등장하는 영화에는 빠질 수 없는 장면이고, 심지어는 '잠복근무'라는 동명의 영화가 있을 정도도. 실제 잠복조사는 최신 과학수사 기법들이 발달한 오늘날에도 '현장'을 지켜내는 탐정들에게 절대 빼놓을 수 없는 조사기법이기도 하다. 특히 대상자를 특정할 수 있는 단서가 적은 상황에서 대상자가 일정한 수단이나 습벽을 통해 반복적인 범행을 저지를 때 잠복조사는 유용하다. 잠복감시에는 외부 잠복감시와 내부 잠복감시로 나뉘어진다.

가. 내부잠복

1) 개념

내부잠복감시는 외부잠복감시에 비해 조금은 예외적이다. 용의자 집이나 거주지 식당 등에 직접 들어가는 내부잠복감시의 경우 체포 직전 상황에서만 주로 이용된다. 이동 여부에 따라 고정잠복감시와 유동잠복감시로 나눌 수도 있다. 건물 안에서 망원경을 통해 상대편 건물을 감시하는 것을 고정잠복감시, 변장을 하고 이동하면서 범인 자취를 쫓는 걸을 유동잠복감시라고 보면 된다.

2) 내부잠복 기법[252]

가) 대형건물의 잠복

대형건물의 내부잠복의 경우, ⅰ) 여러 명이 함께 수행해야 하며, ⅱ) 출입구, 엘리베이터, 계단은 반드시 감시해야 하고, ⅲ) 대상자가 은밀히 이동하는 것을 감안하여 뒷문이나 인접한 역까지 도로에도 인원을 배치하여야 하며, ⅳ) 차량을 이용하는 경우에는 대상자의 차량이 있는 주차공간에 인접하여 미행차량과 탐정을 배치한다.

---

252) 강동욱, 윤현종, 앞의 책 144면.

나) 음식점 등 잠복

음식점 등의 내부잠복의 경우, ⅰ) 출입구가 여러 개인 곳이 많기 때문에 미리 체크를 해두어야 하며, ⅱ) 대상자가 안으로 들어갔어도 내부가 혼잡하거나 약속한 사람이 나와 있지 않을 경우에는 바로 나오는 경우가 있으므로 유의해야 하고, ⅲ) 카페 내에서의 탐정의 좌석은 출입구 등 실내 전체의 모습이 잘 보이는 위치나 대상자의 대화가 잘 들리는 상대방의 뒷좌석 등 목적에 따라 위치를 해야 하며, ⅳ) 대상자를 직접 바라보지 않고 유리컵이나 안경 등 유리제품(휴대폰 등)을 거울 대신 이용하여 감시하면 노출될 가능성이 낮아짐에 유의하여야 하며, ⅴ) 여성탐정이 있을 경우 화장을 고치는 척하면서 손거울로 대상자를 감시할 수 있고, ⅵ) 음료비용이나 식대의 경우에는 먼저 지불을 해서 대상자가 이동할 시 바로 대응할 수 있도록 미리 준비해야 한다.

나. 외부잠복

1) 개념

외부잠복감시란 대상자가 배회하는 곳, 즉 인근의 상점이나 주택을 이용하는 방법이다. 감시에 간격이 생기지 않도록 조를 짜서 1개소에 2명 이상을 배치하고, 장시간 일정장소에 머물러야 되기 때문에 의심을 피하기 위한 행동 위장도 필수다. 몸을 숨길 적당한 장소가 없을 때는 상인이나 노숙자 같이 지역 환경에 알맞은 인물로 변장하기도 한다.

2) 외부잠복 기법

외부잠복감시의 경우 탐정은 ⅰ) 사전에 현지를 답사하여 잠복장소 선정하여야 하며(대상자 주택의 출입구마다 각각의 탐정을 배치하고, 필요시 맞은편 상점이나 인근주택 등을 임차한 후 감시), ⅱ) 외부잠복의 경우 대상자에게 발각을 이유로 위장·변장을 하는 경우가 많은데 이때는, 탐정으로 보이는 외관은 지양(카메라, 망원경, 특수망원경, 무전기 등의 기재는 외부에 감지되지 않도록 위장)하고 그 지역에 적합한 직업인으로 위장하거나 장시간 일정장소에 머무르게 되므로 의심받지 않도록 행동위장 등을 통하여 잠복하는 것이 효과적이며, iii) 1개소 2명이상 배치로 잠복감시에 간격이 생기지 않도록 해야 하고, iv) 탐정상호간 책임분담, 연락을 위한 신호 등에 대하여 사전계획 수립해야 하며, ⅴ) 외부 잠복 종료 후 철수 시 잠복의 흔적을 남기지 말아야 한다.

제3절 미행기법

1. 미행의 개념

미행이란 탐정이 의뢰인의 의뢰에 따른 사실자료 및 증거수집, 조사대상자의 소재파악 등의 목적으로 관계자 등 대상자로부터 감지 당하지 않도록 은밀하게 추적 · 감시하는 탐정기법을 말한다.

2. 미행의 유형

미행의 유형에는 대상자의 행동수단에 따라 대상자를 도보로 미행하는 도보미행과 자동차를 이용하여 행하는 차량미행으로 구별하며, 미행하는 탐정의 인원에 따라 1인이 하는 단독미행과 2인 이상이 하는 공동미행으로 구별된다. 또한, 미행 선의 수에 따라 탐정과 대상자가 같은 방향에서 하나의 선으로 연결되어 이루어지는 단선미행과 조사대상자를 중심으로 탐정들이 여러 방향으로 감시하는 경우 여러 선으로 이루어지는 복선미행 등이 있다(미행의 방법은 차량미행과 유사함으로 제6장 탐정의 감시 · 잠복 · 미행기법 제1절 감시기법 중 3. 감시기법을 참고하기 바람).

3. 미행기법

가. 사전준비 사항

탐정이 조사대상자에 대한 미행을 통해 의뢰목적을 성공적으로 수행하기 위해서는 사전에 다음과 같은 준비는 준수사항이다.

- 의뢰인의 정보를 완벽히 숙지한다. 숙지하지 않으면 중요한 정보를 순간적으로 놓치게 된다.
- 하루 전 아니면 현장 도착 전 차량 유류 확인, 기본 준비물 확인(캠코더배터리, 휴대폰배터리 확인, 휴대품 및 생리현상 이상 유무 확인)
- 장소, 지형, 지물을 미리 파악하고 약속시간 최소 30분 전에 도착하여 최적의 장소를 선점한다. 인터넷 지도 및 로드뷰를 활용하여 대략적인 지형, 지물을 파악하고 현장에 도착 후 다시 현장 상황에 맞는 위치 선정을 신속하게 해야 한다(CCTV 노출 주의).
- 최대한 자신의 몸을 은폐, 엄폐하며 T1(조사대상자를 의미, 이하 같음)의 출현 예상지역을 집중해서 관찰한다(차량 및 계단, 건너편 건물 등을 이용. 특히 가족이나 지인, 이웃주민들에 노출 주의).
- 사진이 곧 증거이므로 반드시 도착 및 출발, 이동 등을 육하원칙 및 순서에 입각해서 사진 또는 동영상을 촬영한다. 반드시 처음 도착과 마지막 철수까지 사진으로 확인되게 한다(어디든 CCTV가 있으므로 각별히 주의하며 최대한 자연스럽게 촬영).
- T1 출현시 당황하지 말고 되도록이면 정면 얼굴이 확인될 사진이나 동영상을 찍어야 한다(여의치 않으면 뒷모습이라도 알아 볼 수 있는 정도로 촬영해야 한다. 복장, 신발, 전신사진 등).
- 절대 T1과 시선을 마주치지 않는다.
- 자신을 노출해서는 안되며, 혹시 노출이 되었다면 변장을 준비한다.

나. 도보미행

1) 유의사항

탐정이 대상자에 대한 도보미행 시에는 대상자와 약 20~50미터 가량 후방에서 적당한 거리 유지하며, 대상자와 같은 속도로 보행하되 대상자보다 낮은 곳에 시선유지를 해야 하며, 시선이 마주치지 않도록 해야 한다. 또한, 도보미행 시 대상자가 인지하지 못하도록 주변에 있는 입간판, 전신주 등 지형지물을 효과적으로 이용할 필요가 있으며, 다소 한적한 거리일 경우 원거리에서, 다소 혼잡한 거리일 경우 근거리에서 미행하며 대상자를 시선에서 놓치는 상황을 방지할 필요가 있다. 만일, 대상자가 빌딩이나 건물의 모퉁이를 돌아설 때는 보행자를 시선에서 놓칠 가능성이 있으므로 다소 보폭을 넓혀서 뒤따라야 하며, 대상자가 버스 등을 이용할 경우 대상자의 행선지를 미리 탐지하고, 승하차시 대상자와 시차를 두고 승하차를 할 필요가 있다. 그 외 대상자가 극장에 입장 시는 대상자보다 먼저 입장한 후 내부의 적당한 위치에서 감시하거나, 적당한 시차를 두고 입장한 후 대상자를 기준으로 뒤쪽이나 옆쪽의 감시가 용이한 자리에 착석하여 감시하고, 식당 등의 경우 대상자가 음식을 주문할 때 함께 주문을 하며 자연스럽게 같은 공간에 머물며 감시할 필요가 있다.

2) 대상자가 버스 이용 시 미행기법

대상자가 버스를 이용하여 이동할 경우 탐정은 시차를 두고 버스에 탑승한 후 항상 T1(대상자)의 후방에서 지켜보아야 하고, 버스에 탑승할 때도 다소 간 시차를 두고 대상자 뒤에서 탑승한 후 좌석 가장 뒤로 이동하여 대각선 뒤쪽에서 관찰한다. 만일 T1이 버스좌석 가장 뒷자리로 이동을 하였을 경우에는 여석이 있을 경우 같이 뒷자리로 이동해서 앉는다. 다만, 탐정이 T1보다 앞쪽에 앉았을 경우 지속적으로 노출될 수 있으므로 이를 피하여 옆 좌석으로 이동하여 착석하는 것이 유리하다.

한편, 목적지에 도착한 후 T1이 하차할 시에는 대상자와 시차를 두고 내려야 하며, 혹 탑승객이 많지 아니한 시내버스일 경우에는 버스기사에게 버스가 출발하는 순간 정중하게 '죄송합니다, 내릴게요.'라고 외쳐서 뒤따라 내리는 것이 좋다(만약, 사람이 많은 곳이라면 근접해서 내려도 무방하다). 이때는 T1의 동선을 버스 안에서 주시하며 내려야 하고, T1과 가급적 근접해서 마주치지 않도록 거리를 두고 내려서 미행해야 한다.

3) 대상자가 지하철 이용 시 미행기법

대상자가 지하철을 이용하여 이동할 경우, 지하철은 버스보다는 승하차가 간편하여, T1이 출구 쪽에 위치해 있다가 문이 닫힐 때 순식간에 뛰어 내릴 수도 있기 때문에 버스보다 한층 더 집중할 필요가 있다. 또한 출퇴근 시 혼잡한 상황에서는 근접감시를, 한가한 시간대는 일정한 거리를 두고 감시를 하는 것이 유리하며, 지하철의 경우 유리문이나 유리창에 탐정의 모습이 반사되어 노출될 위험이 있으므로 반사 시야에서 벗어난 위치에서 대각으로 관찰하여야 하며, 반대로 반사되는 모습을 적절히 이용하면 직접 보지 않더라도 대상자를 관찰할 수 있다는 장점이 있다. 지하철 탑승 시에는 T1의 라인 뒤에서 T1의 탑승을 확인하며 뒤따라 탑승해야 하고, T1이 좌석에 앉았을 경우 같은 라인으로 이동한 후 그 주변에 서있거나 앉아 있되, 다만, 대상자의 맞은편은 노출가능성이 상당하므로 피하는 것이 좋다. 그리고 목적지에 도착한 후 T1이 하차할 경우 곧바로 뒤따라 하차하되, 사람이 많을 경우에는 거리를 좁히고, 사람이 적을 경우에는 다소간 편차를 두고 내리는 것이 좋다.

4) 대상자가 택시 이용 시 미행기법

탐정이 미행 중 T1이 택시에 승차하려고 할 경우 재빨리 T1보다 위쪽으로 이동한 후 먼저 택시에 승차하여 대기하여야 하고, 택시를 타고 이동할 경우에는 반드시 T1이 택시에 승차하는 장면과 택시번호를 촬영하거나 기억해두어야 한다. 특히 미행 중 대상자를 추적할 차량이 없는 경우 택시기사를 잘 설득해서 따라가도록 노력해야 한다.

5) 대상자가 차량 픽업 시 미행기법

탐정이 미행 중 T1이 최초 도보로 이동을 하였지만, 이동 중 T2 또는 제3자의 차량을 탑승할 경우 차량번호와 타는 장면을 촬영해야 하며, 미행 중인 탐정에게 차량이 없을 때에는 재빠르게 택시를 잡아타고 추적해야 한다.

6) 대상자가 렌트차량 이용 시 미행기법

대상자에 대한 미행 중 간혹, T1이 자동차를 소유하지 아니하거나 소유를 하고 있더라도 자신 소유의 차량을 주차하여 둔 채 차량을 렌트하여 사용하는 경우가 있다. 이는 T1이 차량위치 추적을 의심하는 경우 이를 따돌리기 위해 종종 쓰는 방법이다. 이럴 경우 탐정은 대상자가 탑승한 렌트차량 및 차량번호와 탑승하는 장면을 모두 촬영해야 하며, 추적할 차량이 없을 경우 재빠르게 택시에 탑승한 후 추적하여야 한다.

나. 차량미행

1) 유의 사항

탐정이 대상자에 대한 차량 미행을 준비할 경우 미행차량에 충분한 주유를 확인하고, 미행원 수는 미행 차 한대에 3명(1명은 운전사, 2명은 감시자)으로 하되 만약의 상황을 대비하여 전원이 운전면허증을 보유하고 있는 것이 좋고, 미행 전에는 반드시 대상차량의 종류, 연식, 차량번호, 색상 등 특징을 정확히 파악해 두어야 한다.

특히, 대상자의 행선지를 사전에 인지하고 있는 경우에는 대상차량의 미행 중 대상차량을 추월하는 등의 방법으로 전방에서 운행하며 백미러를 통해 감시하는 방법도 유용하며, 2대 이상의 차량을 이용하여 대상차량을 미행할 경우에는 상호간 긴밀한 연락을 취하며 도중에 대상자가 눈치 채지 못하도록 적당히 미행의 위치를 교대해 줄 필요가 있다.

2) 차량미행의 기법

탐정이 차량을 통해 대상자를 미행할 경우 T1이 차량에 탑승하는 모습을 관찰할 수 있는 위치에 주차[253]하고, 절대 먼저 시동을 켜면 안 되며, 차라리 처음부터 시동이 켜져 있는 것이 보다 더 자연스럽다. 특히 경유차나 노후 된 차량의 경우 시동을 켜는 소음 때문에 대상자의 시선을 끌 수도 있기 때문에 주의로 요하는 부분이다.

T1차량이 출발했을 경우 되도록 대상차량으로부터 시선이 꺾여서 미행차량이 보이지 않을 때 출발해야 하며, 도로주행 시 복잡한 시내 주행의 경우 대상차량과 1-2대 간격을 반드시 유지하고 한산한 도로나 한가한 오후 시간인 경우 간격을 융통성 있게 적당히 유지하며 미행해야 한다.[254]

또한, 미행차량이 절대 차선을 변경해서 앞으로 먼저 진행해서는 안되고, 속도를 늦춰서라도 반드시 뒤에 따라 가야한다. 이는 대상차량의 급작스런 유턴이나 좌우회전을

---

253) T1차량의 진행방향을 예측하고 자연스럽게 따라갈 수 있는 곳에 위치

254) 특히 부득이한 경우 신호위반을 해야 하겠지만, 신호를 멀리 보고 예측하며 바로 앞에서도 신호에 걸릴 수 있음에 주의하고, 조금 거리가 멀어 졌다면 반드시 신호대기상태에서라도 건널목이나 우회전차선 등을 이용하여 제일 앞으로 이동해서 간격을 좁힐 필요가 있다.

대비하기 위한 목적이다. 만일, 미행 중 T1차량이 정차하면, 비상신호등을 켜며 어느 정도 거리를 두고 같이 정차해야 하는데, 짧은 시간일 경우는 무방하나 정차시간이 길어질 경우에는 차에서 하차하여 누군가와 통화를 하는 척을 하거나, 트렁크를 열고 정리하는 척 연기를 하며 관찰한다.[255)]

혹, 미행차량이 노출될 경우 T1차량은 대부분 과하게 빠르거나 느리게 주행하거나 갑자기 차선을 바꾸거나 갑작스런 유턴, 좌우회전 등 여러 행동들이 나타난다. 특히 골목길로 진입하여 미행차량을 기다리는 모습이 포착될 경우 재빨리 철수하거나, 인근의 지하주차장 등으로 들어가거나, 차를 세우고 가까운 상가 건물로 들어가는 등 다양한 방법으로 자연스럽게 그 상황을 탈출해야 한다.

한편, 미행차량의 경우 차량 색상이 너무 튀지 않아야 한다. 다만 야간미행 시는 차량 색상 구분이 어렵기 때문에 특별한 문제는 없어 보이지만, 이때도 전조등, 미등, 안개등 등으로 적절히 조절해 주는 것이 좋다.

또한, 좁은 골목에서의 관찰 시 항상 T1차량의 방향을 분석하고 같은 방향으로 정차하지만 예측이 빗나가는 경우도 있기 때문에 좌우로 전진할 수 있는 위치를 선점하고 만약 그런 자리에 다른 차량이 정차되어 있다면 차순위 위치에 대기하다가 그 자리가 빌 때 곧바로 이동하여 정차하는 것이 좋다. 한편, 차량미행 중 결정적 증거확보타임에는 차량을 과감히 버리고 대상자를 미행해야 하며, 이 경우 설령 차량이 견인된다고 하더라도 증거확보에 우선순위를 두는 것이 우선이다. 차량에 집착하여 잠시 고민하는 사이 증거는 사라지기 때문이다.

---

255) T1차량이 정차하는 이유는 대부분 사람을 태우거나, 기다리거나 혹은 통화를 하기 위한 경우가 많다.

CHAPTER 13

알리바이 조사

알리바이의 개념 및 목적

1. 알리바이(alibi)의 개념

가. 개념

알리바이(현장부재)는 영어 'elsewhere'를 뜻하는 라틴어로 범죄의 혐의자가 범죄와 관련된 시간에 범죄 현장 이외의 장소에 있었기 때문에 범죄의 혐의자가 물리적으로 유죄가 될 수 없다는 즉 자신의 무죄를 입증하는 방법이다. 현장부재증명 또는 부재증명이라고도 하며, 이는 일종의 반증이라 할 수 있다.

나. 목적

알리바이 조사는 범죄혐의자 입장에서는 결정적 반증을, 탐정 등 조사자의 입장에서는 조사착수 여부를 결정한다는데 그 목적이 있다. 범죄혐의자의 입장에서는 범죄현장에 있지 않았다는 현장부존재증명이 입증되면 결정적 반증이 되어 범죄혐의에서 벗어날 수 있다. 따라서 범죄혐의자는 적극적으로 현장부존재 증명을 위해 알리바이가 필요하다. 그 외 알리바이 증명여부는 조사의 착수여부를 결정하는 중요한 단서가 된다.

2. 알리바이의 종류

가. 절대적 알리바이

범죄가 행하여진 시간에 혐의자가 현실적으로 범죄현장 이외의 장소에 있었다는 것이 명확하게 입증되는 경우의 알리바이를 의미한다.

나. 상대적 알리바이

범죄혐의자가 제3지역에서 범죄현장까지 도저히 도착할 수 없는 경우의 알리바이를 의미한다.

다. 위장 알리바이

사전에 계획적으로 자신의 존재를 각인시키고 단시간 내에 범죄를 실행하는 경우의 알리바이를 의미한다. 다만, 교묘한 행위가 가해질수록 위장탈노가 쉽다는 단점이 있다.

라. 청탁 알리바이

범죄 직후 자기의 존재를 은폐하기 위하여 가족, 동료, 친지등과 약속 또는 청탁을 해놓은 경우의 알리바이를 의미한다. 청탁의 대상자가 많을수록 의견불일치로 인하여 위장 여부 탈노가 쉽고, 교묘한 행위가 가해질수록 위장탈노가 쉽다는 단점이 있다.

1. 알리바이의 특징

알리바이의 경우 우발적 범죄인 경우 알리바이 공작 가능성이 적고, 계획적 범죄인 경우 알리바이 위장·청탁이 필연적이다. 범죄의 용의자가 입증하려는 알리바이에 대하여 객관적인 방법을 통하여 모순점 파괴에 중점을 두어야 하며, 알리바이 수사는 직접증거보다 정황증거만 있을 때 더욱 신중히 수사나 조사에 임하여야 한다.

2. 알리바이 조사기법

알리바이 조사 시에는, ⅰ) 범행일시의 확정(범행시간의 확정은 알리바이 조사의 출발점이 될 수 있다), ⅱ) 체류출연 장소와 시간의 확정(범죄혐의자가 범죄 실행 전후에 나타난 장소와 시간을 정확하게 파악하여야 한다), ⅲ) 이동시간의 정확한 추정(범죄혐의자가 범죄실행 전후에 있었던 장소와 범죄현장 간의 이동시간을 정확히 측정하여야 한다), ⅳ) 알리바이 공작의 유무검토(범죄행위 전후에 범죄를 은폐하기 위한 알리바이 공작 유무를 판단하여야 한다), ⅴ) 알리바이의 허위여부 조사(알리바이 주장에 대하여 허위 여부를 증명하여야 한다) 등의 필수이다.[256]

---

256) 박성수, 안성원, 앞의 책 245면.

PART 03

전문분야와 탐정

CHAPTER 14

부동산 사건

부동산의 개념 등

1. 개 념

우리가 소유하고 있는 자산은 크게 부동산과 동산으로 분류된다. 이 중 부동산은 좁은 의미의 부동산과 넓은 의미의 부동산으로 구분되며, 좁은 의미의 부동산이란 우리 민법 제99조에서 규정하고 있는 토지 및 그 정착물257)을 의미한다.258) 반면, 넓은 의미의 부동산이란 공장재단, 광업재단, 선박, 입목, 항공기, 자동차, 중기, 어업권 등을 포함하며, 그 외 부동산의 권리는 물권형태로 표시하는데, 민법이 정하는 물권은 소유권, 점유권, 지상권, 지역권, 전세권, 저당권, 유치권, 질권 등의 8종이 있다. 본장에서의 부동산관련 사건이라고 함은 대체로 민법이 정하고 있는 8종의 물권과 관련된 사건들이다.

---

257) 토지의 정착물이란 토지에 고정되어 쉽게 이동할 수 없는 물건으로서, 고정된 상태로 사용하는 것이 그 물건의 거래의 성질로 인정되는 것을 말한다. 따라서 가건물, 가식의 수목, 공중전화박스 등 토지나 건물에 완전히 일체로 부착되어 있지 않은 것들은 동산에 불과하다.

258) 그러나 성양법제에서는 지상물은 토지에 따른다는 원칙에 따라 건물 등 토지의 정착물을 독립한 부동산으로 보지 않고 토지의 구성부분으로 다루고 있다.

2. 부동산거래 과정의 문제점

부동산 분야는 부동산의 매매나 임대차부터 부동산 개발, 부동산 금융까지 다양한 업무를 망라하고 있으며 분쟁 발생시 그 해결을 위해서는 각 거래 과정에서 발생하는 여러 문제를 종합적으로 접근해야 한다. 이러한 부동산분쟁 발생의 주된 원인은 하단에서 설명하는 부동산거래 시 등기라는 공시절차가 서류위주의 형식적이고 관행적인 업무처리 방식(형식적 심사제도)을 취한다는 법률적 문제점도 있지만 정보부족 등 거래 당사자 그 중 매수인 또는 임차인 등이 중개사나 매도인 등의 말만을 믿고 관련된 자료나 사실관계 등에 대한 구체적인 확인 등을 하지 않는 데서 기인하는 경우가 많다. 요즘 사회적으로 문제가 되고 있는 전세사기 또한 이와 같은 맥락에서 그 문제점을 찾아볼 수 있다.

한편, 부동산 거래는 그 규모도 크고 거래되는 금액 또한 다액이기 때문에 거래사고 발생시 사회적 파장은 그만큼 클 수밖에 없는 영역이다. 그렇기 때문에 사고예방을 위한 사전활동이 그만큼 중요하고 거래 과정상 문제점 등에 대한 충분한 사전학습이 필요한 영역이기도 하다.

가. 부동산등기관의 형식적 심사권

등기관은 등기신청에 대하여 부동산등기법상 그 등기신청에 필요한 서면이 제출되었는지 여부 및 제출된 서면이 형식적으로 진정한 것인지 여부를 심사할 권한을 갖고 있으나 그 등기신청이 실체법상의 권리관계와 일치하는지 여부를 심사할 실질적인 심사권한은 없다.[259]

그러므로, 등기관으로서는 오직 제출된 서면 자체를 검토하거나 이를 등기부와 대조하는 등의 방법으로 등기신청의 적법 여부를 심사하여야 할 것이고, 이러한 방법에 의한 심사 결과 형식적으로 부진정한, 즉 위조된 서면에 의한 등기신청이라고 인정될 경우 이를 각하하여야 할 직무상의 의무가 있다고 할 것이지만, 등기관은 다른 한편으로

---

[259] 반면, 실질적 심사주의는 그러한 절차적 적법성 이외에 등기신청의 실체상 원인의 유무와 효력까지도 심사하는 제도로서, 양 제도는 범위 내지 대상에 있어서 차이가 있다.

대량의 등기신청사건을 신속하고 적정하게 처리할 것을 요구받기도 하므로 제출된 서면이 위조된 것임을 간과하고 등기신청을 수리한 모든 경우에 등기관의 과실이 있다고는 할 수 없고, 위와 같은 방법의 심사 과정에서 등기업무를 담당하는 평균적 등기관이 보통 갖추어야 할 통상의 주의의무만 기울였어도 제출 서면이 위조되었다는 것을 쉽게 알 수 있었음에도 이를 간과한 채 적법한 것으로 심사하여 등기신청을 각하하지 못한 경우에 그 과실을 인정할 수 있다.[260]

이처럼 형식적 심사주의 취하는 우리나라의 경우 전설한 바와 같이 등기절차의 신속한 처리라는 장점은 있지만 허위의 등기신청일 경우 거래사고의 발생가능성이 커진다는 단점이 있고 그러한 이유로 자칫 거래사고의 발생가능성 또한 내재되어 있다는 단점이 있다.

나. 등기의 추정력

공시란 물권의 변동을 외부에서 알 수 있도록 표시하는 것을 의미하는데, 우리나라의 경우 부동산 물권변동은 등기, 동산의 물권변동은 인도, 자동차나 선박은 등록, 수목의 집단은 명인방법이라는 공시방법을 갖추어야 한다.

이처럼 부동산에 관한 거래 시 그에 관한 물권변동은 등기라는 제도를 통해 외부에 공시하게 되어 있다. 그런데 문제는 부동산에 관한 어떠한 등기가 존재할 경우 그 등기가 표상하고 있는 실체적 관리관계가 존재하는 것으로 추정하는 효력만 주어지게 되는데 이를 등기의 추정력이라고 한다. 등기의 추정력을 인정하는 이유는 ⅰ) 등기가 진실한 권리관계에 부합할 개연성이 크다는 점, ⅱ) 민법 제200조는 점유에 대하여 권리의 추정적 효력을 인정하는데, 그 점유보다 더 우수한 공시방법인 등기에 관하여 유추해석 내지 물론 해석상 추정력을 인정해야 한다는 점에 있다. 한편, 등기의 추정은 증명책임에 관한 것이고 그래서 등기의 효력을 다투는 자가 그 무효사유를 적극적으로 주장 입증해야 한다.[261]

따라서 등기의 추정력을 취하고 있는 현행 법제상 부동산 거래 시 등기의 표상을 신뢰

260) 대법원 2005. 2. 25., 선고, 2003다13048, 판결.
261) 양형우, 민법의 세계, 진원사, 2007, 440면.

하고 거래한 당사자의 경우 예상치 못했던 거래사고가 발생한 가능성이 높은 현실이다.

반면, 등기의 공신력이란 부동산등기를 신뢰하여 거래한 자는, 비록 그 등기가 진실한 권리관계에 합치하지 않더라도, 그 거래자의 신뢰를 보호하는 등기의 효력을 말한다. 공신의 원칙을 인정하면 물권거래의 안전은 보호 되는 반면, 진정한 권리자는 기득권을 박탈당하게 되는 경우가 발생할 수도 있다.[262] 우리 민법은 부동산의 경우 공신력을 부인하고, 동산의 경우 점유의 공신력을 인정하고 있다.

다. 공시제도의 이원화

우리나라 부동산 등기제도의 특징이라고 하면 우리나라는 토지와 건물을 각각 독립적인 부동산으로 보고 토지 등기부등본과 건물 등기부등본을 따로 등기한다는 점이다. 대부분의 나라에서는 토지만을 등기하는 제도를 실시하고 있으며, 우리나라와 일본은 토지와 건물을 각각의 부동산으로 보고 이원화 하여 등기를 하기 때문에 거래시 당해 부동산에 소유 등 권리관계를 분석할 때는 토지등기부와 건물등기부인 건축물대장 2개를 살펴보아야 한다.

문제는 이렇듯 토지와 건물의 등기가 이원화되어 있을 뿐만 아니라 이를 관리하는 주무관서 또한 건물의 경우 사법부(법원행정처), 토지의 경우 행정부로 각각 분리되어 있어 부동산의 실체와 공부상등록이 일치하지 않는 경우가 많다는 것이다.

실제로 1995년 기준으로 등록필지수를 조사한 결과에 의하면, 전국 총 토지 3천4백만필지 중 등기된 토지는 3천 1백만 필지에 불과하고, 나머지 3백만 필지는 아직까지도 미등기 상태로 남아 있으며, 등기된 토지 중에서도 토지대장과 건축물대장이 서로 일치하지 않는 경우가 있다고 한다.[263] 결국 등기의 이원화로 인한 등기의 불완전성이 오랜 기간 부동산거래 사건의 한 원인되고 있는 실정이다.

라. 미등기 권리관계의 존재

우리 민법의 규정상 상속, 공용징수, 판결, 경매 기타 법률의 규정에 의한 부동산 물

---

262) 김준호, 「민법의 기초」, 집현재, 2019, 291면.
263) 정승호, 「부동산권리분석이론」, 부연사, 2004, 630면.

권의 취득은 등기를 요하지 아니한다. 특히, 부동산등기부등본에 표시된 권리관계 중 유치권, 법정지상권, 분묘기지권, 특수지역권, 광업권 등과 같이 등기능력이 없는 '공부 외의 권리관계'가 존재하고 있다. 따라서 전설한 유치권 등이 행사 중인 건물을 매수하거나 경매 등으로 취득할 경우 그로 인한 거래사고 예방 등을 위해서는 사전에 충분한 현장조사 및 권리관계 등에 대한 조사가 필요한 영역이 존재하고 있다는 문제점이 있다.

마. 부동산정보의 불균형

부동산시장의 경우 대상 부동산을 판매하는 당사자인 매도인과 중개인에 비하여 이를 매수하려는 매수자와의 사이에 대상 부동산에 대한 현저한 정보의 불균형 및 정보의 비대칭이 존재하는 시장이다. 이 때문에 일부 판매자인 매도인과 중개인 또는 매도인이나 중개인 각자가 그러한 우월적 지위를 이용하여 매수자를 기망한 후 불법적인 이익을 취하는 경우가 많고, 그로 인한 민사 및 형사상 분쟁이 빈번한 영역이다.

바. 소결

부동산 거래를 위해서는 목적 부동산에 대한 권리관계 및 사실관계 파악 등 여러 절차를 거처 진행되며, 그 과정에서 당사자가 잘못된 정보나 실수로 오판을 할 경우 사실상 전 재산이라고 할 수 있는 거액의 금전 또는 부동산 등의 손실이 발생할 수 있기 때문에 꼼꼼한 사전준비가 필수다.

특히, 우리나라에서 부동산관련 사건이 빈번히 발생하는 이유는 물론 다양하지만 직접적인 원인을 꼽자면 부동산의 가격의 높고, 부동산 특히 주택의 경우 주거의 수단이라기보다는 투기와 투자의 수단으로 보고 있고, 주택공급의 부족 등에 있다. 또한, 부동산 시장에서 판매자와 중개인 등에게 부동산 정보가 집중되어 있기 때문에, 구매자들은 정보 비대칭으로 인해 불리한 입장에 놓여 있는 경우가 많고, 이러한 전보의 비대칭은 일부 사람들이 사기행각의 원인이 되기도 한다는 등의 문제가 있다.

때문에 부동산 거래를 고려할 때는 사전에 신중한 정보 수집과 조사가 필요하다. 해당 지역의 부동산 지가 동향, 가격 변동성, 유사한 매물의 가격 등의 조사, 권리권계 및 임차인 등의 거주형태 등을 종합적으로 조사하여 합리적인 판단을 내려야 한다.

문제는 거래당사자 중 구매자 즉, 매수인의 경우 전설한 정보 등을 파악할 시간도 부족하고 특히 부동산거래에 관한 지식도 부족하기 때문에 이를 기대하기는 어려운 상황이라는 점이다.

결국 현행 부동산거래사고 문제의 핵심은 부동산에 관한 각종 정보수집 및 관련 정보의 분석에 있다고 보아도 과언은 아니다. 따라서 문제의 해결 또한 당사자에게 부족한 이러한 점을 어떻게 보완하느냐로 귀결된다.

제2절 부동산범죄의 유형

부동산 투자 등을 통해 일확천금의 꿈을 꾸는 것은 자본주의 사회에서 자유이지만 그것이 누군가를 해치고 모두를 불행하게 한다면 '범죄'일 뿐만 아니라 그로 인한 주거불안은 상상 이상으로 사람을 궁지에 몰아넣는다. 수백 채 빌라를 가졌다는 '빌라왕'에게 보증금을 떼여 가정이 파괴되는 사례를 여러 번 본 적이 있다. 한편, 부동산관련 범죄의 유형 중 부동산사기는 부동산거래범죄에서 매우 높은 유형을 차지하고 있는 범죄이다. 부동산사기에 대해 경험이 있다는 응답이 과거의 자료이기는 하지만 31.1%로 없다는 응답 68.9%로 나타났다. 부동산사기와 관련하여 피해유형을 살펴보면 부동산 소유권 관련사기가 16.2%, 아파트 및 부동산 분양사기가 14.9%, 부동산 사기 대상 부동산의 종류는 농지가 10.5%, 건물(아파트, 상가)이 7.8%, 대지가 2.7%, 임야가 1%로 나타났다.[264]

이러한 부동산관련 범죄는 크게 사기 등의 부동산 형사범죄와 부동산규제에 관한 각종 행정법규를 위반한 부동산 투기범죄로 구분할 수 있으며, 부동산투기란 부동산매매거래를 행하는 목적이 가액변동으로 인한 매매차익을 획득하는 것을 말하고, 이것이 관련 법규를 위반하여 형사처벌의 대상이 되는 것을 부동산투기사범이라고 한다.[265]

---

264) 정신교, 정중근, 이창석, 부동산범죄의 실증적 연구, 한국부동산학회, 2011. 129면.
265) 강동욱, 윤종현, 앞의 책, 234면.

1. 부동산 관련 형사사범

부동산관련 형사사범을 단순하게 정의하면 부동산을 대상으로 하는 일체의 범죄행위라고 할 수 있다. 결국 부동산관련 범죄는 부동산을 대상으로 하는 재산범죄이며, 따라서 그 처벌 또한 재산관련 일반형법 규정인 사기, 배임, 횡령 등과 함께 여러 부동산관련 특별법(부동산실권리자명의등기에관한법률 등)의 규정에 의거 처벌을 받게 된다.

가. 부동산관련 사기죄

사기죄란 사람을 기망하여 재물의 교부를 받거나 재산상의 이익을 취득한 자 또는 사람을 기망하여 제3자로 하여금 재물의 교부를 받게 하거나 재산상의 이익을 취득하게 한 자를 처벌하기 위한 규정이다.

사기죄에는 반드시 기망행위가 존재해야 한다. 특히 사회적으로 큰 파장이 되고 있는 기획부동산사기의 경우 기망행위가 인정되는 허위 또는 과장광고의 기준이 중요한데, 통상, 상품의 선전이나 광고에 있어 다소의 과장이나 허위가 수반되었다고 하더라도 일반 상거래의 관행과 신의칙에 비추어 용인될 수 있는 정도의 것이라면 이를 가리켜 기망이라고 볼 수 없다. 따라서 거래에 있어 중요한 사항에 관한 구체적인 사실을 신의성실의 의무에 비추어 비난받을 정도의 방법으로 허위로 고지해야만 비로소 과장, 허위광고의 한계를 넘어 사기죄의 기망행위에 해당한다고 볼 수 있다.

따라서 매수인에게 토지의 매수를 권유하면서 언급한 내용이 객관적 사실에 부합하거나 비록 확정된 것은 아닐지라도 연구용역 보고서와 신문스크랩 등에 기초한 것일 경우 사기죄에 있어 기망행위에 해당한다고 볼 수 없다.[266] 다만, 부동산 관련 업체가 지방자치단체의 특정 용역보고서만을 근거로 확정되지 않은 개발계획이 마치 확정된 것처럼 허위 또는 과장된 정보를 제공하여 매수인들과 토지매매계약을 체결할 경우 이는 과장, 허위광고의 한계를 넘어 사기죄의 기망행위에 해당한다.[267]

그 외 임대인이 임대차계약을 체결하면서 임차인에게 임대목적물이 경매진행 중인 사실을 알리지 아니한 경우, 임차인이 등기부를 확인 또는 열람하는 것이 가능하다고

---

266) 대법원 2007. 1. 25. 선고 2004도45 판결.
267) 대법원 2008. 10. 23. 선고 2008도6549 판결.

하더라도 이는 사기죄가 성립하며,268) 토지를 매도함에 있어서 채무담보를 위한 가등기와 근저당권설정등기가 경료되어 있는 사실을 숨기고 이를 고지하지 아니하여 매수인이 이를 알지 못한 탓으로 그 토지를 매수하였다면 이 또한 사기죄를 구성한다.269)

그 외 토지가 수용될 것이라는 사실을 숨긴 채 행한 매매행위,270) 소유권에 관한 소송 중인 사실을 숨긴 채 한 매매행위,271) 대리권이 있는 것처럼 가장한 처분행위272) 등도 모두 부동산사기 범죄로 처벌을 받게 된다. 다만, 부동산의 이중매매에 있어서 후매수인에게 소유권이전등기까지 마친 경우에 동인에게는 아무런 손해가 없으므로 매도인이 동인에게 이중매매사실을 고지하지 아니하였다 하여도 사기죄를 구성하지 않는다.273)

나. 부동산관련 횡령죄

횡령죄는 타인의 재물을 보관하는 자가 그 재물을 횡령하거나 그 반환을 거부(은닉, 소비, 매매, 증여, 저당권설정 등)한 때 성립한다. 판례와 학설은 횡령죄의 행위객체인 재물 속에 부동산이 포함된다고 한다. 한편 부동산에 관한 횡령죄에 있어서 타인의 재물을 보관하는 자의 지위는 동산의 경우와는 달리 부동산에 대한 점유의 여부가 아니라 부동산을 제3자에게 유효하게 처분할 수 있는 권능의 유무에 따라 결정하여야 한다. 여기서 유효하게 처분이 가능한 상태란 타인의 돈을 자신의 계좌에 입금하여 보관하는 상태라고 보면 된다.

따라서 부동산을 소유자로부터 명의수탁 받은 자가 이를 임의로 처분하였다면 명의신탁자에 대한 횡령죄가 성립하며, 그 명의신탁이 부동산실권리자명의등기에관한법률 시행 전에 이루어졌고 같은 법이 정한 유예기간 이내에 실명등기를 하지 아니함으로써 그 명의신탁약정 및 이에 따라 행하여진 등기에 의한 물권변동이 무효로 된 후에 처분행위가 이루어졌다고 하여 달리 볼 것이 아니다.274) 그 외 중개업자나 매매의 대리인이

---

268) 대법원 1998. 12. 8. 선고 98도3263 판결.
269) 대법원 1981. 8. 20. 선고 81도1638 판결.
270) 대법원 1993. 7. 13. 선고 93도 14 판결.
271) 대법원 1986. 9. 9. 선고 86도 956 판결.
272) 대구고등법원 1969. 3. 25. 선고 67나541 판결.
273) 대법원 1971. 12. 21. 선고 71도1480 판결.
274) 대법원 2000. 2. 22. 선고 99도5227 판결.

매수인 등으로부터 매매대금을 수령한 후 그 반환을 거부하는 경우에도 횡령죄가 성립한다.

다. 부동산관련 배임죄

배임죄는 타인의 사무를 처리하는 자가 그 임무에 위배하는 행위로써 재산상의 이익을 취하거나 제3자로 하여금 이를 취득하게 하여 본인에게 손해를 가하는 범죄를 말한다. 여기서 타인의 사무를 처리하는 자는 법령에 의하건 계약에 의하건 상관없으며, 타인의 보조자로 사무를 처리하는 경우에 해당된다. 즉 반드시 독립적으로 사무를 처리하는 자에 한정되지 않는다.

부동산관련 배임죄의 사례를 살펴보면 만일, 부동산 매매계약에서 계약금만 지급된 단계에서는 어느 당사자나 계약금을 포기하거나 그 배액을 상환함으로써 자유롭게 계약의 구속력에서 벗어날 수 있다. 그러나 중도금이 지급되는 등 계약이 본격적으로 이행되는 단계에 이른 때에는 계약이 취소되거나 해제되지 않는 한 매도인은 매수인에게 부동산의 소유권을 이전해 줄 의무에서 벗어날 수 없다. 따라서 이러한 단계에 이른 때에 매도인은 매수인에 대하여 매수인의 재산보전에 협력하여 재산적 이익을 보호·관리할 신임관계에 있게 된다. 그때부터 매도인은 배임죄에서 말하는 '타인의 사무를 처리하는 자'에 해당한다고 보아야 한다. 그러한 지위에 있는 매도인이 매수인에게 계약 내용에 따라 부동산의 소유권을 이전해 주기 전에 그 부동산을 제3자에게 처분하고 제3자 앞으로 그 처분에 따른 등기를 마쳐 준 행위는 매수인의 부동산 취득 또는 보전에 지장을 초래하는 행위이다. 이는 매수인과의 신임관계를 저버리는 행위로서 배임죄가 성립한다.[275] 또한 부동산의 이중매매행위도 배임죄가 성립하며, 그 기수시기는 같은 부동산을 위 매수인 이외의 자에게 2중으로 매도하여 그 소유권이전등기를 마친 경우에는 1차 매수인에 대한 소유권이전등기의무는 이행불능이 되고 이로써 1차 매수인에게 그 부동산의 소유권을 취득할 수 없는 손해가 발생하는 것이므로 부동산의 2중 매매에 있어서 배임죄의 기수 시기는 2차 매수인 앞으로 소유권이전등기를 마친 때라고 할 것이다.[276] 그 외 매매한 부동산이전등기 전 저당권설정행위 등도 배임죄로 처벌이

---

275) 대법원 2018. 5. 17., 선고, 2017도4027, 전원합의체 판결.

가능하지만, 부동산의 이중저당의 경우는 배임죄가 아니다. 이는 채무자의 근저당 설정 의무는 계약에 따른 자신의 사무이지 배임죄의 주체인 타인의 사무를 처리하는 자로 볼 수 없기 때문이다.[277)]

라. 기타 재산범죄

전설한 형법상 재산범죄 외 부동산관련 범죄의 대표적인 유형으로는 부동산실권리자 명의등기에 관한 법률위반인 명의신탁 등 토지의 차명거래, 부동산등기특별조치법위반, 국토의 계획 및 이용에 관한 법률(구 국토이용관리법)에 정한 토지거래허가를 받지 않은 매매계약, 주택법 상 전매제한 규정 위반행위, 개발제한구역의 지정 및 관리에 관한 특별조치법 위반인 무단형질변경행위 등이 있다.

또한, 부동산투자 사기의 경우 주로 위조된 부동산등기부등본이나 기타 문서를 피해자에게 제시하고 이를 근거로 피해자를 기망한 후 매매대금 등을 편취하는 경우가 많은데 이러한 행위는 형법상 사기죄 이외에 공문서위조 및 동행사죄, 사문서위조 및 동행사죄도 구성한다.

2. 부동산투기[278)]사범

헌법 제23조는 '국민의 재산권은 보호하되, 재산권의 행사는 공공복리에 적합하도록 해야 한다.'고 규정함으로써, 재산권보장의 원칙을 선언하고 있다. 다만, 부동산은 재산의 일종이고 모든 사람이 생존을 위한 공통의 기반이자 가장 기초적인 자원이다. 이러한 부동산은 다른 재화와는 달리 자원이 한정되어 있고 고정성 · 개별성 · 상호의존성 · 고가성 · 비탄력성 등의 특성을 가지고 있다. 이러한 특성을 이용하여 투기의 도구로 사용한다면 사회에 큰 혼란을 야기시키게 된다.

---

276) 대법원 1984. 11. 27. 선고 83도1946 판결.

277) 대법원 2020. 6. 18. 선고 2019도14340 전원합의체 판결.

278) 투자는 부동산이나 주식 등 거래하려는 것의 가치, 성격, 그리고 위험(리스크)에 대해 잘 알고, 결국 일정부분의 손실까지 감안해 진행하는 것이다. 반면 투기는 이 같은 합리적인 분석 및 판단보다는 막연한 희망이나 타인의 정보 및 권유에 의해 오로지 수익만을 생각하며 행동하는 것을 뜻한다.

부동산투기는 부동산의 가격을 상승시키고 부동산 가격의 상승은 또한 높은 생산비로 연결되어 산업의 경쟁력을 저하시킬 뿐 아니라, 지역간 심한 불균형을 초래하게 되고, 부동산 소유 편중으로 인한 소득의 불평등 문제와 불로소득으로 인한 근로의욕 감소시키게 된다는 등의 부작용이 있다.

한편, 부동산 투기와 관련된 5대 특별법은 ⅰ) 부동산 실권리자 명의 등기에 관한 법률(명의신탁 행위), ⅱ) 공인중개사의 업무 및 부동산 거래 신고에 관한 법률(이동식 중개업소 '떳다방'이나 분양권 불법 전매행위 등), ⅲ) 개발제한구역 지정·관리에 관한 특별조치법(무단형질변경, 불법건축), ⅳ) 농지법(무허가 형질변경), ⅴ) 주택법(위장전입, 부정청약 등)등이며, 부동산 불법 투기 사건은 대부분 5대 특별법을 위반해 재판에 넘겨진 사례가 가장 흔하다.

[부동산 5대 특별법 위반 판결 등]279)

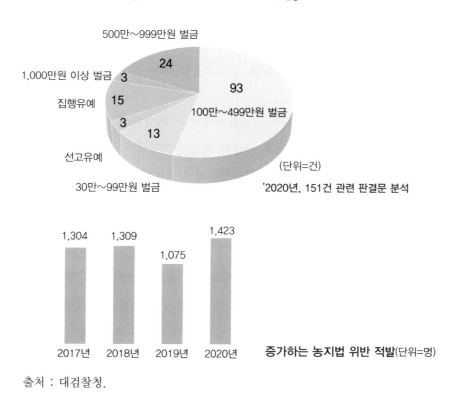

출처 : 대검찰청.

279) https://www.mk.co.kr/news/realestate/9892170 참조.

1. 부동산탐정제도의 필요성

가. 탐정제도의 필요성

현행 부동산거래사고 즉, 부동산범죄 발생의 근본적인 원인은 매수인의 대상물건에 대한 정보부족 및 권리관계 등 사실관계의 확인부족 등이다. 한편, 부동산활동 중 핵심은 임장이다. 임장이란 어떤 물건의 매매나 투자 시 관련 물건에 대한 현장조사를 뜻한다. 직접 현장을 방문하여 주변 환경과 특징, 지역별 특성 등을 판단하고 해당 물건의 가치를 여부를 판단하는 일종의 평가지표와 같은 활동을 말한다. 결국 현장 방문은 당시 얻은 정보를 토대로 향후 의사결정에 활용하기 위한 기초 작업인 것이다. 정보에 따라 매매나 투자의 성공 여부가 결정될 수 있으므로 이는 부동산 투자나 매매 시 가장 중요한 부분이기도 하다.

일반 당사자의 경우 사실 이러한 임장활동에 매우 취약하다. 그렇기 때문에 보통 부동산범죄의 피해자인 매수인의 경우 단순히 매도인이나 중개사의 말만을 믿고 거래를 체결하는 경우가 많다. 이것이 바로 부동산범죄의 근본적인 원인이기도 하다.

탐정의 주된 업무는 의뢰받은 사실에 대한 조사 및 관련 정보를 수집·분석하여 의뢰인에게 제공하는 업무를 주로 수행한다. 이러한 탐정의 조사업무 및 정보의 수집·분석하는 일을 부동산관련 문제에 도입할 경우 탐정은 사전에 대상 물건에 대한 임장활동을 통해 건물의 소유관계, 임차인들의 거주관계, 물건에 대한 하자여부, 유치권 등의 행사여부, 등기 외 건물 소재여부, 건물의 하자여부, 거래 관계자의 진정성 여부, 무등록중개행위, 기획부동산, 임대차사기, 분양사기 등에 대한 기초조사를 수행할 수 있고, 이를 통해 부동산 거래사고를 사전에 방지할 수 있는 예방적 효과를 충분히 달성할 수 있다.

나. 탐정의 부동산 관련 등기부 확인 등의 법적성격

부동산 권리관계 내지 부동산등기부 등본에 등재되어 있는 권리관계의 법적효과에 해당하는 권리의 득실·변경이나 충돌 여부, 우열관계 등을 분석하는 이른바 권리분석 업무는, 「변호사법」 제109조 제1호 소정의 법률사무에 해당한다.

하지만, 단지 탐정이 부동산등기부등본을 열람하여 등기부상에 근저당권, 전세권, 임차권, 가압류, 가처분 등이 등재되어 있는지 여부를 확인·조사하거나 그 내용을 그대로 보고서 등의 문서에 옮겨 적는 행위는, 일종의 사실행위에 불과하여 이를 「변호사법」 제109조[280] 제1호 소정의 법률사무를 취급하는 행위라고 볼 수는 없다.[281]

2. 부동산관련 분야에서의 탐정의 역할

부동산 거래 시 정보부족, 불균형을 극복하기 위하여는 당해 부동산에 대한 신중한 조사나 관련 정보의 수집 및 분석이 필수이다. 사실 일반인이 이러한 점을 모두 인지한 후 부동산 거래에 임하더라도 부동산 범죄의 특성상 전문 부동산 사기범들의 부동산범죄를 완전히 예방하기는 쉽지 않다. 부동산관련 범죄에 있어 탐정의 역할은 바로 이 때문에 필요로 한다.

그 핵심은 당해 부동산관련 사실조사이다. 당해 부동산 관련 사실조사에는 부동산의 소재지 및 진정한 소유자, 권리관계 등 여러 사실관계 등이 포함되는 개념이다.

---

280) 변호사법 제109조(벌칙)

　　다음 각 호의 어느 하나에 해당하는 자는 7년 이하의 징역 또는 5천만원 이하의 벌금에 처한다. 이 경우 벌금과 징역은 병과(併科)할 수 있다.

　　1. 변호사가 아니면서 금품·향응 또는 그 밖의 이익을 받거나 받을 것을 약속하고 또는 제3자에게 이를 공여하게 하거나 공여하게 할 것을 약속하고 다음 각 목의 사건에 관하여 감정·대리·중재·화해·청탁·법률 상담 또는 법률 관계 문서 작성, 그 밖의 법률사무를 취급하거나 이러한 행위를 알선한 자

　　　가. 소송 사건, 비송 사건, 가사 조정 또는 심판 사건

　　　나. 행정심판 또는 심사의 청구나 이의신청, 그 밖에 행정기관에 대한 불복신청 사건

　　　다. 수사기관에서 취급 중인 수사 사건

　　　라. 법령에 따라 설치된 조사기관에서 취급 중인 조사 사건

　　　마. 그 밖에 일반의 법률사건

281) 대법원 2008. 2. 28. 선고 2007도1039 판결.

가령, 부동산 소유권 이전이나 임대차 관련 사건의 경우 진정한 소유자나 무권대리 등 권리관계 및 등기관계 확인 등의 조사를 하고 또한, 중개사고 방지를 위해 당해 부동산의 중개가 무등록 중개행위인지 여부, 중개사의 쌍방대리 여부 확인, 중개인이나 중개보조인의 상습사기 등 평판조회 등을 통해 거래사고의 사전예방의 기능을 할 수 있다.

아파트나 상가의 분양관련 사건의 경우 탐정의 임장활동을 통하여 당해 물건에 대한 허위·과장광고의 유무 확인 및 기획부동산인지의 여부를 확인하여 사전에 분양사기를 차단할 수 있는 기능을 수행할 수 있다.

그 외 부동산개발관련 사건의 경우 또한 탐정의 임장활동을 통해 당해 부동산에 대한 진정한 소유자 및 임차인이나 무단점유자 등의 확인 그리고 부동산 개발시 가장 심각한 문제를 야기하는 사유 중 하나인 부동산 알박기 등의 실태조사를 면밀히 조사하여 관련 부동산사건의 발생을 사전에 예방하는 기능을 수행할 수 있다. 또한 건설관련 사건의 경우 공사대금미지급 시 도급인의 소재파악 및 재산파악 그리고 공사현장에서의 건설자재 도난 및 손실원인조사 특히, 공사가 중단된 현장에서의 허위유치권 등의 조사를 통해 불필요한 분쟁의 사전예방 등 다양한 역할을 수행하며, 의뢰인의 권리보호 및 피해회복의 실질적인 역할을 할 수 있다. 또한 부동산관련 사건발생 시 가해자의 소재파악, 재산추적 등 소송에 필요한 각종 증거 등을 적극적으로 탐지한 후 이를 의뢰인에게 제공함으로써 동인의 피해회복 등 권리보호에 충분히 기여할 수 있다는 장점이 있다.

CHAPTER 15

실종자 등의 소재파악 사건

1. 실종자의 개념 등

가. 실종자의 개념

실종에 대한 사전적 의미로 실종이라 함은 종래의 주소 또는 거소를 떠나 쉽사리 돌아올 가망이 없는 부재자가 생사불명의 상태에 있는 경우를 말한다고 정의하고 있다.

현행법에서는 실종자에 대한 명확한 정의를 하고 있지 않지만 실종아동 등의 보호 및 지원에 관한 법률에서는 실종아동을 다음과 같이 정의하고 있다. 실종아동은 실종 당시 18세 미만인 아동 약취·유인 또는 유기되거나 사고를 당하거나 가출하거나 길을 잃는 등의 사유로 인하여 보호자로부터 이탈된 아동 등을 말한다(제2조 제1, 2호). 또한 장애인복지법 제2조의 장애인 즉, 신체적·정신적 장애로 오랫동안 일상생활이나 사회생활에서 상당한 제약을 받는 자 중에서 정신지체인, 발달장애인과 정신장애인도 위의 실종아동 등의 보호 및 지원에 관한 법률에서 정의하는 실종아동에 해당하며 연령을 제한하고 있지 않다.

그리고 경찰청 예규 제588호 실종아동 등 및 가출인 업무 처리규칙에서는 실종아동을 실종아동 등의 보호 및 지원에 관한 법률에서 규정하는 정의를 사용하고 가출인은 실종신고 당시 보호자로부터 이탈된 18세 이상의 자를 말하며, 보호자가 찾고 있는 14세 이상에서 20세 미만의 자를 가출청소년이라 하고, 보호자가 찾고 있는 20세 이상의 자를 가출성인이라 한다. 그리고 행불자라 함은 실종아동 등·가출인 중 합동심의 결과 범죄와 관련되어 수사에 착수할 대상자를 말한다. 경찰청 예규에서는 실종대상자를 실종아동, 가출자, 행불자 모두를 포괄하여 사용하고 있는 것을 알 수 있다.[282]

또한 대한민국 대통령 의문사진상규명위원회에서는 '실종을 종래의 주소 또는 거주하는 장소를 떠나 쉽사리 돌아올 가망이 없는 부재자가 생사불명의 상태에 있는 경우'로 규정하고 있다.

나. 실종상황에 따른 분류

단순실종의 경우와 범죄에 의한 실종으로 구분될 수 있다. 단순한 실종아동의 경우는 집근처나 공공장소 등에서 아동이 보호자로부터 이탈되는 상황이 일반적이다. 이 경우 아동의 자발적 의사에 의한 가출과 비자발적 의사에 의하여 집을 잃은 경우로 나

---

282) 실종아동 등 및 가출인 업무처리 규칙

제2조(정의) 이 규칙에서 사용하는 용어의 뜻은 다음과 같다.

1. '아동 등'이란 「실종아동 등의 보호 및 지원에 관한 법률」(이하 '법'이라 한다) 제2조 제1호에 따른 실종 당시 18세 미만 아동, 지적·자폐성·정신장애인, 치매환자를 말한다.
2. '실종아동 등'이란 법 제2조 제2호에 따른 사유로 인하여 보호자로부터 이탈된 아동 등을 말한다.
3. '찾는 실종아동 등'이란 보호자가 찾고 있는 실종아동 등을 말한다.
4. '보호실종아동 등'이란 보호자가 확인되지 않아 경찰관이 보호하고 있는 실종아동 등을 말한다.
5. '장기실종아동 등'이란 보호자로부터 신고를 접수한 지 48시간이 경과한 후에도 발견되지 않은 찾는 실종아동 등을 말한다.
6. '가출인'이란 신고 당시 보호자로부터 이탈된 18세 이상의 사람을 말한다.
7. '발생지'란 실종아동 등 및 가출인이 실종·가출 전 최종적으로 목격되었거나 목격되었을 것으로 추정하여 신고자 등이 진술한 장소를 말하며, 신고자 등이 최종 목격 장소를 진술하지 못하거나, 목격되었을 것으로 추정되는 장소가 대중교통시설 등일 경우 또는 실종·가출 발생 후 1개월이 경과한 때에는 실종아동 등 및 가출인의 실종 전 최종 주거지를 말한다.
8. '발견지'란 실종아동 등 또는 가출인을 발견하여 보호 중인 장소를 말하며, 발견한 장소와 보호 중인 장소가 서로 다른 경우에는 보호 중인 장소를 말한다.
9. '국가경찰 수사 범죄'란 「자치경찰사무와 시·도자치경찰위원회의 조직 및 운영 등에 관한 규정」 제3조 제1호부터 제5호까지 또는 제6호 나목의 범죄가 아닌 범죄를 말한다.
10. '실종·유괴경보 문자메시지'란 실종·유괴경보가 발령된 경우 「실종아동 등의 보호 및 지원에 관한 법률 시행령」(이하 '영'이라 한다) 제4조의5 제7항에 따른 공개정보(이하 '공개정보'라 한다)를 시민들에게 널리 알리기 위하여 휴대폰에 전달하는 문자메시지를 말한다.

누어 볼 수 있다. 범죄에 의한 아동의 실종사건의 경우는 실종아동 등의 보호 및 지원에 관한 법률에서 약취·유인·유기·사고로 구분하고 있다. 여기서 약취라 함은 폭력이나 협박 따위의 수단으로 타인을 자기의 실력적 지배하에 두도록 하는 것을 말하며, 유인이란 기망이나 유혹을 통해 타인을 자신의 실력적 지배하에 두는 것을 의미한다.[283] 유기는 부모나 보호자가 아동을 정당한 절차 없이 부적절한 곳에 버리거나 강제적으로 집이나 보호처 밖으로 쫓거나, 한 번의 가출에 대해서 적극적으로 찾는 노력을 하지 않는 것(소극적 의미의 유기)을 말한다.[284]

2. 실종자의 유형

실종자의 유형은, 실종아동 등의 경우 ⅰ) 찾는 실종 아동 등, ⅱ) 보호실종 아동 등, ⅲ) 장기실종 아동 등으로 구분되고, 가출인의 경우 ⅰ) 가출청소년, ⅱ) 가출성인 등으로 구분되고 그 외 행불자 등으로 구분된다.

[실종자의 유형][285]

실종자 유형		내 용
실종아동 등(실종신고 당시 18세 미만 아동)정신지체인·발달장애인·정신장애인·치매질환자는 연령에 관계없이 실종아동 등에 준하여 처리	찾는 실종아동 등	약취·유인·유기·사고 또는 가출하거나 길을 잃는 등의 사유로 인하여 보호자로부터 이탈된 아동 중 보호자가 찾고 있는 자
	보호실종아동 등	약취·유인·유기·사고 또는 가출하거나 길을 잃는 등의 사유로 인하여 보호자로부터 이탈된 아동 중 경찰관서 등에서 보호하고 있는 자
	장기실종아동 등	보호자로부터 신고를 접수힌지 48시간이 경과하도록 발견하지 못한 찾는 실종아동 등을 말함
가 출 인(실종신고 당시 보호자로부터 이탈된 18세 이상의 자)	가출청소년	보호자가 찾고 있는 14세 이상에서 20세 미만의 자
	가출성인	보호자가 찾고 있는 20세 이상의 자
행 불 자		실종아동 등·가출인 중 합동심의 결과 범죄와 관련 되어 수사에 착수할 대상자

---

283) 김형중, '아동실종사건의 효과적 처리를 위한 시민참여 방안에 관한 연구', 한국시민윤리학회보, 한국시민윤리학회, 2010, 127면.

284) 임재식, 아동 실종사건의 경찰 수사상 문제점과 개선방안에 관한 연구, 원광대학교 대학원, 박사학위논문, 2009, 10면.

285) 김양현, 실종사건에 대한 경찰의 처리실태와 대책, 한국경찰학회보 21권, 한국경찰학회, 2009, 36면.

1. 자발적 실종의 경우

실종자는 당사자의 생사 및 소재지의 파악이 어려운 사람들로서, 이들의 실종은 보통 자발적 또는 비자발적으로 이루어지고 있는데, 자발적 실종의 경우 스스로 자신의 위치를 숨기는 경우와 사고 등의 원인에 의해 사라지는 사람으로 나눌 수 있다.

이들은 부모 및 보호자들에 의해 신체적·정서적 학대로 인하여 탈출하는 경우, 납치되는 경우, 사고 및 기타사유로 인한 실종, 정신질환 및 치매 등으로 인하여 자신의 기억 및 거주지를 기억하지 못하여 사라지는 경우, 종교단체에 의한 납치, 채무를 변제하지 못하여 고의적으로 숨는 경우 등 다양한 원인에 의해 자신의 위치를 타인에 밝히지 못하는 사람들이다. 이러한 경우에는 고의적으로 자신의 위치를 숨기기 때문에 주변인과의 관계를 모두 정리하며, 새로운 지역에 거주하는 경우가 대부분이고, 자신의 과거를 숨기고 새로운 신분으로 살아가고자 노력한다.[286]

2. 비자발적 실종의 경우

실종자 자신의 자발적 사유가 아닌 타인에 의해 사라지는 경우에는 대표적으로 길 잃은 미아의 발생, 치매 혹은 정신질환에 의해 보호소로 강제 이동, 타인에 의한 납치 등 다양한 원인에 의해 발생한다. 이 경우에는 실종자가 정상적인 상황판단이 불가능하여 발생하는 것으로서, 자신도 모르게 다른 신분으로 살아가기도 하여 실종사건 발생 시 많은 경력을 가진 민간조사원 및 수사관일 경우 보다 쉽게 찾을 수 있는 유형에 해당한다.

---

286) 이하섭, 민간조사원을 활용한 실종자 조사에 관한 연구, 치안정책연구소, 2013, 140면.

실종자 등 소재파악과 탐정의 역할

현대사회가 복잡하고 고도화되면서 전통적인 치안환경만으로 해결하지 못하는 문제들이 다수 발생하고 있다. 이러한 치안환경에 대처하기 위해 경찰 등 공권력은 과거 어느 때 보다 더 노력을 경주하고 있지만 그 한계가 드러나며 국민들의 공권력에 대한 불만 또한 커지고 있다. 치안수요 중에서 실종자에 대한 수사 요구 또한 높아지고 있고, 여러 노력과 시스템 구축에도 불구하고 실제 해마다 실종자들은 늘어나고 있으며 그 중에서 가정으로 복귀하지 못한 사람들이 많이 있다. 경찰청의 '최근 5년간(2018~2022년) 실종아동 신고처리 현황'에 따르면, 2022년 18세 미만 아동에 대한 실종 접수는 2만 6416건으로 5년째 2만여 건 안팎으로 신고된 것으로 나타났다.

1. 실종자 현황 등

가. 실종아동 등

보건복지부와 경찰청에 따르면 2020년 한 해 동안 청소년을 포함해만 18세 미만(신고 당시 기준) 아동이 실종됐다는 신고는 총 1만 9천 146건이었다. 최근 4년간 실종아동 신고 현황을 살펴보면 2017년 1만 9천 956건, 2018년 2만 1천 980건, 2019년 2만 1천 551건 등 연간 2만 건 안팎을 나타냈으며 2021년 1월부터 4월까지 6천 68건이 신고 됐다. 2020년 실종 신고 후 아동을 발견한 비율은 99.5%이다. 2021년 4월 말 기준으로 장기 실종아동으로 분류된 사례는 총 840명에 이른다. 이 가운데 실종된 지 20년이 넘었지만 실종아동을 찾지 못한 사례는 663명으로 장기 실종아동 전체의 78.9%이다.[287]

---

287) 김대지, 실조자 조사와 탐정의 역할에 관한 연구, 동국대학교 법무대학원, 석사학위논문, 2022, 10면.

2017~2021년 실종아동등 및 가출인 실종신고처리현황

접수: 당해연도 기준 미해제: 2022.7.31. 기준, 단위 : 건

18세 미만 아동

구분	2017년		2018년		2019년		2020년		2021년	
	접수	미해제	접수	미해제	접수	미해제	접수	미해제	접수	미해제
계	19,956	4	21,980	2	21,551	4	19,146	8	21,379	14

치매환자

구분	2017년		2018년		2019년		2020년		2021년	
	접수	미해제	접수	미해제	접수	미해제	접수	미해제	접수	미해제
계	10,308	6	12,131	2	12,479	1	12,272	3	12,577	9

지적 · 자폐성 · 정신장애인

구분	2017년		2018년		2019년		2020년		2021년	
	접수	미해제	접수	미해제	접수	미해제	접수	미해제	접수	미해제
계	8,525	2	8,881	7	8,360	10	7,078	8	7,166	15

가출인

구분	2017년		2018년		2019년		2020년		2021년	
	접수	미해제	접수	미해제	접수	미해제	접수	미해제	접수	미해제
계	65,830	333	75,592	346	75,432	399	67,612	483	66,259	529

[자료=최영희 국민의힘 의원실] [그래픽=홍종현 미술기자]　　　　　　NEWSPIM

나. 성인실종자

경찰청에서 발간한 '2020 경찰통계연보'에 따른 18세 이상 가출인의 연도별 신고접수 및 처리 현황을 살펴보면, 2016년에는 성인 가출인 접수 67,907건 중 미발견 385건, 2017년에는 접수 65,830건 중 미발견 487건, 2018년에는 접수 75,592건 중 미발견 524건, 2019년에는 접수75,432건 중 미발견 673건, 2020년에는 접수 67,612건 중 미발견 1,178으로 2016년부터 2020까지 5년간 성인 가출인중 미발견은 3,248건으로 나타났다.[289]

---

288) https://www.newspim.com/news/view/20220825000086 참조.

289) 김대지, 앞의 논문, 12면.

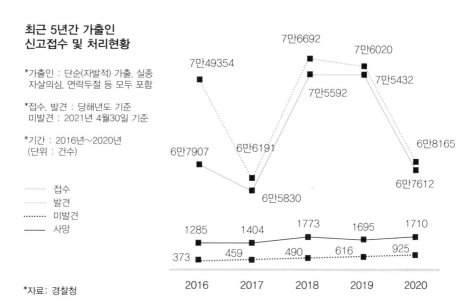

[최근 5년간 가출인 신고접수 및 처리현황][290)]

최근 5년간 가출인
신고접수 및 처리현황

*가출인 : 단순(자발적) 가출, 실종
  자살의심, 연락두절 등 모두 포함

*접수, 발견 : 당해년도 기준
  미발견 : 2021년 4월30일 기준

*기간 : 2016년~2020년
  (단위 : 건수)

———— 접수
·········· 발견
········ 미발견
———— 사망

*자료: 경찰청

7만49354   7만6692   7만6020
            7만5592   7만5432
6만7907   6만6191   6만8165
          6만5830   6만7612

1285   1404   1773   1695   1710
373   459   490   616   925

2016   2017   2018   2019   2020

2. 경찰실무상 한계

가. 실종사건 수사대책

경찰은 실무종사 수사를 위해 미국의 긴급 공개수배 제도인 앰버경보 시스템(Amber Alert System)을 '유괴, 실종, 경보 시스템'으로 명칭을 변경하여 2007년 4월 아시아 국가 최초로 도입함은 물론 모든 실종아동 등 가출인의 발생상황과 신상정보를 등록 관리하며 접수 즉시 전국 경찰관서에 수배하고 발생지 경찰서에 하달하여 탐문수색이 이루어지며 찾는 신고자료와 보호 신고자료 간 비교 검색하여 발견이 가능한 업무용 시스템으로 실종아동 등 프로파일링 시스템을 2008년 3월 도입하였으며, 실종아동찾기 시스템의 과학화를 위해 2004년부터 국립과학수사연구원에 실종아동 유전자은행을 설치하고 「유전자 활용 실종아동 등 찾기 사업」을 추진하였고, 또한 실종아동 등 수사를 위해 전국 257개 중 117개 경찰서에 실종자 수사 전담 팀을 두고 운영하고 있다.

---

290) https://news.mt.co.kr/mtview.php?no=2021052815190594847 참조.

나. 실종사건 수사의 한계

현재 전국 경찰서의 46%(117/257)에만 실종자 전담팀이 활동하는 실정이다. 실종 사건을 배당받은 전국 경찰서실종전담팀과 여성청소년수사팀 소속의 경찰관 총합계는 612명에 불과하다. 2020년 경찰에 접수된 실종 신고가 10만 6,108건이므로 실종전담 경찰관 1명당 평균 173건의 실종 사건을 처리하는 실정이다.[291] 실종아동에 비해 턱없는 수사력에 불과하다. 아동실종 사건의 경우 최대한 신속히 조사에 착수하여 실종된 아동을 찾지 못할 경우 실종아동의 수사 및 안전한 귀가는 더욱 힘들어진다. 그 사이 이미 범죄의 피해자가 되었을 수도 있고 누군가의 도움 받을 수없는 곳에서 사고를 당했을지도 모른다.

그러므로 실종된 아동에 대한 수사는 신속하고 그리고 지속적으로 이루어져야 그 의미가 있는 것이다. 하지만 현재 경찰인력 상 수사 등에는 분명한 한계가 노출되고 있고 문제는 실종된 아동은 해마다 늘어나고 있다는 것이다. 만일, 실종아동 사건이 장기미제 사건으로 남게 된다면 경찰은 기존 미제사건 보다는 당장 새로운 사건에 수사력을 집중할 수밖에 없게 된다. 그러나 실종아동의 가족들에게 실종아동을 찾을 수 있는 희망은 안타깝게도 경찰력 밖에는 없다는 것이다.

3. 탐정의 필요성

가. 외국의 실종아동 등 수사관련 탐정활용

미국의 경우 실종자 조사의 정확성을 기하기 위하여, 실종자의 DNA확인 및 지문확인과 같은 업무를 전문적으로 시행하는 민간 과학수사업체와 민간조사원과의 업무적 제휴를 통하여 국가기관에 집중되는 업무의 수요를 분산시켰으며,[292] 영국의 경우 민간조사제도를 활용한 실종자 조사가 미국만큼이나 활발하게 이뤄지고 있다. 영국의 「Private Security Industry Act2001」 제4조에 의하면 민간조사원은 특정인물에 대한

---

291) 김대기, 앞의 논문, 1면.

292) Keough, M. E., Simmons, T., & Samuels, M. (2004). "Missing personsin post-conflict settings : best practices for integrating psychosocial and scientific approaches". The journal of the Royal Society for the Promotion of Health, Vol. 124, No. 6(2004), 272면

정보 또는 그 활동 및 소재에 대한 정보, 망실 혹은 훼손된 재산의 상황 또는 그 원인에 대한 정보의 수집을 목적으로 하는 조사라고 규정하고 있는데, 주로 이들은 비공개적인 조사를 실시하고 있으며, 미아를 비롯하여 잃어버린 가족, 채무자 들을 조사하고 있는 업무를 실시하고 있다.293)

나. 탐정의 필요성

경찰의 실종사건의 처리문제는 기본적으로 인력부족에 기인한다. 보통 실종사건의 경우 단순한 실종자 수사 및 발견에 그치는 것이 아니라 실종자 발견 후 사후 범죄인지와 관련 수사도 병행해야 하는 경우가 많다. 그러한 상황에서 실종사건은 매년 증가하고 있을 뿐만 아니라 인력부족으로 인한 장기미제 실종아동사건 및 미발견 사건도 증가하고 있는 추세이다. 결국 경찰인력만으로는 전적으로 실종사건의 해결은 불가능한 상황에 놓인 것이다.

그렇다면 경찰의 인력부족 등으로 발생한 현 상황을 해결할 수는 방책은 없는 것일까? 그 해답은 외국의 탐정제도(민간조사원) 제도에서 찾을 수 있다.

즉, 탐정의 활용을 통해 경찰인력 부족으로 발생하는 미제사건에 대한 보완책이 될 수 있다. 결국 경찰의 실종사건 처리에 관한 기본적인 인력과 체계가 턱없이 부족한 상황이라면 실종자 수색 등의 업무는 관계 기관과의 업무협조는 물론 탐정 등 민간단체와의 협업 또는 위임 등을 통해 국가기관에 집중되는 실종사건 처리업무의 수요를 분산시키는 것이다. 특히, 장기미제실종 사건과 같이 지속적으로 많은 인력과 자원 등이 소요되는 사건의 경우 자칫 경찰수사의 집중력이 저하될 수도 있으므로 전문성을 가진 탐정들이 그 조사에 지속적으로 참여할 경우 경찰력 인력의 소모 및 수사력 저하 등의 단점을 보완하며 실종자 조사에 보다 더 효율적 대응책이 될 수 있다.

---

293) 이하섭, 앞이 논문, 157면.

CHAPTER 16

교통사고관련 사건

교통사고의 개념 등

1. 교통사고 및 교통사고조사의 개념

가. 교통사고의 개념

교통사고란 차의 교통으로 인하여, 즉 다른 차마(車馬)나 사람 또는 물건에 직접 접촉·충돌하거나, 접촉·충돌할 위험을 야기한 원인이 교통사고와 밀접하게 관련해서 사람을 사상하거나 물건을 손괴하는 피해의 결과를 발생시키는 것이다.[294]

그 외 교통사고와 관련하여, 「도로교통법」 제54조 제1항에서 '차 또는 노면전차의 운전 등 교통으로 인하여 사람을 사상하거나 물건을 손괴한 경우에는 그 차 또는 노면전차의 운전자나 그 밖의 승무원(이하 '운전자 등'이라 한다)은 즉시 정차하여 보호 조치를 취하여야 한다.'라고 규정하고 있는데, 여기서 '차 또는 노면전차의 운전 등 교통으로 인하여 사람을 사상하거나 물건을 손괴'하는 것을 교통사고로 정의하고 있다. 또한 「교

---

[294] 최덕화, '교통사고 조사와 자동차용 영상 사고기록 장치 장착 의무화에 관한 법적 고찰', 「영산법률논총」 제8권 제1호, 영산대학교 법률연구소, 2011, 4면.

통사고처리 특례법」 제2조의2에서는 "'교통사고'란 차의 교통으로 인하여 사람을 사상(死傷)하거나 물건을 손괴(損壞)하는 것을 말한다."라고 규정하고 있다. 결국 교통사고는 차량의 운행으로 인하여 사람 또는 물건에 어떠한 피해의 결과를 발행하는 일련의 사고라고 볼 수 있다.

나. 교통사고 관련 용어의 정리(교통사고조사규칙 제2조)

1) 대형사고

'대형사고'란 3명 이상이 사망(교통사고 발생일부터 30일 이내에 사망한 것을 말한다)하거나 20명 이상의 사상자가 발생한 사고를 말한다.

2) 스키드마크(Skid mark)

'스키드마크'란 차의 급제동으로 인하여 타이어의 회전이 정지된 상태에서 노면에 미끄러져 생긴 타이어 마모흔적 또는 활주흔적을 말한다.

3) 요마크(Yaw mark)

'요마크'란 급핸들 등으로 인하여 차의 바퀴가 돌면서 차축과 평행하게 옆으로 미끄러진 타이어의 마모흔적을 말한다.

4) 충돌 · 추돌 · 접촉

'충돌'이란 차가 반대방향 또는 측방에서 진입하여 그 차의 정면으로 다른 차의 정면 또는 측면을 충격한 것을 말하며, '추돌'이란 2대 이상의 차가 동일방향으로 주행 중 뒤차가 앞차의 후면을 충격한 것을 말하고, '접촉'이란 차가 추월, 교행 등을 하려다가 차의 좌우측면을 서로 스친 것을 말한다.

5) 전도 · 전복 · 추락

'전도'란 차가 주행 중 도로 또는 도로 이외의 장소에 차체의 측면이 지면에 접하고 있는 상태(좌측면이 지면에 접해 있으면 좌전도, 우측면이 지면에 접해 있으면 우전도)를 말하며, '전복'이란 차가 주행 중 도로 또는 도로 이외의 장소에 뒤집혀 넘어진 것을 말하고, '추락'이란 차가 도로변 절벽 또는 교량 등 높은 곳에서 떨어진 것을 말한다.

6) 뺑소니

'뺑소니'란 교통사고를 야기한 차의 운전자가 피해자를 구호하는 등「도로교통법」제 54조 제1항의 규정[295)에 따른 조치를 취하지 아니하고 도주한 것을 말한다.

2. 교통사고의 특징

교통사고는 도로에서 우발적으로 발생되는 것으로, 사고 현장이 즉시 변경될 수 있고 현장보존이 쉽지 않고, 목격자 등 인적 증거와 유류품 수집 등의 물적 증거확보가 곤란하다. 이와 같이 교통사고의 특징은 우발성, 현장보존 곤란성, 증거확보 관련성 등 3가지를 들 수 있다. 교통사고는 과실로 발생하는 경우가 일반적이기 때문에 언제 어디에서든 발생할 수 있어 예측이 매우 곤란하고 우발적이다. 그리고 교통사고는 교통이 있는 장소에서 우발적으로 발생되어 현장이 변경되기 쉽고, 교통소통을 위해서는 교통사고 현장을 계속적으로 보존하기 곤란한 경우가 많다. 마지막으로 자동차 교통은 점차 발전하고 있으며 가해자, 목격자 및 참고인 등의 유동성으로 인적 증거확보가 곤란하고 사고현장에 있는 물적 증거자료 역시 계속되는 교통의 흐름으로 인하여 멸실되는 등으로 그 수집이 곤란하다.[296)

---

295) 도로교통법 제54조(사고발생 시의 조치) ① 차 또는 노면전차의 운전 등 교통으로 인하여 사람을 사상하거나 물건을 손괴(이하 '교통사고'라 한다)한 경우에는 그 차 또는 노면전차의 운전자나 그 밖의 승무원(이하 '운전자 등'이라 한다)은 즉시 정차하여 다음 각 호의 조치를 하여야 한다.
  1. 사상자를 구호하는 등 필요한 조치
  2. 피해자에게 인적 사항(성명·전화번호·주소 등을 말한다. 이하 제148조 및 제156조 제10호에서 같다) 제공
296) 경찰청, 교통사고조사과정, 경찰청, 2008, 45~46면.

[교통사고처리 절차도]

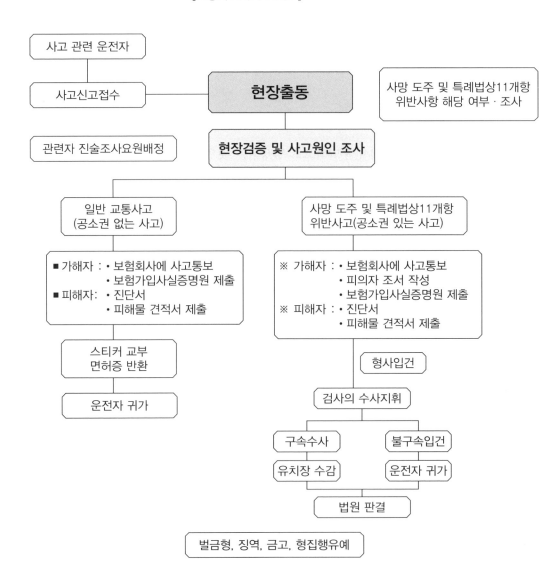

출처 : 서울지방경찰청 교통지도부.

1. 교통사고조사의 목적

교통사고가 발생하면 차 또는 물건의 손상으로 인한 물적피해와 운전자, 승차자, 보행자 등이 사상적 인적피해가 발생하게 되므로 먼저 민형사상의 책임소재를 명확히 아지 않으면 당사자로서는 신속한 피해회복이 불가능할 뿐만 아니라 분쟁의 소지를 양산함으로써 사회적 갈등을 초래하게 된다. 또한 교통사고를 줄이기 위한 실제적인 교통안전대책은 사고에 대한 인간, 차량, 도로환경의 요인과 원인을 찾아내는 것으로부터 시작된다.[297)]

2. 교통사고조사의 과정

교통사고조사 및 분석은 사고발생에서부터 현장조사, 자료수집 및 분석, 사고재현 등 일련의 절차를 거쳐 사고 원인을 찾아내는 과정이라고 정의할 수 있다. 따라서 교통사고분석의 신뢰도를 높이고 실체적 원인규명을 위해서는 현장조사의 신속성, 충분한 자료의 수집, 조사자의 분석 · 재현능력 등이 요구된다.[298)]

구 분	내 용
사고발생	일시, 장소, 사고경위, 사고차량 및 당사자 등의 기초정보기록
현장조사	목격자조사, 차량조사, 물리적흔적 조사, 현장측정 등의 자료조사
자료수집 및 분석	자료의 나열 · 검증, 충돌전후 상황의 가정
사고재현	충돌전후 상황의 재현, 인간 · 차량 · 도로요인의 검증
원인규명	사고재현을 통한 인간 · 차량 · 도로의 원인을 도출

---

297) 조정권, 교통사고조사 · 분석실무(사례중심), 교통안전공단 안전사업, 2009, 3면.
298) 조정권, 앞의 논문, 4~5면.

1. 현장조사의 원칙

 교통사고의 경우 사람과 차, 차량과 차량, 차량과 물건 등의 충돌전후 과정은 극히 물리적인 현상에 기초한다. 따라서 사고현장에는 사고의 형태를 재구성할 수 있는 흔적들이 남아 있다는 특징이 있다. 즉, 사고전후의 형태를 재구성할 수 있는 차량이나 피해자의 상태 및 위치, 타이어자국, 노면파임·긁힘흔적, 충돌파편, 액체잔존물 등 여러 사고 흔적들이 남아있다. 이 때문에 교통사고의 경우 현장조사가 필수적이다. 그러나 문제는 이러한 흔적들이 시간의 경과에 따라 일부 형태가 변경될 수도 있고 위치나 문양 등이 이동 또는 소멸(스키드마크, 요마크 등)되기도 하기 때문에 현장조사는 정확한 사건파악을 위해 신속하게 진행되는 것이 핵심이다.

2. 현장조사 사항

 교통사고 발생 후 현장조사 시 핵심적인 조사사항은 다음 표와 같다.

[교통사고 초동조사사항][299]

구 분	내 용
노면에 나타난 물리적 흔적조사	• 스키드마크, 요마크, 프린트자국 등 타이어자국의 위치 및 방향 • 차의 금속부분이 노면에 접촉하여 생긴 노면파인, 긁힌흔적의 위치 및 방향 • 충돌충격에 의한 차량파손품의 위치 및 방향 • 충돌 후 떨어진 액체잔존물의 위치 및 방향 • 차량적재물, 차량의 하제부착물의 낙하위치 및 방향 • 피해자의 유류품 및 혈흔자국 • 도로구조물, 안전시설물의 파손위치 및 방향

---

299) 조정권, 앞의 논문, 5~7면 재구성.

사고차량 및 피해자조사	• 사고차량의 손상부위 및 정도 · 방향 • 사고차량에 묻어난 흔적, 마찰 · 찰과흔 • 사고차량의 위치 및 방향 • 피해자의 상처부위 및 정도 • 피해자의 위치 및 방향
사고당사자 및 목자격의 조사	• 운전자에 대한 사고상황조사 • 탑승자에 대한 사고상황조사 • 목격자에 대한 사고상황조사 • 기타 관련자(119구급대원, 친구, 친척 등)에 대한 정황조사
사고현장에 대한 시설물조사	• 사고지점부근의 가로등, 가로수, 전주 등의 시설물의 취치 • 신호등 및 신호체계 • 차로, 중앙선, 중앙분리대, 갓길 등 횡단구성요소 • 방호울타리, 충격흡수시설, 안전표시 등 안전시설요소 • 노면의 파손, 결빙, 배수불량 등 노면상태요소
사고현장의 측정 및 사진촬영	• 사고지점부근의 도로선형(평면, 교차로 등) • 사고지점의 위치 • 차량, 노면에 나타난 물리적 흔적, 시설물 등의 위치 • 사고현장에 대한 가로방향, 세로방향의 길이 • 곡선로의 곡선변경, 노면의 경사도(종단경사, 횡단경사) • 도로의 시거, 시설물의 위치 등 • 사고현장, 사고차량, 물리적 흔적 등에 대한 사진촬영

제4절 교통사고분석 요령

1. 직접손상과 간접손상

교통사고 시 차량의 충돌로 인해 나타나는 손상은 상대차량 또는 물체와의 직접 접촉 여야에 따라 직접손상과 간접손상으로 나눌 수 있다. 이중 직접손상은 충돌 시 차체 표면에 스치면서 나타나기도 하고 찌그러지면서 압축손상이 되기도 하며 상대차량의 특정부위가 그대로 찍히면서 함몰 손상되기도 한다. 때때로 날카로운 돌출부에 의해 찢어지거나 뜯겨지는 경우도 있으며, 경미한 충돌에서는 살짝 찍힌 흔적만이 나타나는 경우도 있다. 반면, 간접손상은 충돌의 형태에 따라 나타나지 않는 경우도 있으나 경미한 저속충돌을 제외한 거의 대부분의 충돌사고에서는 간접손상을 남기는 것이 일반적이다. 차체표면의 간접손상은 우그러짐, 접힘, 주름짐, 어긋나거나 틀어진 변형 등으로 나타나며 차량의 구성부품이 밀리거나 틀어지면서 파손, 변경, 기능불량 등으로 나타나기도 한다.

2. 교통사고의 분석[300)

교통사고 현장에는 파손된 사고차량, 보행자 또는 차안에서 튕겨나간 승차자, 파손잔존물, 액체잔존물, 타이어자국과 노면파인, 긁힘흔적 등의 물리적 흔적이 복잡하게 뒤엉켜 나타나게 되고 이러한 물리적 흔적들은 사고를 보다 구체적으로 파악하고 종합적으로 재구성하는 중요한 증거가 된다.

가. 물리적 흔적

교통사고는 반드시 흔적을 남긴다. 충돌사고의 다양한 흔적들은 인위적으로 제어할 수 없는 충돌역학과 물리법칙에 따라 찌그러지고, 변형되고, 흔적을 남기고, 이동하고, 흩어지기 때문에 그 물리적 흔적들의 위치나 방향, 문양, 형태 등을 통해, 역으로 충돌 전의 상황이나 상태에 대한 재구성이 가능하다. 또한 목격자나 사고당사자의 진술을 검증하는데도 유용하다. 그들의 진술은 때때로 자신에게 유리한 허위상황일수도 있고 과장되었거나 불확실한 기억에 의존할 수도 있기 때문이다. 따라서 신뢰성 있고 객관성 있는 교통사고조사와 분석이 이루어지기 위해서는 현장에 나타난 다양한 물리적 흔적에 대한 광범위한 조사와 수집이 무엇보다 더 중요하다.

---

300) 김대기, 앞의 논문, 23~39면 요약.

[물리적 흔적의 구분]

구 분	내 용
사람 또는 차량의 최종정지위치	• 보행자가 충돌후 튕겨나가 최종 전도된 위치 및 자세 • 차내 승차자가 충돌후 차외로 최종 전도된 위치 및 자세 • 사고차량인 승용차, 트럭, 버스 등의 최종정지위치 및 자세 • 오토바이 및 자전거의 최종 전도위치 및 자세 • 기타 농기계(경운기 등), 건설기계 등 — 최종정지위치 및 자세
타이어자국	• 스키드마크 • 요마크 • 가속타이어자국 • 플랫타이어자국 • 임프린트자국 • 충돌스크럽
노상면의 마찰흔적	• 노상면의 파인흔적 • 노상면의 긁힌흔적
고체잔존물	• 앞유리, 범퍼 등 차량의 파손부품 잔존물 • 하체부작물 • 차량의 적재물 • 보행자 또는 승차자의 휴대품 • 기타 파손된 도로시설물 등
액체잔존물	• 차량에서 누출된 오일(엔진, 변속기, 브레이크 등) • 차량에서 누출된 연료(가솔린, 경유) • 차량에서 누출된 냉각수 및 부동액 • 차량에서 누출된 배터리액 • 와셔액 등 기타 차량에서 누출된 액체 • 보행자 또는 차내 승차자의 혈흔

나. 차량 및 차량의 최종정지위치

사고현장의 최종정지위치는 교통사고 현장에 나타난 승용차 등 사고차량과 보행자 등 사람의 최종정지(전)도 위치를 말하며, 이는 교통정체를 해소하기 위하여 미처 기록 이나 표시하지 않은 채 옮겨질 수도 있으며 급박한 인명구조로 인한 정확한 위치를 파 악하기 힘든 경우도 있다. 옮겨진 최종정지위치를 명확히 기록 또는 표시하지 않으면 실제 이후에 이루어지는 재조사 또는 정밀조사 시에 이러한 최종정지위치가 잘못 기록

되어 사고분석 및 재현의 신뢰성을 떨어뜨리기도 한다. 이러한 최종정지위치는 사고의 특성에 따라 여러 가지 형태로 나타나며 그 위치뿐만 아니라 자세도 매우 중요한 조사 항목이다.

다. 타이어자국

타이어자국이란 차량의 타이어가 노면과 마찰하면서 생성된 자국을 말한다. 타이어 자국은 마찰운동의 형태나 모양 등에 따라 다양하게 구분할 수 있는데 일반적으로 타이어가 잠기면서 미끄러질 때 나타나는 자국을 스키드마크(skid-mark)라 한다. 타이어가 회전하면서 끌리거나 미끄러져 나타나는 자국을 스카프자국(scuff-mark)한다. 타이어가 회전하면서 나타나는 요마크(yaw-mark), 가속타이어자국(acceleration scuff), 플랫타이어자국(flat tire mark)은 스카프의 한 유형이다. 또한 타이어가 구름회전하면서 접지면의 형상이 노면에 그대로 찍혀 나타나는 자국을 임프린트(imprint)로 구분한다. 이러한 타이어자국은 일정한 시간이 경과하게 되면 소멸하는 것이 일반적이기 때문에 사고초기에 사진촬영하고 측정해 두어야 한다.

라. 파손잔존물

자동차 충돌 시 차량은 서로 맞물리면서 최대접촉하게 되고 충격부위의 차량부품들이 파손하면서 충돌지점에 떨어지기도 하고 차량의 충돌 후 진행상황에 따라 흩어져 떨어지기도 한다. 보통 파손된 잔존물은 상대적으로 운동량이 큰 차량방향으로 튕겨나가 떨어지는 것이 일반적으로, 무게와 속도가 같고 동형의 자동차가 각도 없이 정면충돌한 경우 파손물은 충돌지점 부근에 집중적으로 떨어지게 된다.

마, 액체잔존물

교통사고 발생 시 사고현장에는 파손된 자동차의 각종 용기 내에서 흘러내린 다양한 액체잔존물(냉각수, 엔진오일, 브레이크 오일, 워셔액 등)이 노상에 떨어지기도 한다. 이러한 액체잔존물을 면밀히 관찰하고 위치와 궤적을 파악함으로써 자동차의 충돌전후 과정을 이해하는 데 중요한 자료로 활용할 수 있다. 일반적으로 액체잔존물은 형상에 따라 튀

김(spatter), 흐름(dribble), 고임(puddle), 흘러내림(run-off), 흡수(soak-in), 밟고 지나간 자국 (tracking) 등으로 구분한다.

3. 교통사고 사건과 탐정의 역할

교통사고 발생 시 도로교통법 및 교통사고특례법의 규정에 의거 가해자가 형사적인 처벌을 받음과 별도로 불법행위에 기한 손해배상청구도 가능하다. 위 두 사건 공히 처벌이나 보상의 기초는 가해자의 과실정도에 따라 다르게 정해질 수 있다. 따라서 가해자의 처벌이나 보상은 모두 그 증거가 핵심이다.

교통사고의 경우 가해자의 과실 등을 입증할 증거는 분명 현장에 있다. 대부분의 사건은 경찰서의 교통사고조사과의 조사만으로 충분한 경우도 많지만, 반면에 그러한 조사가 너무 형식적이어서 피해자의 욕구를 충족하지 못하는 경우 또한 많다. 그 외 지속적 장기적 관찰이나 조사가 필요한 뺑소니사건의 경우도 마찬가지이다. 탐정은 바로 이러한 경우 자신의 전문지식과 네트워크를 활용하여 법의 테두리 내에서 적법한 사실조사를 통해 수사기관을 부족한 부분을 보완하면서 피해자의 욕구를 충족할 수 있는 사실조사가 가능하다.

CHAPTER 17

화재관련 사건

제1절 **화재의 개념 등**

1. 화재의 개념

가. 화재의 개념

'화재'란 사람의 의도에 반하거나 고의에 의해 발생되는 연소현상으로서 소방시설 등을 사용하여 소화할 필요가 있는 것을 말한다고 규정할 수 있다(화재조사 및 보고규정 제2조 제1호). 여기서 '사람의 의도에 반하거나 고의에 의해 발생'이란 과실에 의한 실화뿐만 아니라 부작위에 의한 자연발화도 포함되며 고의는 일정한 대상에 피해를 목적으로 화재발생을 유도 또는 직접 방화를 하는 경우를 말한다. 또한 '연소현상으로서'란 물질이 산소와 결합하여 열과 빛을 내며 급격히 산화되어 형질이 변경되는 화학반응을 말한다. 그리고 '소화시설 등을 사용하여 소화할 필요가 있는 것'이란 소방시설을 기준으로 소화할 필요성을 판단하여야 할 것이다.

나. 화재관련 용어의 정리(화재조사 및 보고규정 제2조)

1) 발화 · 발화원인 · 발화지점 · 발화장소

'발화'란 열원에 의하여 가연물질에 지속적으로 불이 붙는 현상을 말하며, '발화열원'이란 발화의 최초원인이 된 불꽃 또는 열을 말하고, '발화지점'이란 열원과 가연물이 상호작용하여 화재가 시작된 지점을 말하며, '발화장소'란 화재가 발생한 장소를 말한다.

2) 최초착화물 · 발화요인

'최초착화물'이란 발화열원에 의해 불이 붙고 이 물질을 통해 제어하기 힘든 화세로 발전한 가연물을 말하며, '발화요인'이란 발화열원에 의하여 발화로 이어진 연소현상에 영향을 준 인적 · 물적 · 자연적인 요인을 말한다.

3) 발화관련 기기 · 동력원 · 연소확대물

'발화관련 기기'란 발화에 관련된 불꽃 또는 열을 발생시킨 기기 또는 장치나 제품을 말하며, '동력원'이란 발화관련 기기나 제품을 작동 또는 연소시킬 때 사용되어진 연료 또는 에너지를 말하고, '연소확대물'이란 연소가 확대되는데 있어 결정적 영향을 미친 가연물을 말한다.

4) 초진 · 잔불정리 · 완진

'초진'이란 소방대의 소화활동으로 화재확대의 위험이 현저하게 줄어들거나 없어진 상태를 말하며, '잔불정리'란 화재를 진압한 후, 잔불을 점검하고 처리하는 것을 말한다. 이 단계에서는 열에 의한 수증기나 화염 없이 연기만 발생하는 연소현상이 포함될 수 있고, '완진'이란 소방대에 의한 소화활동의 필요성이 사라진 것을 말한다.

2. 화재의 원인 및 종류

가. 화재의 원인

화재원인은 크게 사람의 개입여부에 따라 방화(방화죄)와 실화(실화죄) 그리고 사람의 인위적인 요소가 전혀 개입할 여지가 없는 자연적인 원인에 인한 자연발화 등 세 가지로 분류 할 수 있으며, 화재의 구체적인 발생 원인이나 점화에너지를 기준으로 전기, 유류, 가스, 화공약품의 화재, 연소 기구에 의한 화재, 자연발화에 의한 화재, 천재에 의한 화재, 불장난에 의한 화재, 폭발화재, 방화, 기타화재 등으로 분류할 수 있다.

나. 화재의 종류

화재의 종류에는 ⅰ) 건물화재, ⅱ) 차량화재, ⅲ) 선박화재, ⅳ) 항공기화재, ⅴ) 특수화재, ⅵ 임야화재, ⅶ 기타화재로 구분된다.

[화재의 종류][301]

종 류	내 용
건물화재	건축물 또는 그 수용물이 소손된 것
차량화재	자동차 또는 피견인차 또는 그 적재물이 소손된 것
선박화재	선박 또는 그 적재물이 소손된 것
항공기화재	항공기 또는 그 적재물이 소손된 것
특수화재	위험물제조소 등, 가스제조, 저장소, 원자력발전소, 지하철, 터널, 지하상가, 지하공동구 등의 화재
임야화재	산림, 야산, 들판의 수목, 잡목, 경작물 등이 소손된 것.
기타 화재	위에 해당하지 않는 화재 다만, 상기의 화재가 복합되어 발생한 경우에는 화재의 구분을 화재피해액이 많은 것으로 하고 화재피해액이 같은 경우나 화재피해액이 큰 것으로 구분하는 것이 사회관념상 적당치 않을 경우에는 발생장소로 화재의 종류, 구분을 말한다.

---

301) 경북소방학교, 방호실무Ⅱ(2009), 191면.

3. 화재발생의 추이

　행정안전부가 지난 13년부터 22년까지 10년동안 발생한 화재를 분석한 자료에 따르면, 화재 발생은 연평균 41,257건이며, 이 사고로 매년 평균 317명이 사망하고 1,969명이 화상과 유독가스 흡입 등으로 다쳤다. 화재 발생 건수는 2015년 이후부터 2021년까지 조금씩 줄다가 2022년에는 다소 증가하였다. 인명피해는 2018년(사망 369명, 부상 2,225명) 이후 2021년(사망 276명, 부상 1,854명)까지 감소하다가 2022년(사망 341명, 부상 2,323명)에 상당히 증가했다. 화재로 인한 인명피해 유형을 살펴보면, 사망은 연기·유독가스를 흡입하고 화상까지 입은 경우가 40%로 가장 많았고, 연기·유독가스 흡입이 25%, 화상 9% 순이다. 부상은 화상이 46%로 가장 많았고, 연기·유독가스 흡입 31%, 연기와 유독가스를 흡입하고 화상까지 입은 경우가 7% 순으로 발생했다.[302]

[최근 10년(2013~2022)간 화재로 인한 인명피해 원인별 비율]

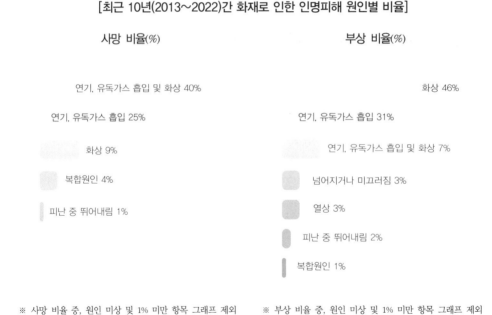

사망 비율(%)

연기, 유독가스 흡입 및 화상 40%

연기, 유독가스 흡입 25%

화상 9%

복합원인 4%

피난 중 뛰어내림 1%

부상 비율(%)

화상 46%

연기, 유독가스 흡입 31%

연기, 유독가스 흡입 및 화상 7%

넘어지거나 미끄러짐 3%

열상 3%

피난 중 뛰어내림 2%

복합원인 1%

※ 사망 비율 중, 원인 미상 및 1% 미만 항목 그래프 제외　　　※ 부상 비율 중, 원인 미상 및 1% 미만 항목 그래프 제외

출처 : 국가화재정보시스템, 소방청.

---

302) 세이프티퍼스트닷뉴스(https://www.safety1st.news) 참조.

화재범죄의 유형

1. 방화범죄의 특질

방화범죄자들은 위협, 보복(반항), 화풀이, 욕구표출(충동), 자살, 다른 범행 등을 위해 불을 지르거나 불을 지르려는 시도를 하고 있으며, 불을 지르려는 의도를 가지고 있지 않았지만 실수로 불이 붙어 피해를 입은 경우도 있다. '위협'을 목적으로 하는 경우는 불을 통해 상대방을 두렵게 하여, 그것을 통해 자신의 의사를 관철하고자 하는데, 이 경우 불은 자신의 약한 힘을 신장시키는 도구로 사용된다. '보복이나 반항'을 목적으로 불을 사용한 경우는 자신이 당한 피해에 대하여 마땅히 다른 수단을 사용할 수 없을 때 불의 힘을 빌어 상대방에게 피해를 주려고 시도하는 경우이다. '화풀이'의 경우 역시 자신이 누군가에게 피해를 당한 것에 대한 분노의 표출로 불을 사용한 경우들인데, 보복이나 반항과 같이 구체적 대상을 향한 것이 아니라 전혀 다른 대상에 분노를 투사하여 폭력성을 표출한 것이다. 범행의 동기를 '충동'으로 분류할 수 있는 사례의 방화 기제는 화풀이와 비슷하지만, 상습적으로 불을 질러 자신의 욕구를 표출하는 경우를 말한다. 또한 '자살'을 위해 불을 지른 경우들은 자신의 죽음을 담보로 분노나 괴로움을 표출한 경우이며, '다른 범행'을 위해 불을 도구적으로 사용한 경우들도 발견된다. 그 밖에 '실수'로 불이 붙었다고 주장하는 경우들에서도 상대방과의 분쟁이나 흥분상태가 주된 원인이 되고 있다. 또한 자신은 불을 지르지 않았다고 부인하는 경우들은 사망한 피해자가 불을 지른 것이라고 주장하거나, 자신의 전과 때문에 혹은 돈과 배경이 없기 때문에 억울하게 누명을 썼다고 주장 한다.[303]

2. 방화죄의 종류

현행 형법에서는 방화죄의 방화의 목적물에 따라 현주건조물방화(제164조), 공용건조물등방화(제165조), 일반건조물등방화(제166조), 일반물건방화(제167조)로 구분하고 있으

---

303) 박형민, 방화범죄 실태에 관한 연구, 한국형사정책연구원, 2004, 22~23면.

며, 행위의결과에 따라 현주건조물방화치사상, 연소, 방화예비·음모 등의 죄가 추가로 규정되고 있다.

제3절 화재조사

1. 화재조사(Fire investigation)의 개념 및 목적

가. 개념 및 특징

1) 개념

화재조사와 관련하여, 화재조사 및 보고 규정 제2조는 화재조사를 화재 원인을 규명하고 화재로 생긴 피해를 산정하기 위하여 자료를 수집하고, 관계자에게 질문하며, 현장을 확인하고 감식하며 감정하고, 실험하는 일련의 행동으로 정의하고 있다. 또한 화재조사법 제2조에 따르면 화재조사란 소방청장, 소방본부장 또는 소방서장이 화재원인, 피해상황, 대응활동 등을 파악하기 위하여 자료의 수집, 관계인 등에 대한 질문, 현장확인, 감식, 감정 및 실험 등을 하는 일련의 행위라고 정의하고 있다.

2) 특징

화재조사는 다른 사건과 비교할 때 조사 및 입증 절차에 여러 가지 어려움이 존재한다. 그 이유는 화재 현장의 조사에는 여러 특징이 존재하기 때문이다. 이러한 화재조사의 여러 가지 특징에 대해 정리한 내용은 다음과 같다. 첫째, 화재 현장은 1차로 구조물, 시설물 등이 소실하고, 2차로 진화와 구조 활동으로 변형하며, 피해자와 관련자가 물품을 확인하고 반출하기 때문에 현장을 보존하기 어렵다. 둘째, 화재 현장은 소실, 파괴, 변형 등으로 증거를 수집하기 어렵고, 부재중이거나 건물 내부이거나 상당한 거리를 두고 목격하거나 화재를 인식하는데 일정한 시간이 지나는 경우가 대부분이기에 정황증거에 주로 의존한다. 셋째, 발화 부위, 발화 원인 등을 판단하기 위한 화재 역학, 화재 화학, 전기 등의 지식이 있어야 한다. 넷째, 화재는 구체적 사실을 입증하기 어려우므로 조사관이나 수사관은 다양한 원인을 염두에 둘 수밖에 없다. 다섯째, 화재가 발생하면 소방, 경찰, 전기안전공사 등과 보험사, 제조사 등 민간 기관이 관여하기에 효과 있고 체계를 갖춘 통제가 어렵다.[304]

나. 목적

화재조사의 1차적인 조사의 목적은 궁극적으로 화재를 예방·방지 하는데 그 목적이 있다. 즉, 구체적인 경우에 화재원인 및 피해조사를 통하여 발화지점과 발화형태, 화재 경로, 피난상황 등을 검증, 분석한 결과 보고서를 토대로 ① 화재에 대한 피해를 널리 국민에게 홍보하여 경각심을 고취시킴으로서 유사화재를 방지하여 인명과 재산피해의 손실을 최소화 하고, ② 불이 난 원인을 규명하여 예방대책의 자료로 활용하며, ③ 연소의 확대원인을 규명하여 진압대책상의 자료로, ④ 사상자의 발생원인과 방화관리상황을 파악하여 화재발생 시 피난 및 안전관리 자료로, ⑤ 화재의 발생, 원인, 피해정도 등을 통계화 함으로써 예방자료로, ⑥ 화재원인을 과학적으로 분석하여 설비자체의 결함을 규명함으로서 동종화재의 발생을 방지하고 홍보 및 교육자료로 활용하는 데 일차적 목적이 있으며, 2차적으로 화재피해복구 안내 및 화재증명원 발급의 근거자료를 활용함에 그 목적이 있다.[305]

특히, 화재조사는 위의 목적 외에 화재의 원인규명 및 화재사건의 해결에 필요한 수사단서의 확보 그리고 방화죄나 실화죄의 경우 공소유지를 위한 증거수집의 핵심이다. 따라서 모든 화재현장에 대하여 정밀한 조사를 시행하기 전에 정황증거를 수집하고 분석하여 방화여부를 판정하고 방화의심이 있는 화재현장에 대해서는 범죄사실의 유무, 사건해결을 위한 단서 및 증거의 수집과 방화의 입증을 위한 화재조사를 수행하는 것이 필요하다.[306]

---

304) 박미경, 화재조사체계의 국내외 비교연구, 경북대학교 수사과학대학원, 석사학위논문, 2022, 10~11면.
305) 변재관, 화재조사 및 수사의 문제점과 개선방안, 경북대학교 행정대학원, 석사학위논문, 2010, 42면.
306) 강동욱, 윤현중, 앞의 책 321~322면.

2. 화재조사의 구분 및 범위

화재조사는 화재원인조사와 화재피해조사로 구분하고 그 범위는 다음과 같다(화재조사 및 보고규정 제3조). 화재원인조사는 화재가 일어난 원인부터 진압에 이르는 과정을 밝히고 출화 메커니즘, 연소 확대 원인, 방화관리 상황, 인명 피해 상황을 조사하고 검토하는 과정이다. 피해조사는 손실을 정확하게 조사하고 평가하여 금액으로 환산하고, 일별 손실, 월별 손실, 연간 손실을 파악하여 대비책을 마련하는 과정이다. 피해조사는 인명피해조사와 재산피해조사로 나눌 수 있다. 인명피해조사는 화재 현장에서 발생한 부상이나 사망을 조사하는 것이고, 재산피해조사는 열로 생긴 소실 피해와 소화 활동으로 생긴 수손 피해, 연기와 물품반출로 생긴 피해를 조사하는 것이다.

가. 화재원인조사

화재원인조사는 ⅰ) 발화원인 조사, ⅱ) 발견, 통보 및 초기소화상황 조사, ⅲ) 연소상황 조사, ⅳ) 피난상황 조사, ⅴ) 소방·방화시설 등 조사 등의 조사활동을 말한다.

구 분	내용
발화원인 조사	발화지점, 발화열원, 발화요인, 최초 착화물 및 발화관련기기 등
발견, 통보 및 초기소화상황 조사	발견경위, 통보 및 초기소화 등 일련의 행동과정
연소상황 조사	화재의 연소경로 및 연소확대물, 연소확대사유 등
피난상황 조사	피난경로, 피난상의 장애요인 등
소방·방화시설 등 조사	소방·방화시설의 활용 또는 작동 등의 상황

나. 화재피해조사

1) 인명피해

인명피해조사는 ⅰ) 화재로 인한 사망자 및 부상자, ⅱ) 화재진압 중 발생한 사망자 및 부상자, ⅲ) 사상자 정보 및 사상 발생원인 등의 조사행위를 말한다.

2) 재산피해

재산피해조사는 ⅰ) 소실피해(열에 의한 탄화, 용융, 파손 등의 피해), ⅱ) 수손피해(소화활동으로 발생한 수손피해 등), ⅲ) 기타피해(연기, 물품반출, 화재중 발생한 폭발 등에 의한 피해 등)의 조사행위를 말한다.

구 분	종 류	내 용
화재피해조사	인명피해	화재, 진화 중 발생한 사망자와 부상자
	재산피해	소실 피해, 수손 피해, 기타 피해

다. 방화의 추정 흔적

방화는 인위적인 착화에 의하여 발생한 화재로서, 화재현장에서 인위적인 착화행위가 있었음을 과학적인 방법에 의하여 구체적인 물증을 들어 입증하는 것이 가장 유효한 법과학적 화재조사 방법이라 할 수 있다.

그러나, 방화의 직접적인 증거가 될 수 있는 인위적인 착화행위를 입증할만한 물적 증거는 연소과정 중에서 소실될 가능성이 매우 높기 때문에 방화현장의 조사에서 인위적인 착화행위뿐만 아니라 ⅰ) 침입흔적(출입문, 유리창), ⅱ) 범죄행위(절도, 강도 흔적 등), ⅲ) 착화장치(점화장치, 무인스위치 등), ⅳ) 연소확대를 위한 고의적인 가연물의 적치(조연제, 촉진제), ⅴ) 시간지연을 위한 행위(타이머, 촛불 등), ⅵ) 귀중품의 이동 또는 비정상적인 수용물의 적치, ⅶ) 진화작업 또는 인명구조 활동의 방해, ⅷ) 소화설비와 경보설비의 무단변경 등과 같은 모든 인위적인 행위와 관련지을 만한 흔적을 조사하여 식별해내고, 그 흔적이 인위적인 행위에 의한 것인지를 입증해나가야 한다. 이와 같은 인위적인 행위는 인위적인 착화행위와 직접적인 관련이 없다고 하더라도, 인위적인 착화를 위하여 행했을 때 나타날 수 있는 흔적으로서 화재사건의 발화원인을 방화로 판정할 수 있는 유효한 증거가 될 수 있으므로, 모든 인위적인 흔적에 과학적인 의미를 부여하여야 한다.[307]

---

307) 박영국, 방화현장조사, 방재기술 45호, 49면.

라. 전기에 의한 발화의 추정 흔적

전기로 인한 화재는 주로 합선, 전기기기 등의 제작불량에 의한 구조적 결함과 시공 부적합, 전기설비의 취급 소홀, 사용 상태로의 방치 및 전기 지식부족, 부주의 등의 요인에 의하여 발생되고 있으며 발화형태는 다음과 같다.

1) 단락(短絡 : 합선)에 의한 발화

전선 및 전기기기의 절연체가 전기적, 화학적, 열적, 기계적 원인으로 열화 또는 파괴되어 합선이 일어나면, 단락되는 순간의 전류는 전원 측의 임피던스, 배선의 조건에 따라 다르게 나타나지만, 일반적으로 저압 옥내배선인 경우 보통 수백 ~ 수천[A]의 단락전류가 발생하고 이로 인한 스파크(spark)에 의해 발화하며, 그와 동시에 단락 부위에는 특이한 형태의 단락용융흔이 형성된다.

[발화의 형태]
- 단락점 이외의 부분에서 전선피복이 연소하는 경우
- 단락점에서 발생한 스파크가 주위의 인화성 및 가연성 가스 또는 가연성 물질에 착화한 경우
- 단락 순간의 높은 열에 의해 용융된 전선이 주위의 인화성 또는 가연성 물질에 접촉, 착화한 경우
- 불완전 단락시 발생하는 높은 열에 의해 전선의 절연피복에서 직접 발화한 경우

---

2) 과전류에 의한 발화

전선에 전류가 흐르면 줄(joule)의 법칙에 의하여 열이 발생하며, 과전류에 의하여 발생한 발열량과 방열량의 평행이 깨어지면 절연체의 최고 허용온도를 초과하게 되므로, 절연피복이 급속도로 열화하게 되고 피복이 탄화되어 누전 또는 선간 단락으로 발화의 원인이 될 수 있다. 여기서 말하는 과열이란 '전기기기, 배선 등이 설계된 정상동작 상태의 온도 이상으로 올라가거나 피가 열체에 의해 위험온도 이상으로 가열되는 것'을 말한다. 과부하에 의한 전선의 온도상승은 전자이고, 후자의 예로서는 전열기를 꽂아놓은 채로 방치함으로써 발생하는 탄화연소 등이 해당된다.

3) 누전에 의한 발화

누전이란 전류의 통로로 설계된 이외의 곳으로 전류가 흐르는 현상을 말하며, 누전 화재라 함은 '전류가 통로로 설계된 부분으로부터 새서 건물 및 부대설비 또는 공작물의 일부 중 누설전류가 특정한 부분으로 장시간 흐르게 되면 누전경로를 따라 특정부분의 탄화촉진으로 이것을 발열시켜서 발생되는 화재'를 누전화재라고 하는데, 크게 분류하면 건물구조재와 전기기기 및 배선에 의한 것으로 구분한다.

4) 절연열화 또는 탄화에 의한 발화

배선기구의 절연은 유기질 절연재료로 되어 있어 오랜 시간이 경과하면 절연성이 저하하거나 접촉부분이 탄화되어 발열 또는 트래킹(tracking)현상에 의해 발화원인이 될 수 있다. 절연파괴 현상이란 전기적으로 절연된 물질 상호간에 전기저항이 낮아져서 많은 전류를 흐르게 하는 현상을 말한다.

5) 전기불꽃(Spark)에 의한 발화

화재원인으로서의 전기불꽃은 개폐기나 스위치 등의 전기회로를 개폐할 때 또는 용접기 등을 사용할 경우에 발생하는 불꽃이 문제가 된다. 개폐기 또는 스위치류는 회로를 차단 또는 투입할 때에 불꽃이 일어나고, 특히 회로 중에 전동기 등의 인덕턴스 부하가 포함될 때는 더욱 심하여 회로전압이 최소 아크(arc)발생전압 이하라도 과도현상에 의한 전압상승으로 차단할 때 arc 또는 glow를 내는 일이 있다. 또 개폐 시 접촉저항에 의한 접촉부분의 급속이 과열되어 불꽃을 내는 일도 있으나, 일반적으로 전기불꽃은 회로를 개로(OFF)할 때 더 심하다. 또한 백열전등도 유리가 파손되면 필라멘트가 노출되어 전기불꽃과 같은 위험이 있으며, 전기설비에서 발생하는 전기 불꽃은 모두가 점화원이 될 수 있다.

6) 접속부의 과열에 의한 발화

전선과 전선, 전선과 접속단자 또는 접촉편 등의 도체에서 전기적인 접촉 상태가 불완전 할 때의 접촉저항에 의한 발열에 의하여 발화원이 될 수 있다. 이러한 발열은 국부적이고 그 부분은 시간의 경과에 따라 접촉부의 변형으로 접속 부위면이 거칠어지고 저항이 증가하게 되어 접촉부위에서 발열이 지속된다. 이때 접속면의 산화는 물론 주변 절연체의 열적열화를 촉진하게 되고 부하상태에 따라 접속면의 발열이 증가되어 발화원이 될 수 있다.

7) 지락(地絡)에 의한 발화

1상 단락전류가 대지로 통하는 것을 지락이라고 하며, 이 경우 전류가 대지로 통하기 때문에 지락점의 접지저항치에 따라 지락전류의 크기가 결정된다. 또한 고전압 회로인 경우 발화원이 될 수 있다.

8) 열적 경과에 의한 발화

열발생 전기기기를 가연물 주위에서 사용하거나 열의 방산이 잘 안 되는 장소에서 사용할 경우, 가연물에 열이 축적되어 발화하는 경우이다. 예로서 전기 스토브 등을 담요로 씌워 방치한 결과 전기 스토브 열이 축적되어 담요에 착화한 경우 등을 들 수 있다.

9) 정전기에 의한 발화

정전기 화재는 정전기 스파크에 의하여 가연성 가스 및 증기 등에 인화할 위험이 가장 크다. 정전기 스파크에 의한 발화흔적은 거의 남지 않는다. 따라서 이의 발생여부는 정전기 발생 및 방전조건에서 추정할 수 밖에 없다.

CHAPTER 18

보험관련 사건

제1절 **보험범죄의 개념 및 분류**

1. 보험범죄의 개념 등

가. 개념

보험범죄는 법률상의 용어는 아니다. 다만, 보험과 관련된 범죄라는 의미로 사용되는 용어일 뿐이다. 기존에 보험관련 범죄를 대변하던 용어인 보험사기는 형법 347조의 사기죄가 성립할 정도의 적극적인 고의 또는 기망행위가 수반되지는 않으나 보험금을 부당하게 취득하려는 행위를 포함하는 용어로 사용하였다. 즉 보험가입자, 피보험자 또는 수익자 등이 고의 또는 중과실에 의한 고지의무 위반행위도 넓은 의미에서는 보험사기에 해당하는 것이다.

한편, 미국은 보험사기라는 용어를 보험범죄를 포함하는 개념으로 법률 등에서 정의하고, 영국은 보험사기 및 보험범죄라는 용어를 혼용하고 있으며, 중국은 보험사기라는 용어로 형법전(각칙 제3조 제5절 제198)에 규정하고 있다. 프랑스는 사회보험법(제337-1조 및 제337-3조)에 보험사기의 용어를 사용하고 있으며, 이탈리아는 형법전(제642조)에 보험사기라는 용어를 사용하고 있다. 특이하게도 독일의 경우는 형법전(제265조)에 보험남용죄라는 규정을 두어 '보험남용'이라는 용어를 사용하고 있다.[308]

나. 보호법익

보험범죄로 인하여 발생하는 직접적인 피해는 보험계약관계자 당사자들의 생명과 재산적 침해이다. 따라서 보험범죄에서 일차적으로 보호되는 법익은 보험계약당사자들의 생명과 재산이다.

2. 보험범죄의 분류

실무상 보험범죄는 보험사기와 혼용하는 개념으로서 적극성의 강도에 따라 다음과 같이 구분한다.

가. 경성보험사기(Hard Fraud)

경성보험사기란 보험금 지급요건이 되는 재해, 상해, 도난, 방화, 기타의 손실을 고의적으로 각색 또는 조작하는 방법으로 보험사를 기망하여 보험금을 편취하는 행위(형법상 사기죄)이다. 이는 계획적이며 의도적인 보험사기행위이며 당사자의 고의성이 명백하게 인정되는 범죄행위로 사법기관의 수사를 통한 처벌이 필요한 유형이다

나. 연성보험사기(Soft Fraud)

연성보험사기란 보험계약자 등이 보험금 청구를 위하여 보험사고를 과장, 확대하거나 보험계약 가입 또는 갱신 시 거짓정보를 제공함으로써 낮은 보험료를 납입, 보험계약을 체결할 수 없는 거절체에 대하여 보험인수 가능성을 높이는 행위 등을 말하며, 이러한 이유로 이를 기회사기(Oppotunity Fraud)라고도 한다.

---

308) 장인권, '보험범죄에 관한 실증적 연구', 「박사학위논문」, 경상대학교 대학원, 2012, 10면.

보험범죄의 특성을 파악하는 것은 보험범죄를 막기 위해서 매우 중요하다. 범죄의 특성을 파악하고 그에 따른 대응방안을 모색하는 것은 효과적으로 보험범죄를 막기 위한 가장 중요한 작업 중의 하나이다. 보험은 불확실한 사고를 담보위험으로 하고 있어 보험범죄는 다양한 방법으로 이루어지고 있으며, 새로운 기법들도 개발되고 있으나 보험범죄는 공통적인 특성과 성격을 가지고 있다.

1. 저위험 고소득(Low Risk – High return)

보험사기는 대체로 발각되어도 경미하게 처벌되거나 관대하게 처벌을 받기 때문에 일반인이면 누구나 한번쯤 보험사기의 유혹에 빠지게 되므로 강력한 처벌에 대해 부정적이고 보험사는 영업중심의 정책 마인드 때문에 조용하게 처리되기를 원하는 풍토하에서 저위험, 고소득이 기인된다.

2. 혐의 입증의 난해성

보험사기가 성립되기 위해서는 고의에 의해 재산적 이득을 얻었음을 입증하여야하는데 현실적으로 중대한 과실과 고의를 구분하기가 쉽지 않으며 각 보험사 등의 이기주의, 상해진단의 주관성, 전문 수사인력의 부재, 신고율 저하, 신고자 보상 및 보호체제의 미미함도 혐의 입증을 난해하게 한다.

---

309) 한국화재조사학회지, 2008, 4월호, 35면 원용.

3. 지능범죄와 생계형 범죄의 공존

보험사기는 지능적 범죄로서 악의적이고 교묘한 수법, 공동범행 등 조직적이고 치밀한 형태와 함께 우발적이고 단독범이며 단순 생계유지를 목적으로 하는 형태가 공존한다.

4. 보상성 심리와 동조의식 존재

보험사기는 위험보장이라는 무형의 서비스에 대한 불만과 소멸성 보험료에 대한 보상심리가 내재되어 있으며 대기업인 보험사를 대상으로 하기 때문에 죄의식을 약화시키고 모방과 동조 의식이 존재한다.

5. 사기폐해의 간접성, 광범위성

보험사기는 외견상 보험사에 직접적인 피해를 주는 것 같지만 '수지상등의 원칙(收支相等의 원칙)'에 의거 보험료 인상요인이 되므로 결국 피해주체로 전이, 즉 피해당사자가 현재의 계약자가 아닌 미래의 계약자로 전이된다.

6. 범죄의 복합성, 다양성

다른 범죄의 결과로서 보험사기가 이용되기도 하지만 보험사기를 위해 다른 범죄를 저지르기도 하는 등 복합적인 성격을 띠고 있으며 범죄의 형태도 정형화되지 않고 다양성을 띠고 있다.

7. 내부 종사자의 공모

보험사기는 보상내용을 이해하기 어려운 보험상품의 특성상 보험사의 생리와 보상절차에 대하여 식견이 밝은 모집종사자등 내부인의 개입이 두드러진다. 또한 각 보험사의 인력구조조정은 직원들의 조직 충성도를 약화시켜 범죄유혹에 쉽게 빠지게 하는 주요 요인이 되고 있다.

8. 보험사기 범죄자의 특징

첫째, 일반적으로 지능이 높고 죄의식이 결여되어 있으며, 단독범보다 공범관계가 많고 기밀유지가 쉬운 특수관계(친, 인척 등)가 많다. 둘째, 금전 소유욕이 강하며 경제적 궁핍 등 자기 합리적인 이유를 가진 중독적 성향을 띤다. 셋째, 안정적 직업이 없거나 소득에 비해 생활수준이 높다. 자발적으로 보험에 가입한 경우가 많다.

9. 보험범죄의 유형과 폐해

ⅰ) 유형으로는 교통사고 관련과 차량 및 도난관련 등 병·의원 관련(의료비리)과 살인, 방화 등 일반범죄 관련되어 나타나며, 외제차량, 오토바이 관련, 자해 등 신체상해 관련, 안전사고, 산업재해관련, 고의침몰 등 선박, 항공기 관련의 유형으로 나타난다. ⅱ) 폐해를 보면 보험제도 존립기반의 위협이나, 범죄의 모방 및 동조 양상, 인명피해 및 물적 자원 낭비, 사회적 불안 가중, 보험이미지 악화, 준법의식이 악화되어 사회적폐해가 크다고 할 수 있다.

제3절 보험범죄의 조사

1. 보험사고 조사의 개념

보험사고가 발생하면 보험회사나 보험사업자가 사고 발생원인에 대하여 조사하고 그 결과에 따라 보험금 지급 여부가 결정된다. 보험사고 조사는 보험에 대한 보험금 청구가 접수되었을 경우에 적법한 보험사고가 아닌 사기적인 사건을 발견하기 위하여 조사하는 것을 말한다. 보험사고 조사는 경찰의 수사와도 밀접한 관계를 가지고 있어 살인사건 등은 수사가 진행될 때 보험과의 연계성을 추적하게 된다. 조사의 필요성이 있는 보

험사고는 범죄의 의심이 있는 경우에 국한된다. 피해자를 피보험자로 하는 고액의 생명
보험계약이 피해자의 사망 직전에 체결되었거나, 생명보험의 수익자가 피보험자의 친족
이외의 자이거나, 수익자가 계약체결 후 변경 된 경우 등에는 조사할 필요가 있다.[310]

2. 보험사고 조사절차

보험범죄 의심사건에 대한 조사는 인지, 조회, 자료취합, 분석, 사고내역 등 수사의뢰
서류 작성, 수사의뢰, 수사지원 등 다음 표와 같은 순서로 진행된다.

[보험사기의심건 조사절차]

구 분	항 목	내 용
1단계	인지	사고접수 후 초동조치 시 인지 • 보상과정 중 인지 • 외부 보험범죄 신고 접수 • 타 기관, 타회사 이접
2단계	조회	• 과거사고력 조회 • 계약사항 • 사고관련자 인적사항 파악 • 사고의 유형, 특성 등 파악
3단계	자료취합	• 당사 및 타사 사고 조사 서류 • 당사 및 타사 보험금 지급 품의서
4단계	분석	• 가·피해자 공모관계 여부 • 사고내용 • 사고 유형 및 피해정보 • 기왕증 여부 등 병원관계 사항
5단계	사고내역 등 수사의뢰, 서류작성	• 의심 전에 대한 관계 인적사항, 사고내역표 및 사고별 문제점 등 작성
6단계	수사의뢰	• 관계자 혐의내용 종합 구증 • 수사기관 섭외 및 수사의뢰
7단계	수사지원	• 원활하고 효율적 수사 진행을 위해 수사기관 지원

출처 : 송윤아(2010).

---

310) 신의시, 보험범죄의 위태성과 대책, 형사정책연구 제18권 제3호, 2007, 1374면.

3. 보험사고의 유형 및 조사방법

가. 사고형태에 따른 범죄유형[311]

1) 교통사고를 이용한 보험사기

가) 위장사고

가해자와 피해자가 서로 공모하여 일으키는 사고로, 사고를 은폐하기 위하여 교통사고처리특례법상의 12개 항목[312]에 포함되는 사고로 위장하는 경우도 있고, 3중 충돌 사고로 위장하는 경우도 있다. 고액의 보험에 중복 가입한 후 교통사고를 위장한 자살 또는 살인 등이 있다.

나) 고의사고

사고를 조작할 수 없는 상황일 때 사용하는 수법으로, 사고가 잦은 지역에서 사고를 충분히 피할 수 있었음에도 불구하고 선의의 타차 운전자를 대상으로 고의로 사고를 유발하는 경우이다. 야간 여성운전자나 음주운전자 등을 대상으로 하여 고의 교통사고 유발하는 경우, 일방통행로에 대기하고 있다가 위반차량이 나타나면 임의충돌 한 후 보상요구, 편도 1차선에서 비상등을 켜고 정차하여 뒤따르는 차량이 중앙선을 침범하도록 유도한 후 반대차선에서 공범차량을 이용해 교통사고를 가장하는 경우 등이 있다.

다) 단독사고

빙판길이나 빗길의 미끄러짐 사고, 정체불명의 차량이나 동물 또는 물체로부터 위협을 받아 발생한 사고라고 주장하는 경우로서, 보험범죄에 대한 입증은 관련자의 자백 외에는 다른 방법이 없다는 점을 악용하는 경우이다.

---

311) 정웅, 한국 보험범죄의 실태와 대응방안에 관한 연구, 2009. 6., 치안정책연구소, 29~31면.

312) 교통사고처리특례법 제3조 제2항 ① 신호 위반, ② 중앙선 침범, ③ 제한속도보다 20km 과하여 과속, ④ 앞지르기 방법 위반, ⑤ 철길건널목 통과방법 위반, ⑥ 횡단보도에서 보행자 보호의무 위반, ⑦ 무면허 운전, ⑧ 음주 운전, ⑨ 보도 침범, ⑩ 승객추락방지의무 위반, ⑪ 어린이보호구역내에서 안전운전의무 위반, ⑫ 화물고정조치 위반이 있습니다.

라) 보행자사고

주택가 이면도로, 주차장 인접도로 또는 횡단보도 등 차량이 서행하는 장소에서 운전자의 과실로 발생하는 사고를 보행자가 악용하는 경우이다.

2) 산재를 이용한 사기

병원, 브로커, 작업현장 직원 등과 결탁하여 이루어지는 경우로 적발이 쉽지 않고 타 보험에 비해 훨씬 안정적이며 고액의 보상을 장기간에 걸쳐 받을 수 있어 병원, 환자, 브로커 모두 선호하는 수법이다.

3) 일반재해를 이용한 보험사기

가) 기왕증을 이용한 허위사고

목욕탕, 옥상, 빙판길, 언덕에서 추락하거나 미끄러지는 사고로 장기간 입원하여 보험금을 수령하는 수법인데 실제 사고가 발생한 경우보다는 기왕증을 이용하여 입원하는 수법을 사용한다.

나) 고의방화사고

건물주 등 보험가입자가 사업에 실패하거나 사업여건이 악화되는 경우 재고품이 가득 있는 것으로 위장한 후 고의로 방화하거나, 주택을 매매하기 어렵거나 또는 실내장식을 새로 하기를 원하는 경우 등이 있다.

다) 자해를 통한 고의사고

대개 공개된 장소에서 낙상 또는 추락사고를 위장하는 것이 많으며 상처는 치료 가능한 가벼운 부상인 경우가 대부분이다. 그러나 경우에 따라서는 자신 또는 직계 존·비속의 신체일부를 임의 절단하는 등 극단적인 예도 있다.

라) 허위 강·절도사고

고가품, 귀중품을 미리 옮긴 후 여행 등 도난의 빌미를 제공하고 제3자와 짜고 도둑의 침입으로 인한 분실을 신고하거나, 도둑의 침입흔적을 만드는 경우 또는 모피, 카메라, 보석 등 귀중품 등을 공항, 택시 등에서 분실했다고 거짓 신고하는 경우가 있다.

4) 사망사고

가) 자살

과속, 고의 중앙선 침범 등 중대 교통사고 유발, 전복사고(특히, 강물, 도랑, 언덕아래 추락을 우연한 사고로 위장), 강물(호수, 바다 등)에 투신자살하면서 실족, 우연한 사고로 위장, 동반자살(동반 자살자에게 운전하게 하여 교통사고 유발 후 본인 사고로 위장), 방화 후 화재사고로 인한 상해사망으로 위장, 높은 곳에서 추락(아파트 베란다, 공사장 개구부, 옥탑 등)하고 실족으로 가장, 열차사고에 의한 사망으로 가장(건널목 사고, 철도보행 중 사고, 열차에서 추락, 철로변 물체에 부딪치는 사고 등)이 문제된다.

나) 타살

교통사고 위장 타살(가해자 : 운전자, 피해자 : 탑승자), 약물을 복용시켜 타살(장기간 약물중독 유발), 청부 폭력 살해(살인업자 청부 살해), 우연을 가장한 살해 또는 높은 곳에서 밀어뜨리거나 물속에 빠뜨림 등의 사고가 문제된다.

나. 주요 보험범죄에 대한 조사방법

1) 조사방법

보험사고 조사는 보험사고가 보험금을 편취하기 위한 고의 발생사고인지 여부 등을 조사하는 것이다. 보험사고에 있어 증거는 인적증거와 물적증거로 나눌 수 있으며, 인적증거로는 진술, 경위서, 문답 등 주로 질의나 탐문을 통하여 획득되고 있으며, 물적증거는 사고내용에 따라 다양한 형태로 나타나고 있다. 이러한 증거들은 시간이 경과함에 따라 증거가 인멸되거나 변질되는 경우도 많기 때문에 사건초기 증거의 확보가 중요하다.

[증거조사방법]

구 분	내 용
현장조사	• 사고현장 조사는 조사 과정의 초기에 실시하고 사고현장에서 조사자는 관련 기록을 검토 • 피문답자와 인터뷰를 하거나 진술을 듣고, 사고발생 장소의 사진 등을 확보
인터뷰(면담)	인터뷰는 사건 초기에 사건의 전말에 대한 충분한 이해를 위하여 목격자나 당사자에게 구두로 질의, 사건의 정황을 알 수 있는 방법임
문답(녹음)	인터뷰를 통하여 알게된 사건의 전말에 대하여 확실한 증거력을 확보하고 향후 구두진술이나 면담을 통한 내용을 번복하는 경우 대비
잠복 등	보험사기조사에 있어서 잠복조사가 필요한 이유는 범죄혐의자 또는 관련자가 신체상태 등에 대한 허위진술, 행방불명 등의 경우 유용하게 사용되며 이러한 방법은 상당한 끈기와 노력이 요구됨

2) 유형별 조사방법

가) 기본적 조사기법

보험범죄의 경우 사건 파악을 위하여 기본적으로 ① 고의 사고의 가능성 파악(피보험자의 경제적 사정, 상품의 시장상황, 개인적 채무 등), ② 사고 상황에 대한 정확한 분석을 통한 완전한 이해 수반, ③ 주범으로부터 먼 관계자, 피보험 목적물로부터 먼 관계서류 먼저 검토, ④ 단순 목격자, 단순 행위자, 단순 가담자, 종주범 순으로 조사, ⑤ 주범과 종범을 분리하여 인터뷰, ⑥ 사고와 피해의 연결고리를 집중적으로 조사, ⑦ 이미 확인된 증거를 확대하며 추가적인 증거 확보, ⑧ 사기판결을 면하는 경우의 대인적 보험금 회수가능 증거자료 확보, ⑨ 중요한 증거발견 시 경찰, 검찰 등 사법기관의 협조요청, ⑩ 시간적 상황분석을 통한 거짓 진술에 유의, ⑪ 사고의 물리적 성질과 개연성 분석, ⑫ 보험금 지급 시기를 가능한 늦춰서 공모자들의 결속력이 분열되도록 유도, ⑬ 공모자들의 심리적 불안을 이용한 진술확보, ⑭ 상대적으로 사건으로 인한 이득이 적은 공범을 집중적으로 조사 하는 등의 기법을 활용하여, 사건의 실체적 진실에 접근하여야 한다.

나) 유형별 조사사항

(1) 교통사고 보험사기

자동차보험사고는 고의로 교통사고를 일으키는 경우가 대부분이며, 그중에서도 차량 상호간의 추돌사고가 대부분이다. 그 외의 유형으로는 자동차보험사고가 없음에도 불구하고 발생한 것처럼 가장하거나 이미 발생한 교통사고의 결과를 과대하게 위장하는 경우, 다른 원인에 의한 손해를 보험사고로 위장하는 경우, 피보험차량 또는 피보험자에 의한 사고로 위장하는 경우, 계약체결시기를 사고발생 전으로 소급시키거나 사고발생의 시기를 계약체결 후로 조작하는 경우 등이 있다.

특히, 자동차보험사기 사건의 조사 시 유심히 살펴보아야 할 부분은 ⅰ) 사고 피해건수, ⅱ) 보험금 수령액, ⅲ) 가족 보험금 수령액, ⅳ) 입원일수 합계, ⅴ) 평균입원 일수, ⅵ) 자동차사고 가해건 수, ⅶ) 장기상해 사고건수 등의 사유에 대한 조사이다.

[자동차 및 장기보험의 사기징후접수 산출 예시]

보험사기 징후지표	산 식	조 건	적용점수
사고 피해건수	과거 1년 간 사고횟수 + [(과거 7년 간 사고횟수 - 과거 1년간 사고횟수) × 0.5]	a 〉= 5	24
		5 〉 a 〉= 3	20
		a 〈 3	12
보험금 수령액	과거 1년 간 보험금수령액 + [(과거 7년 간 보험금수령액 - 과거 1년간 보험금수령액) × 0.5]	a 〉= 1천만 원	18
		1천만 원 〉 a 〉= 5천만 원	15
		a 〈 5천만 원	9
가족 보험금 수령액	과거 1년 간 보험금수령액 + [(과거 7년 간 보험금수령액 - 과거 1년간 보험금수령액) × 0.5]	a 〉= 1천만 원	18
		1천만 원 〉 a 〉= 5백만 원	15
		a 〈 5백만 원	9
입원일수 합계	과거 1년 간 총입원일수 + [(과거 7년 간 총입원일수 - 과거 1년간 총입원일) × 0.5]	a 〉= 30	18
		30 〉 a 〉= 20	15
		a 〈 20	9

		a 〉= 14일	18
평균 입원일수	(과거 1년 간 평균입원일수 × 0.7) + (과거 7년 간 평균입원일수 × 0.3)	14일 〉 a 〉= 7일	15
		a 〈 7일	9
자동차 사고 가해건수	과거 1년 간 자동차가해사고 횟수 + [(과거 7년 간 자동차가해사고횟수 − 과거 1년간 자동차가해사고횟수) × 0.5]	a 〉= 3	12
		3 〉 a 〉= 1.5	10
		a 〈 1.5	4
장기상해 사고건수	과거 1년 간 상해사고 횟수 + [(과거 7년 간 상해사고 횟수 − 과거 1년간 상해사고 횟수) × 0.5]	a 〉= 3	12
		3 〉 a 〉= 1.5	10
		a 〈 1.5	4

(2) 허위입원 등 치료비 과다청구 사건

경미한 사고로 일상생활이나 통원치료가 가능함에도 불구하고 사고 보험금을 목적으로 거짓으로 입원하거나 불필요하게 장기 입원하여 과잉진료를 유인하는 허위과다입원환자(속칭 '가짜환자')의 보험사기사건이다. 특히 허위입원 등 치료비 과다청구 사건의 조사 시 유심히 살펴보아야 할 부분은 ⅰ) 입원환자에 대한 부재현황 및 입원환자 외출·외박 기록(자동차손해배상보장법에 따르면 보험회사에 자동차보험 진료수가를 청구할 수 있는 의료기관은 교통사고 입원환자의 외출, 외박에 관한 사항을 기록해야 한다고 규정되어 있다. 따라서 입원환자는 의료기관의 허락을 받아야만 외출과 외박이 가능하다), ⅱ) 보험가입기간 및 보험가입 개수, ⅲ) 과거사고 내역 및 입원 내역, 보험금수령 내역 등 확인, ⅳ) 입원 중 투약 및 처방내역 등의 사유에 대한 조사이다.

보험사고 조사대상 선정 관련 5대 기본원칙

	구 분	조건(예시)
1	치료근거 제출거부	• 정당한 사유 없이 치료근거 제출을 거부·방해하는 경우
2	신빙성 저하	• 환자상태, 검사결과, 의무기록의 불일치로 신빙성이 의심되는 경우
3	치료·입원목적 불명확	• 심평원 등 공신력 있는 기관의 가이드라인 등에 비추어 치료/ 입원 요건을 충족하지 못하며 의사의 진단·소견도 불명확한 경우

4	비합리적인 가격	• 진료비용이 합리적인 사유없이 공시된 가격보다 현저히 높은 경우로서 보험사기 행위 등이 합리적으로 의심되는 경우

5	과잉진료 의심 의료기관 등	• 과잉진료 의심 의료기관 등을 통해 보험금을 청구한 경우로서 보험사기 행위 등이 합리적으로 의심되는 경우
		  − 인터넷·눈 등 과잉진료 유발 광고, 브로커에게 환자 소개비 지급
		  − 교통·숙박비 등 페이백 제공 등

출처 : 금융감독 행정지도 「보험사기 예방 모범규준」 개정 및 연장(2022.5.11.).

(3) 보험살인 사건

일반적으로 금전적 이득의 기회가 살인 범행의 중요한 동기가 될 수 있음은 부인할 수 없다. 특히 행위자가 얻을 수 있는 이익이 클수록 더욱 강한 동기로 작용하여 부도덕하고 반사회적인 범죄행위를 감행하는 요인이 될 수 있다는 점은 경험칙상으로도 충분히 수긍이 된다. 그러나 거액의 보험금 수령이 예상된다는 금전적 이유만으로 살해 동기를 인정할 수 있는지는 다른 간접사실들의 증명 정도와 함께 더욱 면밀히 살펴볼 필요가 있다.

한편 금전적 이득만이 살인의 범행 동기가 되는 것은 범인이 매우 절박한 경제적 곤란이나 궁박 상태에 몰려 있어 살인이라는 극단적 방법을 통해서라도 이를 모면하려고 시도할 정도라거나 범인의 인성이 원래부터 탐욕적이고 인명을 가벼이 여기는 범죄적 악성과 잔혹함이 있는 경우 등이 대부분이다. 그렇지 않은 경우는 증오 등 인간관계의 갈등이나 치정 등 피해자를 살해할 금전 외적인 이유가 있어서 금전적 이득은 오히려 부차적이거나 적어도 금전 외적인 이유가 금전적 이득에 버금갈 정도라고 인정될 만한 사정이 있어야 살인의 동기로서 수긍할 정도가 된다. 더구나 계획적인 범행이고 범행 상대가 배우자 등 가족인 경우에는 범행이 단순히 인륜에 반하는 데에서 나아가 범인 자신의 생활기반인 가족관계와 혈연관계까지 파괴되므로 가정생활의 기반이 무너지는 것을 감내하고라도 살인을 감행할 만큼 강렬한 범행유발 동기가 존재하는 것이 보통이다. 이러한 보험살인 사건의 조사 시 유심히 살펴보아야 할 부분은 ⅰ) 사망자의 보험 가입 시기 및 개수, 동기 등 확인, ⅱ) 사망자의 생활수준 및 보험금 액수 등의 확인, ⅲ) 생명보험의 필요성 및 기타 보험의 가입여부 확인, ⅳ) 사망자와 수익자 등의 관계 분석, ⅴ) 사망자의 평소 행적(유언, 유서, 자살충동 등) 등 사유에 대한 조사이다.

(4) 화재보험 사건

화재발생 전 거액의 화재보험에 가입한 후 방화 등 고의사고 후 원인을 알 수 없는 발화 또는 실화 등을 가정하거나 실제 화재사고의 피해액을 부풀려 과다 청구하는 범죄유형이다. 이러한 화재보험 사건의 조사 시 유심히 살펴보아야 할 부분은 ⅰ) 당해 건물의 화재보험 가입여부 및 동기 조사, ⅱ) 보험 불입금 및 보험금의 수준, 과거 화재보험금 수령여부, ⅲ) 보험수익의 최근 경제적 상황 및 최근 행적 조사, ⅳ) 최근 당해 부동산과 관련된 분쟁여부(철거, 이사, 경매 등) 등 사유에 대한 조사이다.

CHAPTER 19

지식재산권관련 사건

---

1. 지식재산권의 개념

　지식재산권(Intellectual Property)이라 함은 새로운 기술 발명, 지적 창작물, 영업 표시 등에 부여된 배타적 권리의 총칭이라 할 수 있다. 이러한 지식재산권의 종류에는 특허(patent), 디자인(design), 상표(trademark), 저작권(copyright), 영업비밀(trade secret) 등이 있으며 주로 특허법이나 상표법과 같이 해당 법률에 의해 지식재산권자에게 배타적인 권리가 인정된다.

2. 지식재산권의 유형

가. 유형

　지식재산권은 크게 산업재산권과 저작권, 신지식재산권으로 분류된다. 특허청에서는 산업재산권을 관장하고 있으며, 산업재산권의 종류로는 특허권, 실용신안권, 디자인권, 상표권이 있다.

[법률상 보호대상 지식재산]

법률명		보호대상
산업 재산권	특허법	소프트웨어, 비즈니스모델, 생명공학에 관한 발명 및 종자 번식하는 유전자변형식품
	디자인보호법	글자체
	저작권법	소설 등 전통적인 창작물 이외에 응용미술저작물, 컴퓨터프로그램, 데이터베이스 등 신지식재산
저작권	상표법	입체적 형상, 색체, 홀로그램, 동작 등
특별법	반도체집적회로의 배치설계에 관한 법률	반도체집적회로
	종자산업법	식물신품종
	온라인디지털콘텐츠 산업발전법	정보통신망에서 사용되는 온라인디지털콘텐츠
	상표법 농산물품질관리법 수산물품질관리법	지리적 표시
	인터넷주소자원에관한 법률	기술상 또는 경영상의 정보인 영업비밀과 인터넷상의 주소와 관련된 도메인이름

* 지식재산권권기본법안 검토보고(정무위원회 수석전문위원 구기성, 2010. 9.)

* 지식재산기본법에서 규정하는 '지식재산'은 이들을 염두에 두고 정의한 것임

나. 지식재산권의 분류 및 관련 법규

1) 특허권

특허권은 심사를 통하여 등록이 결정되고 등록료를 납부하는 시점부터 특허권이 발생하며, 특허권은 설정등록이 있는 날로부터 특허출원일 후 20년 동안 인정된다. 특허권은 무형의 재산권으로서 유형의 재산권과 마찬가지로 자유로운 처분이 가능하며, 전체 또는 그 일부를 제3자에게 양도할 수 있다. 한편 특허권은 특허권자가 보유한 채, 특허권을 기초로 하여 제3자에게 해당 기술을 실시할 수 있는 권한을 설정하거나 담보를 제공하는 것에 의해서 재산적 이익을 꾀할 수도 있다. 실시권은 실시권의 강도에 따

라 전용실시권과 통상실시권으로 구별될 수 있으며, 전용실시권은 실시 허락된 범위 내에서 특허권자의 사용도 배제되는 독점·배타적인 강력한 권리이다. 이에 대해 통상실시권은 동일 기술에 대해서 비독점적 실시권을 갖는 것이며, 동일 기술에 대해서 다수에게 통상실시권이 설정될 수 있다.

2) 실용신안권

실용신안제도는 특허법상 보호대상인 '발명'이라는 고도의 기술에 가려서 사장되기 쉬운 실용적 기술사상(小發明)인 '고안'을 보호하기 위해 마련된 제도이다. 현재 우리나라를 비롯하여 일본, 독일 등 일부 국가에서 운영되고 있으며 자국의 국내산업 보호라는 산업정책적 목적에서 탄생한 제도라고 볼 수 있다. 실용신안의 보호 대상은 물품의 형상·구조·조합에 관한 '고안'이다. 여기서 '고안'이라 함은 자연법칙을 이용한 기술적 사상의 창작을 의미한다. 실용신안은 고안이나 유용성 있는 기술을 대상으로 하고 있다는 점에서 특허와 유사하지만, 특허는 물건의 발명과 방법의 발명이 모두 가능하고 실용신안은 반드시 물건의 발명에 한정된다는 점이 다르다. 또한 특허권의 존속기간은 설정등록 후 출원일로부터 20년, 실용신안권의 그것은 설정등록 후 출원일로부터 10년으로 되어 있어 실용신안권의 존속기간이 짧다. 일부 국가에서는 실용신안권을 실용신안특허 또는 소특허라 부르기도 한다. 우리나라 실용신안법에 따르면 실용신안은 이미 발명된 것을 개량해서 보다 편리하고 유용하게 쓸 수 있도록 한 물품에 대한 고안 그 자체를 말하며 소발명 내지는 개량발명으로 취급하고 있다. 특허가 발명을 보호대상으로 한 반면 실용신안은 고안을 보호대상으로 하는 것이다.

3) 디자인권

디자인권이라 함은 디자인권자가 등록디자인 또는 이와 유사한 디자인을 업으로서 독점적으로 실시할 수 있는 적극적 효력과 타인의 실시나 이용을 금지하는 소극적 효력을 말하며, 디자인을 등록한 자가 그 등록디자인에 대하여 향유하는 독점적·배타적 권리이다. 디자인권의 존속기간은 설정등록한 날부터 디자인등록출원일 후 20년이 되는 날까지이다.

4) 상표권

상표권이란 자기의 상품과 타인의 상품을 식별하기 위하여 사용하는 기호, 문자, 도형, 입체적 형상 등으로써 그 구성이나 표현방식에 상관없이 상품의 출처를 나타내기 위하여 사용하는 모든 표시를 말한다. 이러한 상표를 설정 등록한 경우 발생하며, 권한의 보유 기간은 10년이나 계속 갱신이 가능하므로 반영구적인 효력을 갖는다.

5) 저작권

저작권이란 시, 소설, 음악, 미술, 영화, 연극, 컴퓨터프로그램 등과 같은 '저작물'에 대하여 창작자가 가지는 권리를 말한다. 예를 들면, 소설가가 소설작품을 창작한 경우에 그는 원고 그대로 출판·배포할 수 있는 복제·배포권과 함께 그 소설을 영화나 번역물 등과 같이 다른 형태로 저작할 수 있는 2차적 저작물 작성권, 연극 등으로 공연할 수 있는 공연권, 방송물로 만들어 방송할 수 있는 방송권 등 여러 가지의 권리를 가지게 된다. 이러한 여러 가지 권리의 전체를 저작권이라고 하는데, 이러한 저작권은 크게 저작재산권과 저작인격권으로 나누어 볼 수 있다. 이러한 저작권은 저작자가 생존하는 동안과 사망한 후 70년간 존속하며, 공동저작물의 저작재산권은 맨 마지막으로 사망한 저작자가 사망한 후 70년간 존속한다.

6) 부정경쟁방지 및 영업비밀보호권

'부정경쟁행위'란, 국내에 널리 인식된 타인의 성명, 상호, 상표, 상품의 용기·포장, 그 밖에 타인의 상품임을 표시한 표지(表紙)와 동일하거나 유사한 것을 사용하거나 이러한 것을 사용한 상품을 판매·반포(頒布) 또는 수입·수출하여 타인의 상품과 혼동하게 하는 행위, 국내에 널리 인식된 타인의 성명, 상호, 표장(標章), 그 밖에 타인의 영업임을 표시하는 표지와 동일하거나 유사한 것을 사용하여 타인의 영업상의 시설 또는 활동과 혼동하게 하는 행위, 위의 내용을 혼동하게 하는 행위 외에 비상업적 사용 등 대통령령으로 정하는 정당한 사유 없이 국내에 널리 인식된 타인의 성명, 상호, 상표, 상품의 용기·포장, 그 밖에 타인의 상품 또는 영업임을 표시한 표지와 동일하거나 유사한 것을 사용하거나 이러한 것을 사용한 상품을 판매·반포 또는 수입·수출하여 타인의 표지의 식별력이나 명성을 손상하는 행위, 상품이나 그 광고에 의하여 또는 공중이 알 수 있는 방법으로 거래상의 서류 또는 통신에 거짓의 원산지의 표지를 하거나 이러한 표지를 한 상품을 판매·반포 또는 수입·수출하여 원산지를 오인(誤認)하게 하는 행위, 상품이나 그 광고에 의하여 또는 공중이 알 수 있는 방법으로 거래상의 서류 또는 통신에 그 상품이 생산·제조 또는 가공된 지역 외의 곳에서 생산 또는 가공된 듯이 오인하게 하는 표지를 하거나 이러한 표지를 한 상품을 판매·반포 또는 수입·수출하는 행위, 타인의 상품을 사칭(詐稱)하거나 상품 또는 그 광고에 상품의 품질, 내용, 제조방법, 용도 또는 수량을 오인하게 하는 선전 또는 표지를 하거나 이러한 방법이나 표지로써 상품을 판매·반포 또는 수입·수출하는 행위,「공업소유권의 보호를 위한 파리협약」(이하 '파리협약'이라 한다) 당사국, 세계무역기구 회원국,「상표법 조약」의 체약국(締約國)에 등록된 상표 또는 이와 유사한 상표에 관한 권리를 가진 자의 대리인이나 대표자 또는 그 행위를 한 날부터 1년 이전에 대리인이나 대표자이었던 자가 정당한 사유 없이 해당 상표를 그 상표의 지정상품과 동일하거나 유사한 상품에 사용하거나 그 상표를 사용한 상품을 판매·반포 또는 수입·수출하는 행위, 정당한 권원이 없는 자가 상표 등 표지에 대하여 정당한 권원이 있는 자 또는 제3자에게 판매하거나 대여할 목적, 정당한 권원이 있는 자의 도메인이름의 등록 및 사용을 방해할 목적, 그 밖에 상업적 이익을 얻을 목적으로 국내에 널리 인식된 타인의 성명, 상호, 상표, 그 밖의 표지와 동일하거나 유사한 도메인이름을 등록·보유·이전 또는 사용하는 행위, 타인이 제작한 상품의 형태(형상·모양·색채·광택 또는 이들을 결합한 것을 말하며, 시제품 또는 상품소개서상의 형태를 포함한다. 이하 같다)를 모방한 상품을 양도·대여 또는 이를 위한 전시를 하거나 수입·수출하는 행위를 말한다.

또한, '영업비밀'이란 공공연히 알려져 있지 아니하고 독립된 경제적 가치를 가지는 것으로서, 상당한 노력에 의하여 비밀로 유지된 생산방법, 판매방법, 그 밖에 영업활동에 유용한 기술상 또는 경영상의 정보를 말하며, '영업비밀 침해행위'란 절취(竊取), 기망(欺罔), 협박, 그 밖의 부정한 수단으로 영업비밀을 취득하는 행위(이하 '부정취득행위'라한다) 또는 그 취득한 영업비밀을 사용하거나 공개(비밀을 유지하면서 특정인에게 알리는 것을 포함한다. 이하 같다)하는 행위, 영업비밀에 대하여 부정취득행위가 개입된 사실을 알거나 중대한 과실로 알지 못하고 그 영업비밀을 취득하는 행위 또는 그 취득한 영업비밀을 사용하거나 공개하는 행위, 영업비밀을 취득한 후에 그 영업비밀에 대하여 부정취득행위가 개입된 사실을 알거나 중대한 과실로 알지 못하고 그 영업비밀을 사용하거나 공개하는 행위, 계약관계 등에 따라 영업비밀을 비밀로서 유지하여야 할 의무가 있는 자가 부정한 이익을 얻거나 그 영업비밀의 보유자에게 손해를 입힐 목적으로 그 영업비밀을 사용하거나 공개하는 행위, 영업비밀이 라목에 따라 공개된 사실 또는 그러한 공개행위가 개입된 사실을 알거나 중대한 과실로 알지 못하고 그 영업비밀을 취득하는 행위 또는 그 취득한 영업비밀을 사용하거나 공개하는 행위, 영업비밀을 취득한 후에 그 영업비밀이 라목에 따라 공개된 사실 또는 그러한 공개행위가 개입된 사실을 알거나 중대한 과실로 알지 못하고 그 영업비밀을 사용하거나 공개하는 행위를 말한다.

구 분			정의, 존속기간, 관련법류
직적재산권	산업재산권	특허권 (특허법)	• 아직까지 없었던 물건 또는 방법을 최초로 발명한 것(대발명) • 존속기간 : 등록 후 출원일로부터 20년
		실용신안권 (실용신안법)	• 이미 발명한 것을 개량해서 보다 더 편리하고 유용하도록 물품의 고안 그 자체(소발명) • 존속기간 : 등록 후 출원일로부터 10년
		의장권 (의장법)	• 물품의 형상, 모양, 색채 또는 이를 결합한 것으로서 시각을 통하여 미감을 느끼게 하는 것 • 존속기간 : 설정등록일로부터 15년
		상표권 (상표법)	• 타인의 상품과 식별하기 위하여 사용되는 기호, 문자, 도형이나 이들을 결합한 것 또는 이들과 색채와의 결합으로서 타인의 것과 명확히 구분 • 존속기간 : 등록일로부터 10년(10년마다 갱신가능)
	지식재산권	저작권법	저작 인격권
			• 저작권의 주체와 분리할 수 없는 인격적 이의의 향수를 내용으로 하는 권리로 공표권, 이름표시권 및 동일성 유지권으로 구성 • 저작자(개인 · 법인)에만 속하는 권리(일체 전속권)양도불가. 저작자 사후에도 일정의 보호
			저작 재산권
			• 경제적 가치가 있는 이익의 향수를 내용으로 하는 권리로 복제권, 공연권, 방송권, 전시권, 배포권 등이 해당됨(양도가능) • 보호기간 : 저작자 사후 70년. 단, 법인저작물 · 영화 · 사진에 대하여는 공표 후 70년
			저작 인접권
			• 실연자의 권리, 음반제작자의 권리, 방송사업자의 권리 등으로 구성 • 존속기간 : 20년
			프로그램
			• 창의적인 컴퓨터프로그램의 저작물에 대해 보호되는 인격적, 재산적 권리

	저작권	(컴퓨터프로그램보호법) • 저작자 사후 50년간
	영업비밀 보호권	영업비밀(trade secrete)은 개인 또는 기업이 영업활동을 함에 있어서 경쟁상의 우위를 확보하기 위하여 많은 비용과 자원을 투입하여 개발·축적한 비밀정보(산업스파이, 부정경쟁, 영업비밀 침해)로 이의 침해시 민·형사적 구제가능(영업비밀보호에 관한 법률)
신 지 적 재 산 권	반도체집적회로 배치설계권	• 관련법률 : 반도체집적회로의 배치설계에 관한 법률, 특허법 제29조 • 보호기간 : 10년
	생명공학기술권	• 미생물 자체 및 이용 발명, 식물발명특허 : 특허법 적용 • 식물품종보호 : 종자산업법

제2절 지식재산권침해의 조사

1. 조사 시 유의사항

지식재산권침해 행위란 타인이 소유한 각종 산업재산권에 대해 권리자에게 허가를 득하지 않고 사용하는 경우를 말하며, 이러한 지식권산침해 사례를 조사할 경우 탐정은 ⅰ) 지식재산권침해가 발생한 분쟁지역, ⅱ) 실제권리자 및 실정법상 보호대상 피해형태, ⅲ) 존속기간 및 피해 시점, ⅳ) 피해인지 경로, ⅴ) 분쟁 기간 등의 기초조사가 수반되어야 한다.

2. 유형별 조사사항

가. 특허권

특허권 침해가 성립하기 위해서는 ⅰ) 피해자가 특허권자 등이고, ⅱ) 가해자가 업으로서 물건 등의 생산, 사용, 양도 등의 행위를 하여야 하며, ⅲ) 가해자의 실시 물건 등이 특허권의 보호범위에 속하여야 하고, ⅳ) 특허권이 유효하게 존속한 것 등의 요건을 충족하여야 한다. 결국 타인이 정당한 권리없이 등록 특허를 이득을 위한 상업적, 영리 적으로 실시했을 경우 특허권 침해에 해당한다.

이러한 특허권의 침해는 직접침해와 간접침해로 분류되는데, 직접침해라 함은 특허 권 침해의 전형적인 모습으로서 특허권의 존속기간 중 정당한 권원 없는 자가 업으로 서 특허발명을 실시하는 것을 말하며, 간접침해라 함은 직접침해의 전 단계로서 그대로 방치할 경우 침해의 개연성이 높은 일정한 행위에 대해 특허권을 침해하는 것으로 의 제하는 것을 말하며, 특허권침해관련 사건의 조사 시에는 가해자의 행위가 특허권 침해 의 구성요건에 해당하는 지 그 침해의 정도는 어떤지가 핵심이다. 따라서 ⅰ) 우선 피 해자가 특허권자인지 그리고 특허권이 유효하게 존재하는지 여부 조사, ⅱ) 피해형태 및 피해금액 등 조사, ⅲ) 가해자의 특허권 또는 실시권 침해 실태조사(허위의 특허표시 또는 특허출원 표시 등 포함) 등의 조사를 기본적으로 수행하여야 한다.

특허법 제127조(침해로 보는 행위) 다음 각 호의 구분에 따른 행위를 업으로서 하는 경우에는 특허권 또 는 전용실시권을 침해한 것으로 본다.
1. **특허가 물건의 발명인 경우** : 그 물건의 생산에만 사용하는 물건을 생산·양도·대여 또는 수입하거 나 그 물건의 양도 또는 대여의 청약을 하는 행위
2. **특허가 방법의 발명인 경우** : 그 방법의 실시에만 사용하는 물건을 생산·양도·대여 또는 수입하거 나 그 물건의 양도 또는 대여의 청약을 하는 행위

나. 상표권

타인의 등록상표를 그 지정상품과 동일 또는 유사한 상품에 사용하면 타인의 상표권 을 침해하는 행위가 된다고 할 것이나, 타인의 등록상표를 이용한 경우라고 하더라도 그것이 상표의 본질적인 기능이라고 할 수 있는 출처표시를 위한 것이 아니어서 상표 의 사용으로 인식될 수 없는 경우에는 등록상표의 상표권을 침해한 행위로 볼 수 없다 고 할 것이고, 그것이 상표로서 사용되고 있는지의 여부를 판단하기 위하여는, 상품과 의 관계, 당해 표장의 사용 태양(즉, 상품 등에 표시된 위치, 크기 등), 등록상표의 주지저명 성 그리고 사용자의 의도와 사용경위 등을 종합하여 실제 거래계에서 그 표시된 표장

이 상품의 식별표지로서 사용되고 있는지 여부를 종합하여 판단하여야 한다.[313]

한편, 이러한 상표권침해가 성립되기 위해서는 ⅰ) 상표권이 유효하게 존재할 것, ⅱ) 상표권의 보호범위 내에서의 사용일 것, ⅲ) 정당한 권원이 없는 위법한 사용일 것, ⅳ) 상표적 사용일 것, ⅴ) 상표권의 효력이 제한되는 경우가 아닐 것[314] 등의 요건을 충족하여야 하며, 상표권침해관련 사건의 조사 시에는 가해자의 행위가 상표권침해의 구성요건에 해당하는 지 그 침해의 정도는 어떤지가 핵심이다. 따라서 ⅰ) 우선 피해자가 상표권자인지 그리고 상표권이 유효하게 존재하는지 여부 조사, ⅱ) 피해형태 및 피해금액 등 조사, ⅲ) 가해자의 상표권 실태조사(상표의 위조, 보관, 유통경로, 상표의 정확성 등) 등의 조사를 기본적으로 수행하여야 한다.

다. 부정경쟁방지 및 영업비밀보호권

부정경쟁방지 및 영업비밀보호권침해가 성립하기 위한 요건은 ⅰ) 비공지성 : 공공연

---

313) 대법원 2003. 4. 11. 선고 2002도3445 판결.

314) 상표법 제90조(상표권의 효력이 미치지 아니하는 범위) ① 상표권(지리적 표시 단체표장권은 제외한다)은 다음 각 호의 어느 하나에 해당하는 경우에는 그 효력이 미치지 아니한다.
  1. 자기의 성명·명칭 또는 상호·초상·서명·인장 또는 저명한 아호·예명·필명과 이들의 저명한 약칭을 상거래 관행에 따라 사용하는 상표
  2. 등록상표의 지정상품과 동일·유사한 상품의 보통명칭·산지·품질·원재료·효능·용도·수량·형상·가격 또는 생산방법·가공방법·사용방법 및 시기를 보통으로 사용하는 방법으로 표시하는 상표
  3. 입체적 형상으로 된 등록상표의 경우에는 그 입체적 형상이 누구의 업무에 관련된 상품을 표시하는 것인지 식별할 수 없는 경우에 등록상표의 지정상품과 동일·유사한 상품에 사용하는 등록상표의 입체적 형상과 동일·유사한 형상으로 된 상표
  4. 등록상표의 지정상품과 동일·유사한 상품에 대하여 관용하는 상표와 현저한 지리적 명칭 및 그 약어 또는 지도로 된 상표
  5. 능복상표의 지정상품 또는 그 지정상품 포장의 기능을 확보하는 데 불가결한 형상, 색채, 색채의 조합, 소리 또는 냄새로 된 상표
  ② 지리적 표시 단체표장권은 다음 각 호의 어느 하나에 해당하는 경우에는 그 효력이 미치지 아니한다.
  1. 제1항제1호·제2호(산지에 해당하는 경우는 제외한다) 또는 제5호에 해당하는 상표
  2. 지리적 표시 등록단체표장의 지정상품과 동일하다고 인정되어 있는 상품에 대하여 관용하는 상표
  3. 지리적 표시 등록단체표장의 지정상품과 동일하다고 인정되어 있는 상품에 사용하는 지리적 표시로서 해당 지역에서 그 상품을 생산·제조 또는 가공하는 것을 업으로 영위하는 자가 사용하는 지리적 표시 또는 동음이의어 지리적 표시
  4. 선출원에 의한 등록상표가 지리적 표시 등록단체표장과 동일·유사한 지리적 표시를 포함하고 있는 경우에 상표권자, 전용사용권자 또는 통상사용권자가 지정상품에 사용하는 등록상표

히 알려져 있지 아니한 것이어야 하고, 공개된 간행물 등에 게재되지 않고 비밀 상태이며, 보유자를 통하지 않고서는 입수할 수 없어야 하며, ⅱ) 경제적 유용성 : 기술상·경영상 가치가 있어야 하고, ⅲ) 비밀관리성 : 비밀로 관리되어야한다는 등의 요건이 충족되어야 한다.

한편, 부정경쟁방지법에서 말하는 '영업비밀의 사용'은 영업비밀 본래의 사용 목적에 따라 이를 상품의 생산·판매 등의 영업활동에 이용하거나 연구·개발사업 등에 활용하는 등으로 기업활동에 직접 또는 간접적으로 사용하는 행위로서 구체적으로 특정이 가능한 행위를 가리키고, 행위자가 ⅰ) 당해 영업비밀과 관계된 영업활동에 이용 혹은 활용할 의사 아래 ⅱ) 그 영업활동에 근접한 시기에 ⅲ) 영업비밀을 열람하는 행위(영업비밀이 전자파일의 형태인 경우에는 저장의 단계를 넘어서 해당 전자파일을 실행하는 행위)를 하였다면 그 실행의 착수가 있다고 본다.315)

이러한 부정경쟁 및 영업비밀침해 사건의 조사 시에는 가해자의 행위가 부정경쟁 및 영업비밀침해의 구성요건에 해당하는 지 그 침해의 정도는 어떤지가 핵심이다. 따라서 ⅰ) 피해형태(상품주체 혼동야기, 상표도용 및 무단사용, 영업주체 혼동야기, 상품의 출처지, 원산지 등의 오인야기 등) 및 피해금액 등 조사, ⅱ) 피해인지 경로 조사(영업비밀 침해, 유출, 누설 등) ⅲ) 분쟁(피해)기간 등의 조사를 기본적으로 수행하여야 한다.

---

315) 대법원 2009. 10. 15. 선고 2008도9433 판결.

강동욱(2013). 민간조사제도 도입에 관한 연구 - 국회관련법률안 중심으로-, 법과정책 연구 제13집 제3호 (사)한국법정책학회.

강동욱 · 윤현종(2021). 탐정학개론(제2판). 박영사.

강영숙(2006). 한국의 공인탐정제도 도입에 관한 연구. 용인대학교 대학원 박사학위논문.

_____(2015). 탐정학개론. 진영사.

강영숙 · 박승현 · 조동운(2022). 탐정학.

강지명(2014). 민간조사제도 도입관련 법률안에 대한 비판적 검토, 한국민간경비학회보 제13권 제3호, 한국민간경비학회.

강효은(2000). 탐정은 벤처보다 났다. 동아일보사.

_____(2001). 외국의 사설탐정제도의 활용사례와 법적고찰. 수사연구, 통권 210호.

경북소방학교(2009). 방호실무 II.

경찰대학(1996). 경찰윤리. 대한문화사.

_____(1998). 경찰윤리론. 경희종합인쇄.

_____(2003). 범죄수사론. 대한문화사.

경찰청(2009). 살인사건분석. 서울 : 경찰청.

_____(2013). 민간조사제도 법제화 필요성과 바람직한 도입방안, 경찰청 미래발전담당관실.

_____(2014). 이제 우리니리도 민긴조사사업(사립탐정) 도입이 필요합니다. 경찰청 · 대한미간조사 연구학회 · 한국경찰학회 공동국제학술세미나 자료집.

공도한(2007). 한국에서의 탐정제도의 필요성과 탐정의 역할 및 업무범위에 관한 연구, 연세대학교 법무대학원, 석사학위 논문.

곽대경(2001). 경찰수사를 위한 범죄심리연구의 활용방안, 한국경찰학회보, 3, 1-21.

구기서(1997). 약독물감정, 과학수사. 경찰수사연구소.

권영희(2007). 사설탐정제도의 도입 필요성에 관한 연구, 한세대학교 경찰법무대학원 석사학위논문.

권창국(2022). 범죄자 프로파일링 증거의 활용과 문제점에 관한 검토, 형사정책연구, 13, 247-280).

권창기 · 김동제 · 강영숙(2011). 탐정학. 진영사.

김경옥 · 이수정(2005). 범죄자 프로파일링을 위한 연쇄살인범죄의 유형 고찰. 한국심리학회지 : 사회 및 성격, 19(1). 131-149.

김두현(2022). 민간경비론. 배산출판사.

김두현 · 박형규(2018). 민간경비론. 솔과학.

김원중(2006). 민간조사제도 도입필요성에 관한 연구. 한국공공관리학보 제20권 제1호, 한국공공관리학회.

_____(2006). 민간조사제도의 정착 및 수사기관관의 관계에 관한 연구. 한국공안행정학회보, 제27호(한국경호경비학회).

김원중(2007). 민간조사제도 도입 및 역할에 대한 검토. 법학논집 제29집, 청주대학교 법학연구소.

김일곤(2012). 일본 탐정업의 현황과 시사점. 융합보안 논문지 제12권 제5호.

김재민 · 박노섭 · 이동희 · 최정호 · 장윤식(2009). 경찰수사론.

김종식 외(2016). 탐정학술요론. 한국지식개발원.

김종주(2000). 한국 도시계획의 전문직업화에 관한 연구. 대구대학교 대학원 박사학위논문.

김지영 · 박지선 · 박현호(2009). 연쇄성폭력범죄자 프로파일링과 프로파일링 제도 연구. 한국형사정책연구원.

김지영 · 박혜선 · 김지연(2014). 연쇄 강력범의 실태조사(Ⅲ) : 연쇄강도. 한국형사정책연구원.

김태환 · 강영숙(2004). 프로탐정의 테크닉. 백산출판사.

김학우(2012). 민간조사업의 법제화와 수사기관의 협조체재 구축. 경기대학교 대학원 석사학위논문.

나영민(2005). 탐정제도의 도입방안에 관한 연구. 연세대학교 행정대학원 석사학위논문.

남선모(2013). 민간조사제도의 활성화 방안에 관한 연구. 법학연구 제51호, 세명대학교 법학연구소.

대검찰청(2018). 2018 범죄분석. 대검찰청

민진규(2010). 탐정가이드북. 예나루.

박노섭 · 이동희 · 이 윤 · 작윤식(2023). 범죄수사학. 경찰공제회.

박동균 · 김태민(2012). 미국 민간조사산업의 특징 및 함의. 한국민간경비학회보 제11권 제4호, 한국민간경비학회.

박미경(2022). 화재조사체계의 국내외 비교연구. 경북대학교 수사관학대학원 석사학위논문.

박성수 · 안상원(2017). 탐정학개론. 윤성사.

박연호(2002). 행정학 원론. 박영사.

박종훈 · 성도경(2011). 탐정제도의 도입 필요성에 관한 연구, 한국균형발전연구 제2권 제3호, 한국균형발전연구학회.

박지선 · 최낙범(2010). 범죄행동을 통한 대인 강도범죄자의 유형별 분류에 관한 연구. 한국공안행정학회보.

박지선 · 최낙범(2012). 범죄자 프로파일링에 대한 인식과 발전방향, 한국콘텐츠학회논문지, 12(6).

박형태(1984). 공직윤리의 배경과 관련요소치안논총, 제1집, 경찰대학.

백봉현(2002). 한국민간경호산업의 발전방안에 관한 연구. 동국대학교 대학원 석사학위논문.

변재관(2010). 화재조사 및 수사의 문제점과 개선방안. 경북대학교 행정대학원 석사학위논문.

성광호(1995). 범죄수사의 이론과 실제. 도서출판 진리와 탐구

손봉규(2006). 민간조사원 제도의 도입방안에 관한 한구. 동국대학교 대학원 석사학위논문.

손봉선(2000). 범죄수사론. 법문사.

손상철(2005). 민간조사학 개론. 백산출판사.

_____(2011). 민간조사제도의 규제방안과 소관부처에 관한 고찰. 한국민간경비학회보 제17호, 한국민간경비학회.

송재현(2017). 공인탐정 또는 민간조사제도의 실행방안 연구. 한국형사정책연구원, 연구총서 17-BB-03.

신성균 · 박상진(2009). 민간조사원(탐정)을 활용한 기업보안 활동의 강화방안. 한국경호경비학회지 제20호, 한국경호경비학회.

신현기 외 10명(2012). 경찰학사전. 법문사

안영구(2010). 민간조사업법 제정 방향에 관한 소고-일본 탐정입법과의 비교를 중심으로-. 한국민간경비학회보 제15호, 한국민간경비학회.

우정식(2006). 일반경비 : 질문검색 · 관찰기록. 좋은 세상.

유재두(2007). 민간조사원 자격요건에 관한 연구. 한국민간경비학회보 제9호, 한국민간경비학회.

윤석천 · 김대영 · 김윤호 · 박상철 · 김기덕 · 박진아(2016). 2016년 신직업 규제 완화 고용 영향평가 연구. 고영영향평가센터, 고용노동부/ 한국노동연구원.

이강훈(2012). 민간조사업 전문직업화에 대한 연구. 한국경호경비학회지 제32호, 한국경호경비학회.

이대선(2019). 탐정제도 도입을 위한 입법방안 연구. 단국대학교 대학원 박사학위논문.

이동영(1999). 21세기, 공인탐정이 뛴다. 굿인포메이션.

이민영 · 송영남(2011). 한국민간조사제도 도입을 위한 정책제언. 한국치안행정논집 제8권 제1호, 한국치안행정학회.

이봉한(2000). 수사 Ⅰ · Ⅱ. 대명출판사.

이상배(2006). 신직업으로서 민간조사제도의 쟁점사항. 경찰청 · 대한민간조사연구학회 · 한국경찰학회 공동 국제학술세미나 자료집.

_____(2011) 민간조사제도 도입의 필요성과 함의 -경비업법 일부 개정안을 중심으로-. 한국경찰학회보 제13권 제1호, 한국경찰학회.

이상배(2011). 민간조사제도의 정착 및 수사기관과의 관계 정립에 관한 연구. 국회정책연구보고.

이상수 · 염건령(2022). 탐정학개론. 대영문화사.

이상원(1992). 경찰의 전문직업성에 관한 연구. 치안논총, 제7집, 경찰대한.

_____(2003). 시큐리티 교육훈련과 자격제도 개성에 관한 연구. 공안 행정학회보, 제15호, 한국공안 행정학회(pp. 116~118).

_____(2004). 시큐리티 교육훈련과 자격제도 개선에 관한 연구. 공안행정학회보, 제15호, 한국공안행정학회.

_____(2005). 민간경비원 교육훈련 프로그램 개발에 관한 연구. 한국공안행정학회보 제15호.

_____(2005). 민간경비원 교육훈련 프로그램 개발에 관한 연구. 한국공안행정학회보 제19호, 한국공안행정학회.

_____(2007). 범죄예방론. 대명출판사.

_____(2008). 민간조사(탐정)제도의 도입방향 : 경비업법 개정을 중심으로. 한국경호경비학회지.

_____(2017). 민간조사학개론. 넥센미디어.

이상원 · 김상균(2005). 경찰학개론. 대명출판사

_____(2005). 범죄수사론. 대명출판사

_____(2005). 범죄수사론. 양서원.

_____(2006). 공인탐정 교육훈련 모형에 관한 연구. 한국민간경비학회 제8회 춘계학술세미나 발표자료.

이상원 · 박주현(2007). 민간조사원의 윤리성에 관한 고찰. 산업경영논총 제14권, 용인대학교 산업경영연구소.

이상원 · 서영희(2011). 민간조사제도 도입의 필요성과 함의-경비업법 일부개정안을 중심으로- 한국경찰학회보 제16권 제5호.

이상원 · 이승철(2018). 미국탐정론. 진영사.

이상훈(2009). 공인탐정제도의 올바른 모델설정에 관한 연구, 한국경호경비학회지 제20호.

이성용 외 3(2015). 민간조사업의 관리에 관한 입법정책과 자격시험 · 교육의 구체화방향.

이영래(2009). 선진외국 민간조사제도의 시사점 -국내도입 및 선진국 운용사례를 중심으로-. 한국치안행정논집 제6권 제1호, 한국치안행정학회.

이윤근(1999). 민간경비론. 육서당.

이윤근 · 배철호(2006). 민간경비론. 엑스퍼트.

이점인. 공인탐정법(안)의 주요쟁점에 대한 고찰. 동아대학교 법학연구소, 동아법학 제78호.

이종복(1996). 21세기를 대비한 경찰윤리확립방안에 관한 고찰. 한국공안행정학회보, 제5호.

이주락 · 최종윤(2012). 개인정보 및 사생활 보호를 위한 민간조사원 조사권 한계 설정. 경찰학연구 제12권 제1호, 경찰대학.

이진수(2011). 민간조사 제도의 도입방안 과제에 관한 연구. 한국정책과학회보 제10권 제3호, 한국정책과학학회.

이하섭(2012). 외국사례를 통한 민간조사제도 도입에 관한 연구. 한국민간경비학회 제11권 제4호, 한국민간경비학회.

_____(2013). 민간조사원을 활용한 실종자 조사에 관한 연구. 치안정책연구 제27권 제1호, 치안정책연구소.

임명순(2006). 민강경비교육기관 개방에 따른 문제점 및 개선방안. 한국민간경비학회보 제7호.

임준대(2009). 연쇄방화범 프로파일링과 이동특성. 한국공안행정학회보.

장인권(2010). 보험범죄에 관한 실증적 연구. 경상대학교 대학원 박사학위논문.

장진배(2005). 유전자를 이용한 범죄수사에 관한 연구. 동국대학교 대학원 박사학위.

전대양(2006). 민간조사업 법안의 주요 쟁점에 관한 연구 -이상배·최재천 안을 중심으로-. 한국민간경비학회보 제8호, 한국민간경비학회.

_____(2006). 민간조사업 법안의 주요쟁점에 관한 연구. 한국민간경비학회 제8회 춘계학술 세미나 발표자료.

_____(2007). 일본탐정업법의 제정배경과 주요내용과 정책적 합의. 한국공안행정학회보 제29호, 한국공안행정학회.

전승훈(2014). 기업위기 관리와 조사업무. 경찰청·대한민간조사연구학회·한국경찰학회 공동 국제학술세미나 자료집.

전용찬·최원석(2004). **경찰윤리**. 경찰대학.

정연민(2007). 민간경비시장의 환경변화에 따른 민간조사업의 전만과 도입방안. 용인대학교 대학원 석사학위논문.

정인성(2022). 외국 탐정제도 분석을 통한 우리나라 탐정제도 도입방안. 중부대학교 대학원 경찰경호학과, 석사학위 논문.

정일석·박준석·서상열(2007). 민간조사제도 도입 반대 의견에 대한 고찰. 한국경호경비학회지 제14호, 한국경호경비학회.

정일석·박지영(2009). 민간조사업 관리감독기관성정에 관한 연구. 한국경호경비학회지 제21호, 한국경호경비학회.

조규범(2013). 민간조사제도 도입 논의의 쟁점과 과제. 국회입법조사처.

조기주(1989). **국민윤리**. 박영사.

조민상·오윤성(2013). 민간조사제도의 도입 방향에 관한 연구 -제19대 국회발의 법안을 중신으로 2012년 2013년-. 한국경호경비학회지 제36호, 한국경호경비학회.

조상구·김태민·김동체(2012). 국내 민간조사업체의 주요업무와 범위. 한국치안행정논집 제10권 제3호, 한국치안행정학회.

조성구·김동제·손동운(2014). 민간조사제도의 입법화 : 경비업법개정의 실혀적 논의. 한국경찰연구 제13권 제1호, 한국경찰연구학회.

조성구 · 박주상 · 김동제. 민간조사업의 주무관청 설정방향. 한국위기관리논집 제19권 제3호, 한국위기관리학회.

조용철(2006). 공인 탐정 인력의 전문화 방안에 관한 연구. 한국민간경비학회, 제9회 정기학술 세미나 발표자료.

조준모(2006). 국내민간조사업 교육현환과 방향. 경운대학교 대학원 석사학위논문.

조현빈(2006). 주요국가의 공인탐정 현황 및 시사점. 한국민간경비학회보 제8호, 한국민간경비학회.

최덕화(2012). 교통사고 조사와 자동차용 영상 사고기록 장치 장착 의무화에 관한 법적 고찰. 영산법률논총 제8권 제1호, 영산대학교 법률연구소.

최상규(2004). 대한민국 과학수사파일. 해바라기.

최선우(2014). 민간경비론. 진영사.

최종윤(2012). 민간조사제도의 업무범위 설정에 관한 연구(개인정보, 사생활보호 문제를 중심으로). 동국대학교 행정대학원 석사학위 논문.

최종윤 · 이주락 · 황세웅(2012). 민간조사제도의 도입과 업무범위 설정. 한국경찰연구 제11권 제1호, 한국경찰학회.

최현락(2008) 민간조사업의 도입 모델에 관한 연구 : 동국대학교 대학원 박사학위논문.

한상훈(2011). 민간조사제도 도입 입법안에 대한 고찰. 연세대학교 행정대학원 석사학위 논문.

허 영(2016). 한국헌법론. 박영사.

허경미(2008). 범죄프로파일링 기법의 효과적인 활용방안. 치안정책연구소.

허정용(2005). 탐정학의 이해. 청목출판사.

황병돈(2011). 민간조사원제도의 도입 방안에 관한 연구 -민간조사업법안과 경비업법안의 쟁점을 중시으로-. 대검찰청 검찰미래기획단 연구용역보고서.

_____(2013). 경비업법 전부개정법률안에 대한 의견. 국회 안전행정위원회 「경비업법 전부개정법률안」에 관한 공청회 발표자료.

황요안(2017). 공인탐정제도 도입 시 문제점과 해결방안에 관한 입법론적 연구. 동아대학교 대학원 박사학위논문.

황지태(2004). 강절도범의 범행대상 선택에 관한 연구. 한국형사정책연구.

Alison, L., Bennel, C., Mokros, A., & Ormerod, D.(2002). The personality paradox in offender profiling; A theoretical review of the processes involved in deriving backgroundcharacteristics from crime scene actionsm psychology, policy, and Law, 8, 115-135.

Alison, L., J. & Canter, D. V.(1999). Professional, lefal, and ethical issues in offender profilimg. In D. V. Canter & L. J. Alison(Eds.). Profiling in policy and practice(pp. 21-54). Oxford : Wiley.

Alison, L., West, A., & Goodwill, A.(2004). The academic and the practitioner : Pragmatists views of offender profiling. Psychology, public policy, and Law, 10, 71-101.

Bartol, C. R. & Bartol, A. M.(2008). Crominal Behavior : A Psychosocial approach(8th ed). New Jersey : Pearson Prentice Hall.

Brussel, J. S.(1968). Casebook of a crime psychiatrist, New York : Grove.

Canter, D. V. & Youngs, D.(2003). Beyond Offender Profiling : The need for an investigative psychology.

Douglas, J. E., Burgess, A. G., & Ressler, R. K.(2006). Crime Classification Manual(2nd edition). California : John Wilet & Sons.

Fox, J. A. & Levin, J.(1999). Serial munder : Popular myths and empirical realities. In M. D. Smith & M. A. Zahn(Eds). Asourcebook of social research(pp. 165-175). Thousand Oaks, CA : Sage Publications.

Hazelwood, R. R. & Warren, J.(2003). Linkage analysis: Modus operandi, ritual, and signaturen in serial sexual crime. Aggression and Violent Behavior, 8, 587-598.

Hess, Karen M. & Herny M. Wrobleski(1996). Introdution Private Security(sT. paul, MN : West-PUBLISHING cOMPANY)

Holmes, R. M. & Holmes, S. T.(2002). profiling violent crimes : An investigative tool(3rd ed.). California : Sage Publications.

In D. Carson & R. Bull(Eds.). Handbook of psychology in legal contexts(2nd ed., pp. 171-205). Oxford : Wiley.

Innes, B.(2003). Profile of criminal mind, London : Amberj Books.

Janis, I. L.(1982). Groupthink : Psychological studies of policy decisions and fiascos, Boston: Houghton-Mifflin.

John P. Kenny-Harry W. More(1994). Principles of investigation, West Publishing Company.

Keppel, R. D.(1985) Signature murderers : A report of several related cases, journal of Forensic, Sciences, 40, 670-674.

McMahon, Rory J.(2007). Practial handbook professional investigator,Ch.16 Ethics.

Milgram, S.(1974). Obedience to authority, New York : Haper & Row.

Prentky, R. A., Burgess, A. W., Rokous, F., Lee, A., Hartman, C., Ressler, R., & Douglas, J.(1989) The presumptive role of fantasy in serial swxual homicide American Journal of psychiatry, 146, 887-891.

Salfati G. G. & Canter, D. V.(1999). Differentiating stranger murders :

Snyder, M. & Swann, W. B.(1978). Hypothesis-testing processes in social interaction, Journal of Personality and Social Psychology, 36, 1202-1212.

Turvey, B.(2002). Criminal profiling : An introduction to behavioral evidence analysis (2nd ed.). London : Academic Press.

Tversky, A. & Kahneman, D.(1974). Judgment under uncertainty : Heuristics and biases, Scence, 185, 1124-1131.

Asset Security Implementation Kit Western Australian Department Department of Training and Employment, 2003.

Brian Ord & Gary Shaw(2004). Interviewing Explained, LwxisNexis Butterxorths, 2004.

Charies P. Nemeth, Private Security and The Investigative Process, Boston : B. H., 2000.

Keith Ashley, The Ptivate Investigators's Handbook, Sydney : Southwood Press, 2001.

Keough, M. E., Simmons, T., & Samuels, M.(2004). "Missing personsin post-conflict settings : best practices for integrating psychosocial and scientific approaches". The journal of the Royal Society for the Promotion of Health, Vol. 124, No. 6(2004).

Martin Gill & Jerry Hart, Polocing as Business : The Organisation and Structure of Private Investigation, Policing and Society.

Mosher F.(1986). Democracy and The Public Service, Oxford : Oxford Press.

Robert D. McCrie(2001). Security Operation Management, MA : Butterworth Heinemann, 2001.

Ronald Vogel and Reed Adams(1983). Police Professionalism, Journal of Police Science and Administration, Vol. 11.

경찰청 홈페이지 http:// www.pilice.go.kr
국회 홈페이지 http://www. asembly.go.kr
법제처 홈페이지 http://www.moleg.go.kr
네이버 http:///naver.com 네이버 백과사전.

찾아보기

저자약력

■ 김동근(법학박사 · 행정사)

숭실대학교 법과대학 법학과 졸업
숭실대학교 일반대학원 법학과 졸업(법학박사)
[대한민국 법률전문도서 최다출간 저자 - KRI 한국기록원 공식인증]

전) 대통령후보 탐정위원회 부위원장
    대통령후보 디지털성범죄예방 특별위원회 자문위원
    서울시장후보 법률특보단장
    공인행정사협회 법제위원회 위원장
    공인행정사협회 행정심판전문가과정 전임교수
    공무원연금관리공단 행정사지원 양성과정 강사
    중앙법률사무교육원 교수

현) 대한사립탐정협회 부회장
    대한탐정협회 교육원 교육원장
    숭실대학교 법학과 겸임교수
    대한행정사회 중앙연수교육원 교수
    행정심판학회 학회장
    YMCA병설 월남시민문화연구소 연구위원

〈저서〉
탐정관련법(법률출판사)
증거수집 및 증거신청절차(진원사)
나홀로 하는 형사소송실무(진원사) 외 다수

탐정학개론

2023년 8월 10일   초판 1쇄 인쇄
2023년 8월 20일   초판 1쇄 발행

저   자 김 동 근
발 행 인 김 용 성
발 행 처 법률출판사
　　　　　서울시 동대문구 휘경로2길 3, 4층
　　　　　☎ 02) 962-9154   팩스 02) 962-9156
등 록 번 호   제1-1982호
ISBN :   978-89-5821-423-6   13360
e-mail :   lawnbook@hanmail.net